Aprende a tocar la guitarra en 15 minutos al día

para dummies®

Aprende a tocar la guitarra en 15 minutos al día

para dummies®

Antoine Polin

para dummies®

Edición publicada mediante acuerdo con Wiley Publishing, Inc.
...For Dummies, el señor Dummy y los logos de Wiley Publishing, Inc. son marcas registradas utilizadas con licencia exclusiva de Wiley Publishing, Inc.

Título original: *La Guitare en 15 minutes par jour pour les nuls*
Publicado por Éditions First, un sello de Edi8, París, 2018

Grupo Planeta
Avda. Diagonal, 662-664
08034 - Barcelona

El papel utilizado para la impresión de este libro está calificado como papel ecológico y procede de bosques gestionados de manera sostenible.

ISBN: 978-84-329-0598-8
Depósito legal: B. 4.660-2020

Primera edición: julio de 2020
Preimpresión: pleka scp
Impresión: Black Print

Impreso en España - *Printed in Spain*
www.dummies.es
www.planetadelibros.com

¡La fórmula del éxito!

- Un tema de actualidad
- Un autor de prestigio
- Contenido útil
- Lenguaje sencillo
- Un diseño agradable, ágil y práctico
- Un toque de informalidad
- Una pizca de humor cuando viene al caso
- Respuestas que satisfacen la curiosidad del lector

¡Este es un libro *...para Dummies*!

Los libros de la colección *...para Dummies* están dirigidos a lectores de todas las edades y niveles de conocimiento interesados en encontrar una manera profesional, directa y a la vez entretenida de aproximarse a la información que necesitan.

Millones de lectores satisfechos en todo el mundo coinciden en afirmar que la colección *...para Dummies* ha revolucionado la forma de aproximarse al conocimiento mediante libros que ofrecen contenido serio y profundo con un toque de informalidad y un lenguaje sencillo.

www.dummies.es
www.facebook.com/paradummies
@ParaDummies

¡Entra a formar parte de la comunidad Dummies!

El sitio web de la colección *...para Dummies* está pensado para que tengas a mano toda la información que puedas necesitar sobre los libros publicados. Además, te permite conocer las últimas novedades antes de que se publiquen y acceder a muchos contenidos extra, por ejemplo, los audios de los libros de idiomas.

Desde nuestra página web, también puedes ponerte en contacto con nosotros para comentarnos todo lo que te apetezca, así como resolver tus dudas o consultas.

También puedes seguirnos en Facebook <www.facebook.com/paradummies>, un espacio donde intercambiar impresiones con otros lectores de la colección, y en Twitter (@ParaDummies), para conocer en todo momento las últimas noticias del mundo *...para Dummies*.

10 cosas divertidas que puedes hacer en www.dummies.es, en nuestra página de Facebook y en Twitter @ParaDummies

1. Consultar la lista completa de libros *...para Dummies.*
2. Descubrir las novedades que vayan publicándose.
3. Leer en exclusiva los primeros capítulos.
4. Suscribirte a la Newsletter de novedades editoriales.
5. Trabajar con los contenidos extra, como los audios de los libros de idiomas.
6. Ponerte en contacto con la editorial y con otros lectores para intercambiar opiniones.
7. Participar en concursos y ganar premios.
8. Publicar tus propias fotos en la página de Facebook.
9. Conocer otros libros publicados por el Grupo Planeta.
10. Informarte sobre promociones, descuentos, presentaciones de libros, etcétera.

Descubre nuestros interesantes y divertidos vídeos en nuestro canal de Youtube:
www.youtube.com/paradummies
¡Los libros Para Dummies también están disponibles en e-book!

Sumario

Sobre el autor

Antoine Polin estudió música en el Berklee College of Music de Boston, donde se graduó con matrícula de honor. Guitarrista profesional, cuenta con un diploma de Estado en Jazz; enseña guitarra y armonía y dirige varios conjuntos musicales en la escuela Jazz à Tours. Es autor, entre otros, de *Acordes de guitarra pop/rock para Dummies* y *Acordes de guitarra blues/jazz para Dummies*.

Introducción

Su tamaño reducido y un precio muy asequible hacen de la guitarra el instrumento popular por excelencia. Hasta tal punto es así que podemos escucharla en todos los estilos desde hace más de un siglo: desde los cantantes de blues de principios del siglo XX hasta lo más reciente del pop, pasando por el metal, el rock, el folk La guitarra está en todas partes y el número de aficionados no disminuye con los años. Aunque es un instrumento exigente, en poco tiempo se puede aprender acordes o simplemente tocarla como acompañamiento (cantando o no). Se puede tocar en un grupo o en solitario, tocar acordes, melodías, improvisar un solo ¡Se puede hacer todo con una guitarra! Además, es el instrumento que cuenta con más autodidactas. Sin embargo, aunque no se quiera o no se pueda asistir a clases, resulta muy útil, incluso necesario, disponer de consejos e indicaciones claras para estructurar el aprendizaje, para evitar adquirir (demasiados) malos hábitos y progresar con confianza. Eso es exactamente lo que te proponemos en este libro.

¿Quién eres y qué esperas de este libro?

¿Eres principiante y sueñas desde hace mucho tiempo con tocar la guitarra pero no tienes tiempo de asistir a clases? ¿Tocas ya la guitarra un poco, pero la tienes guardada en un armario porque creías que no tendrías tiempo de tocarla, trabajar y progresar? Si es así, ¡este libro es ideal para ti!

Todo el mundo coincide en que, para aprender a tocar un instrumento musical o profundizar en él, lo fundamental es la práctica regular. Pero ¿qué significa una práctica regular? ¿Una hora al día? ¿Tres horas por semana? Es evidente que lo más beneficioso es practicar todos los días, pero no todo el mundo dispone de una hora diaria para hacerlo, aunque sea lo ideal. Sin embargo, no resulta tan descabellado dedicar 15 minutos al día a tocar; y con esos 15 minutos diarios se puede aprender cosas, trabajarlas y avanzar. Pero ¿qué hay que trabajar? ¿Cómo? Este libro te guiará en la práctica cotidiana al abordar los temas necesarios para un aprendizaje serio y progresivo de los fundamentos de la guitarra, dedicándole solo 15 minutos al día.

El objetivo es que, al cabo de dieciséis semanas de curso, dispongas de unos conocimientos suficientemente sólidos como para ser más autónomo y seguir progresando por tus propios medios.

¿Cómo utilizar este libro?

Este libro está escrito de modo que propone, siguiendo un calendario, 15 minutos de ejercicios diarios para progresar con la guitarra. Te aconsejo encarecidamente respetar al menos el orden del cronograma, puesto que los ejercicios son progresivos y es probable que te resulte difícil seguir si te saltas algunos.

No todo el mundo tiene las mismas habilidades con la guitarra; habrá quien avance sin problemas a lo largo de todo el libro trabajando 15 minutos al día y quien tenga problemas con un pasaje u otro: es absolutamente normal.

Hay varias formas de trabajar este libro:

- Seguir el cronograma de manera estricta, ateniéndose a los 15 minutos diarios (es el método que te aconsejo).
- Ampliar el tiempo si crees que 15 minutos no bastan para asimilar los ejercicios diarios. No pasa nada por dedicar dos días (2 × 15 minutos) a una serie de ejercicios si te parecen difíciles. En este caso, no tengas en cuenta los días y utiliza un marcapáginas para recordar dónde estás.
- También puedes trabajar con menor frecuencia pero dedicándole más tiempo cada vez. No es lo más aconsejable, ya que, para progresar adecuadamente, la práctica regular (aunque sea poco tiempo) es preferible a los "bloques" mal repartidos en el tiempo; no obstante, puede que esto sea todo lo que tu agenda te permita hacer.

Convenciones aplicadas en este libro

En este libro utilizaremos una serie de convenciones para simplificar la notación y las explicaciones. Estas son las más importantes:

- Consideraremos la **mano izquierda** aquella que presiona las cuerdas contra el mástil y la **mano derecha** la que sujeta la púa o rasguea las cuerdas con los dedos. Les pedimos disculpas a nuestros amigos zurdos, que tendrán que invertir los términos "mano derecha" y "mano izquierda".
- El **sentido del golpe de púa** indicado en las partituras que sirven de ejemplo es una sugerencia. No existe una regla absoluta en lo referente a los ataques de la mano derecha. Es cierto que la práctica de tocar abajo-arriba hace que el fraseo suela ser más fluido, pero no siempre es así. Las sugerencias que ofrecemos en cuanto al sentido de los golpes de púa pueden servirte de inspiración, pero no dudes en cambiarlo con el fin de conseguir comodidad y relajación máximas. El golpe de púa hacia abajo se marca en las partituras con una especie de corchete orientado hacia abajo ⊓ y el golpe hacia arriba, mediante una V mayúscula **V**.
- Cada ejemplo irá precedido de un texto explicativo, que recomendamos leer atentamente porque contiene información importante que puede ayudarte a abordar el ejemplo y sus dificultades con mayor facilidad.

Partituras y tablaturas

No es necesario saber leer música para trabajar con este libro, pues cada uno de los ejemplos, además de estar escrito con la partitura tradicional, irá acompañado de una tablatura. Este sistema de notación propio de la guitarra permite que todo el mundo pueda leer la música de una forma sencilla y comprensible (lo aclararemos más adelante). Sin embargo, queríamos que también apareciera la partitura tradicional por varias razones:

- Puede haber personas que hayan recibido una formación musical clásica y se sientan más cómodos con esa notación.
- Tener unos conocimientos básicos de solfeo puede resultar muy útil en algunas situaciones. La presencia de los pentagramas puede alentarte a examinar la notación clásica para enriquecer tus conocimientos y, por qué no, para comunicarte con otros músicos que no utilicen las tablaturas en sus instrumentos.
- La notación tradicional incluye los ritmos (negras, corcheas, blancas), algo que lamentablemente no aparece en las

tablaturas. Por lo tanto, puedes leer las notas en las tablaturas y consultar la partitura, situada justo encima, para comprender bien e interpretar los ritmos. (Sobre este tema, en la primera parte del libro encontrarás información sobre las nociones básicas de la notación rítmica.)

Cómo se organiza el libro

Este libro se estructura en cuatro partes distintas:

- Parte 1: "La guitarra: unas nociones básicas antes de empezar". Encontrarás información sobre el instrumento, algunos consejos para sostenerlo bien, cómo afinarlo y un poco de teoría para abordar mejor este libro.
- Parte 2: "¡Llegó el momento de tocar!". La parte fundamental de este libro, donde encontrarás todos los ejercicios y explicaciones para trabajar con la guitarra y progresar regularmente.
- Parte 3: "Unos acordes muy útiles". Un pequeño diccionario de acordes no exhaustivo, donde podrás encontrar los acordes básicos de la guitarra.
- Los decálogos: esta parte, esencial en la colección *para Dummies*, propone para finalizar el libro información sobre 10 guitarras legendarias y 10 consejos generales para trabajar con eficacia.

Las pistas de audio

Todos los ejemplos del libro están grabados. Las pistas de audio puedes encontrarlas en la página web de la colección *para Dummies* (`www.paradummies.es`), dentro de la *ficha descriptiva* del libro *La guitarra en 15 minutos al día*. Con estas pistas podrás escuchar perfectamente lo que debes tocar en cada ejemplo. Te resultarán útiles también si tienes problemas para descifrar una partitura o tablatura. En general, recomendamos tener siempre a mano estas grabaciones, ya que es muy importante comprobar lo que se oye al aprender a tocar un instrumento musical.

Iconos empleados en este libro

Imprescindibles también en la colección *para Dummies*, los iconos identifican un pasaje importante, un consejo que no debes perderte, etc. En este libro, son cuatro:

CONSEJO

Un consejo o sugerencia para ayudarte a ejecutar mejor un ejercicio o un pasaje concreto.

INFORMACIÓN TÉCNICA

Un ejercicio más complejo o desafiante para los más aventureros.

ESCUCHA

Este icono indica que el ejercicio tiene una referencia de audio.

EL AUTOR OPINA

Sácale partido a nuestra experiencia.

1

La guitarra: unas nociones básicas antes de empezar

EN ESTA PARTE . . .

Encontrarás información sobre este hermoso instrumento, algunos consejos para tener una buena postura, indicaciones para leer las partituras y tablaturas, así como una pequeña lección sobre la escritura de los ritmos. En general, encontrarás toda la información necesaria para abordar sin problemas lo que viene a continuación.

Capítulo 1

El instrumento

Un poco de historia

La guitarra no es precisamente un instrumento joven. De hecho, sus ancestros se remontan a más de 2.000 años antes de Cristo, ¡algo más de 4.000 años! Por supuesto, no tenían el mismo tamaño y solo contaban con una o dos cuerdas (todo lo que necesitaríamos para comenzar, ¿no es así?), pero funcionaban más o menos como ahora. Se han encontrado restos de las primeras guitarras en Persia (región que se correspondería aproximadamente al actual Irán). No será hasta el siglo X cuando la guitarra llegue a Europa a través de España y empiece a extenderse.

La guitarra se convirtió en un instrumento muy popular en el siglo XIV y se tocaba con un plectro (lo que hoy denominamos comúnmente "púa"). Desde entonces, ha ido evolucionando sin cesar y en el siglo XIX (no hace tanto) adquirió ya su forma actual; es la guitarra que conocemos en la actualidad como "clásica".

Durante el siglo XX, la guitarra experimentó un auge formidable y un gran número de variaciones. Las más populares son la guitarra clásica, la folk (popularizadas por marcas como Martin y Gibson) y la eléctrica, emblema supremo de las estrellas del rock y de los *guitar hero*.

Estos distintos tipos de guitarra parecen, a primera vista, corresponder a distintos estilos musicales: música clásica para la guitarra clásica, acompañamiento de cantantes para la guitarra folk y música rock para la eléctrica. Sin embargo, las especificaciones de cada una y su sonoridad hacen que no sea raro encontrar, por ejemplo, guitarras folk en el rock o cantantes que se acompañan con una guitarra clásica. No existe una regla tajante.

Las distintas guitarras: aspectos comunes y diferencias

Sea como sea, una guitarra siempre es una guitarra, y todo el mundo es capaz de reconocerla al verla o escucharla a pesar de sus posibles diferencias.

En general (hay excepciones, por supuesto), una guitarra tiene seis cuerdas, un largo mástil, una cabeza (por encima del mástil) y un cuerpo (por debajo del mástil). Hablaremos más adelante de este capítulo sobre la anatomía de este instrumento.

No obstante, como acabamos de ver, la guitarra posee esa particular capacidad de transformarse en diferentes versiones de sí misma, lo que la convierte en un instrumento muy polivalente. Te propongo descubrir algunos modelos distintos muy comunes.

La guitarra clásica

Es la guitarra reina de la música clásica. De tamaño mediano, se fabrica con madera de distintos tipos y posee seis cuerdas de nailon, lo que le da un sonido muy suave y expresivo. En general, se toca con los dedos y las uñas de la mano derecha y no con un plectro (púa).

¿Qué tipo de música hace uso de la guitarra clásica? Pues, por ejemplo, la música clásica (¡evidentemente!), la música tradicional española (en especial, el flamenco), pero también la música típica de Sudamérica, como el choro brasileño o la bossa nova. Escucha este tipo de guitarra y sus distintos estilos musicales en internet: guitarristas como **John Williams** (para la clásica), **Paco de Lucía** (para el flamenco) o **João Gilberto** y **Baden Powell** (para la música brasileña) son un excelente ejemplo de la guitarra clásica en cada uno de sus estilos.

FIGURA 1.1
La guitarra clásica.

La guitarra folk

Esta guitarra se diferencia de la clásica por su tamaño, generalmente más imponente, y por utilizar cuerdas de metal y no de nailon. Se fabrica también con madera y sus famosas cuerdas metálicas le confieren un sonido más agudo, más "brillante" y, a menudo, más potente que el de la guitarra clásica.

Fue muy popular a comienzos del siglo XX, sobre todo entre los cantantes de blues y de música country en Estados Unidos. Hoy día, cantantes de los estilos más diversos la utilizan para acompañarse mientras cantan, ya que su sonido combina perfectamente con la voz.

La guitarra folk puede variar de tamaño en función del efecto que busque el guitarrista (un tamaño pequeño para lograr un sonido más preciso y agudo, o un tamaño grande, para un sonido más grave y un volumen sonoro importante, por ejemplo).

FIGURA 1.2 La guitarra folk.

La guitarra de jazz

Este tipo de guitarra es algo particular porque su fabricación se parece a la de un violín o incluso de un violonchelo; de esta manera, por ejemplo, encontramos las "efes" del violín, que es el nombre que reciben las aberturas colocadas a ambos lados de las cuerdas y que sirven para propagar el sonido fuera de la guitarra. (Las guitarras clásicas y folk tienen un solo orificio situado debajo de las cuerdas, llamado "boca", que se adorna con una roseta.) Las cuerdas son metálicas como las de la guitarra folk, aunque con un sonido más dulce y menos agresivo debido a su fabricación. Hay modelos totalmente acústicos y otros eléctricos que necesitan un amplificador (como el de la siguiente imagen, que data ni más ni menos que de 1946).

Esta guitarra, que apareció en la década de 1920, se utiliza normalmente en jazz, aunque, una vez más, no resulta extraño encontrarla en otros estilos musicales.

Hay muchos guitarristas célebres especialmente aficionados a este tipo de guitarra pero, para hacernos una idea del bello sonido de estos instrumentos, podemos escuchar, por ejemplo, a **Jim Hall**, **Wes Montgomery**, **John Lee Hooker** o **Lucky Peterson**.

FIGURA 1.3
La guitarra de jazz.

La guitarra eléctrica

La guitarra eléctrica, que surgió a principios de la década de 1950, tuvo un éxito casi inmediato. Se diferencia del resto de las guitarras que hemos visto en que normalmente no tiene "caja de resonancia", es decir, que no resuena (o apenas lo hace) cuando se toca en solitario (sin otros instrumentos).

Para poder apreciar su sonido, es preciso conectarla a un amplificador mediante un cable (suele llamarse *jack*). Al igual que sus hermanas mayores, se fabrica a menudo con madera, pero cada vez es más frecuente que se utilicen otros materiales modernos, como el carbono, el metal o incluso… ¡el plástico! El hecho de que sea eléctrica permite obtener una gama de sonidos casi infinita, ya que se le pueden añadir diversos efectos además de la amplificación, por ejemplo, saturación (para un sonido rock/metal) o reverberación (para dar una sensación espacial).

FIGURA 1.4 La guitarra eléctrica.

Es el tipo de guitarra más utilizado en la música rock, hard rock, pop y otros muchos estilos. Escucha, por ejemplo, a **Angus Young** de ACDC, **Jimi Hendrix, Slash**, **Steve Vai** o **Jimmy Page** de Led Zeppelin.

Anatomía de una guitarra acústica

Ahora que conoces algo más sobre las diferentes guitarras y su historia, te mostramos las distintas partes que componen la guitarra (acústica en este caso) y su funcionamiento.

La siguiente imagen muestra una guitarra clásica, pero sus partes son las mismas que las de una guitarra folk.

En esta bella guitarra clásica, podemos observar:

- **Cuerdas:** son seis, como en la mayoría de las guitarras. Al vibrar, crean el sonido que surgirá desde todo el instrumento.

FIGURA 1.5 Anatomía de una guitarra clásica.

- **Cabeza:** también llamada "pala", es la parte superior de la guitarra, donde se engancha uno de los extremos de las cuerdas.
- **Clavijas:** situadas en la pala, son seis y permiten fijar las cuerdas y afinarlas. Al girar la clavija (una por cuerda) en un sentido, la cuerda se tensa y suena más aguda. Si se gira en sentido contrario, la cuerda se destensa y suena más grave.
- **Cejuela:** es una especie de pequeña varilla, generalmente hecha de hueso (aunque las hay también de plástico o metal, entre otros materiales), que une el mástil con la cabeza de la guitarra. En ella verás seis pequeñas muescas (una por cuerda) que sirven para guiar correctamente las cuerdas hacia la pala.
- **Mástil:** pieza larga y estrecha de madera que une el cuerpo de la guitarra y su cabeza. Sobre él se encuentra el **diapasón**, que es donde se ponen los dedos para pisar las cuerdas.
- **Trastes:** estas barritas de metal están pegadas en el diapasón a una distancia predefinida. Al pisar con el dedo una cuerda, esta toca el traste más cercano y se produce el sonido deseado, más agudo o más grave. También se le suele llamar traste al espacio comprendido entre dos de esas barritas.

- **Cuerpo:** también se conoce como caja de resonancia, porque es hueco y relativamente profundo. La mano derecha rasga las cuerdas en esa parte de la guitarra y, sobre la parte superior del cuerpo, descansa el brazo derecho.
- **Boca:** es el orificio redondo situado debajo de las cuerdas que sirve para propagar el sonido fuera de la guitarra. El adorno que lo rodea se llama **roseta**.
- **Puente:** es la pieza en la que se fija el otro extremo de las cuerdas, que se extienden desde la cabeza. Sirve también para unir las cuerdas a la caja.

El funcionamiento de la guitarra acústica es muy sencillo: las cuerdas se tensan entre la cabeza y el cuerpo de la guitarra. Al pulsar una de ellas, la cuerda emite una vibración (un sonido) que pasa por el puente y se propaga por el cuerpo de la guitarra. En ese momento, todo el cuerpo (la caja) vibra y amplifica el sonido. El sonido sale de la guitarra por la boca.

Anatomía de una guitarra eléctrica

En la siguiente imagen puedes ver una guitarra eléctrica.

Al igual que en la guitarra acústica, encontramos una cabeza, clavijas, un mástil, trastes, un cuerpo, etc. Sin embargo, una guitarra eléctrica no tiene boca y su cuerpo no es hueco, por lo que no podemos hablar de "caja". La principal diferencia reside en la presencia de unos micrófonos, que llamamos "pastillas", y unos botones que las controlan.

¿Cómo funciona? Aunque las cuerdas también se tensan entre la cabeza y el puente, el sonido no se propaga tanto por el cuerpo. Aquí intervienen las pastillas que, en realidad, son imanes que capturan la vibración de las cuerdas metálicas producida al tocarlas. Esos imanes convierten la vibración de las cuerdas en corriente eléctrica, que se dirige hacia el amplificador a través de un cable (*jack*) conectado a la guitarra (concretamente a través de la *toma de jack*). El amplificador, como su nombre indica, transforma de nuevo la corriente en vibraciones y las amplifica para difundir el sonido en la habitación.

Los controladores de volumen y tono sirven para controlar a distancia el amplificador.

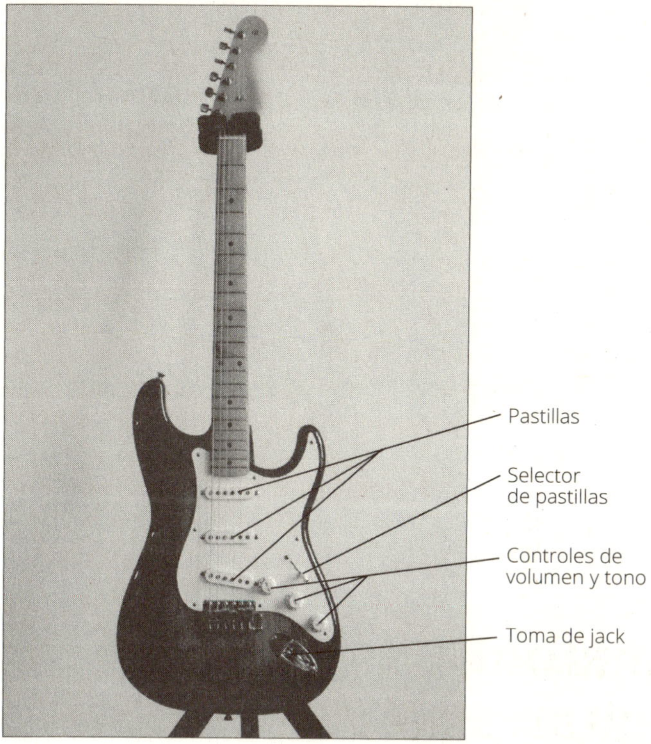

FIGURA 1.6 Anatomía de una guitarra eléctrica.

La guitarra de la imagen anterior tiene tres pastillas, pero hay guitarras que solo tienen una o, a veces, dos. Cada pastilla produce un sonido diferente (en general, más o menos dulce o agresivo). Mediante el *selector de pastillas* se puede elegir la pastilla que se quiere utilizar. No es raro usar el selector a lo largo de una canción para cambiar de pastilla y variar así el sonido de la guitarra.

Capítulo 2

Las bases fundamentales

El primer paso para aprender a tocar la guitarra es sostenerla correctamente. Hay dos razones fundamentales:

- En primer lugar, una mala posición con la guitarra (y con cualquier otro instrumento) puede causar malestar físico, incomodidad e, incluso, provocar dolores: son muchos los guitarristas a los que con frecuencia les duele la espalda porque durante años han mantenido una mala postura al tocar la guitarra.
- Tener una buena posición permite estar relajado, manejar mejor las dificultades que se pueden tener al tocar y progresar con mayor rapidez. Por el contrario, si tienes una mala postura, tu cuerpo responderá tensionándose y tendrás más problemas a la hora de tocar.

Vamos a ver cuál sería una buena posición, primero sentado y, luego, de pie.

Tocar sentado

Tocar sentado permite tener una posición estable y mantener relajados los músculos para no cansarse. No obstante, también hay que tener cuidado.

A continuación, verás tres buenas posiciones para tocar sentado:

FIGURA 2.1 Tocar sentado con una buena posición.

- **La primera posición de la imagen representa a un joven guitarrista sentado con las piernas sin cruzar.** Esta posición es buena porque la espalda permanece recta, la cabeza no está (demasiado) inclinada hacia abajo, la guitarra está bien sujeta contra el cuerpo y los pies están en contacto con el suelo.
- **La segunda posición es igual de buena que la primera, pero la pierna derecha está cruzada sobre la izquierda y la guitarra reposa sobre el muslo derecho.** Esta posición tiene la ventaja de que se eleva la guitarra, de modo que el guitarrista no curva la espalda para inclinarse hacia ella. Sin embargo, presenta un inconveniente para algunas personas: el hecho de cruzar la pierna, a veces, dificulta la circulación sanguínea, lo que provoca un desagradable hormigueo. Esto no le sucede a todo el mundo.
- **La tercera posición permite elevar la guitarra pero sin cruzar las piernas.** Para ello, se utiliza un "reposapiés": un objeto común, sobre todo entre los guitarristas de música clásica, regulable en altura y que permite elevar la pierna que sostiene la guitarra, siempre con el objetivo de no inclinarse hacia el instrumento. Es imprescindible que pueda regularse para que se adapte a la altura y morfología del intérprete.

A continuación te mostramos una imagen de **lo que no se debe hacer**:

FIGURA 2.2 Mala posición.

El guitarrista se inclina aquí hacia el instrumento; tiene el cuello y la espalda totalmente curvados. La guitarra no está completamente pegada al cuerpo, sino ligeramente inclinada. Observa también que uno de los pies no toca el suelo ni se apoya en nada, lo que impide que tenga un buen equilibrio. Con esta posición, podemos pronosticarle al guitarrista futuros problemas de espalda y una progresión lenta y difícil con el instrumento. **Por lo tanto, no toques así.**

Tocar de pie

Cuando vemos actuaciones de los guitarristas en directo, en televisión o en internet, es fácil que aparezcan tocando de pie. Eso les permite moverse por todo el escenario mientras tocan. **Angus Young** (de ACDC) y **Slash** son muy buenos ejemplos de guitarristas que jamás se están quietos. Aunque la guitarra eléctrica (por su tamaño) sea la más adecuada para tocar de pie, también es posible hacerlo con una guitarra clásica o una folk.

Para tocar de pie, la guitarra tiene que tener sujetadores de correa: dos botones, situados uno en la parte inferior del cuerpo y el otro en la parte superior (al lado del mástil), en los que se puede enganchar una correa para colgar la guitarra al hombro.

A continuación, puedes ver una buena postura de pie: la guitarra no está ni demasiado alta ni demasiado baja, está pegada al cuerpo del guitarrista, cuya espalda no está curvada hacia el instrumento. Los brazos "caen" de forma natural y sin esfuerzo sobre la guitarra.

FIGURA 2.3 Tocar de pie con una buena postura.

Y lo que no hay que hacer

FIGURA 2.4 Mala postura.

Aquí la guitarra está demasiado baja, lo que obliga al guitarrista a inclinarse y a sobrecargar los músculos de la espalda. De igual modo, podemos predecirle tensiones, fatiga y futuros problemas dorsales. **Una vez más, ¡olvida esta postura!**

Como ya habrás concluido, ya sea de pie o sentado, la posición con la guitarra es fundamental y te ayudará a progresar mejor. Aunque lleves muchos años tocando, nunca resulta inútil revisar la postura para evitar cualquier mal hábito.

Resumimos los puntos esenciales de una buena posición para tocar:

- La guitarra debe estar pegada al cuerpo.
- La espalda y la cabeza deben permanecer erguidas (si quieres mirar la guitarra, algo normal, acostúmbrate a bajar la mirada hacia ella, en lugar de inclinar la cabeza).
- En posición sentada, los pies deben tocar el suelo para poder apoyarse adecuadamente.
- Por último, un consejo fundamental: mantente relajado mientras toques. Es la clave para progresar de manera constante y sencilla. Si te parece que estás tenso, revisa tu postura: endereza la espalda, baja los hombros y respira profundamente mientras tocas.

La posición de las manos en la guitarra

Acabamos de analizar la posición general del cuerpo para tocar la guitarra. Entremos ahora en detalle para abordar la posición de las manos.

La mano izquierda

La mano izquierda (no dudes en invertir los términos si eres zurdo) es la mano que presiona las cuerdas contra el diapasón. Es la que va a definir la altura de las notas tocadas (más graves o más agudas). Para apoyar los dedos sobre las cuerdas sin esfuerzo, es necesario que se coloquen (dentro de lo razonable) casi en perpendicular sobre ellas. El pulgar debe situarse detrás del mástil, ni demasiado alto ni demasiado bajo.

CONSEJO DEL PROFE

Un error frecuente entre los principiantes es el de presionar excesivamente con los dedos o con el pulgar. Pero el secreto está en presionar un poco con ambos. Imaginemos que los dedos y el pulgar forman una pinza: la fuerza se reparte entre ambos lados. Esto permite tocar mejor y sin esfuerzo.

La siguiente imagen muestra una buena posición de la mano izquierda, vista desde delante y desde detrás del mástil:

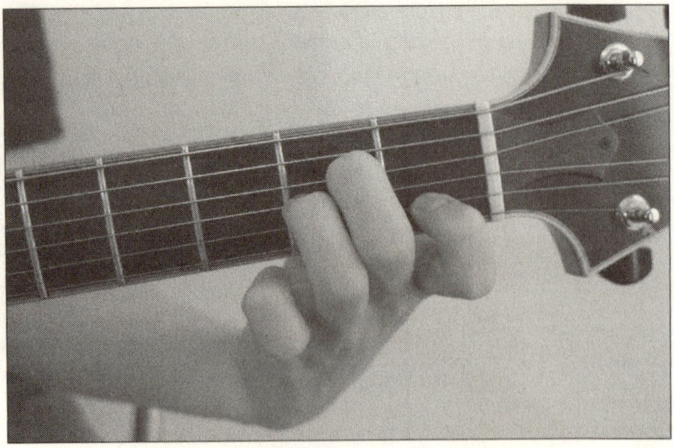

FIGURA 2.5 Buena posición: delante.

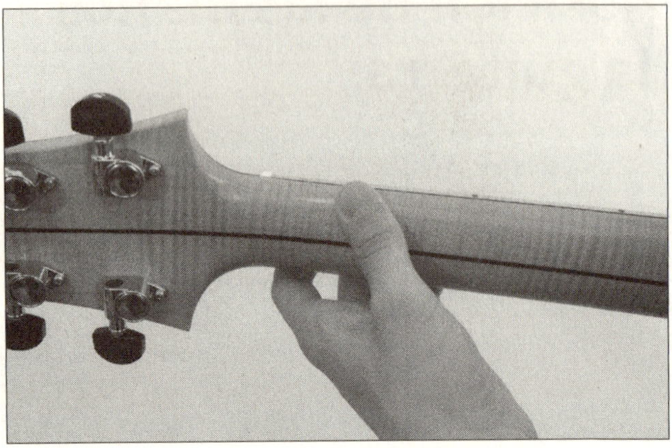

FIGURA 2.6 Buena posición: detrás.

La siguiente imagen representaría una mala posición de la mano izquierda:

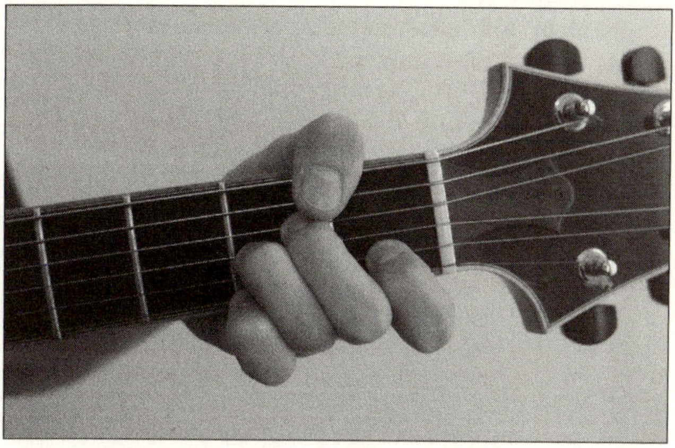

FIGURA 2.7 Mala posición: delante.

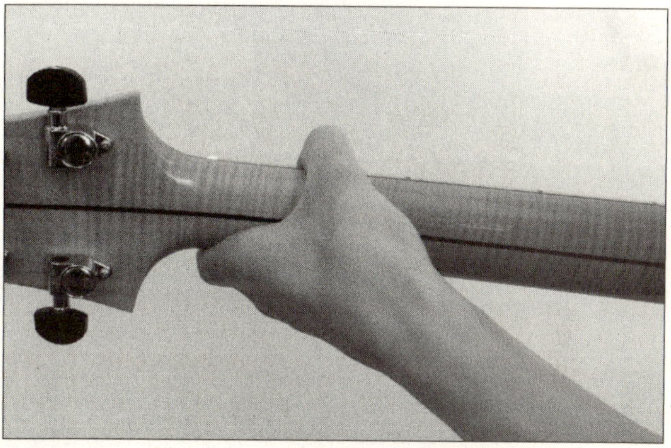

FIGURA 2.8 Mala posición: detrás.

En este caso, el pulgar pasa por encima del mástil, lo que provoca, por un lado, que la palma de la mano se pegue totalmente al mástil y, por otro, que no exista la *pinza* deseada para repartir el esfuerzo. Podemos ver en la imagen que el mástil se agarra con mucha fuerza, como si fuera un hacha; algo extraño para hacer música ¿no? Esta posición, en realidad, puede ralentizar la progresión e incluso dañarte la mano si practicas durante mucho tiempo.

La mano derecha

En la guitarra, la mano derecha es la encargada de "pulsar" o "rasguear" las cuerdas para que suenen.

El brazo derecho debe colocarse de manera natural sobre el cuerpo de la guitarra, y la mano derecha debe estar igual de natural, ni demasiado cerca ni demasiado lejos del mástil. Para que no resulte difícil tocar, los dedos siempre deben estar relajados y la muñeca flexible.

La siguiente imagen sería un ejemplo de **buena posición** (válida también para tocar con púa):

FIGURA 2.9 Buena posición.

Una **mala posición** podría parecerse a esto:

FIGURA 2.10 Mala posición.

Vemos claramente que la postura no es natural y que conlleva tensión en la espalda y en los hombros. Además, la mano se sitúa demasiado cerca del mástil, lo que dificultará la ejecución de las piezas que quieras tocar. Por último, la mano aparece completamente cerrada y contraída: esto hay que evitarlo.

Vamos a resumir los aspectos básicos de una buena postura para las manos en la guitarra:

- Los dedos de la mano izquierda deben estar casi en perpendicular sobre las cuerdas para poder apoyarse sin dificultad.
- El pulgar de la mano izquierda debe situarse detrás del mástil para poder hacer pinza con los demás dedos y repartir el esfuerzo.
- El brazo y la mano derechos deben colocarse relajados y de manera natural sobre el cuerpo de la guitarra y las cuerdas.
- La mano derecha debe colocarse a medio camino entre el mástil y el puente de la guitarra.

Tocar con los dedos o con púa

Este es un dilema habitual para los guitarristas y, sobre todo, para los principiantes. Pero, antes de nada, ¿a qué nos referimos con esto? Pues bien, tiene que ver con la forma con la que la mano derecha rasguea las cuerdas de la guitarra.

Tocar con los dedos significa que se utilizan los dedos de la mano derecha (incluido el pulgar) para rasguear las cuerdas.

Tocar con púa consiste en utilizar un trozo de plástico (también puede ser de metal, madera, hueso y muchos otros materiales) que tiene el siguiente aspecto:

FIGURA 2.11 Púa.

En general, se sujeta con los dedos índice y pulgar del siguiente modo:

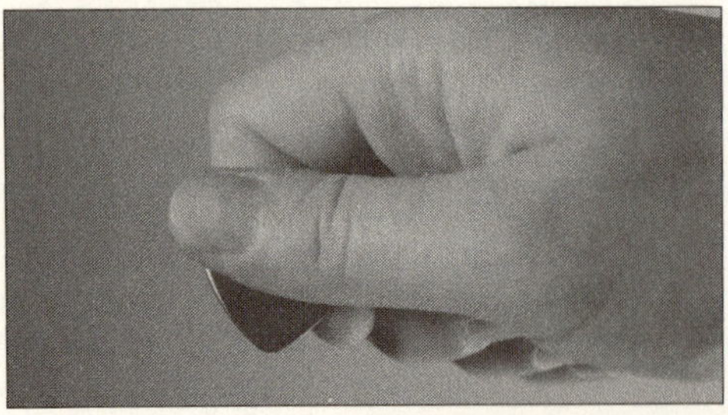

FIGURA 2.12 Cómo sujetar la púa.

Al mover la muñeca derecha, y también un poco el brazo, la púa frota una o varias cuerdas y las hace sonar, así de simple.

En realidad, no hay una regla que determine el mejor método; sin embargo, por experiencia te diré que, si bien al principio parece más fácil tocar con los dedos, muy poco después resulta mucho más difícil que usar una púa, lo que limita a veces los estilos musicales que se desean tocar.

En este libro, hablaremos principalmente de la púa, aunque también un poco de los dedos para que puedas elegir a medida que avances.

No te olvides de afinar la guitarra

Es necesario afinar la guitarra con regularidad: los cambios de temperatura, de humedad o el tiempo que tengan las cuerdas hacen que se desafinen. Si eso ocurre, será difícil o más bien imposible que puedas tocar una canción y que suene bien. Hay dos formas de afinar una guitarra.

La primera, y más sencilla, es utilizar un afinador electrónico. Se trata de un pequeño aparato con una aguja que se coloca cerca del instrumento. Al tocar una cuerda al aire (es decir, sin presionarla con ningún dedo de la mano izquierda), el afinador reconocerá la cuerda que se ha tocado y sabrás qué hay que hacer:

» Si la aguja se inclina hacia la izquierda, debes girar la clavija de esa cuerda (no te equivoques de cuerda) para tensarla.

- Si la aguja se inclina hacia la derecha, haz lo contrario: gira la clavija en el otro sentido para destensar la cuerda.
- Cuando la aguja se encuentre en el centro, la cuerda estará bien afinada.

Un afinador que indica que una cuerda está bien afinada sería como en la siguiente imagen:

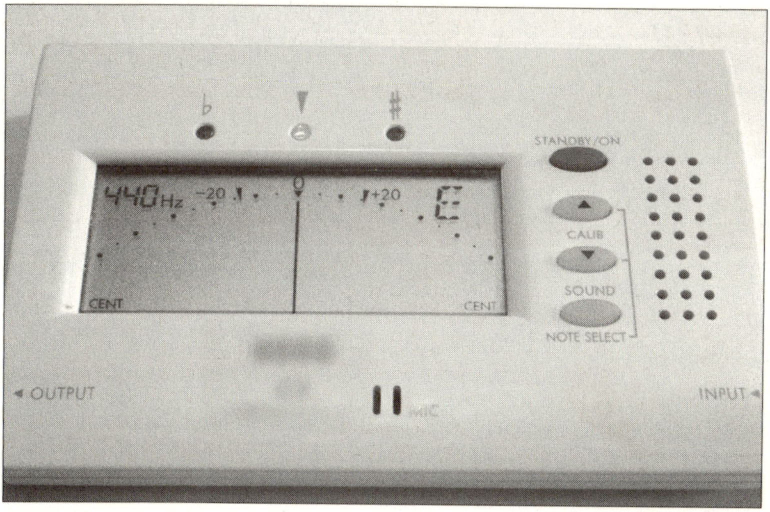

FIGURA 2.13 Una cuerda mi (o con notación E) bien afinada.

El afinador es fácil de usar y permite afinar la guitarra con facilidad. Tiene, sin embargo, una desventaja: todo guitarrista que se precie también debe saber afinar de oído para no depender de un aparato. Por eso, te propongo otro método de afinación.

El segundo método consiste en utilizar las pistas de audio de este libro. En la pista titulada "Para afinar", podrás escuchar las cuerdas de una guitarra afinada tocadas al aire (sin pulsar con los dedos de la mano izquierda) de forma lenta y repetida.

La primera cuerda que se toca es la más aguda (la más fina). Toca ahora esa cuerda en tu guitarra: si suena más grave que en la pista de audio, gira la clavija de esa cuerda para tensarla. Si suena más aguda, gira la clavija en sentido contrario para destensarla. Repite la misma operación con todas las demás cuerdas (en la grabación, se tocan por orden: de la más fina/aguda a la más gruesa/grave). Al final, cada cuerda de la guitarra deberá dar exactamente la misma nota al aire que las cuerdas de la guitarra que suenan en la grabación.

Este método es un poco más difícil que el del afinador electrónico, ya que el oído debe acostumbrarse a reconocer la altura de los sonidos (si la cuerda suena más grave o más aguda), pero, con un poco de práctica, no tardarás en lograrlo y esto te hará progresar mucho.

Capítulo 3

Un poco de teoría

En este capítulo nos ocuparemos un poco de la teoría. Esta palabra puede asustar un poco a algunas personas, pero vamos a hablar de códigos muy sencillos que te facilitarán enormemente la lectura del libro y te permitirán avanzar mucho más rápido.

Leer acordes

Cada vez que veamos un nuevo acorde, este aparecerá en el libro de dos maneras distintas: con un esquema y con una foto.

El esquema es así:

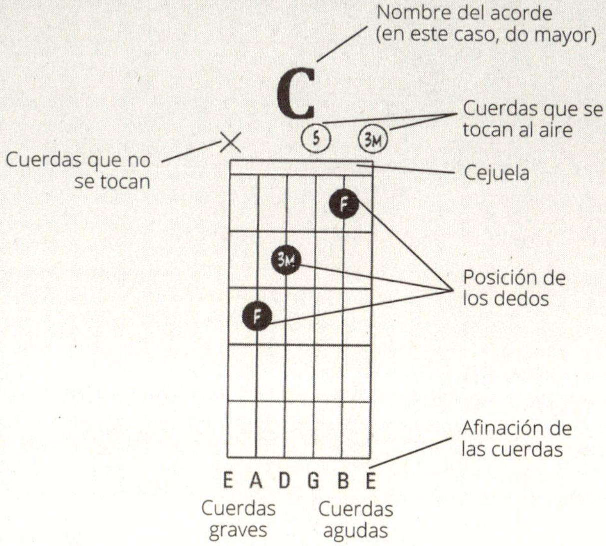

Y la foto sería así:

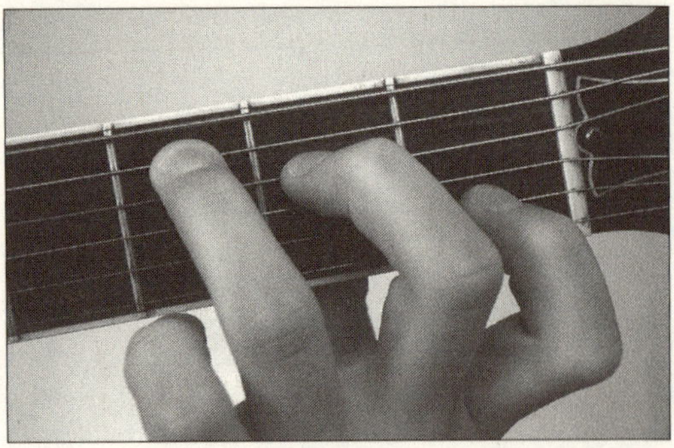

FIGURA 3.1 Foto de do mayor.

Con estas dos indicaciones, no puedes equivocarte: se ve dónde colocar los dedos, qué dedos hay que colocar y la forma del acorde deseado.

La notación anglosajona: imprescindible

En Europa, se utilizan las palabras do, re, mi, fa... para nombrar las notas. En los países anglosajones, las notas musicales se corresponden con letras mayúsculas: A, B, C... Cuando se escriben acordes para guitarra, la notación anglosajona es la más utilizada, incluso entre los europeos. Aunque puede resultar un poco confuso al principio, no se tarda mucho en aprenderse la correspondencia entre los dos sistemas de notación.

A = la

B = si

C = do

D = re

E = mi

F = fa

G = sol

De este modo, un acorde de do se escribirá: C; un acorde de mi: E; etc.

Leer una partitura o una tablatura

Como dijimos al comienzo de este libro, cada ejercicio aparecerá con notación en partitura tradicional y en tablatura. Pongamos un ejemplo de partitura para descifrar los códigos:

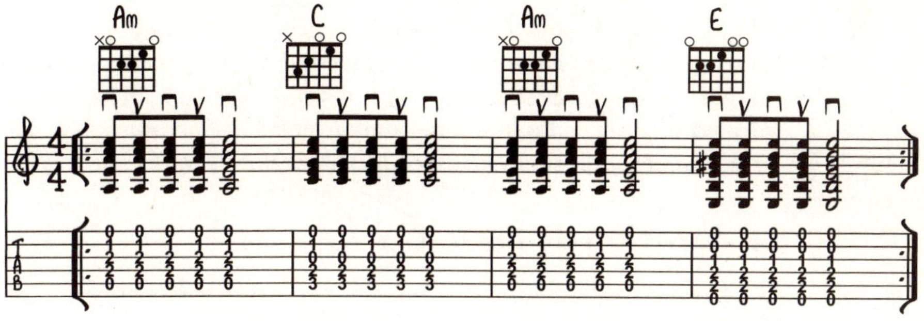

FIGURA 3.2 Ejemplo de partitura.

En la parte superior, puedes ver el nombre de los acordes tocados, así como un pequeño esquema para que recuerdes la posición de los dedos por si la hubieras olvidado.

El primer grupo de (5) líneas horizontales es lo que llamamos *pentagrama*, donde se escriben —sobre las líneas o en el espacio que hay entre ellas— las notas de las melodías o de los acordes. Los pentagramas tienen la enorme ventaja de que en ellos se puede expresar no solo la altura de las notas, sino también el ritmo, algo que no permiten las tablaturas.

Debajo verás otro grupo de seis líneas; esto es una tablatura. Las seis líneas representan las seis cuerdas de la guitarra, la más grave de las cuales se muestra en la parte inferior (como si colocaras la guitarra sobre las rodillas y la mirases desde arriba). Los números indican los trastes en donde hay que situar los dedos para tocar la cuerda deseada. Por ejemplo, un "3" escrito sobre la línea superior indica que hay que presionar la cuerda aguda en el tercer traste. Sencillo, ¿verdad?

Si encuentras varias notas alineadas en vertical en una tablatura, esto significa que debes tocarlas al mismo tiempo (como en el ejemplo de arriba).

Las tablaturas son un sistema muy ingenioso que ha contribuido mucho a popularizar la guitarra, pues elimina la necesidad de leer las notas. Sin embargo, tiene sus limitaciones porque no incluye la notación del ritmo, esencial en la música. Un buen compromiso sería comprender el funcionamiento de las tablaturas y abordar algunas nociones sobre notación rítmica para combinar lo mejor de los dos sistemas. Eso es exactamente lo que ofrecemos a continuación.

La notación rítmica

Una vez más, debemos decir que este libro no pretende desarrollar tus conocimientos de solfeo (por eso cada ejemplo lleva una tablatura), pero es interesante abordar algunos aspectos de la notación rítmica porque te ayudarán a comprender mejor los ejemplos, a trabajarlos mejor y, con suerte, a escribir tus propios ritmos.

La duración de las notas

El siguiente esquema es muy importante, pues explica con claridad las relaciones entre las distintas duraciones de las notas.

De acuerdo con este esquema, vemos que una redonda (𝅝) equivale a dos blancas (𝅗𝅥), que una blanca equivale a dos negras (♩), que una negra vale lo mismo que dos corcheas (♪) y que una corchea equivale a dos semicorcheas (𝅘𝅥𝅯). Podemos deducir, por ejemplo, que una negra (♩) tiene el mismo *valor* (duración) que cuatro semicorcheas (𝅘𝅥𝅯𝅘𝅥𝅯𝅘𝅥𝅯𝅘𝅥𝅯).

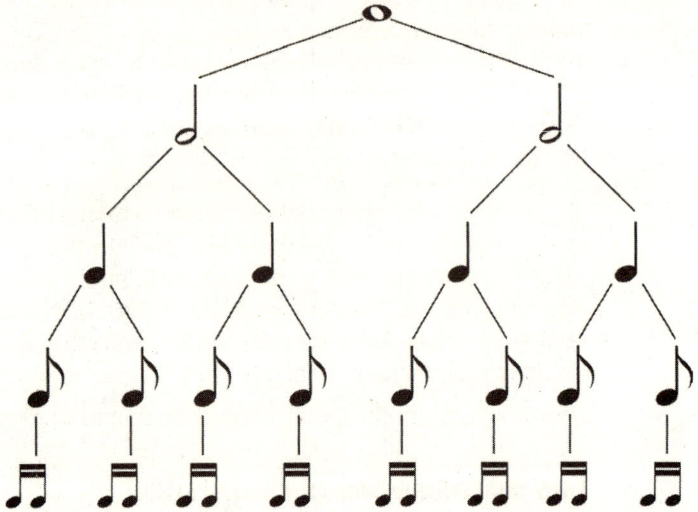

A continuación, te mostramos los silencios o pausas: son los símbolos que indican cuánto dura el silencio que hay entre dos notas. Esta es la correspondencia entre la duración de las notas y los silencios:

Nuestra última indicación referente a la escritura del ritmo es el *puntillo*. Cuando una nota va acompañada de un punto, su duración aumenta en la mitad de su valor. Por ejemplo, una negra con puntillo (♩.) valdrá una negra y media, y equivale a tres corcheas (♪♪♪) o seis semicorcheas (♬♬♬)

La métrica

La métrica en la que están escritos todos los ejemplos del libro es 4/4, lo que significa que cada compás contiene cuatro negras (♩), es decir, cuatro tiempos. La métrica se escribe al principio del pentagrama, como vemos a continuación:

Recuerda que un compás de cuatro tiempos contiene valores (notas o silencios) cuya suma equivale a cuatro, ni más ni menos.

Las notas sobre el diapasón

Para progresar adecuadamente, es necesario conocer las notas sobre el diapasón de la guitarra, ya que así podrás encontrar la ubicación de todos los acordes que quieras y mucho más.

Lo primero que hay que hacer es aprenderse de memoria el nombre de las cuerdas al aire, es decir, el nombre de las cuerdas cuando no se presionan con los dedos; de la más grave a la más aguda: **mi, la, re, sol, si, mi**. Apréndetelas en este orden como si fuera un poema, te será muy útil más adelante.

Cada traste de la guitarra representa un semitono. Por ejemplo, para buscar la nota sol en la cuerda de mi agudo, pensaremos lo siguiente: cuerda al aire: mi; primer traste: fa; segundo traste: fa sostenido; tercer traste: **sol.** ¡Ya está!

CONSEJO DEL PROFE

Para evitar sobrecargar la representación del diapasón que viene a continuación, no he indicado las notas que conllevan un sostenido (♯) o un bemol (♭). Un sostenido aumenta una nota un semitono (un traste) y un bemol la disminuye un semitono (un traste). Recuerda solo que entre fa y sol está la nota fa♯ o sol♭; entre la y si está la♯ y si♭, etcétera.

Atención, entre las notas si y do, así como entre mi y fa, no hay ni sostenido ni bemol.

Las cifras romanas que aparecen en el esquema indican los números de traste.

Te aconsejo que marques la página del esquema siguiente: representa el diapasón de la guitarra con todas las notas. Te servirá especialmente cuando quieras mover acordes con cejilla a distintos lugares del diapasón.

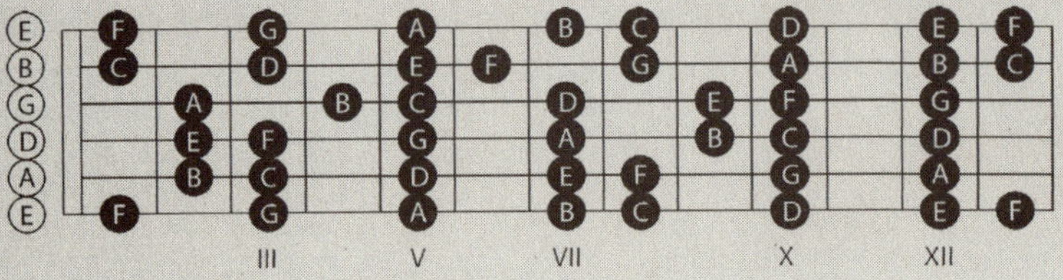

2

¡Llegó el momento de tocar!

EN ESTA PARTE . . .

Encontrarás dieciséis semanas de lecciones, cada una de las cuales incluye 15 minutos de ejercicios diarios para trabajar con la guitarra.

Aunque una lección te parezca sencilla, te aconsejo que no pases a la siguiente en el mismo día; repítela prestando atención al más mínimo detalle. Sé perfeccionista y cambia de lección al día siguiente.

Por el contrario, si una lección te parece complicada y tienes la sensación de no haberla concluido en esos 15 minutos, no dudes en repetir esa misma lección al día siguiente. No hay problema, el cronograma es una mera indicación, no tienes que seguirlo al pie de la letra; ¡y esto no es una competición! Es totalmente normal que unos encuentren fácil un tema que a otros les resulte difícil.

Semana 1

Lunes

En esta primera lección, vas a aprender a tocar dos acordes fundamentales para empezar con la guitarra. Se trata de los acordes de la menor (Am) y mi mayor (E).

Para estos dos acordes, solo se utilizan tres dedos de la mano izquierda y, como puedes ver en las fotos y esquemas siguientes, sus posiciones están muy próximas, por lo que solo tendrás que subir (o bajar) los dedos de una sola cuerda para pasar de uno a otro.

E (mi mayor)

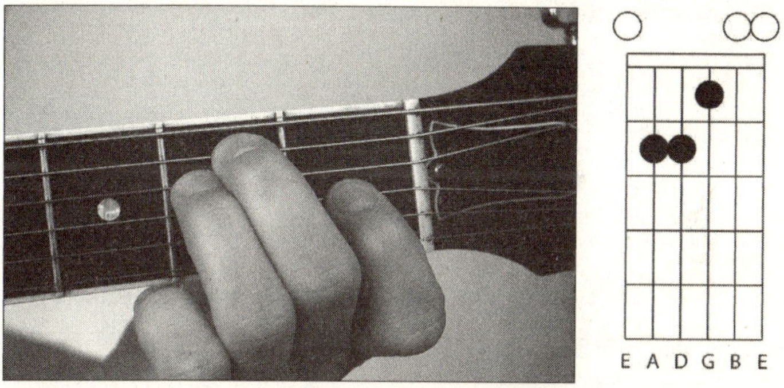

Am (la menor)

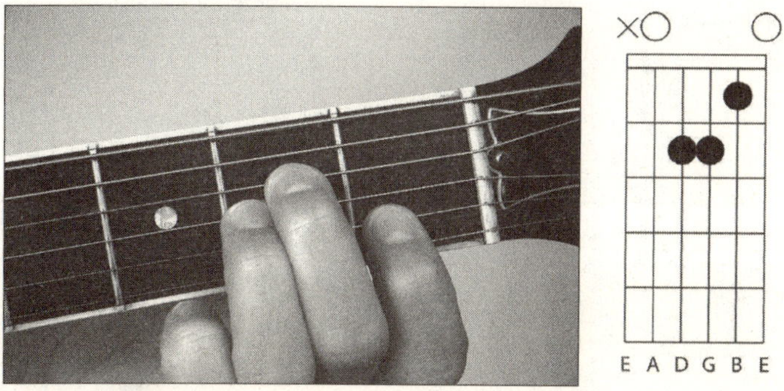

En primer lugar, practica la colocación correcta de los dedos. Para ello, permíteme que te recuerde el método del que te hablé al principio del libro:

CONSEJO

Coloca los dedos sobre el diapasón de la guitarra en función de lo que veas en los esquemas y las fotos (¡ten cuidado de no invertir el sentido de la lectura!). Luego, toca las cuerdas una por una y asegúrate de que todas las notas suenan bien. Quita los dedos, relájalos durante unos segundos y repite el proceso con el siguiente acorde; después, vuelve a hacerlo todo en bucle. Con esta técnica, podrás memorizar mejor las posiciones de los acordes y evitar desagradables tensiones en las manos, algo muy frecuente cuando uno comienza a tocar la guitarra.

ESCUCHA

Ejercicio 1

Este ejercicio parte de las notas graves:

ESCUCHA

Ejercicio 2

El mismo ejercicio pero partiendo de las notas agudas:

ESCUCHA

Ejercicio 3

Para terminar esta primera lección diaria, intenta cambiar de acordes con ritmo: toca mi mayor (E) y cuenta cuatro tiempos lentos y regulares; luego, toca la menor (Am) y cuenta cuatro tiempos; vuelve a tocarlo todo varias veces (podrías hacerlo con la ayuda de un metrónomo, ¡avanzarás todavía más rápido!).

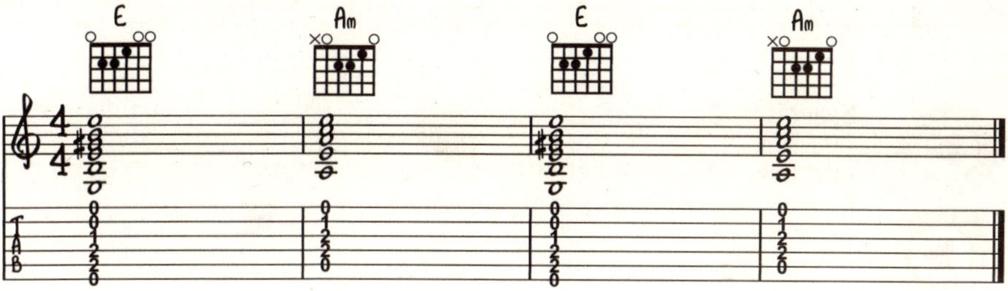

Martes

Te propongo continuar hoy estudiando los dos acordes que vimos ayer: la menor (Am) y mi mayor (E).

Aprender a colocar correctamente los dedos sobre el diapasón de la guitarra para tocar los acordes puede llevar tiempo dependiendo de la persona. Es natural necesitar algo de tiempo para acostumbrarse.

Tocar los acordes con ritmo contribuye a sentirse a gusto. Por un lado, obviamente, resulta más musical y agradable de escuchar y, por otro, el hecho de respetar un ritmo, aunque sea simple, te obliga a colocar los dedos en el momento oportuno. Muy pronto, el cerebro prestará más atención al ritmo que a la posición de los dedos, que irán colocándose cada vez más rápido.

Si es preciso, consulta el apartado “La notación rítmica” al principio del libro para entender bien la escritura del ritmo.

Estos son los tres ejercicios de hoy:

ESCUCHA

Ejercicio 1

En este primer ejercicio, te voy a pedir que toques siempre un tipo de acorde por compás, aunque dos veces, a intervalos regulares. Toca un acorde cada dos tiempos; con lo cual estarás tocando blancas (𝅗𝅥).

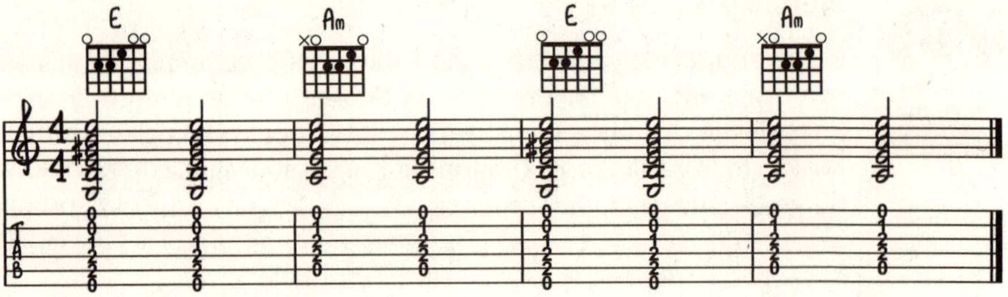

Ejercicio 2

ESCUCHA

Esta vez, toca en cada tiempo del compás (es decir, cuatro tiempos). En este caso, estarás tocando negras (♩).

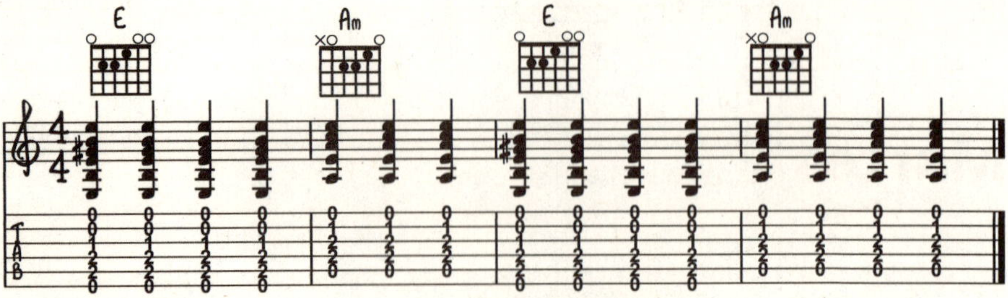

Ejercicio 3

ESCUCHA

Por último, un ejercicio que mezcla las blancas y las negras. Intenta tocar de la forma más regular posible; lo importante es la regularidad, no la velocidad. A riesgo de repetirme, un metrónomo suele servir de mucha ayuda para no perder el ritmo. Escucha los ejemplos: te ayudarán a comprender bien el ritmo y lo que debes hacer.

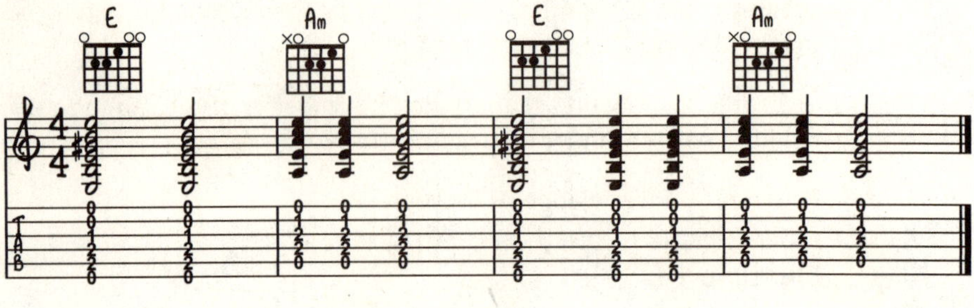

Miércoles

En estos dos días anteriores, nos hemos centrado en la colocación de los dedos de la mano izquierda sobre el diapasón. Hoy vamos a hablar de la mano derecha. En la guitarra, ninguna mano es más importante que otra, es necesario comprender el papel de cada una para que la coordinación sea perfecta, y la ejecución, fluida.

Hay dos formas de tocar las cuerdas con la mano derecha: con los dedos o con una púa. Los principiantes suelen decantarse por el primer método; sin embargo, tocar con los dedos resulta más complicado de lo que parece y requiere una precisión y un rigor enormes para obtener un buen resultado. Al principio, es más sencillo utilizar la púa: el sonido es más nítido, más claro, y resulta más fácil apuntar a las cuerdas.

CONSEJO

Te aconsejo, por lo tanto, que intentes aprender a tocar con la púa. Dicho esto, eres libre de elegir la técnica que prefieras, pues todo lo que se toca con la púa puede tocarse también con los dedos (¿por qué, entonces, no trabajar los dos métodos?).

La púa es una pieza de plástico que se sostiene entre los dedos índice y pulgar de la mano derecha. Puedes encontrarla en distintos tamaños, materiales y grosores. Para empezar, te aconsejo una púa de tamaño estándar y con un grosor de 1 mm aproximadamente; las encontrarás a buen precio en todas las tiendas de música. La punta de la púa debe sobresalir para poder rasguear las cuerdas y debe situarse más o menos en perpendicular al dedo pulgar, como se ve a continuación:

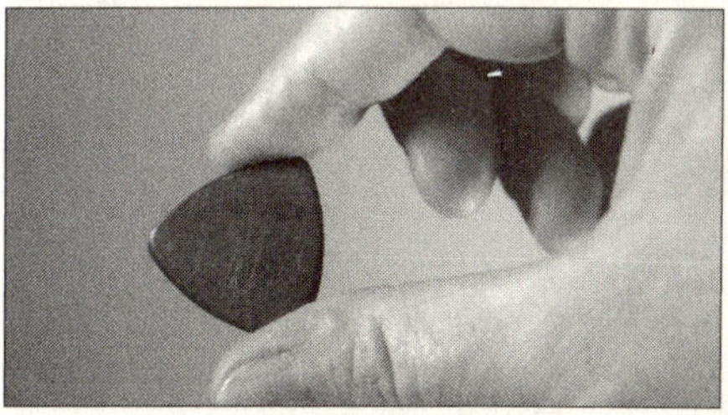

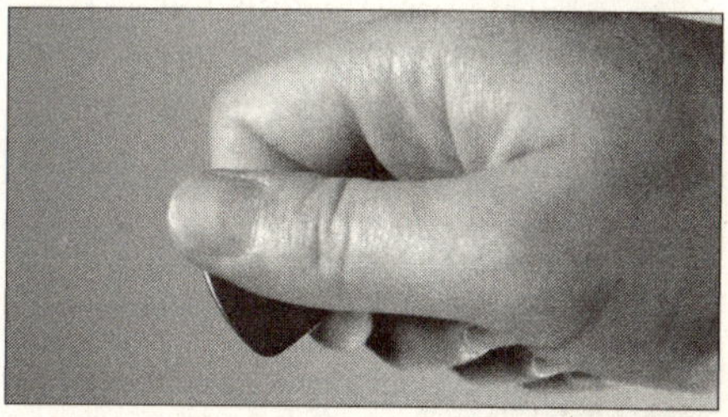

CONSEJO DEL PROFE

Los golpes de púa se dan hacia abajo o hacia arriba. En las partituras, el golpe hacia abajo se marca con el símbolo ⊓ y el golpe hacia arriba se marca con el símbolo V.

ESCUCHA

Ejercicio 1

Tomemos de nuevo los dos acordes que conoces cada vez mejor e intentemos añadirles una dificultad aplicándoles ambos golpes de púa.

Ya conoces el primer ejemplo, tan solo le he añadido las indicaciones de los golpes de púa que debes respetar.

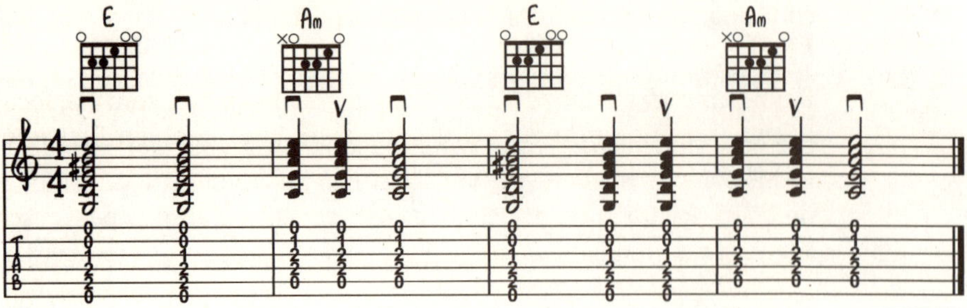

ESCUCHA

Ejercicio 2

El segundo ejercicio también lo conoces, se trata de tocar negras (en todos los tiempos), pero esta vez alternando los golpes: hacia abajo, hacia arriba, hacia abajo… ¡No pierdas la regularidad del ritmo!

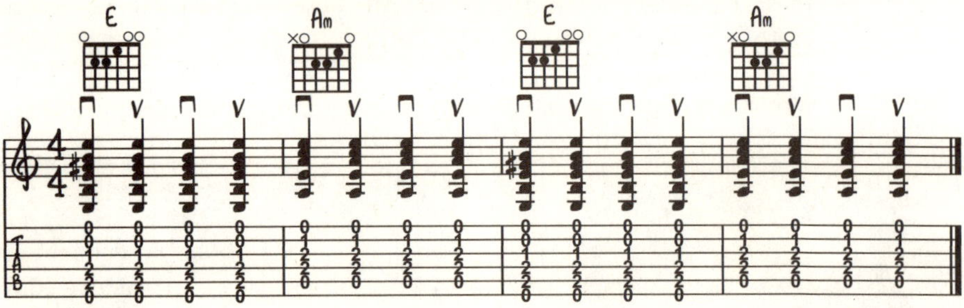

Jueves

La guitarra es un instrumento armónico, es decir, nos permite tocar varias notas al mismo tiempo, lo que llamamos acordes. Sin embargo, también es un instrumento melódico: podemos tocar melodías, notas individuales que se tocan una detrás de otra. Esto es lo que te propongo hoy.

Un acorde en la guitarra contiene hasta seis notas. En principio, puede parecer más complejo que tocar una melodía que no conlleva más que una nota a la vez Sin embargo, no tiene que ser necesariamente así: la mayor dificultad al ejecutar melodías es pulsar la cuerda correcta con la mano derecha. Aunque el movimiento se naturalice rápidamente con la práctica, es algo que con frecuencia resulta difícil para los principiantes. Vamos a verlo progresivamente.

ESCUCHA

Ejercicio 1

Para el primer ejercicio, te propongo una melodía muy sencilla, tocada únicamente en la cuerda de mi agudo (que también llamamos "primera cuerda").

El audio del ejemplo se toca cuatro veces en bucle: la primera vez, escucharás el acompañamiento junto a la melodía que debes tocar; las tres veces siguientes, solo se escucha el acompañamiento para que toques al mismo tiempo la melodía.

ESCUCHA

Ejercicio 2

Esta es otra melodía sobre la cuerda de si. La dificultad reside en pulsar correctamente la cuerda en cuestión (¡y solo esa cuerda!).

CONSEJO

Procura, en la medida de lo posible, no mirar la mano derecha mientras tocas y sentir la posición de las cuerdas, incluso aunque te equivoques al principio. Te sorprenderá (cuando te esfuerzas por no mirar demasiado la mano derecha) lo poco que se tarda en ser consciente de cuáles son las cuerdas que hay que tocar. Por no mencionar que te evitarás una buena tortícolis.

Ejercicio 3

ESCUCHA

Por último, veamos una melodía de graves, tocada en la cuerda de mi grave, que bien podría tocarse, por ejemplo, en un contexto de rock. No deberías tener problemas para pulsar esta cuerda.

Viernes

Ayer vimos cómo tocar melodías sencillas sobre una cuerda. Hoy te propongo seguir en la misma línea pero tocando melodías sobre dos cuerdas. Poco a poco, tomarás conciencia física del espacio que hay entre las cuerdas de la guitarra. Recuerda no mirar la mano derecha (o la izquierda si eres zurdo).

Ejercicio 1

ESCUCHA

Este ejemplo se toca en las cuerdas de mi agudo y si. Es el principio de una canción infantil muy conocida. Como te la sabrás de memoria, enseguida escucharás cualquier error de ritmo o una nota falsa.

Ejercicio 2

ESCUCHA

Seguimos en las mismas cuerdas pero complicándolo un poco. Intenta respetar una cierta lógica a la hora de elegir los dedos que van a tocar; si la nota se encuentra en el primer traste (cuerda de mi o si), utiliza el índice. Si se encuentra en el tercer traste, emplea el dedo medio. De este modo, evitarás tener que desplazarte innecesariamente por el mástil y será más fácil tocar.

Ejercicio 3

ESCUCHA

Ahora, sobre las cuerdas graves (mi y la), una melodía un poco más técnica, ya que el ritmo lo componen únicamente notas negras tocadas de manera continua. No dudes en reducir la velocidad (el tempo) para analizar bien las notas y mantenerte relajado con la velocidad normal.

Sábado

Como cada sábado, te voy a proponer un fragmento un poco más largo que reúne los elementos que hemos trabajado durante la semana. Vamos a repasarlos juntos:

- los acordes de Am (la menor) y E (mi mayor), así como diferentes ritmos;
- el sentido de los golpes de la mano derecha para tocar acordes (recuerda: (⊓) significa hacia abajo y (V) significa hacia arriba);
- la posición de la púa en la mano derecha;
- melodías simples en una o dos cuerdas.

Ejercicio 1

ESCUCHA

Los dos pequeños ejercicios que vienen a continuación te ayudarán a preparar bien la pieza. En el primer ejercicio, he aislado las melodías para que puedas identificarlas y tocarlas bien.

Ejercicio 2

ESCUCHA

Una de las dificultades de la pieza es pasar de los acordes a la melodía. Estos dos compases son muy sencillos de tocar; en ellos debes alternar entre el acorde de Am (la menor) y una pequeña melodía de dos notas:

Ejercicio 3

ESCUCHA

Vamos ahora con cosas más serias:

Para tocar bien esta pieza, escúchala primero con atención. Localiza dónde se encuentran los acordes y las melodías. Sobre todo, intenta respetar bien el ritmo.

Recuerda siempre que más vale tocar despacio respetando el ritmo que hacerlo deprisa sin preocuparte por él.

FIRST BALLAD

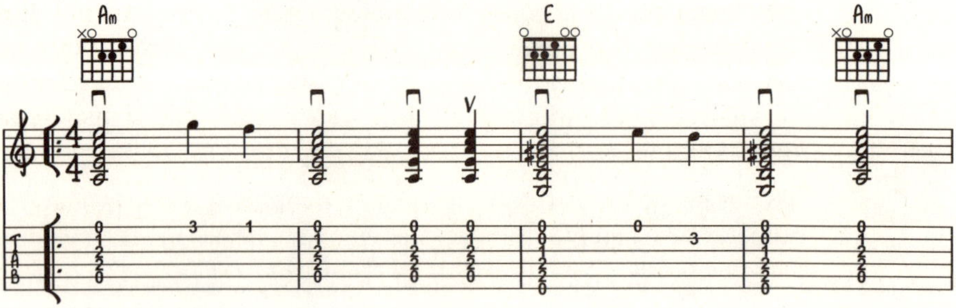

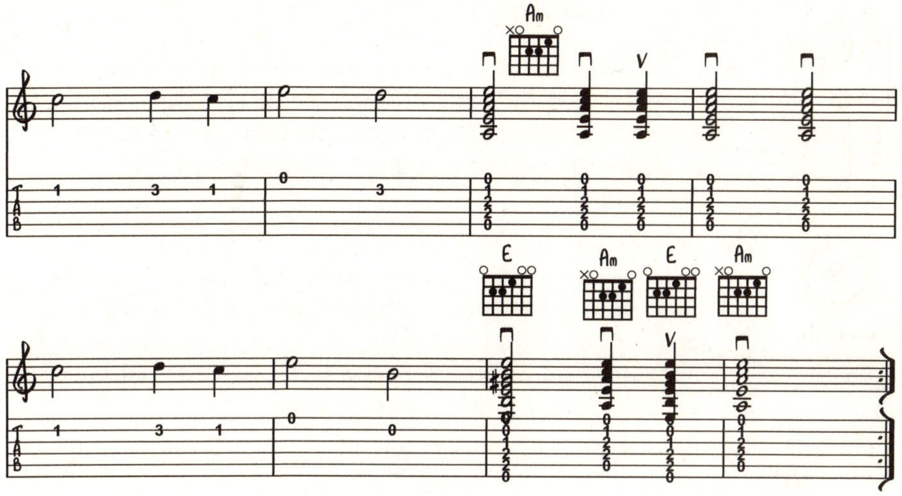

Domingo

Cada fin de semana, dedicaremos el domingo a escuchar una pieza interpretada por un guitarrista conocido. En música, la escucha resulta casi tan importante como la práctica, pues te permite comprender mejor las distintas técnicas de guitarra, saber qué es lo que más te gustaría tocar y tener referencias sólidas para progresar con mayor rapidez.

Todas las piezas que te propondré están disponibles en grabaciones, naturalmente, pero también en internet, en plataformas legales de música.

Para concluir esta primera semana, te propongo que escuches a un guitarrista que ha marcado la historia de nuestro instrumento: **Jimi Hendrix**. Jimi falleció con veintisiete años en 1970, pero su corta carrera siempre ha influido en todos los guitarristas que le sucedieron. Su técnica, su sentido melódico y el sentimiento que transmite no tienen parangón.

La canción que me gustaría que escucharas se titula “Little Wing”, incluida en su álbum *Axis: Bold as Love*, publicado en 1967.

Podemos observar en ella tres partes distintas:

» La introducción. Muy conocida entre los guitarristas; mezcla las melodías y los acordes. Maravillosamente ejecutada, evoca a la perfección la personalidad y el sonido de Jimi Hendrix, que tocaba con frecuencia este tipo de introducción en sus composiciones.

» Las estrofas y los estribillos. Como en la mayoría de las canciones de pop/rock, encontramos los habituales estribillos cantados. Presta atención a la guitarra que los acompaña y observa qué delicada es la ejecución de Jimi, melódica pero nunca invasiva. Su acompañamiento se parece a la introducción, dejando el espacio necesario para la voz.

» El solo de guitarra. Resulta difícil imaginar una canción de Jimi Hendrix sin un solo de guitarra... Este es bastante simple, pero muy melódico una vez más. Si escuchas bien, a partir de la mitad del solo, podrás escuchar dos guitarras (o más): a Jimi le encantaba experimentar en el estudio de grabación y no dudaba en añadir pistas de instrumentos para perfeccionar el tema. También fue un precursor en este aspecto.

¡Que disfrutes con la escucha!

Semana 2

Lunes

CONSEJO DEL PROFE

Me imagino que ya estarás empezando a acostumbrarte a los acordes de Am (la menor) y E (mi mayor). Si eres principiante y aún no te sientes cómodo, no te preocupes, es absolutamente normal que al principio te cueste un poco colocar los acordes. Sin embargo, verás que muy pronto los dedos se habrán acostumbrado y que, a medida que avances, te costará mucho menos colocar los acordes siguientes. No intentes ir demasiado rápido, sino dominar los conceptos básicos y los primeros acordes que has trabajado.

Esta semana, te propongo aprender un acorde nuevo: el acorde de C (do mayor). Esta sería su posición en el diapasón:

C (do mayor)

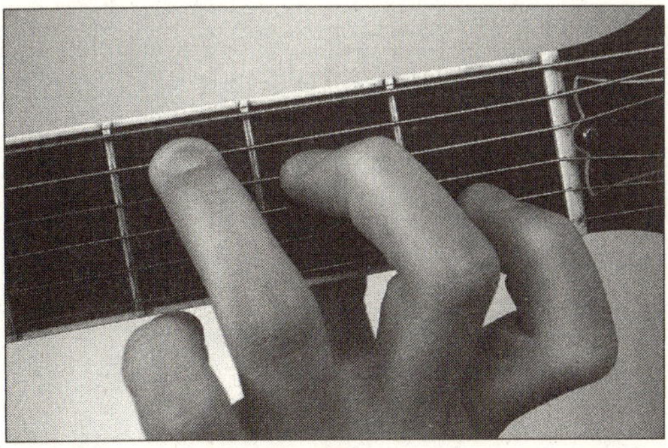

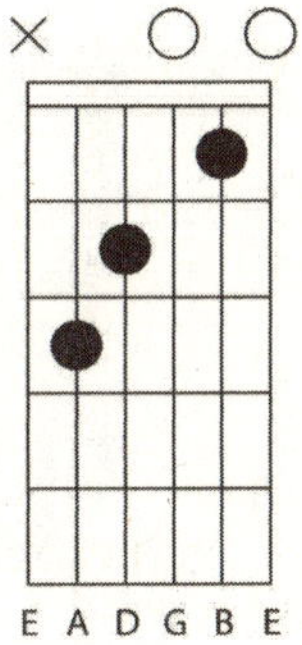

CONSEJO

Curiosamente, este acorde no se diferencia mucho del de Am (la menor), que vimos la semana pasada: no tienes más que tocar Am y desplazar el dedo anular para obtener un acorde de C (los demás dedos se quedan en su sitio).

ESCUCHA

Ejercicio 1

Practica el cambio de uno a otro acorde, como en este ejercicio (intenta tocarlo con ritmo, es decir, que dure cuatro tiempos regulares por acorde en los dos primeros compases y, luego, dos tiempos regulares por acorde en los compases 3 y 4).

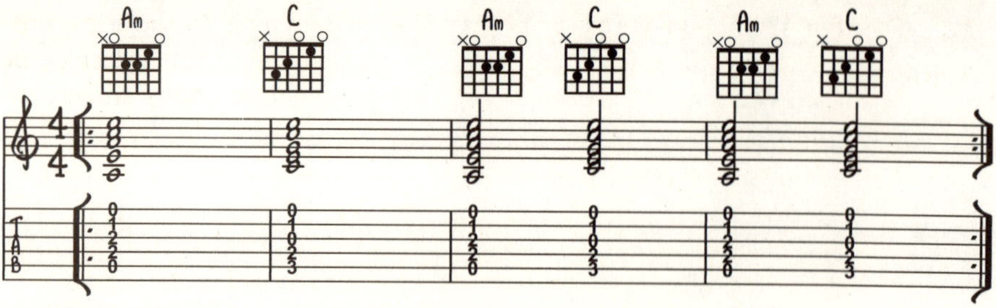

ESCUCHA

Ejercicio 2

Este ejercicio tiene de nuevo como objetivo mejorar la transición de Am (la menor) a C (do mayor) y viceversa, pero esta vez añadiendo el acorde de E (mi mayor).

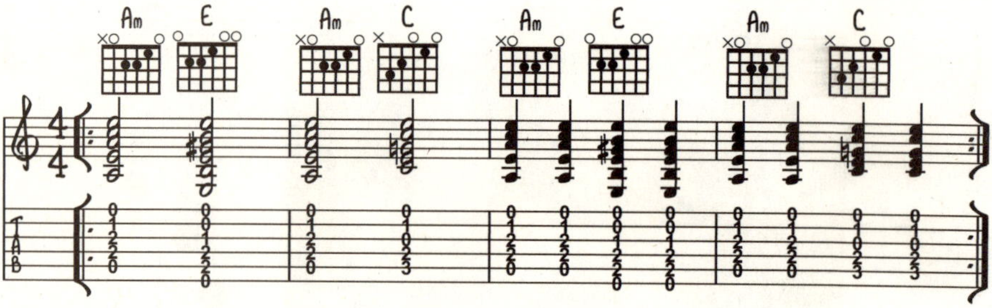

ESCUCHA

Ejercicio 3

Un poco más difícil: se trata de pasar del acorde de E (mi mayor) al de C (do mayor). Para encadenar estas dos posiciones, hay que despegar totalmente los dedos del mástil para volver a colocarlos. Trabaja despacio al principio y luego con ritmo para que resulte lo más musical posible.

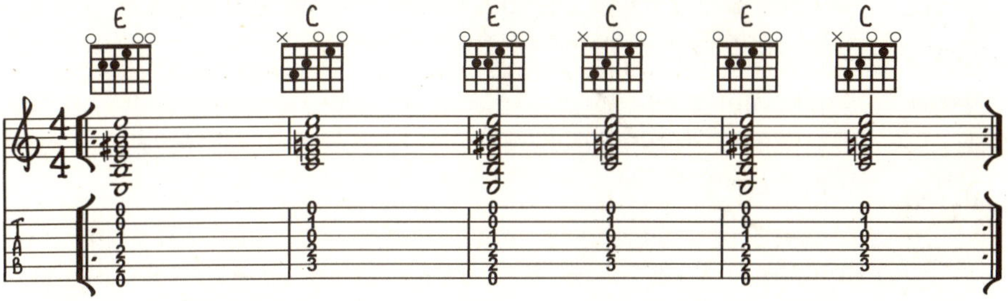

ESCUCHA

Ejercicio 4

Por último, un ejercicio más complicado para mezclar todas las combinaciones de encadenamiento. Si te cuesta tocar este ejercicio, no dudes en revisar los tres anteriores y volver a tocarlos lentamente intentando relajar la mano izquierda todo lo posible.

CONSEJO

Recuerda que al principio es normal que las cuerdas "chirríen" un poco y, aunque esta distorsión del sonido a veces es frustrante, el problema se solucionará a medida que avances.

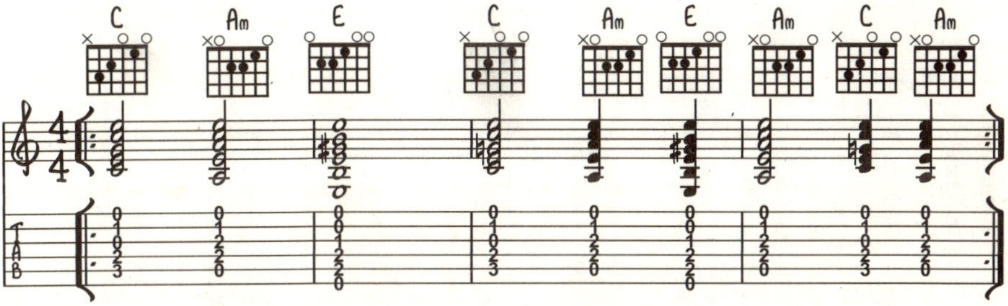

Martes

La semana anterior, empezamos a tocar acordes con ritmos diferentes, en concreto, con notas redondas (𝅝), blancas (𝅗𝅥) y negras (♩). Vuelvo a recordar que una negra dura un tiempo del compás, una blanca dura dos tiempos y una redonda dura todo el compás, es decir, cuatro tiempos.

Hoy vamos a ampliar nuestro vocabulario rítmico añadiendo la nota corchea: ♪.

Una corchea equivale a la mitad de un tiempo, por lo tanto, se necesitan dos corcheas para completar un tiempo.

CONSEJO

Para comprender bien el ritmo de las corcheas, di en voz alta y de forma regular los tiempos del compás: "1, 2, 3, 4, 1, 2, 3, 4, 1, 2…". Aquí, estás cantando una nota por cada tiempo, es decir, negras.

Ahora, repite el ejercicio pero añadiendo "y" entre los tiempos del compás: "1 y 2 y 3 y 4 y 1 y 2 y 3 y 4 y 1 y 2 y". Acabas de cantar corcheas. Hay dos corcheas por tiempo, la primera se sitúa en la cifra; la segunda, en el "y".

Al tocar corcheas en la guitarra, el sentido de los golpes de púa (o de los dedos de la mano derecha) es fundamental para que la ejecución sea flexible y fluida. Una vez más, recuerdo que un golpe hacia abajo lleva el símbolo (⊓) y un golpe hacia arriba se anota con el símbolo (V).

ESCUCHA

Ejercicio 1

Para empezar, haremos un ejercicio sencillo sobre dos acordes para que toques tus primeras corcheas. Asegúrate de que los pulsos sean regulares y respeta el sentido de los golpes de púa.

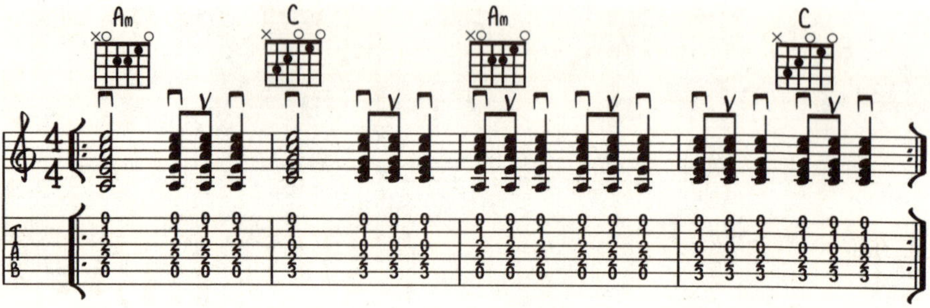

CONSEJO DEL PROFE

Es posible que en el ejercicio anterior hayas observado que los golpes de púa no tienen por qué alternarse. De hecho, una buena regla general cuando se empieza a tocar la guitarra es atacar las cuerdas hacia abajo en las notas/acordes tocados **sobre** los tiempos y atacar las cuerdas hacia arriba en las notas/acordes tocados **entre** los tiempos (sobre las "y").

ESCUCHA

Ejercicio 2

El siguiente ejercicio cuenta con más corcheas (el sentido de los golpes de púa, por lo tanto, es más importante). He añadido el acorde de E (mi mayor), que ya conoces bien.

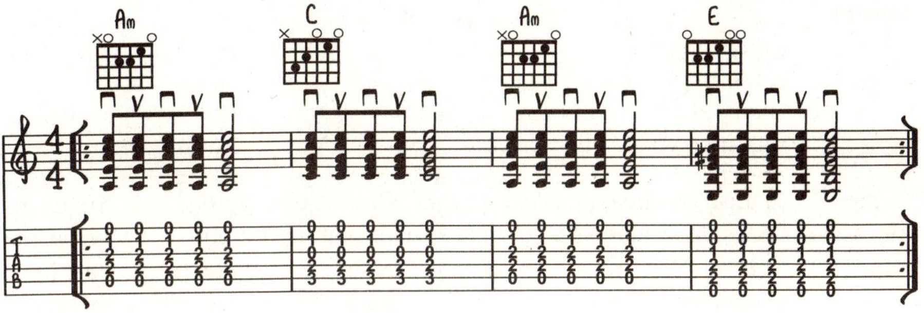

ESCUCHA

Ejercicio 3

Este último ejercicio tiene un ritmo más complejo y encadenamientos más rápidos de acordes que te ayudarán a mejorar tu destreza. Escucha con atención el ejemplo y no dudes (lo repito y lo repetiré mil veces) en reducir el tempo manteniendo un ritmo regular para ejecutar bien el ejercicio.

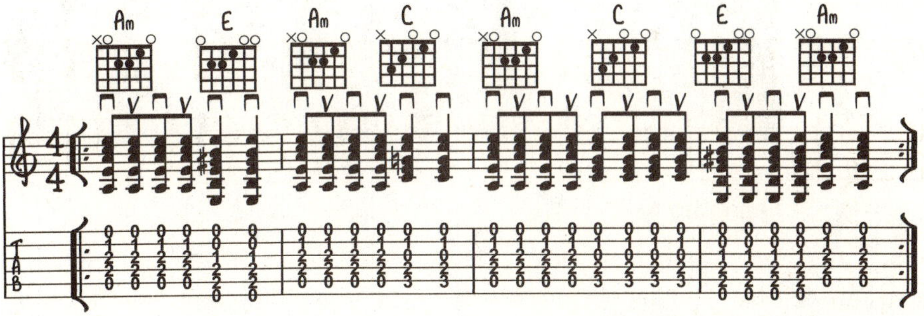

Miércoles

Para acompañar a la guitarra, hemos visto hasta el momento la técnica que consiste en tocar al mismo tiempo todas las cuerdas correspondientes al acorde con un solo golpe de púa; esto es lo que se llama "rasgueo". Existen, no obstante, otras técnicas de acompañamiento. Esta semana, vamos a abordar la técnica de los arpegios.

Al contrario que el rasgueo, que consiste en tocar todas las notas al mismo tiempo, tocar arpegios en la guitarra significa tocar las notas de un acorde unas detrás de otras, dejando que todas resuenen. Las introducciones de **"Stairway to Heaven"** de Led Zeppelin u **"Hotel California"** de Eagles son ejemplos perfectos de piezas acompañadas con arpegios a la guitarra.

CONSEJO

Los arpegios se pueden tocar con la púa, aunque también con los dedos de la mano derecha. En este último caso, asegúrate de cambiar de dedo cada vez que cambies de cuerda: para tocar de manera fluida, nunca se tocan dos cuerdas diferentes (o más) con el mismo dedo.

Si decides tocar con los dedos en lugar de con la púa (¿por qué no probar con ambos métodos?), procura mantener los dedos de la mano derecha relativamente perpendiculares a las cuerdas y no dejes que el pulgar se esconda detrás de los demás dedos.

Las dos fotos siguientes te ayudarán a encontrar una buena posición. La de la izquierda representa lo que no se debe hacer, mientras que la derecha muestra la posición correcta:

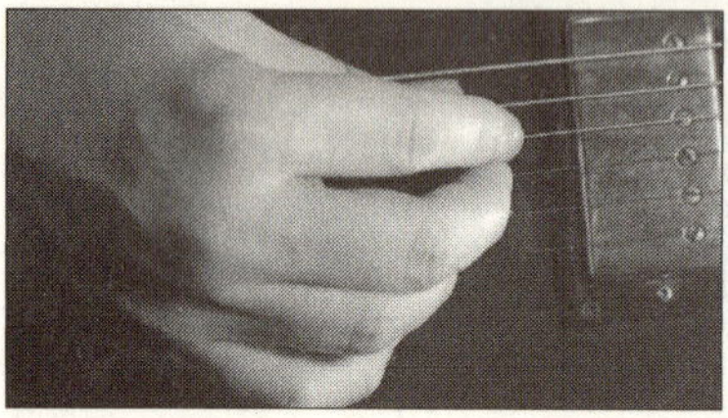

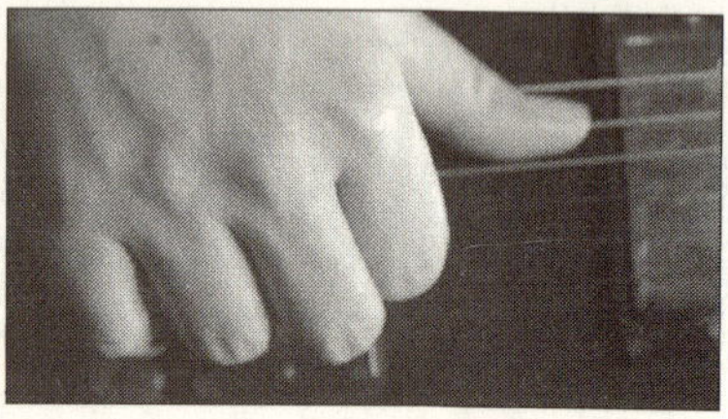

ESCUCHA

Ejercicio 1

Este primer ejercicio de arpegios sobre los acordes de C (do mayor) y Am (la menor) es muy sencillo. Si lo tocas con la púa, ataca todas las notas hacia abajo.

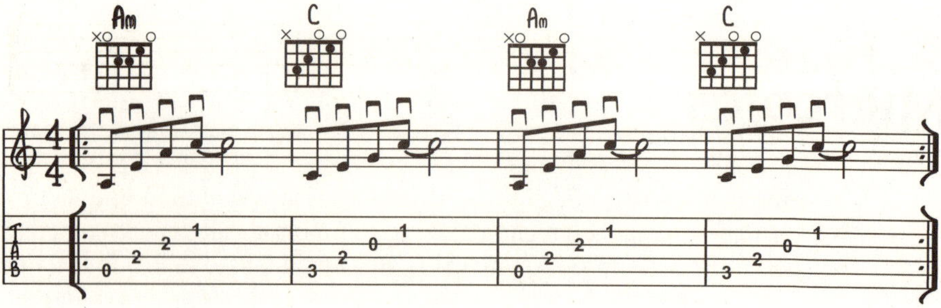

ESCUCHA

EL AUTOR OPINA

Ejercicio 2

El mismo ejercicio, pero esta vez tocando desde las notas agudas hacia las graves. Atención: ahora los golpes de púa van hacia arriba.

Estos ejercicios pueden parecer simples a primera vista, pero no necesariamente tiene que ser así: asegúrate de mantener un ritmo regular, como en la grabación de audio, y de que cada nota del arpegio suene con claridad. Toca estos ejercicios en bucle para ganar en soltura y fluidez natural.

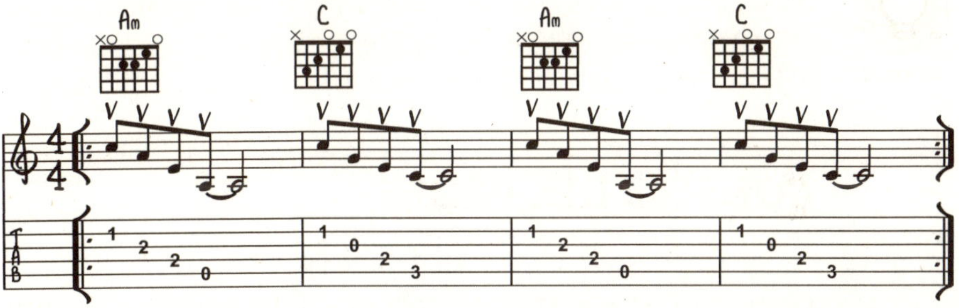

ESCUCHA

Ejercicio 3

El último ejercicio diario que te propongo es una mezcla de los dos anteriores que consiste en ejecutar el arpegio hacia arriba y hacia abajo dentro del mismo compás. La dificultad radica en encadenar correctamente los acordes sin hacer una pausa para no perder el ritmo ni dudar entre los cambios. Trabaja primero lentamente y ve acelerando el tempo poco a poco.

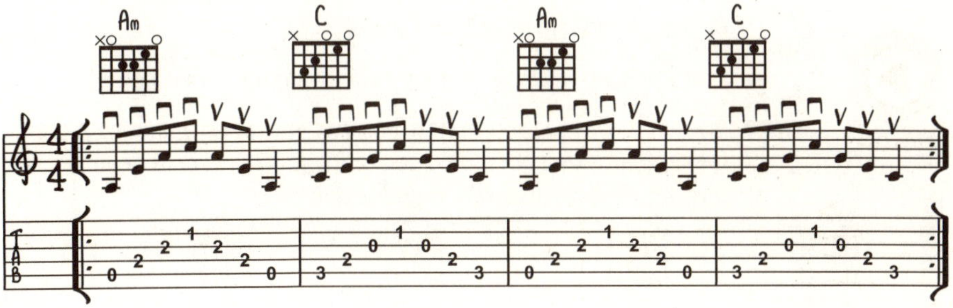

Jueves

Hoy te propongo trabajar un poco la técnica. El objetivo de estos pequeños ejercicios es el de mejorar la relajación, la comodidad y la destreza con el instrumento. Ya habrás oído alguna vez hablar a algún músico de "tocar escalas". Se trata un poco de ese principio: trabajar estos ejercicios con regularidad te permitirá progresar más rápido y disfrutar más tocando.

Por supuesto, estos ejercicios no son siempre muy melodiosos, y pasarse horas tocándolos en detrimento de otras piezas sería un grave error.

CONSEJO DEL PROFE

Los siguientes consejos te ayudarán a abordar la técnica regularmente sin que lleguen a aburrirte:

- Toca cada ejercicio durante 2-3 minutos con la ayuda de un cronómetro y, si te ves con ánimo, toca la serie dos veces.
- Una práctica corta pero regular de la técnica en el instrumento te asegura un progreso constante que notarás rápidamente: en general, al cabo de una semana de práctica diaria.
- La técnica es importante, pero no tanto como la práctica de obras o ejercicios más melódicos. Si, por ejemplo, solo dispones de 5 minutos al día para tocar la guitarra, no le dediques más de un minuto a la técnica.
- Cuando practiques la técnica, toca los ejercicios en bucle.
- Pon un marcapáginas en los días que este libro le dedica a la técnica y vuelve sobre ellos con la mayor frecuencia posible (quizás, a diario) durante un minuto o dos.

ESCUCHA

Ejercicio 1

En este ejercicio, vas a practicar subidas y bajadas con la púa y con todos los dedos de la mano izquierda en la cuerda de mi agudo.

CONSEJO

Ten en cuenta una regla importante en guitarra: **un dedo por traste**. Esto significa que, si debes tocar cuatro notas en trastes adyacentes (como ocurre en el primer ejercicio), no mueves el mismo dedo para tocar esas notas, sino que utilizas un dedo para cada traste. En este ejercicio, pon el índice en el tercer traste, el dedo medio en el cuarto traste, etcétera.

ESCUCHA

Ejercicio 2

El mismo ejercicio pero, esta vez, a la inversa: partimos desde las notas agudas hacia las graves. Acuérdate de alternar los golpes de púa (abajo/arriba/abajo) y de hacerlo de forma regular y relajada.

ESCUCHA

Ejercicio 3

Ahora, sube hacia la nota aguda y vuelve a descender a la grave, siempre sobre la cuerda mi agudo.

ESCUCHA

Ejercicio 4

Retomemos el primer ejercicio pero sobre la cuerda de si. En esta ocasión, la dificultad reside en pisar correctamente la cuerda si sin tocar las cuerdas contiguas.

EL AUTOR OPINA

Te invito a que practiques estos ejercicios técnicos en todas las cuerdas de la guitarra.

Viernes

La semana anterior tocaste las primeras melodías con la guitarra. Hoy te propongo trabajar otras nuevas, que presentan mayor dificultad en cuanto a la digitación y al ritmo.

ESCUCHA

Ejercicio 1

Como vimos el pasado martes, vamos a añadir corcheas a las melodías para que aporten algo más de variedad a las frases. En el primer ejercicio, te propongo tocar un *riff* sobre las cuerdas de mi grave y la. El término *riff* es común en música, sobre todo en el rock, y se refiere a un patrón melódico bastante breve en general que da identidad a una canción. Escucha **"Seven Nation Army"** de White Stripes, **"Smoke on The Water"** de Deep Purple o **"Come as You Are"** de Nirvana; son tres ejemplos de *riff* que hacen que estas canciones se reconozcan al instante.

Procura que la cuerda de la resuene los cuatro tiempos completos del segundo compás. La grabación de audio te ayudará, una vez más, a ejecutar correctamente este *riff*.

ESCUCHA

Ejercicio 2

Este otro *riff* es característico del hard rock o del metal, pues está mayoritariamente compuesto por corcheas tocadas de manera continua. En este caso, tu objetivo consiste en ser lo más regular posible tanto en el ritmo como en el volumen de las notas. Es un ejercicio excelente para tocar en bucle y trabajar la resistencia (¡y la regularidad!).

ESCUCHA

Ejercicio 3

Aumentemos un poco la dificultad con un ejercicio que tiene menos notas, pero que se toca sobre tres cuerdas. No siempre es fácil pulsar la cuerda correcta con la mano derecha, pero, como ya dije la semana pasada, procura mirar lo menos posible tu mano derecha para que naturalices la distancia que hay entre las cuerdas. Es normal equivocarse, no te preocupes, pero trabaja lenta y rítmicamente. Aumenta un poco la velocidad cuando consigas soltura, nunca antes.

ESCUCHA

Ejercicio 4

En este último ejercicio diario, trabajarás de nuevo el cambio de cuerdas sobre las de mi grave, la y re, aunque de manera más pronunciada para que, una vez más, tu mano derecha se vaya habituando a pulsar las cuerdas correctas.

Sábado

Para finalizar el trabajo semanal, te propongo una pieza más larga, compuesta con los elementos que hemos visto esta semana. Vamos a recapitularlos:

- un acorde nuevo, el de C (do mayor);
- acompañamiento con rasgueo de corcheas;
- acompañamiento con arpegios;
- melodías basadas en *riff* sobre las cuerdas graves de la guitarra.

Antes de que te lances sobre la pieza, te propongo aislar ciertas partes para encadenarlas después con soltura.

ESCUCHA

Ejercicio 1

Para empezar, un *riff* sencillo sobre las cuerdas de mi grave y la:

ESCUCHA

Ejercicio 2

Tal vez la mayor dificultad de esta pieza sea el desarrollo de los arpegios, es decir, las notas de los acordes tocadas una detrás de otra. Trabaja despacio pero de manera regular. La primera serie de arpegios es más sencilla que la segunda, donde tendrás que tocar desde las notas graves hacia las agudas y luego desde las agudas hacia las graves de una manera más sinuosa.

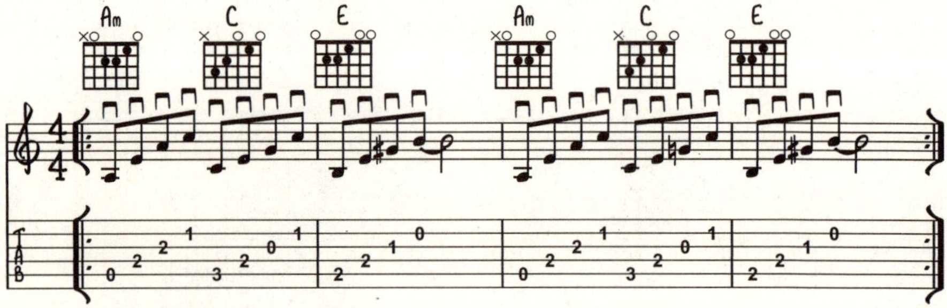

Ejercicio 3

ESCUCHA

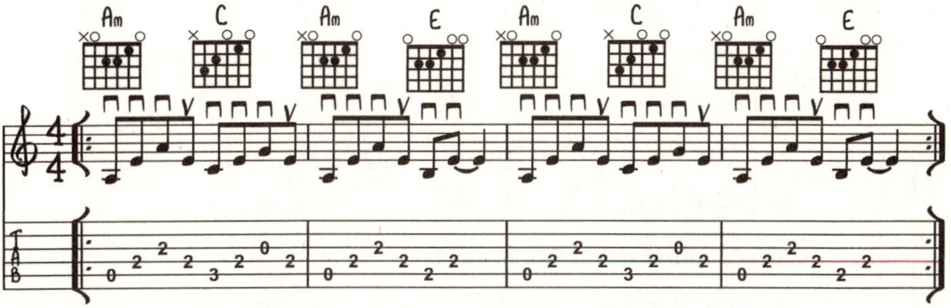

Ejercicio 4

ESCUCHA

Por último, toca con ritmo unos acordes que ya empiezas a conocer bien. Atención, los acordes de E (mi mayor) y Am (la menor) se encadenan rápidamente; procura que no haya ningún "hueco" cuando pases de uno a otro.

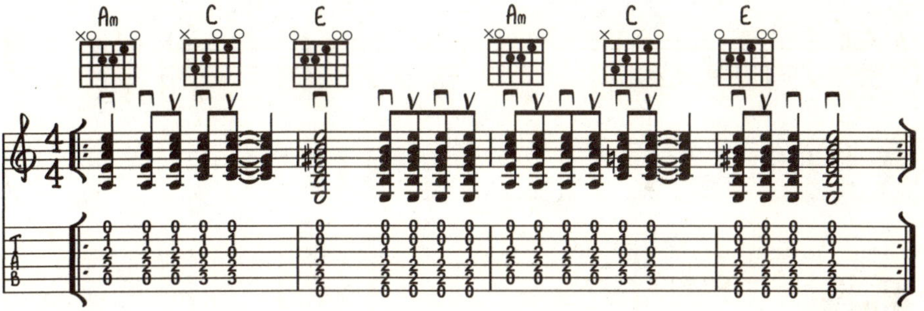

ESCUCHA

Ejercicio 5

Ya tienes todas las claves necesarias para tocar la pieza entera. Antes de lanzarte, escucha la grabación de audio.

Domingo

Domingo, día de descanso y audición. Hoy te propongo que escuches con atención uno de los grandes éxitos del rock (¡y de la guitarra!): **"Stairway to Heaven"** del grupo Led Zeppelin, publicado en 1971 dentro del álbum *Led Zeppelin IV*.

La guitarra destaca en esta canción no solo por su legendaria introducción, sino también por sus arpegios, sus *riff* y su solo. Baste decir que esta pieza es un compendio de lo que se puede hacer con la guitarra en este estilo.

El guitarrista de este grupo no es otro que Jimmy Page, considerado uno de los mejores guitarristas eléctricos del siglo XX, al mismo nivel que Jimi Hendrix o Eric Clapton. Se caracteriza por tocar de manera ardiente e incisiva; en los conciertos con Led Zeppelin, no dudaba en tocar sobre el escenario solos que duraban varios minutos, adornados con efectos Larsen, o incluso tocando la guitarra con un arco de violín.

Escuchemos esta pieza con detalle:

- La introducción es obviamente muy conocida. Es relativamente sencilla (pero eficaz), ejecutada en arpegios. Pocos guitarristas hay que, aunque no conozcan la canción entera, no sepan tocar la introducción.
- Las primeras estrofas retoman la parte de guitarra de la introducción, siempre en arpegios, y proporcionan un excelente marco para la voz del cantante, Robert Plan.
- Hacia el minuto 2:14, la guitarra pasa a rasguear durante un momento, lo que le da un toque más enérgico a la canción antes de regresar a los arpegios para ir a la siguiente estrofa.
- Encontramos esta alternancia entre rasgueo y arpegios hasta aproximadamente el minuto 5:32, cuando la guitarra acomete una serie de arpegios diferentes que preparan la llegada del solo de guitarra.
- El magnífico solo de Jimmy Page comienza en 5:55. Con una influencia muy clara del blues, está muy bien estructurado: empieza de una manera bastante melódica y evoluciona hacia un solo más complejo y técnico.
- En el minuto 6:43, la voz reaparece en una parte inédita. Se escucha a la guitarra tocar un patrón repetitivo bastante

pegadizo, lo que típicamente se conoce como *riff* de guitarra. Este está interpretado con varias notas al mismo tiempo (en acordes) y no con una sola nota como hemos hecho esta semana, pero ya lo veremos más adelante.

Al final de la canción, la guitarra vuelve al primer plano para tocar un pequeño solo final, muy melódico, antes de que la voz concluya la pieza.

Semana 3

Lunes

Como todos los lunes, te voy a proponer un acorde nuevo. Ya hemos visto los acordes de Am (la menor), E (mi mayor) y C (do mayor). Hoy veremos el acorde de Em (mi menor).

Cuando se empieza con la guitarra, resulta muy normal tener dificultades para colocar bien los acordes: las cuerdas chirrían un poco, no todas las notas suenan siempre ¡No hay de qué preocuparse! Es un mecanismo que lleva tiempo dominar. Intenta favorecer una buena posición de la mano izquierda: pulgar casi vertical detrás del mástil y dedos casi perpendiculares al diapasón, como se ve en las fotos:

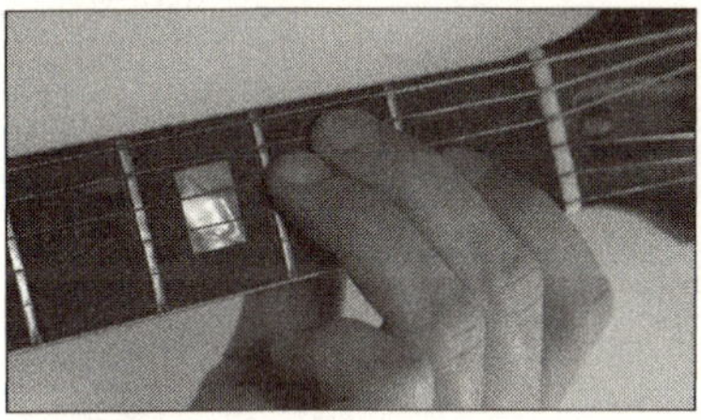

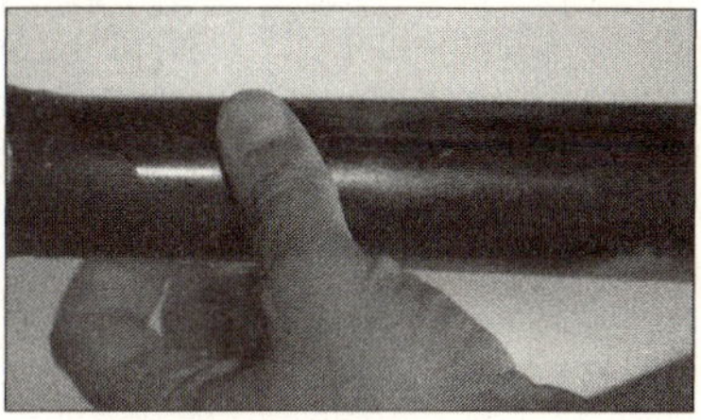

CONSEJO

Recuerda que hay que repartir la presión entre los dedos y el pulgar, como si formaran una pinza. Si solo presionas con los dedos (exceptuando el pulgar), te verás obligado a presionar con más fuerza y, con el tiempo, sentirás pequeños dolores.

Como he dicho antes, he elegido el acorde de Em (mi menor) para esta semana. Es muy fácil ejecutarlo, porque se acerca mucho a otro acorde que ya conoces: E (mi mayor). Solo tienes que quitar un dedo (el índice) de E para obtener Em. Fácil, ¿no? Esta sencillez te permitirá consolidar los conocimientos de los acordes de las semanas anteriores.

A continuación, verás cómo es el acorde de Em (mi menor):

Em (mi menor)

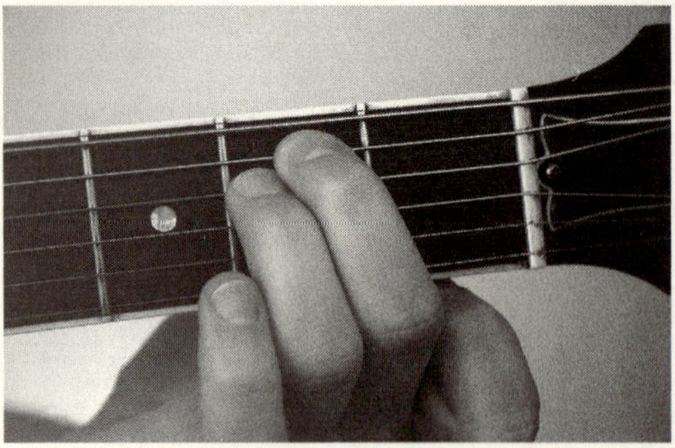

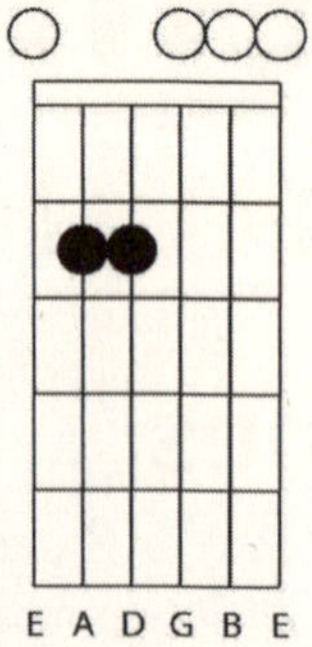

ESCUCHA

Ejercicio 1

Para hoy, te propongo cuatro encadenamientos sencillos compuestos únicamente por ritmos en negras (1 tiempo) y blancas (2 tiempos), que, además de los acordes vistos las semanas anteriores, utilizan el nuevo: Em (mi menor).

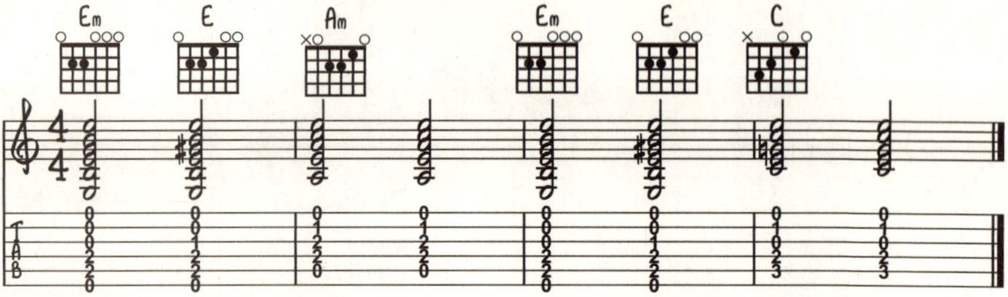

ESCUCHA

Ejercicio 2

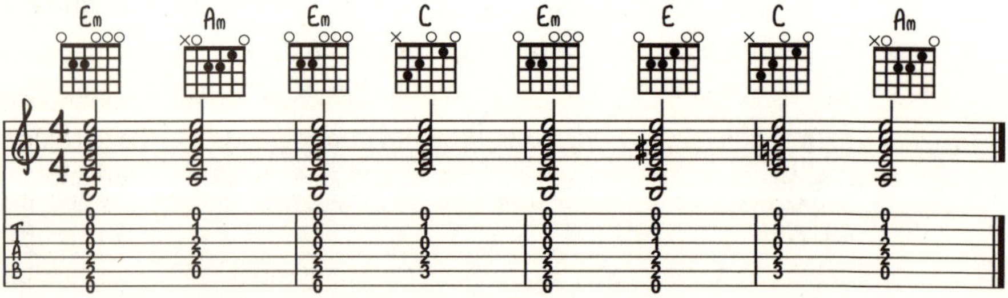

ESCUCHA

Ejercicio 3

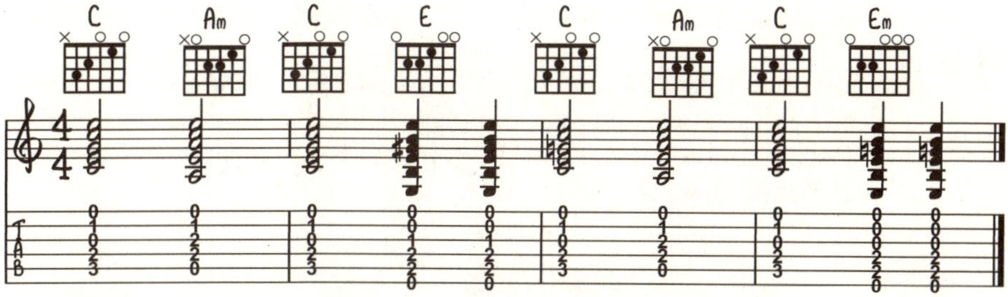

ESCUCHA

Ejercicio 4

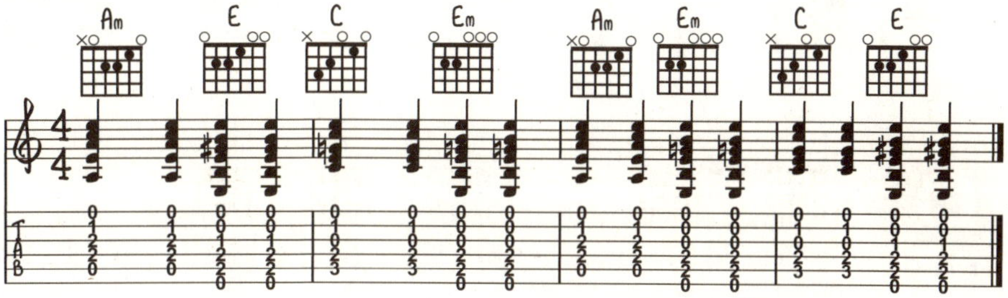

Martes

¿Empiezas ya a manejar estos acordes, aunque no te salgan perfectos? ¡Genial! (Recuerda que requiere tiempo tocar acordes perfectamente al primer intento.)

Hoy vamos a tocar estos cuatro acordes utilizando ritmos un poco más variados que las simples negras o blancas.

CONSEJO

Antes de nada, observa qué acordes (y en qué orden) componen el ejercicio. Luego, escucha atentamente la grabación de audio del ejemplo varias veces; esto te será de gran ayuda al ejecutar el ejercicio.

Te recuerdo que el símbolo (⊓) significa que hay que atacar las cuerdas hacia abajo con la mano derecha, y el símbolo (V), hacia arriba. Procura respetar el sentido de los ataques para llegar a automatizar el movimiento.

CONSEJO

En general, los acordes que se tocan sobre el tiempo se atacan hacia abajo, mientras que los que van a contratiempo se atacan hacia arriba.

ESCUCHA

Ejercicio 1

El primer ejercicio, muy sencillo, te servirá para calentar. De nuevo, negras y blancas, aunque también algunas corcheas. La dificultad surge, sobre todo, en el último compás, donde hay que encadenar el acorde de E (mi mayor) con el de Am (la menor).

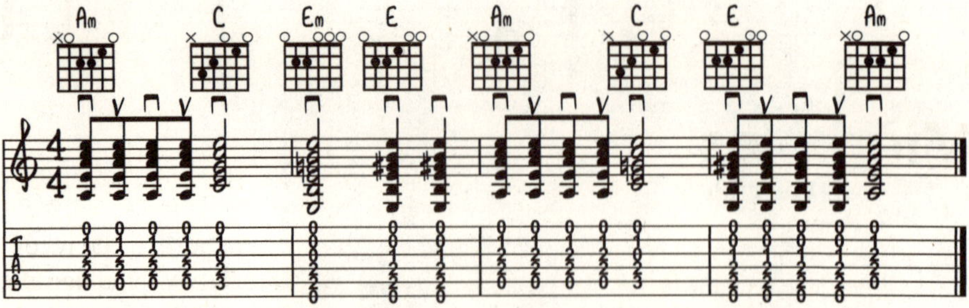

ESCUCHA

Ejercicio 2

El segundo ejercicio es más denso. Los cambios de acorde no son muy difíciles, pero mantén un ritmo regular en los ataques para que las corcheas suenen perfectas.

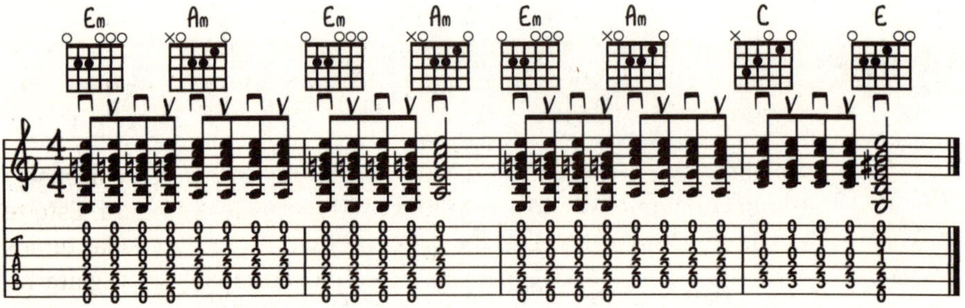

ESCUCHA

Ejercicio 3

Para el último ejercicio del día, te propongo un encadenamiento de acordes más difícil que pondrá a prueba a tu mano izquierda.

CONSEJO

Puedes aislar cada uno de los cuatro compases para asimilarlos mejor. Trabaja despacio, recuerda que la velocidad nunca es la clave, que solo importa la regularidad.

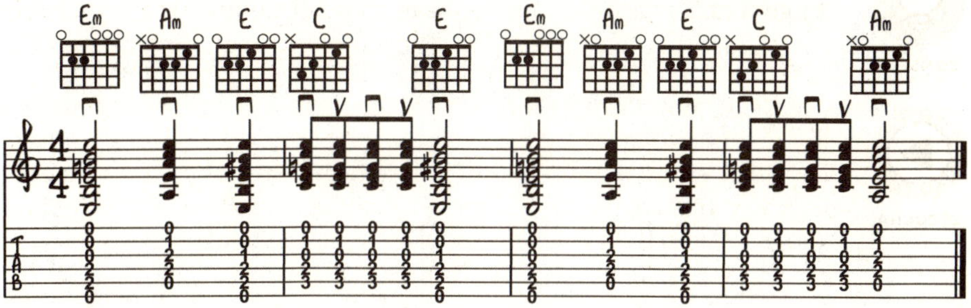

Miércoles

La semana pasada vimos lo que eran los arpegios. A modo de recordatorio, se trata de tocar las notas de los acordes no al mismo tiempo, sino una detrás de otra, dejando que todas resuenen. Puedes volver a la lección del miércoles pasado para recordar la posición correcta de la mano derecha (o izquierda para los zurdos) si decides tocar los arpegios con la mano derecha en lugar de hacerlo con la púa. Te aconsejo que trabajes las dos técnicas porque, según el contexto, puede ser interesante utilizar una u otra.

Ejercicio 1

ESCUCHA

Hoy te propongo seguir con el aprendizaje de los arpegios con un sencillo ejercicio que consiste en tocar únicamente en las tres cuerdas agudas de la guitarra.

CONSEJO

Atención: aunque no toques todas las notas de un acorde, te aconsejo encarecidamente que coloques el acorde entero en la guitarra. Esto te permitirá, sobre todo, poder efectuar variaciones improvisadas en los acompañamientos y te ayudará a comprender el diapasón de la guitarra.

ESCUCHA

Ejercicio 2

El mismo ejercicio, pero, en lugar de tocar desde las graves hacia las agudas, yendo de las agudas a las graves. Si decides tocar con la púa, todos los golpes serán hacia arriba.

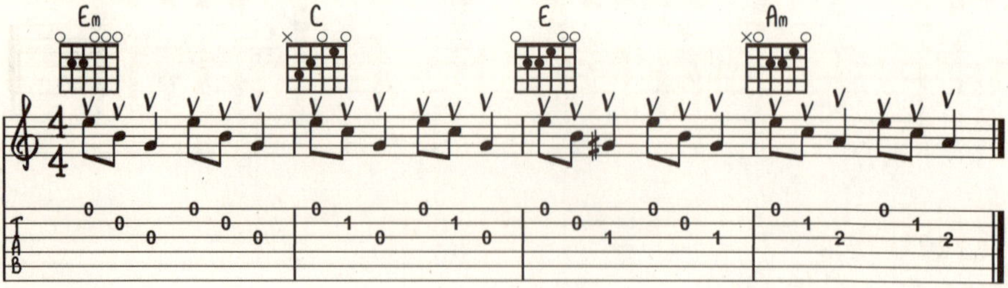

ESCUCHA

Ejercicio 3

Seguimos bajando de las agudas a las graves con la misma serie de acordes, pero ahora tocando sobre cinco cuerdas en vez de tres.

CONSEJO

Procura mirar lo menos posible tu mano derecha y ten confianza: poco a poco pulsarás las cuerdas correctas y te evitarás una buena tortícolis.

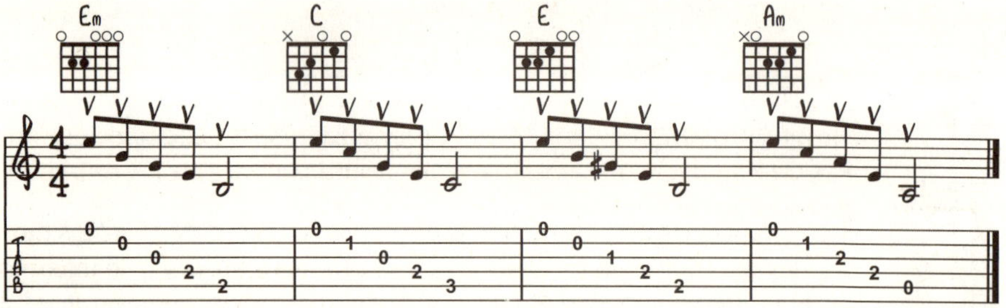

ESCUCHA

Ejercicio 4

Para terminar esta serie de arpegios, cómo no, te voy a pedir que toques estas mismas 5 notas por acorde pero partiendo desde las graves y hacia las agudas. En este caso, los golpes de púa serán hacia abajo.

Jueves

La semana pasada vimos algunos ejercicios técnicos. Aunque es importante no dedicarle demasiado tiempo a este tipo de ejercicios, son fundamentales para desarrollar una buena coordinación de dedos y te ayudan a progresar con más rapidez en el aprendizaje de la guitarra.

ESCUCHA

Ejercicio 1

Hoy te propongo cuatro ejercicios para que mejores tu forma de tocar y te sientas más cómodo haciéndolo.

Para empezar, vamos a trabajar con la mano derecha, la que ataca las cuerdas. Para concentrarnos solamente en esta mano, utilizaremos las cuerdas "al aire", es decir, que la mano izquierda no pisa ninguna cuerda del mástil. Este ejercicio sirve también para tomar conciencia de la distancia entre dos cuerdas.

EL AUTOR OPINA

De nuevo, el ritmo y la regularidad son primordiales. Respeta los movimientos arriba/abajo de la púa y procura relajar la mano lo máximo posible mientras tocas. No busques velocidad, sino precisión.

ESCUCHA

Ejercicio 2

El mismo ejercicio pero sobre las cuerdas de sol y si.

Ya has entendido el principio de los dos ejercicios anteriores; ahora, aplícalo sobre las cuerdas de re y sol, luego sobre las de la y re, y por último, sobre las de mi y la.

ESCUCHA

Ejercicio 3

Pasemos ahora a la mano izquierda. Una dificultad habitual entre los principiantes es la de disociar ciertos movimientos de dedos, sobre todo cuando se usan dos dedos adyacentes.

En este ejercicio, te voy a pedir que trabajes de tres maneras distintas. La primera vez, utiliza la pareja índice/medio; la segunda vez, la pareja medio/anular; y finalmente, la pareja anular/meñique.

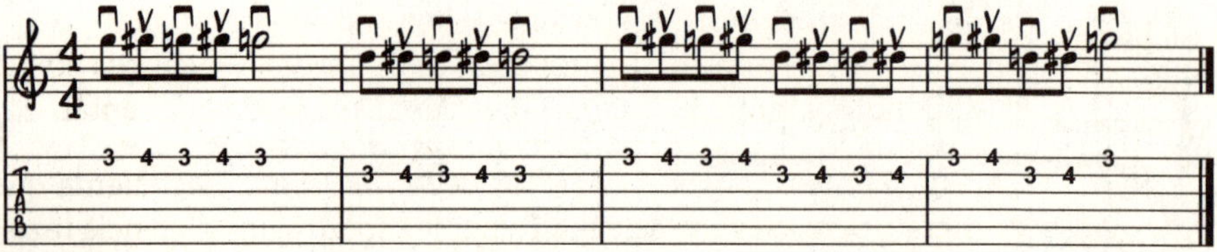

ESCUCHA

INFORMACIÓN TÉCNICA

Ejercicio 4

Para los más atrevidos, os propongo un ejercicio que mezcla los dos anteriores: se trata de seguir trabajando en el ejercicio de tres maneras distintas (con los tres pares de dedos mencionados antes), pero esta vez sobre todas las cuerdas de la guitarra.

Es un ejemplo bastante difícil pero no inviable. Si te cuesta hacerlo, no te preocupes, puedes recuperarlo más adelante, cuando hayas ganado en destreza.

Esto es todo por hoy. Marca las páginas que contienen ejercicios técnicos y no dudes en dedicarles uno o dos minutos al día, ¡verás cómo avanzas más rápido!

Viernes

Como vimos la semana pasada, los *riff* son una parte fundamental de la música de guitarra. Desde ACDC hasta Nirvana, pasando por los Beatles o Jimi Hendrix, han contribuido enormemente a forjar la popularidad de este instrumento, sobre todo en el pop y el rock.

Me gustaría seguir trabajando hoy los *riff*, por un lado, porque tocarlos es divertido y, por otro, porque pueden incluir muchos elementos necesarios para aprender a tocar la guitarra.

ESCUCHA

Ejercicio 1

En este primer ejercicio, te propongo un *riff* sobre una cuerda con el que podrás explorar una buena parte del diapasón en horizontal.

CONSEJO

En este ejemplo, puedes elegir los dedos de la mano izquierda que prefieras, pero asegúrate de mantener la cabeza a una distancia razonable del mástil para poder tener una vista global del instrumento y encontrar rápidamente los trastes correctos donde hay que pisar.

El sentido de los golpes de púa también puedes elegirlos esta vez como te resulte más cómodo. Prueba varias fórmulas (alternancia arriba/abajo, todo hacia abajo) y encuentra lo que te ayude a sentirte a gusto y con soltura.

CONSEJO

La mayoría de las guitarras tienen unos puntos en el mástil, unas veces en el borde y otras sobre el diapasón (allí donde se ponen los dedos), situados en los trastes 3, 5, 7, 9 y 12, que te ayudan a ubicarte. Memorízalos; te resultará más fácil desplazarte por la guitarra.

ESCUCHA

Ejercicio 2

En la misma línea que el ejercicio anterior, este *riff* se toca sobre una cuerda, en este caso, la. La dificultad reside en pulsar la cuerda correcta con la púa (sin mirar demasiado la mano derecha). La serie de corcheas del segundo compás puede ser un poco más complicada de ejecutar, pero si aíslas el pasaje y lo trabajas despacio, no tendrás ninguna dificultad.

ESCUCHA

INFORMACIÓN TÉCNICA

Ejercicio 3

Este *riff* es un poco más complejo porque, al desplazamiento en horizontal sobre el diapasón, hay que sumarle que se toca sobre las tres cuerdas graves de la guitarra. No te preocupes, dos de estas cuerdas se tocan siempre al aire.

Puedes interpretar este ejemplo con la púa (todos los golpes serán entonces hacia abajo) o con los dedos de la mano derecha, en cuyo caso, debes recordar utilizar tres dedos: uno para cada cuerda.

ESCUCHA

Ejercicio 4

Para este último ejemplo de *riff*, vas a tocar en las dos cuerdas graves; te desplazarás del primer al décimo traste y tendrás que utilizar alternativamente los dedos índice y medio de la mano izquierda para tocar las notas sobre el mástil.

Este *riff* es más sencillo de lo que parece, sobre todo por la simetría de las posiciones. Solo el último compás puede que te lleve algo más de tiempo ¡2 minutos!

Con la púa, intenta atacar todo hacia abajo; luego, alterna golpes arriba y abajo en cada nota.

Sábado

Como cada sábado, te propongo una pieza algo más larga que reúne los elementos que hemos tratado durante la semana. Esta pieza puede descomponerse en cinco partes.

ESCUCHA

Ejercicio 1

La primera de esas partes es un *riff* bastante sencillo en la cuerda de mi grave. La dificultad reside en desplazar la mano izquierda rápidamente entre el tercer y el quinto traste para mantener el ritmo.

La segunda parte es una serie de arpegios ascendentes en las cuerdas graves. Aunque el ritmo es sencillo, para ejecutar bien estos arpegios, te recomiendo que primero encadenes los acordes completos, de manera simple pero a intervalos regulares. Como ves aquí:

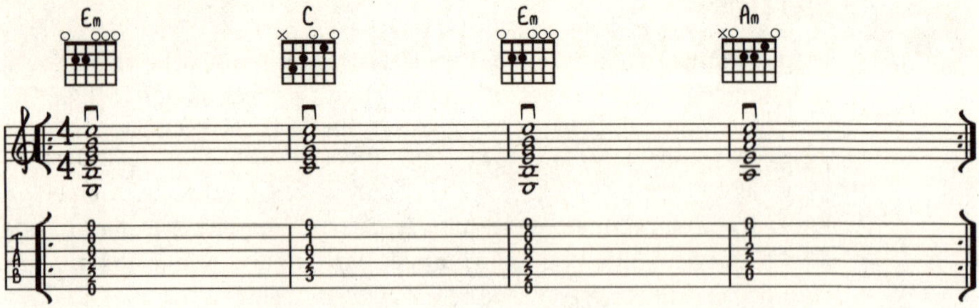

ESCUCHA

Ejercicio 2

A continuación, toca las cuatro primeras notas de cada acorde en arpegio (todos los golpes de púa se darán hacia abajo); hazlo dos veces por compás. Llegar a tocar de forma continua es un ejercicio difícil, pero resulta excelente para trabajar el ritmo y la regularidad. ¡Trabaja despacio!

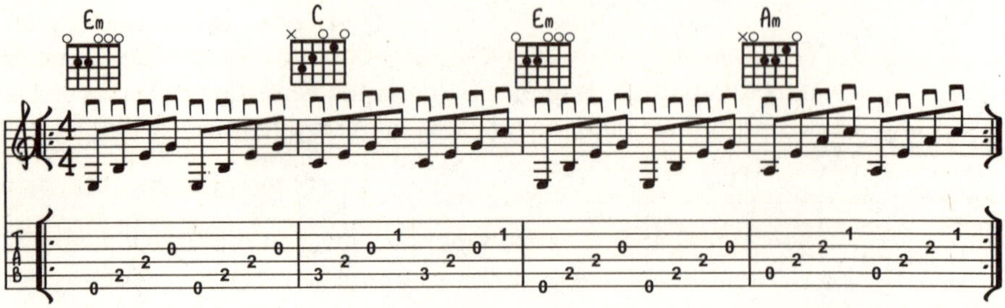

La tercera parte es un encadenamiento de acordes que conoces y que no debería causarte problemas, sobre todo si respetas el sentido de los ataques. No obstante, aprovecharé para explicarte una característica de notación musical que aparece aquí. Quizás hayas observado que algunas notas están unidas por una pequeña línea curva. Fíjate:

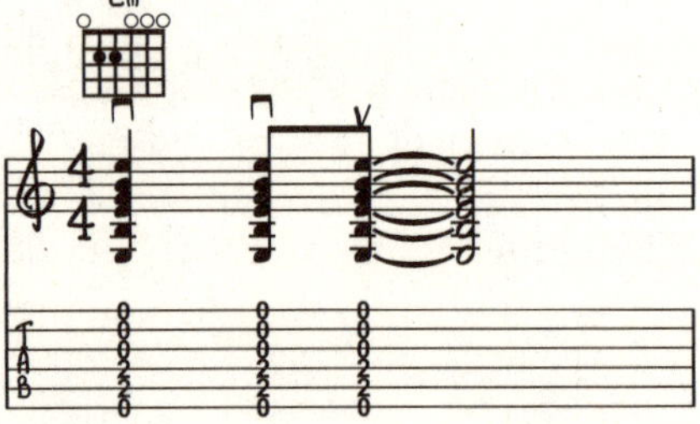

CONSEJO DEL PROFE

Cuando en una partitura aparecen notas idénticas conectadas mediante una línea curva, llamada *ligadura*, se dice que están ligadas: solo se toca la primera, aunque dura el tiempo de las dos notas. En el ejemplo de arriba, una corchea (medio tiempo) está ligada a una blanca (dos tiempos), por lo tanto, solo se tocará el acorde una vez, pero con una duración de dos tiempos y medio. Si observas la tablatura, verás que el acorde solo aparece una vez, puesto que no existe notación rítmica en las tablaturas.

Ya que estamos explicando conceptos de escritura musical, te contaré qué son las *barras de repetición*. Cuando un grupo de compases está precedido y seguido de una doble barra con dos puntos encima y debajo de la tercera línea, esos compases deben repetirse una vez (por defecto o más si se menciona); lo veremos en el siguiente ejemplo. Atención: la doble barra sin los puntos no indica repetición, sino el final de una parte o de la pieza. Enseguida verás que cada una de las cinco partes de la pieza de esta semana se repite una vez.

En la cuarta parte, retomamos los arpegios; esta vez, en las cuerdas agudas. Una vez más, procura respetar el sentido de los golpes de púa, sobre todo en la última nota de cada compás.

En la quinta y última parte, tendrás que encadenar los acordes un poco más rápidamente: los acordes de C (do mayor) y Am (la menor) se encuentran en el mismo compás.

ESCUCHA

CONSEJO

Ejercicio 3

¡Llegó el momento de tocar! Escucha primero la canción varias veces, siente el ritmo y procura repetirlo lo más parecido posible. Si tienes dificultades, reduce el tempo para mantener la regularidad. Si te sientes cómodo, tócalo con diferentes *tempi* (quizás con la ayuda de un metrónomo), desde la velocidad más lenta a la más rápida posible.

Domingo

Ha llegado el día de dejar a un lado la guitarra y poner la oreja para escuchar con atención una canción legendaria. (Por supuesto, si te apetece agarrar la guitarra y rasguear algunas notas o incluso hacer de nuevo algún ejercicio de la semana, no te diré que no lo hagas...)

Hoy toca: **"Sultans of Swing"** del grupo **Dire Straits**, interpretada magistralmente por el cantante y guitarrista **Mark Knopfler**. Publicada en 1978 dentro del álbum homónimo *Dire Straits*, esta canción es una mina de oro para numerosos guitarristas que quieren perfeccionar su técnica y aprender una gran lección de *feeling*.

Mark Knopfler tiene una forma muy particular de tocar. Es ya uno de los pocos guitarristas que toca con los dedos (no con púa) una guitarra eléctrica, lo que contribuye en gran medida a la riqueza y originalidad de su fraseo. Son muchas sus influencias, pero destacan sobre todo el rock, el blues y (lo que es un poco más raro) el country; de hecho, Mark grabó un dúo con el rey de la guitarra country, **Chet Atkins**.

En "Sultans of Swing", Mark Knopfler acompaña con un ritmo singular, muy percusivo, impulsado por movimientos muy rápidos y bruscos de los dedos de la mano derecha. Con una voz despreocupada, va intercalando las palabras con intervenciones de guitarra teñida de blues y de música country.

El estribillo (en 2:30, por ejemplo) es, y con razón, un buen ejemplo de *riff*. Es uno de los pasajes de la canción que mejor se recuerdan. Sin embargo, es mucho más sencillo que el acompañamiento de las estrofas: señal de *riff* bien hecho.

El solo de guitarra (en 3:28) es una soberbia lección de valentía que hay que trabajar. Encontramos aquí los efectos típicos de la guitarra que pronto veremos (*bend, slide, hammer-on...*), de nuevo todo con sonidos blues y country. Una de las grandes cualidades de **Mark Knopfler** es que no pierde el sentido melódico en los solos. Al escucharlo, uno no se da cuenta inmediatamente de la dificultad técnica. Y todo esto, solo con respecto al primer solo de guitarra.

El segundo comienza a los cinco minutos y enseguida parece mucho más virtuoso (¡pero siempre melódico!). Las notas se encadenan rápidamente y, por su forma de tocar, se tiene casi la impresión de escuchar un banjo (de nuevo la influencia country). Esta parte es casi imposible ejecutarla solo con la púa. La canción termina con un *fade out*, como si el solo de guitarra continuase indefinidamente (como así era a veces en concierto).

Si te ha gustado esta canción, puedes escuchar también a Mark Knopfler y a su banda, Dire Straits, tocar: "Money for Nothing", "Brothers in Arms", "Romeo and Juliet" y muchas otras. ¡Que disfrutes de la música!

Semana 4

Lunes

Sigamos explorando juntos nuevos acordes. Puede que aún no domines los de las semanas anteriores, pero no hay por qué inquietarse, es completamente normal. El hecho de ver acordes nuevos con regularidad habitúa a tus dedos a colocarse en la guitarra. Trabajar un acorde un poco más complejo te permitirá colocar con más facilidad aquellos más sencillos.

Hoy nos ocuparemos del acorde de sol mayor (G). Este acorde es un paso un poco más difícil que deben dar los guitarristas en ciernes, ya que implica una mayor distancia entre los dedos de la mano izquierda. Obsérvalo en la foto:

G (sol mayor)

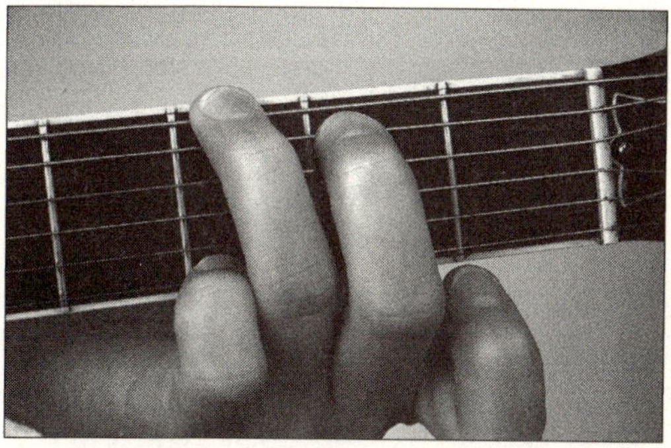

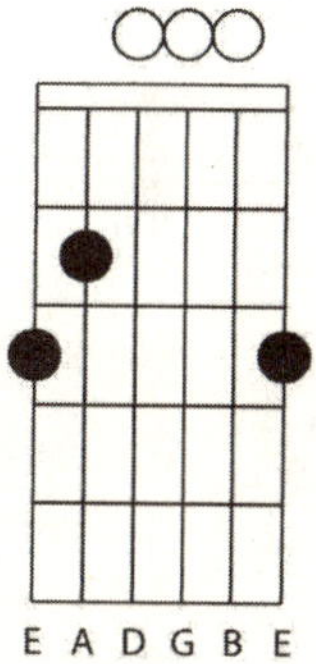

Una novedad de este acorde con respecto a los anteriores es que utiliza el dedo meñique de la mano izquierda, lo que puede crear cierta tensión al principio.

CONSEJO DEL PROFE

Con mucha frecuencia, oigo a los principiantes decir que no pueden tocar ciertos acordes porque tienen las manos demasiado pequeñas. En realidad, el tamaño de las manos importa poco: hay buenos guitarristas con las manos grandes y otros que las tienen pequeñas. Sin embargo, todos pueden tocar los mismos acordes. Es una cuestión de flexibilidad: los dedos de los principiantes tienden a estar rígidos, pero se flexibilizan con el tiempo y la práctica. Te sorprenderá ver hasta qué punto podrás separar los dedos en pocas semanas o meses.

ESCUCHA

Ejercicio 1

Este primer ejercicio servirá para que te familiarices con el acorde de G (sol mayor): toca el acorde una vez durante cuatro tiempos, suelta la mano durante otros cuatro tiempos y repítelo.

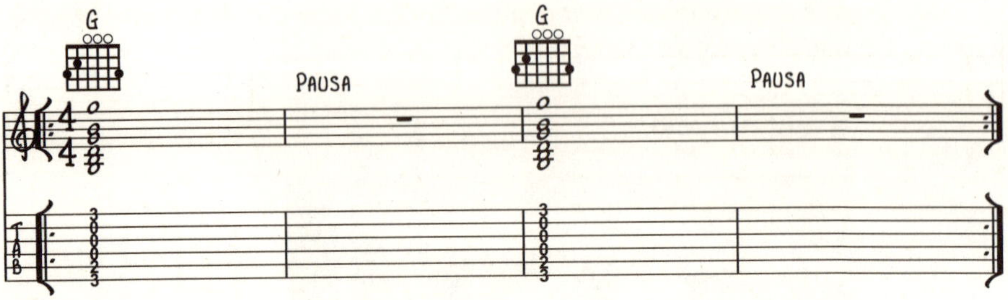

ESCUCHA

Ejercicio 2

Para avanzar sin problemas, vamos a encadenar el acorde de do mayor con el acorde de sol mayor. La elección no es trivial porque, para ese cambio, los dedos no tienen que recorrer una gran distancia: el medio y el anular permanecen en los mismos trastes y solo se desplazan verticalmente una cuerda, el índice no se utiliza y el meñique acaba de colocarse en el tercer traste, en las agudas. Repite este ejercicio varias veces.

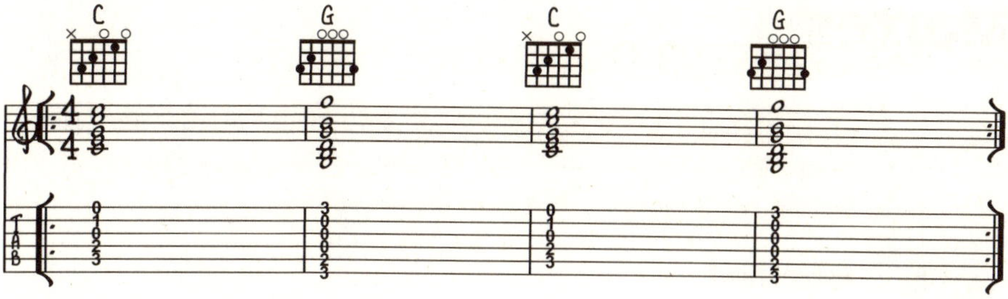

Ejercicio 3

ESCUCHA

Añadimos ahora el acorde de Am (la menor) al ejercicio anterior. Acuérdate de mantener un ritmo regular, aunque sea lento: es la clave para progresar en música.

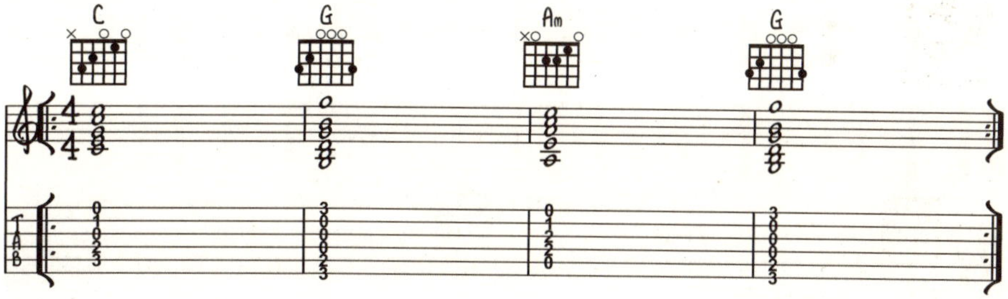

Ejercicio 4

ESCUCHA

Para el último ejercicio del día, voy a acelerar un poco los cambios, ya que los acordes van a durar dos tiempos en lugar de cuatro. Atención al último compás, hay una pequeña variación

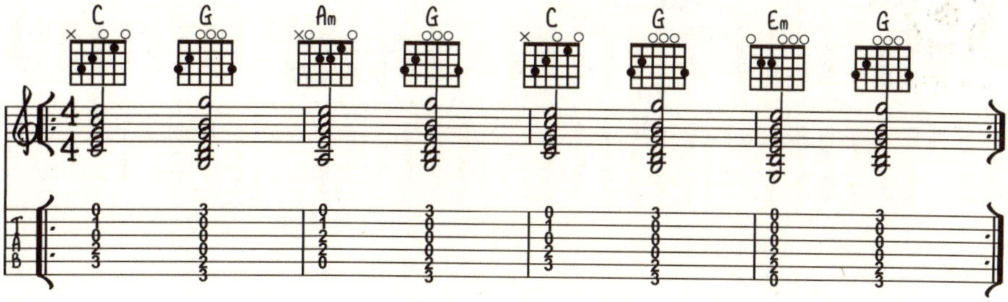

Martes

¿Ya empieza a sonarte el acorde de sol mayor? ¡Estupendo! Hoy te propongo cuatro ejercicios en los que volveremos a encontrar este acorde, aunque con ritmos distintos, arpegios...

ESCUCHA

Ejercicio 1

Empecemos con un rasgueo: nada que no conozcas. ¡Respeta los ritmos y el sentido de los golpes de púa!

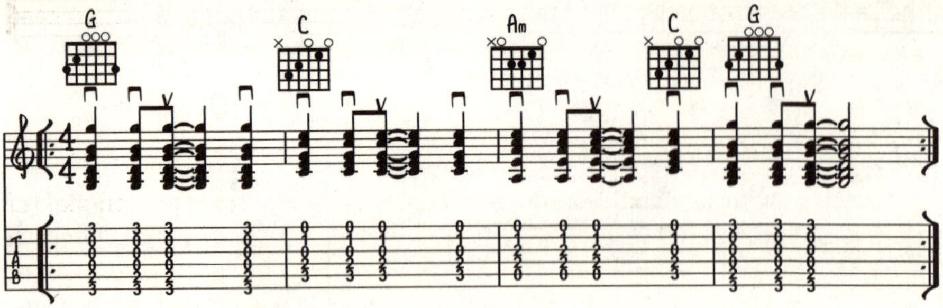

ESCUCHA

Ejercicio 2

Un segundo ejercicio con rasgueos más regulares; te ayudará también a relajar la mano derecha.

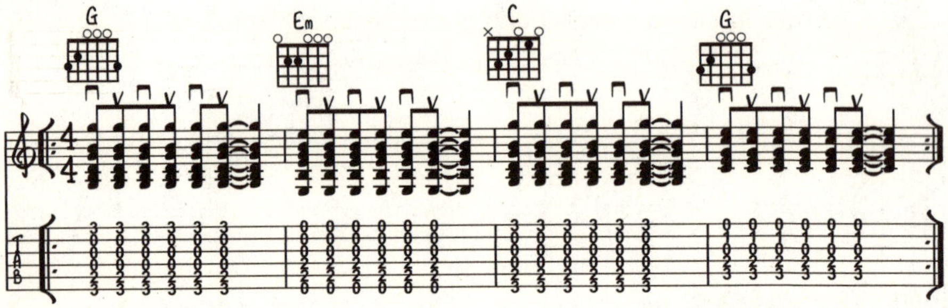

ESCUCHA

Ejercicio 3

Veamos ahora estos mismos acordes en arpegios, es decir, tocando una nota detrás de otra y no al mismo tiempo. Aquí los arpegios son ascendentes, por lo que los golpes de púa se dan hacia abajo.

ESCUCHA

INFORMACIÓN TÉCNICA

Ejercicio 4

Para acabar esta serie de ejercicios, te propongo uno más complejo en el que tendrás que tocar los arpegios de forma continua, lo que te obligará a cambiar de acorde lo más rápidamente posible para que no se escuchen huecos. Como de costumbre, la regularidad es lo que importa: toca despacio y acelera cuando te sientas cómodo.

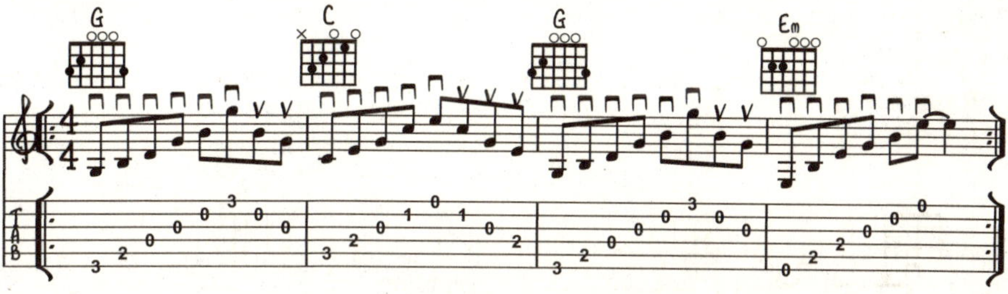

Miércoles

Ahora que vamos lanzados, te propongo ver hoy un acorde nuevo: el de la mayor o A. Es más sencillo que el acorde de sol que acabamos de trabajar y también es uno de los acordes esenciales de guitarra que hay que conocer. La única dificultad reside en no tocar la cuerda de mi grave. Mira la foto:

A (la mayor)

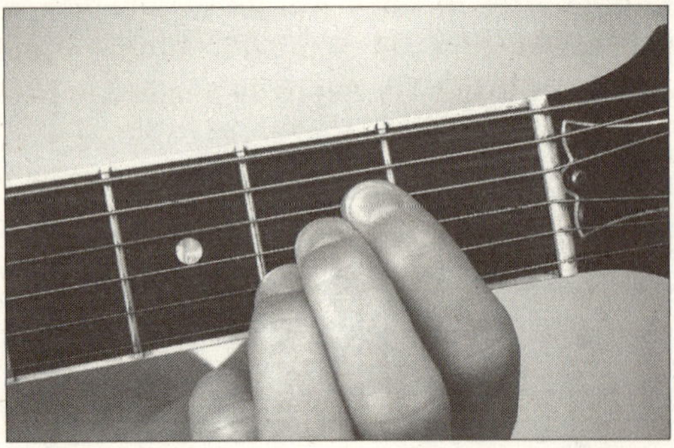

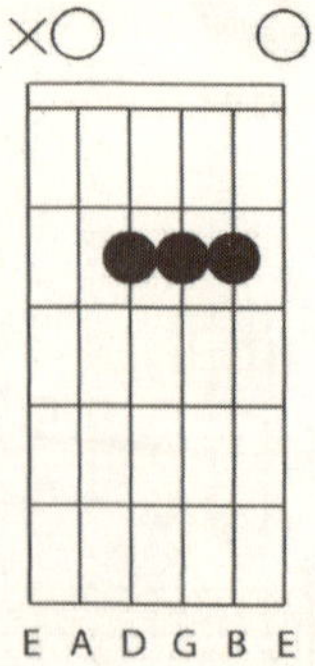

ESCUCHA

Ejercicio 1

Como de costumbre, el primer ejercicio consiste en que te acostumbres a colocar el acorde: toca un compás (cuatro tiempos), suelta los dedos un compás, vuelve a tocar el acorde , tantas veces como quieras.

CONSEJO DEL PROFE

Ya conoces el acorde de Am (la menor); puede que hayas observado que las dos formas de acordes son bastante parecidas: solo cambia una nota, la tercera. Un acorde básico se compone de tres notas: la fundamental (que da nombre al acorde, por ejemplo, la); la tercera, que define si un acorde es mayor o menor, y la quinta. En la música occidental, la cualidad de un acorde se suele definir diciendo que la sonoridad mayor es alegre y la sonoridad menor, triste.

ESCUCHA

Ejercicio 2

Escuchar los acordes es tan importante como saber tocarlos. Por eso, este ejercicio alterna A (la mayor) y Am (la menor), de modo que puedas escuchar la diferencia entre la sonoridad mayor (alegre) y la menor (triste). Ten en cuenta que el paso de uno a otro no es digitalmente sencillo porque, a pesar de ser dos posiciones visualmente cercanas, hay que desplazar todos los dedos.

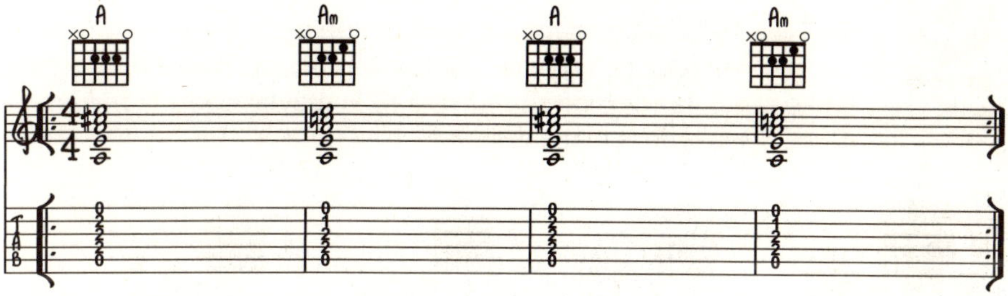

ESCUCHA

Ejercicio 3

Para terminar la jornada, dos ejercicios de encadenamientos de acordes rítmicamente sencillos para que trabajes el acorde de la mayor (A) y revises los anteriores.

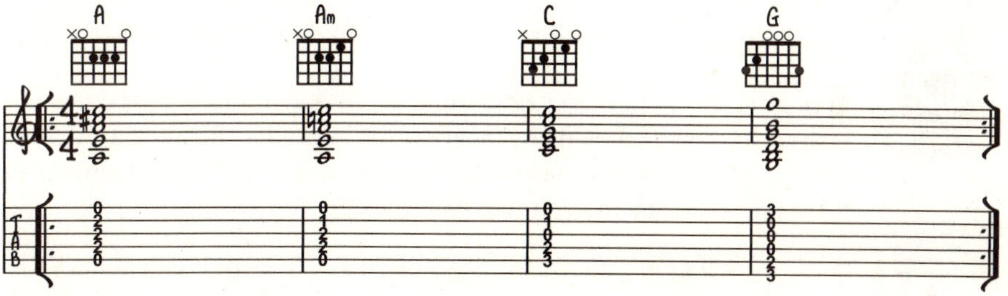

ESCUCHA

Ejercicio 4

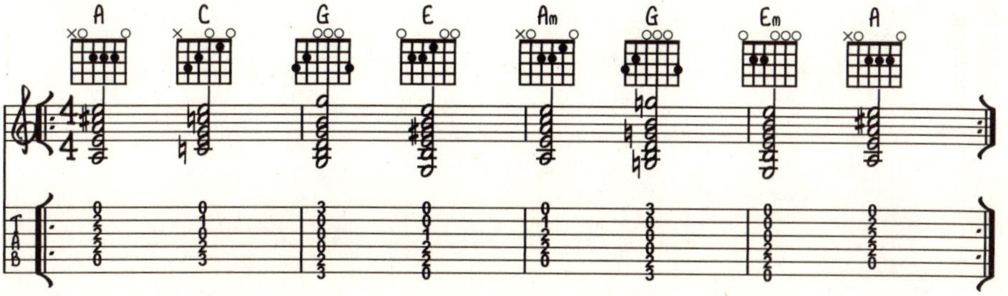

Jueves

Ahora que empiezas a asimilar la digitación del acorde de la mayor (A), vamos a ver algunos ejercicios de rasgueo y de arpegios que te permitirán mejorar y tocar ritmos más interesantes.

ESCUCHA

Ejercicio 1

Esta vez, para variar, vamos a empezar con los arpegios. Este ejercicio bastante sencillo no tiene muchos cambios de la mano izquierda. Por lo tanto, la atención se centrará en la regularidad y la corrección de los ataques de la mano derecha.

ESCUCHA

Ejercicio 2

El mismo ejercicio pero más complejo, ya que ahora los arpegios son descendentes. Tienes que atacarlos hacia arriba. Recuerda mirar lo menos posible la mano derecha para acostumbrarte a encontrar de forma intuitiva la ubicación de las cuerdas.

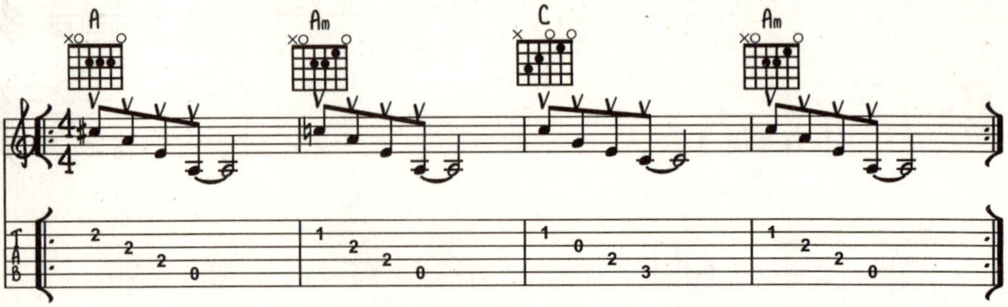

ESCUCHA

Ejercicio 3

Vamos a trabajar ahora el rasgueo con una serie de acordes que contiene el de la mayor (A). Te recuerdo lo que vimos la semana pasada de notación musical: si dos notas (o acordes) están unidas por una ligadura, solo hay que tocar la primera y dejarla sonar el tiempo de las dos notas.

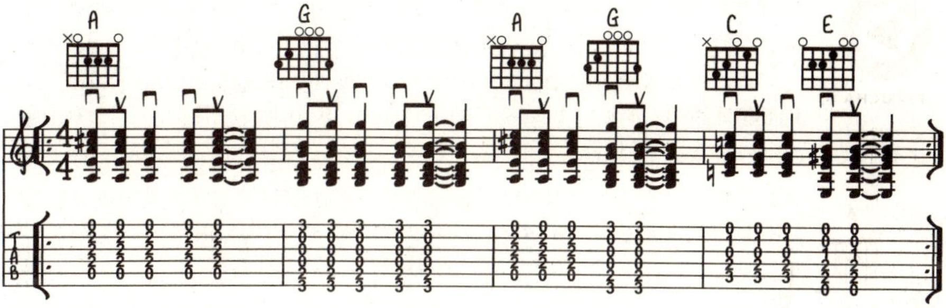

ESCUCHA

INFORMACIÓN TÉCNICA

Ejercicio 4

Para terminar, un ejercicio más complejo, ya que se alternan rasgueos y arpegios. La principal dificultad radica en colocar bien la mano derecha, pues su posición varía ligeramente entre el rasgueo (más móvil) y los arpegios (más fijos). Trabaja despacio y de manera regular para adquirir una cierta flexibilidad y una buena fluidez en el ataque.

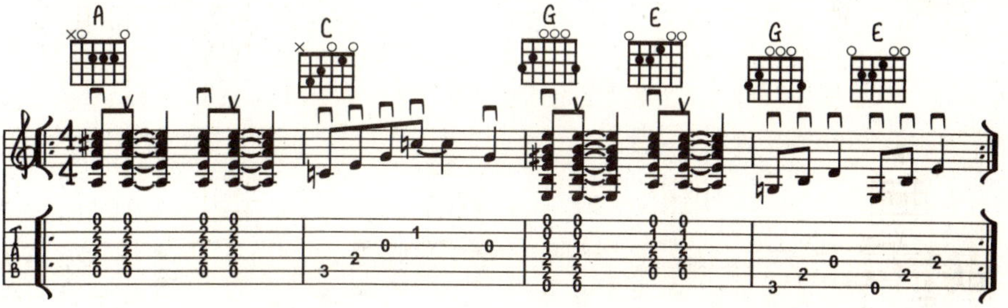

Viernes

Hoy vamos a trabajar la técnica. Como ya te he contado, la técnica por sí sola no te convierte en un buen músico, pero te permite sentirte más a gusto con el instrumento, lo que favorece la musicalidad y la interpretación. Por eso es fundamental practicar con regularidad la técnica. Si tienes tiempo, retoma los ejercicios técnicos todos los días (a veces, bastan 2 o 3 minutos), verás como progresas más rápido.

ESCUCHA

Ejercicio 1

Este primer ejercicio consiste en tocar dos veces la misma nota sobre las cuatro últimas cuerdas (graves). Toca fuerte y de forma regular. Alterna los golpes de púa (los golpes sobre el tiempo se tocan hacia abajo).

ESCUCHA

Ejercicio 2

El segundo ejercicio se parece al primero, excepto que las notas se tocan tres veces en lugar de dos. La dificultad es otra: como los golpes de púa se alternan, cada nueva cuerda se atacará una vez hacia abajo, y la otra, hacia arriba. Es un excelente ejercicio para lograr la independencia de las dos manos y para comprender la lógica de los ataques.

ESCUCHA

Ejercicio 3

Veamos ahora un ejercicio técnico para trabajar con la mano derecha la sensación de distancia entre las cuerdas. Como ya he dicho anteriormente, es importante no mirar la mano derecha porque se suele perder fluidez. Ten confianza: esa sensación no tarda en llegar y pronto verás que ya no te equivocas al elegir la cuerda que debes atacar.

El ejercicio consiste en tocar despacio las cuerdas al aire, saltándote una cuerda. Ataca primero las cuerdas hacia abajo y, luego, alterna los golpes (arriba/abajo), como ya hemos hecho antes.

ESCUCHA

Ejercicio 4

El mismo ejercicio pero pisando las cuerdas con la mano izquierda. Puedes mirar la mano izquierda (¡pero no la derecha!).

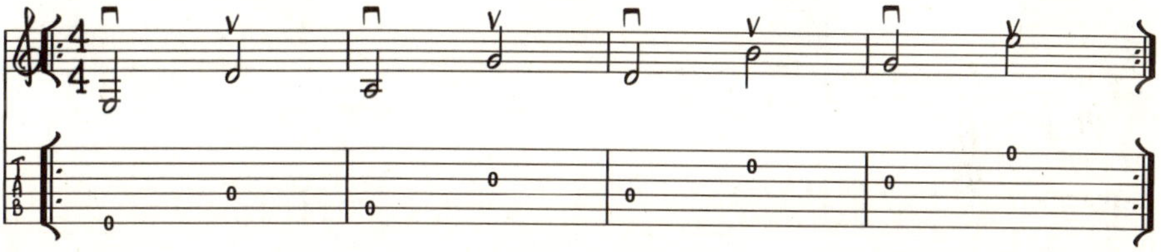

CONSEJO

Una vez que hayas aprendido el principio de estos ejercicios, repítelos en todas las cuerdas y con notas diferentes para progresar más rápido; manteniendo siempre una ejecución regular, no lo olvides. (¿Dónde está tu metrónomo?)

Sábado

El acorde de sol mayor (G), el de la mayor (A), rasgueos, arpegios… Ya es hora de trabajar una pequeña pieza que reúna los elementos que hemos visto esta semana y las anteriores.

Te propongo una pieza que engloba dos modos de tocar: uno con arpegios y otro con rasgueos. Hoy nada de *riff* ni de melodías, solo acompañamiento. No obstante, a diferencia de las piezas de semanas anteriores, habrá frecuentes variaciones sutiles en los arpegios o en el ritmo para obligarte a estar muy atento y dejar entrever otras formas menos lineales de utilizar los arpegios o los rasgueos.

Para preparar esta pieza, te propongo dos pequeños ejercicios que te facilitarán la tarea.

ESCUCHA

Ejercicio 1

Para empezar, un ejercicio de arpegios que consiste en comenzar a bajar (o subir) un acorde y, en el medio, retroceder una nota antes de comenzar de nuevo:

Observa que, tanto en los ejercicios de hoy como en la pieza, no he indicado el sentido de los golpes de púa para los arpegios. El principal motivo es que la lección de hoy es bastante compleja y prefiero no abrumarte con información.

CONSEJO

Piensa solo en esta regla bastante sencilla: cuando el arpegio sube, los golpes se dan hacia abajo; cuando el arpegio desciende, se dan hacia arriba.

CONSEJO DEL PROFE

Aprovecho para hacer un breve comentario sobre un asunto que se presta a confusión en la guitarra: cuando decimos "subir", significa ir de las cuerdas graves a las agudas. Sin embargo, en la guitarra, esto es físicamente lo contrario, ¡bajamos la mano para tocar los agudos! Lo contrario, por supuesto, es válido: se dice "bajar" para tocar hacia las graves (mientras que la mano sube). Es un pequeño acertijo al que hay que acostumbrarse, pero no te costará habituarte.

ESCUCHA

Ejercicio 2

Un segundo pasaje que puede causarte dificultades es la última parte de la pieza: hay arpegios, un acorde y una nota sola después. No es muy difícil, sin embargo, hay que acostumbrar a la mano derecha a colocarse para ejecutar estos cambios sin interrupción. Este ejercicio te servirá de entrenamiento:

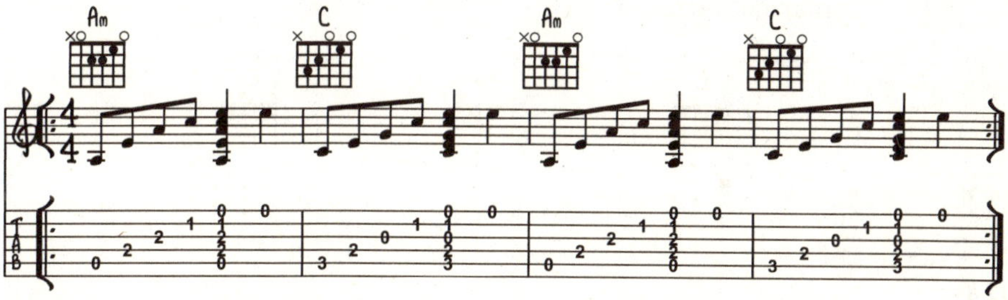

ESCUCHA

Ejercicio 3

¡Vamos allá con la pieza! Como siempre, escúchala varias veces antes de tocar y trabaja despacio. Puedes aislar los compases para tocarlos en bucle y trabajarlos.

CONSEJO

Un último consejo antes de empezar: cuando no se toquen todas las notas de un acorde (como el sol del tercer compás de la segunda línea), te recomiendo encarecidamente que coloques el acorde al completo; esto te permitirá realizar variaciones más adelante y ganar en flexibilidad.

¡Te toca!

C
Am
G
E
A
Em
G
E
Am
C
G
Em
C
Am
G
Am
Am
C
G
Am
G
Am

Domingo

Para nuestra escucha dominical, te propongo una canción muy conocida tocada por un guitarrista que no lo es menos: **"Johnny B. Goode"** de Chuck Berry.

Chuck Berry es un guitarrista estadounidense que nació en 1926 y falleció en 2017. Es un músico emblemático del estilo *rythm and blues*. Entre sus canciones más conocidas se encuentran **"Maybellene"**, **"Roll over Beethoven"** y, sobre todo, **"Johnny B. Goode"**, cuya famosa introducción de guitarra es una proeza para muchos guitarristas.

La canción comienza con esta introducción rápida y con un estilo característico del rock and roll de la década de 1950, que utiliza distintas técnicas propias de la guitarra (de las que hablaremos más adelante) como los *glissando* o *slide*, las dobles notas, los *bend*... El *feeling* de Chuck Berry es perfecto y parece ejecutar este pasaje con suma facilidad. También podemos verlo en vídeo tocando esta introducción mientras atraviesa el escenario imitando a un pato (la *duck walk*), un paso que se convertirá en su sello personal.

La estructura de la obra después de la introducción es bastante clásica, muy cercana al blues tradicional (del que también hablaremos más adelante). Escucha con atención cómo acompaña a la voz: la guitarra ejecuta un *riff* continuo en corcheas que acentúa el lado animado de la música. Este método de acompañamiento lo llaman a veces los estadounidenses *train,* en referencia al sonido de una locomotora que avanza a toda velocidad.

Con esta canción, Chuck Berry se convierte en uno de los primeros *guitar hero* que ha contribuido a la popularidad de este instrumento.

¡Que la disfrutes!

Semana 5

Lunes

Bienvenido a esta quinta semana de aprendizaje de la guitarra. De nuevo, estará orientada a trabajar los acordes fundamentales, ya que te permitirán tocar enseguida una gran variedad de canciones con las que disfrutar.

Hoy veremos el acorde de re mayor, también escrito D. En la foto puedes ver la digitación:

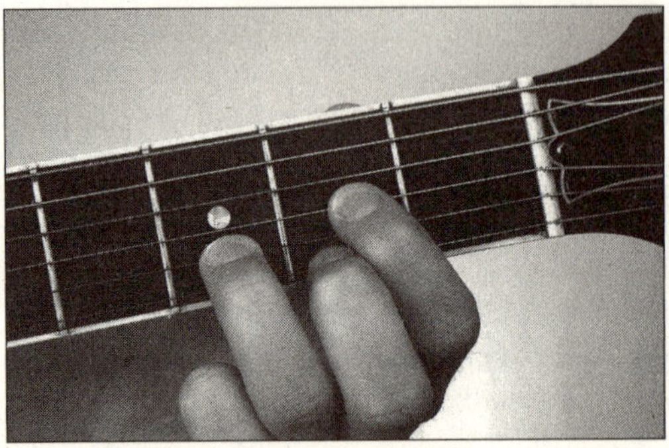

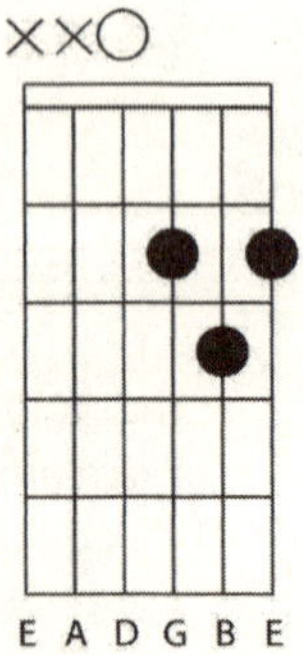

Aunque no parece muy difícil, en realidad, es uno de los acordes que más cuesta aprender al principio por los siguientes motivos:

- » Su digitación concentrada en los agudos provoca a veces inversiones involuntarias de los dedos al principio.
- » Su forma, que requiere no tocar las cuerdas de mi grave y la, obliga a apuntar bien con la mano derecha.
- » Su forma es bastante distinta de la de los acordes vistos hasta ahora, por lo que los encadenamientos serán menos fáciles.

Pero ¡que no cunda el pánico! Vamos a verlo poco a poco, y sus dificultades se desvanecerán rápidamente.

Ejercicio 1

ESCUCHA

Para empezar, el ejercicio que ya es tradicional para colocar el acorde: tocar cuatro tiempos, soltar cuatro tiempos, volver a tocar, etcétera.

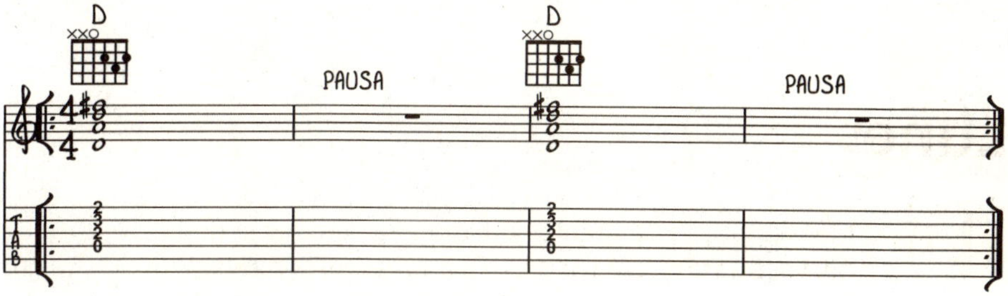

Ejercicio 2

ESCUCHA

A continuación, encadena el D (re mayor) con dos acordes que ya conoces bien: Am (la menor) y C (do mayor).

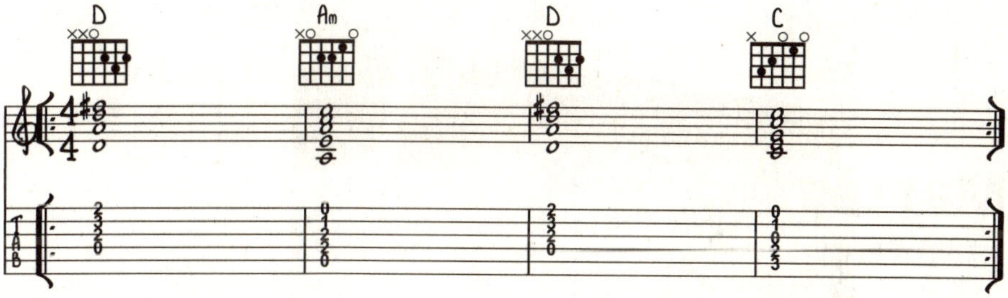

Ejercicio 3

ESCUCHA

Le añadimos el acorde de Em (mi menor):

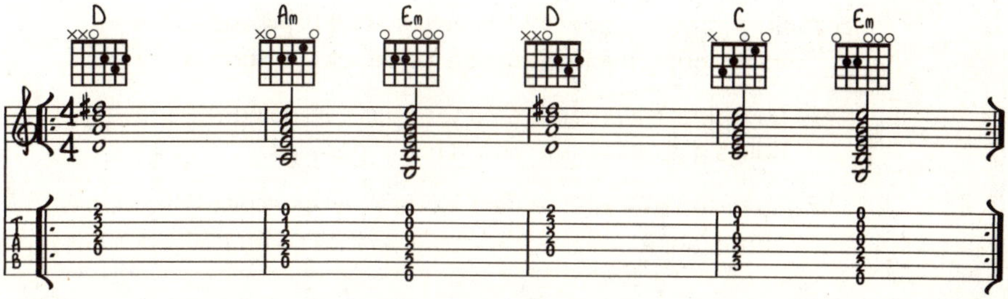

ESCUCHA

Ejercicio 4

Un último encadenamiento más difícil porque utiliza dos posiciones radicalmente distintas: D (re mayor) y G (sol mayor):

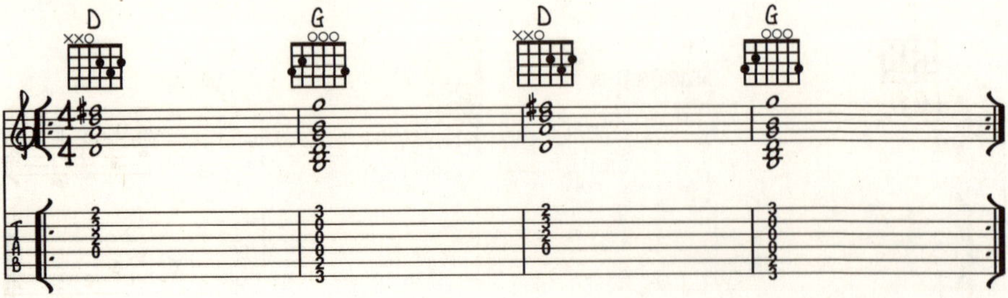

CONSEJO

Estos ejercicios parecen simples sobre el papel, pero son fundamentales para aprender bien estos acordes. Procura tocar siempre de manera clara, regular y sin mirar la mano derecha, o lo menos posible. Por último, no te olvides de repetir en bucle cada uno de estos ejemplos.

Martes

ESCUCHA

Ejercicio 1

Seguiremos con el acorde de D (re mayor) tocándolo únicamente en arpegio para empezar.

ESCUCHA

Ejercicio 2

No dejamos los arpegios, pero, esta vez, junto con los acordes de C (do mayor) y Am (la menor). Apunta bien a las cuerdas correctas para tocar el nuevo acorde en el lugar preciso.

ESCUCHA

Ejercicio 3

Ahora iremos desde los agudos hasta los graves (con golpes de púa hacia arriba).

CONSEJO

Intenta colocar siempre el acorde entero directamente, no dedo a dedo. Curiosamente, tocar arpegios empezando por los agudos siempre parece más difícil, pero, con un poco de práctica, no notarás la diferencia.

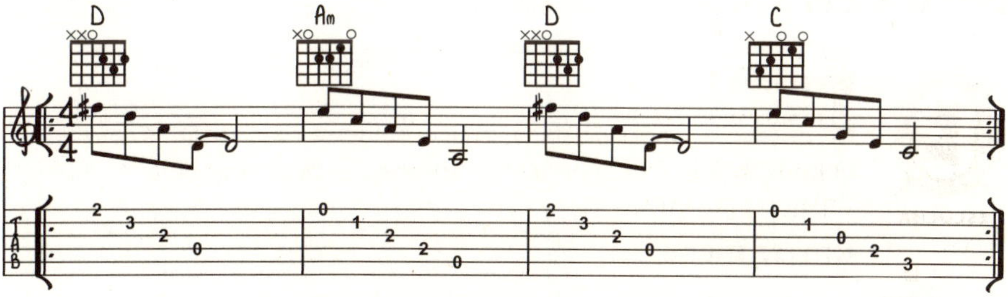

ESCUCHA

Ejercicio 4

Vamos a complicarlo un poco: los mismos arpegios del ejercicio anterior pero encadenados con mayor rapidez. Tendrás que realizar "saltos de cuerda" bastante importantes con la mano derecha, por lo que es fundamental apuntar bien. Como estos arpegios son ascendentes los golpes de púa se dan hacia abajo. Esta vez, puedes mirar la mano derecha al principio, hasta que te encuentres un poco más cómodo; después, procura no mirarla.

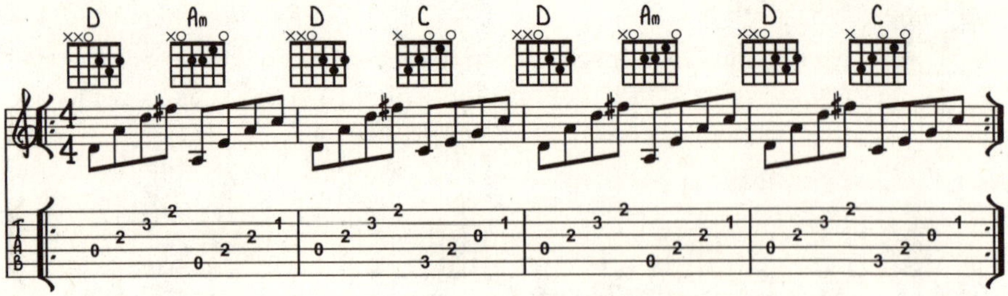

Miércoles

Después del re mayor (D) , el re menor, que también se escribe Dm. Al igual que con los acordes de la mayor y la menor que vimos la semana pasada, las diferencias entre las dos formas de los acordes de re son bastante simples sobre el papel: solo cambia una nota (recuerda: la famosa tercera que aporta la sonoridad mayor o menor al acorde). Lamentablemente, no basta con mover un solo dedo para pasar de re mayor a re menor. Las posiciones están organizadas de tal modo sobre el diapasón de la guitarra que tendrás que intercambiar los dedos para pasar de un acorde a otro.

ESCUCHA

Ejercicio 1

No obstante, antes de nada, el acorde de re menor (Dm) solo: el esquema, la foto y un ejercicio de colocación bien conocido.

Dm (re menor)

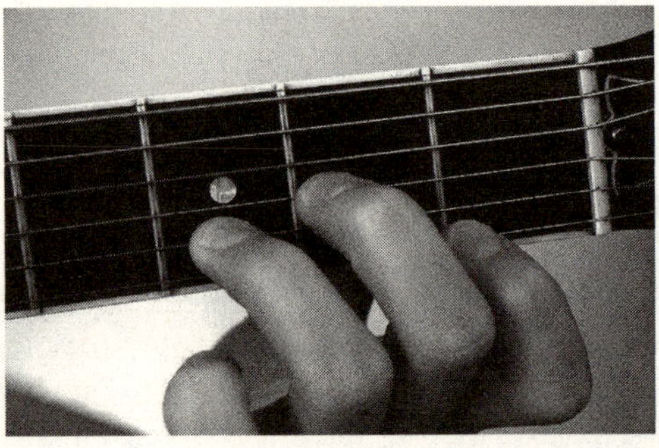

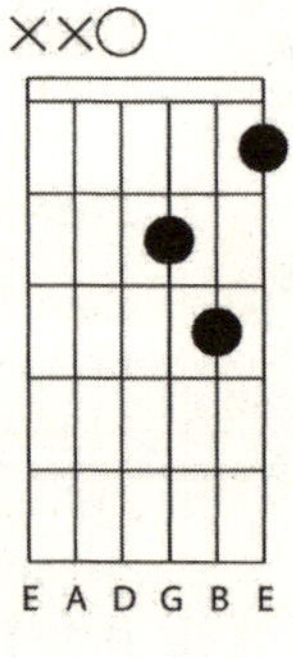

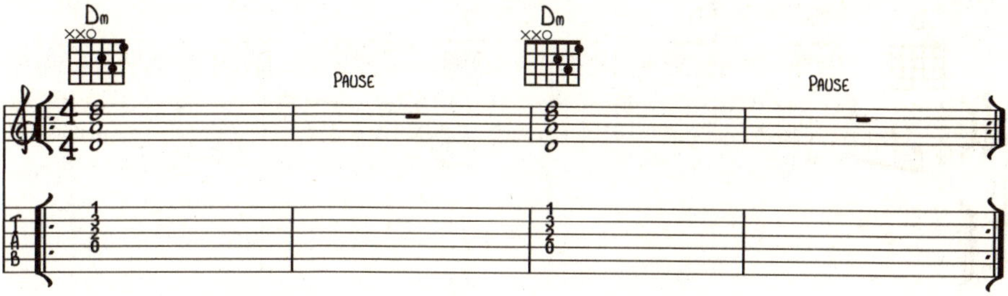

Ejercicio 2

ESCUCHA

Ahora, echemos un vistazo a esta diferencia entre el re mayor (D) y el re menor (Dm). Verás que, al menos, las digitaciones son distintas. Concéntrate también en la sonoridad de cada uno de ellos y recuerda que una sonoridad mayor se suele considerar *alegre*, mientras que la sonoridad menor se considera *triste*.

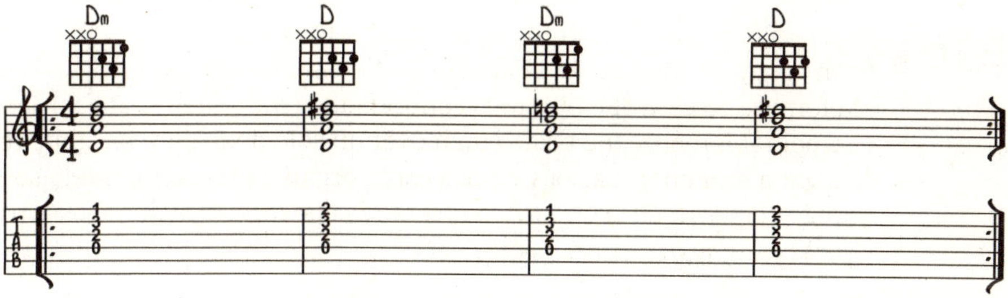

En el próximo ejercicio, solo tendrás que encadenar los acordes de re menor (Dm) con otros que ya conoces para familiarizarte con su posición y relajar los dedos.

Ejercicio 3

ESCUCHA

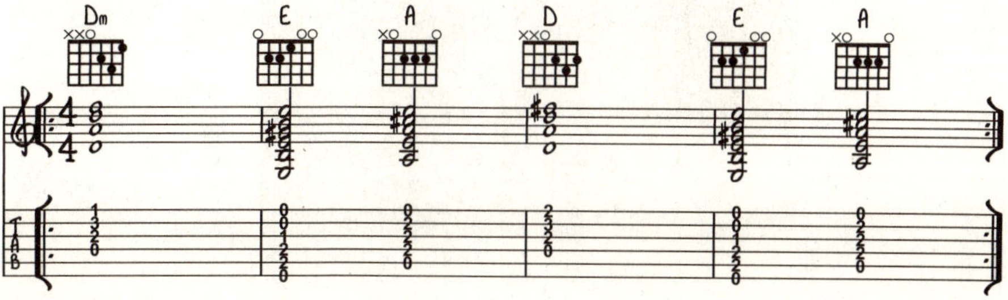

ESCUCHA

INFORMACIÓN TÉCNICA

Ejercicio 4

Por último, un ejercicio mucho más difícil para tocar solo si te sientes cómodo con los ejercicios anteriores. Aquí, los acordes duran dos tiempos cada uno y los encadenamientos son deliberadamente complicados. Encontrarás especialmente traicionero el paso del sol mayor (G) al re (mayor o menor). Trabaja despacio y en bucle.

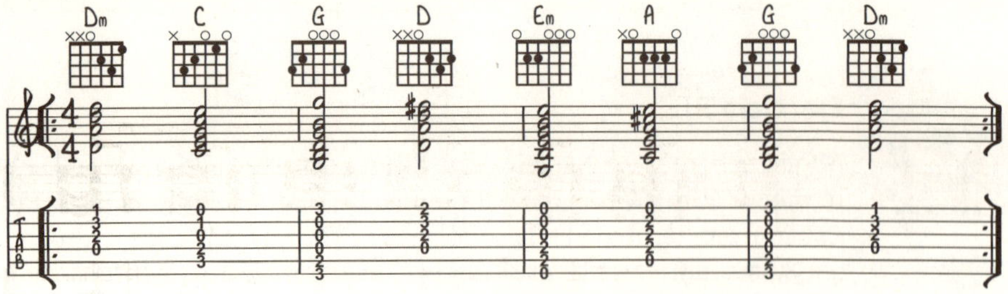

Jueves

¿Te dio muchos quebraderos de cabeza el último ejercicio de ayer? Si es así, no dudes en repetirlo regularmente. Si todo va bien, ¡sigamos! El martes pasado, trabajamos los arpegios sobre el acorde de re mayor (D); hoy te propongo dedicarnos a los rasgueos con el acorde de re menor (Dm), entre otros...

ESCUCHA

Ejercicio 1

Negras (una nota por tiempo) y corcheas (dos notas por tiempo): una fórmula rítmica simple pero eficaz para este primer ejercicio. Recuerda la regla para los golpes de púa: ataca las cuerdas hacia abajo si la nota cae a tiempo; si vas a contratiempo (entre dos tiempos), ataca hacia arriba.

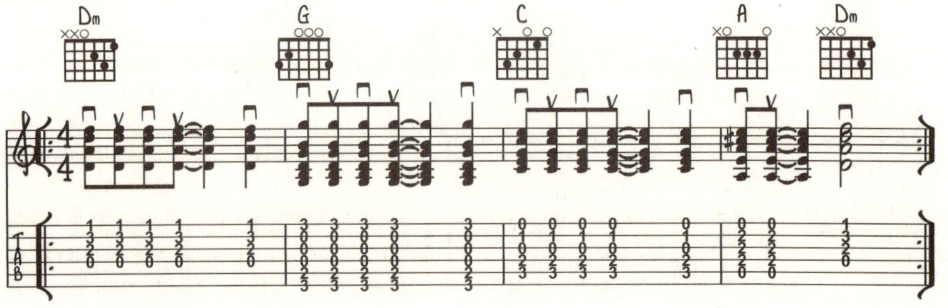

ESCUCHA

Ejercicio 2

Otra serie de acordes. La mayor dificultad al tocar rasgueos que contienen acordes de re (mayor o menor) es que la mano derecha no toque las cuerdas de mi grave y la. Lleva tiempo acostumbrarse y apuntar bien siempre. No te desanimes, todos los guitarristas han pasado por este escollo alguna vez. De momento, céntrate en lograr una buena posición de los acordes y un ritmo regular de rasgueo.

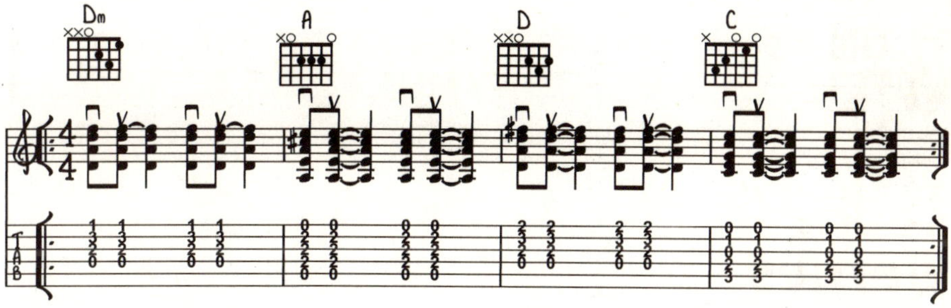

ESCUCHA

Ejercicio 3

Vamos ahora con un ejercicio de rasgueo con corcheas consecutivas, lo que significa que tendrás que cambiar de acorde rápidamente para mantener la regularidad del ritmo. Por supuesto, tocar corcheas continuamente no implica tocar más rápido; todo depende del tempo con el que estés trabajando.

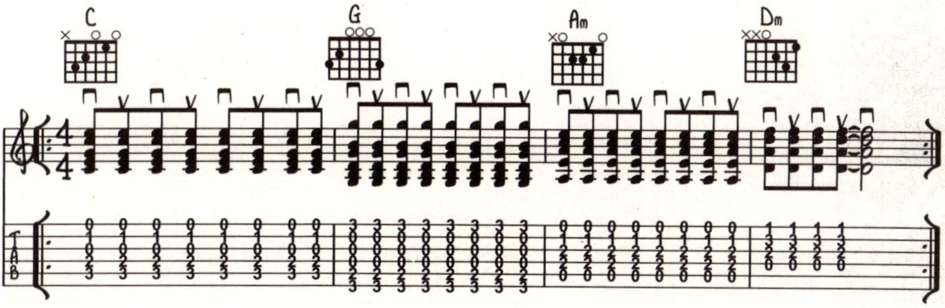

ESCUCHA

INFORMACIÓN TÉCNICA

Ejercicio 4

Para terminar, voy a introducir una dificultad que no es técnica, sino rítmica: cada dos compases, el primer tiempo lo ocupará un silencio, es decir, que no tienes que tocar nada. Al principio, esto puede crear confusión, puesto que el primer tiempo de un compás suele servir de apoyo; así que tendrás que pensar en este silencio sin tocarlo. Una vez más, la grabación de audio del ejemplo te resultará muy útil para ejecutar el ejercicio.

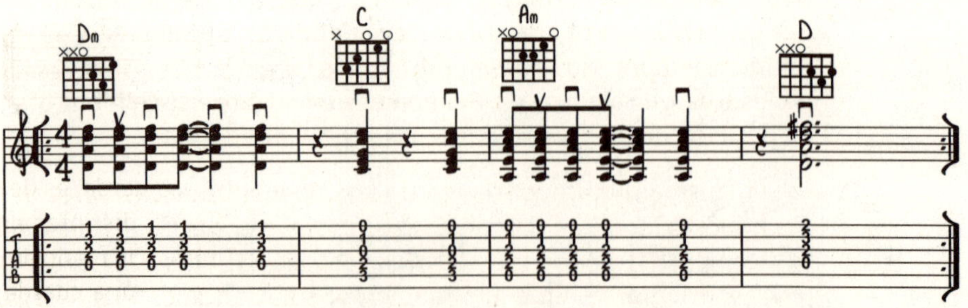

Viernes

¿Listo para un poco de técnica? ¡Vamos allá!

ESCUCHA

Ejercicio 1

Empecemos con un ejercicio clásico para desplazarte de manera horizontal por el mástil. No es difícil, tan solo mantén la regularidad rítmica.

CONSEJO

Naturalmente, si tu guitarra te lo permite (algunas guitarras eléctricas pueden tener 24 trastes o más), puedes ampliar el ejercicio para seguir subiendo por el diapasón hacia notas más agudas.

ESCUCHA

Ejercicio 2

El mismo ejercicio pero ahora sobre la cuerda de mi grave (la sexta cuerda). La dificultad varía ligeramente, ya que la posición de la mano izquierda no es la misma si se toca sobre la cuerda de mi agudo o sobre la de mi grave.

La semana pasada empezamos a trabajar los saltos de cuerda, es decir, a tocar dos notas consecutivas situadas en cuerdas distintas no adyacentes. Es un excelente ejercicio para acostumbrar a la mano derecha a orientarse. En aquel momento, solo saltamos una cuerda; esta semana, te propongo saltar hasta cuatro.

ESCUCHA

Ejercicio 3

Empezaremos con las cuerdas al aire. Observa cómo lo hace la mano derecha la primera vez, luego deja de mirarla: intenta asimilar la sensación de distancia que hay entre las cuerdas.

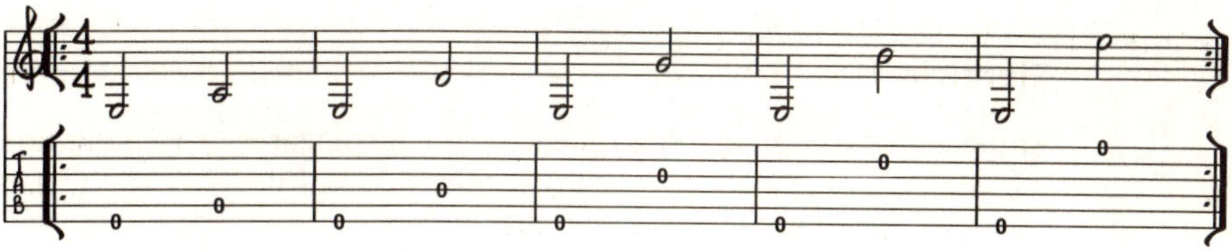

ESCUCHA

Ejercicio 4

En este ejercicio pondremos notas para la mano izquierda, con el fin de evitar que te centres (demasiado) en la mano derecha y, de este modo, encontrar progresivamente un movimiento seguro y natural.

CONSEJO

Intenta repetir ahora este ejercicio respetando el orden de las cuerdas pero improvisando las notas que tocas: es un ejercicio perfecto para relajarse y pensar menos en tener que apuntar en las cuerdas correctas.

Sábado

Podría ocurrir que la pieza de este fin de semana te costase algo más de 15 minutos (¡tampoco mucho más!). En ella encontrarás numerosos elementos de los que ya hemos hablado antes y ciertos pasajes se complican un poco, pero tampoco nada imposible. Si hay partes de esta pieza que te causan demasiados problemas porque no puedes dedicarle mucho tiempo, no te preocupes: trabaja las otras partes y ya volverás algún día en el que te sobre algo de tiempo después de los ejercicios.

En esta pieza, ya conoces todo: los acordes, los ritmos, los arpegios… La complejidad radica en el encadenamiento de estos elementos. Antes de lanzarte, no obstante, vamos a hacer dos ejercicios que te facilitarán la tarea después.

ESCUCHA

Ejercicio 1

Lo primero, la introducción: cuatro compases que se tocan dos veces (recuerda: la doble barra vertical con los dos puntos) y que contienen acordes y notas arpegiadas. Deja que el acorde suene el mayor tiempo posible antes de arpegiar las dos notas que finalizan el compás.

ESCUCHA

Ejercicio 2

La parte más ardua de la pieza se concentra en los cuatro últimos compases: arpegios ascendentes que vuelven a descender brevemente antes de ascender de nuevo. Tendrás que estar muy atento para ejecutar bien los arpegios y recolocar luego correctamente la mano derecha para atacar el siguiente compás a partir de notas graves. Para practicar este movimiento, te propongo esta base de arpegios únicamente sobre dos acordes sencillos.

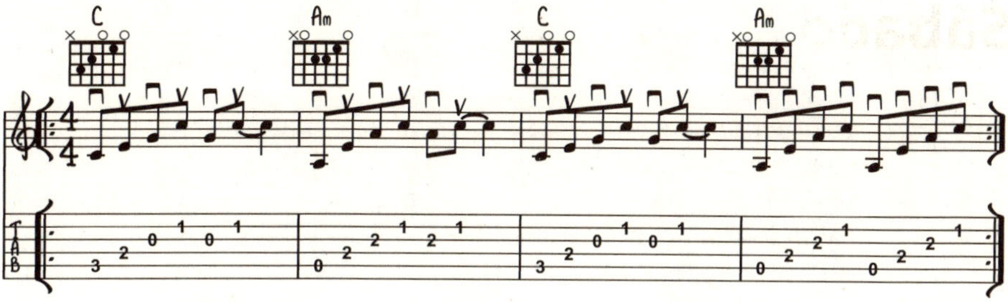

ESCUCHA

Ejercicio 3

Llegó el momento de ejecutar la canción. Una aclaración más: en la partitura verás un texto que te guiará en la interpretación. “Pausa tras 2.ª vez” significa simplemente que, cuando hayas repetido esta línea (la cuarta), puedes marcar un breve descanso para dejar que la música respire. La expresión “Retardando progresivamente” se aplica a la última línea y te invita a disminuir la velocidad de forma paulatina para concluir la pieza. Estas interpretaciones, por supuesto, puedes escucharlas en las grabaciones de audio.

¡Te toca!

D
C
D
C
D
Am
G
D
D
Am
Em
C
G
Em
C
G
D
Dm
A
C
G
D
A PAUSA TRAS 2.ª VEZ
RETARDANDO PROGRESIVAMENTE...............

Domingo

Para terminar la semana a lo grande, te invito a escuchar uno de los mayores éxitos de la guitarra rock: **"Back in Black"** de ACDC. El grupo nació en 1973 en torno a dos hermanos guitarristas, Malcolm y Angus Young. Los cantantes se han ido sucediendo (Bon Scott, Brian Johnson y, actualmente, Axl Rose, antiguo componente de Guns and Roses), pero el grupo conserva una garra sonora reconocible entre mil. ¿Sus secretos? Unos sencillos *riff* ultraeficaces, magníficos solos de guitarra y un cantante con una voz muy aguda.

"Back in Black" es uno de sus mayores éxitos, incluido en el álbum homónimo publicado en 1980.

La introducción prácticamente resume la canción: un *riff* de guitarra con un gran peso y potencia que también sirve de acompañamiento a las estrofas cantadas. ¿Y durante los estribillos? Otro *riff* de guitarra..., claramente, la receta favorita del grupo. También se puede escuchar durante dos minutos el solo de guitarra de Angus Young, un excelente guitarrista aunque no sea, estrictamente hablando, un virtuoso como muchos de sus colegas de rock o metal. Posee, sin embargo, un estilo propio que consiste en un sonido muy grueso, con notas largas, a menudo dobladas (los famosos *bend* de los que hablaré más adelante) y muchas inflexiones procedentes del blues.

Si nunca los has visto en concierto o en vídeo, no te los pierdas, aunque solo sea por ver a Angus Young tocar con su uniforme de escolar inglés. Este atuendo nació como una broma para un concierto, pero lo mantuvo después y se ha convertido en seña de identidad del grupo.

También puedes escuchar **"Highway to Hell"** o **"TNT"** (*riff* y más *riff*), canciones emblemáticas del rock que han forjado el éxito de ACDC en todo el mundo.

Semana 6

Lunes

Hoy vamos a ver el último acorde de una primera serie: el fa mayor (F). Con este acorde y los que hemos visto en las semanas anteriores ya tienes base suficiente para tocar una parte muy importante de canciones pop/rock de los últimos cincuenta años. Por supuesto que hay más acordes, pero estos son los que podríamos llamar "básicos", los que todo guitarrista debe conocer.

El acorde de fa mayor (F) puede ser un poco más difícil que los anteriores, ya que es el primero que necesita colocar cuatro dedos de la mano izquierda. (A mí me parece que los acordes de re mayor y re menor son más complicados, pero esto no le pasa a todo el mundo.)

Observa la colocación en la imagen:

F (fa mayor)

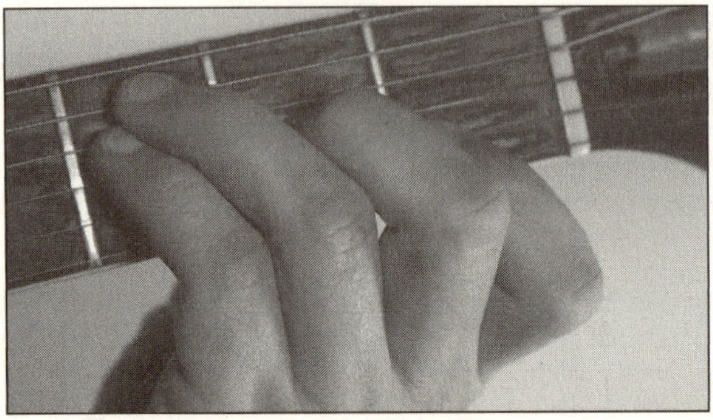

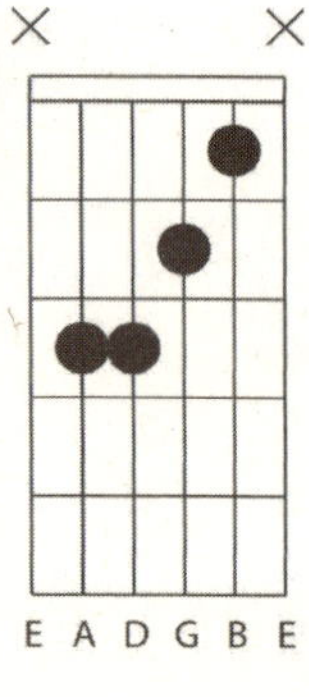

ESCUCHA

Ejercicio 1

Como de costumbre, el primer ejercicio sirve para que aprendas a colocar el acorde poco a poco, haciendo pequeños descansos para que no te dañes los dedos. Además de en tener que colocar cuatro dedos para ejecutar este acorde, la dificultad radica en apuntar bien con la mano derecha: no hay que tocar las cuerdas de mi grave y mi agudo. Al principio, es perfectamente normal equivocarse con esto.

Ejercicio 2

ESCUCHA

En este ejercicio, encadena los acordes de F (fa mayor) con los de C (do mayor) y Am (la menor), pues estos son los dos acordes cuya forma más se parece a la de fa (el índice se mantiene siempre en la misma posición).

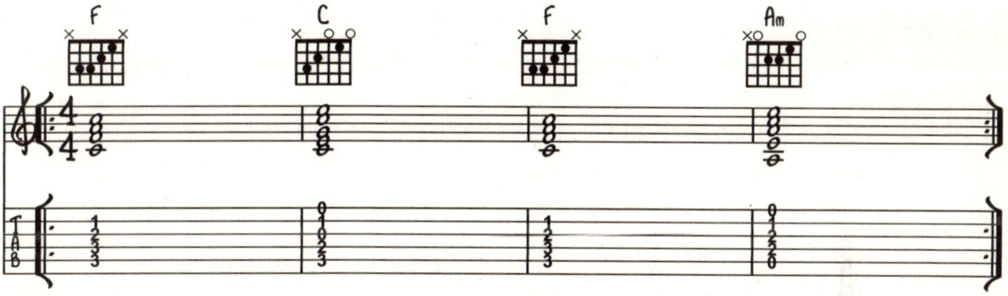

Ejercicio 3

ESCUCHA

Los mismos acordes, pero esta vez hay dos por compás.

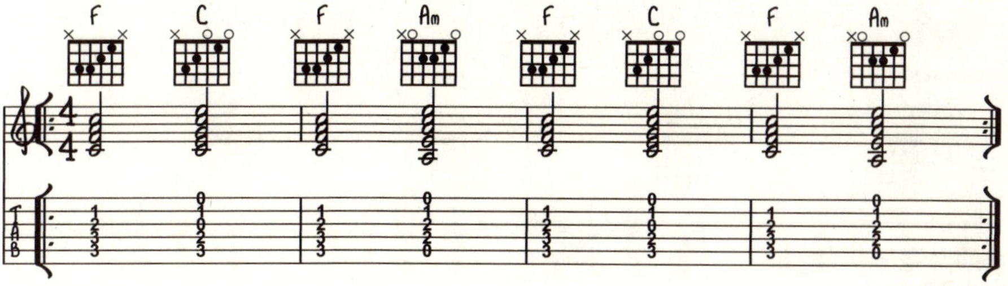

ESCUCHA

INFORMACIÓN TÉCNICA

Ejercicio 4

Para terminar, uno más difícil, pues incluye otros acordes cuya forma se parece menos a la de fa mayor (F). Los compases 3 y 4, en particular, son más duros por el paso de F a Dm y de E a F. como siempre, toca despacio y de manera regular.

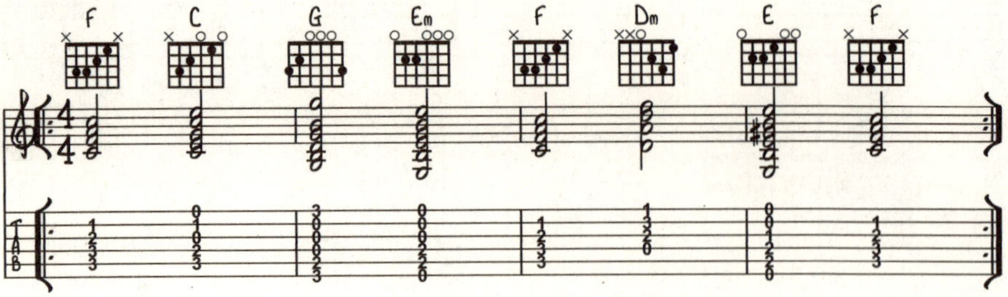

Martes

Deberías empezar a sentir que colocas correctamente el acorde de fa mayor (F). Sigamos trabajando hoy con ejercicios de rasgueos que incluyen varios acordes.

Para empezar, un ejercicio con un ritmo simple y repetitivo.

ESCUCHA

CONSEJO

Ejercicio 1

Para pulsar las cuerdas correctas del acorde de fa mayor (F) —y evitar así las cuerdas de mi grave y mi agudo—, puedes intentar no pulsar más que las dos cuerdas del centro (re y sol); luego, ampliando un poco el gesto, llegarás a las otras dos cuerdas del acorde.

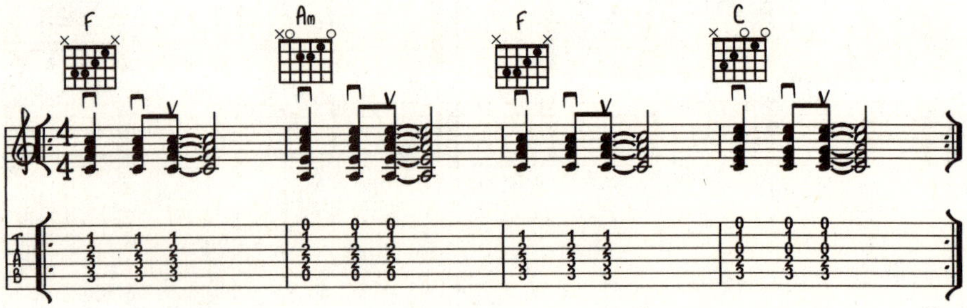

ESCUCHA

Ejercicio 2

El mismo ritmo pero con cambios de acordes más complejos, en particular, de Em (mi menor) a Dm (re menor).

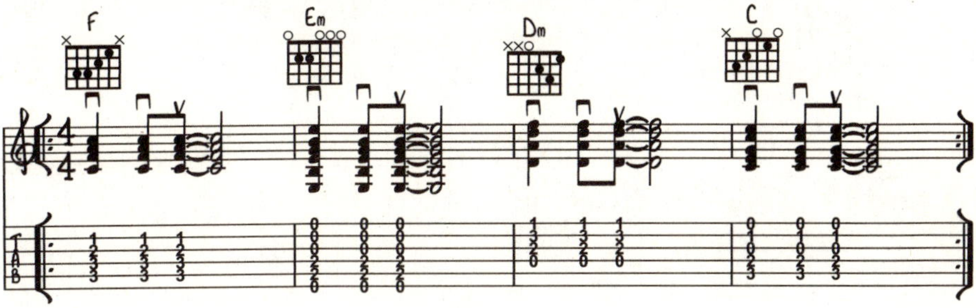

ESCUCHA

Ejercicio 3

Cambiemos ahora a un ritmo un poco más variado. Acuérdate de respetar el sentido de los golpes de púa (o del rasgueo de los dedos): son la clave para tocar de manera relajada y fluida.

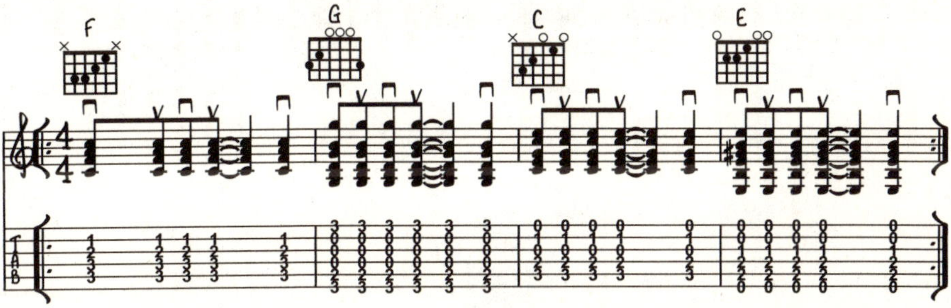

CONSEJO DEL PROFE

Desde el principio de este libro, he insistido (a riesgo de repetirme) en la importancia de tocar los ejercicios y las piezas de manera regular, sin importar el tempo; es uno de los parámetros fundamentales del trabajo musical. Uno de los mayores defectos cuando se empieza a tocar la guitarra es pararse (aunque sea brevemente) cada vez que surge una dificultad (por ejemplo, un cambio de acorde). Tal vez tu ejecución sea más correcta así, pero la música quedará entrecortada, e incluso puede resultar ininteligible.

(continúa)

(continuación)

> Te aconsejo que toques lenta y rítmicamente, aunque los acordes o las notas suenen mal. Esto, a la postre, es menos importante que mantener el ritmo. Cuando adquieras este hábito, enseguida llegarás a tocar las notas correctamente pero, si te detienes ante cada dificultad, tardarás mucho más tiempo en tocar con ritmo. ¡Es un hecho!

ESCUCHA

INFORMACIÓN TÉCNICA

Ejercicio 4

Un último ejercicio más difícil, pues tiene dos acordes por compás: tendrás que concentrarte en los cambios rápidos para evitar dudas.

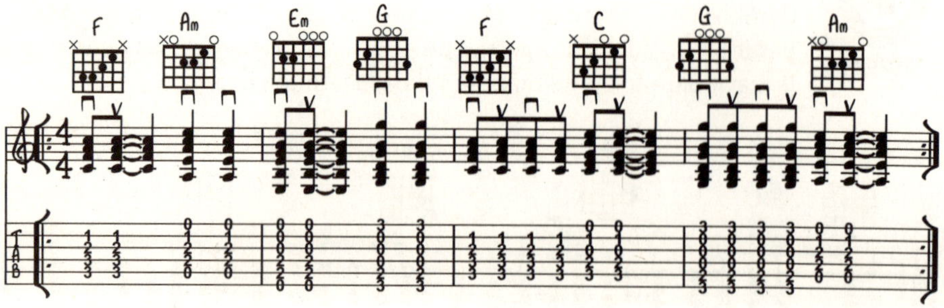

Miércoles

Hoy seguiremos avanzando en el trabajo de los arpegios. Hasta ahora, con algunas excepciones, los arpegios que hemos visto eran ascendentes y descendentes, sobre cuerdas contiguas. Has trabajado los saltos de cuerda en los ejercicios técnicos. Ya es hora de ver en detalle los arpegios con saltos de cuerda para que tu acompañamiento sea más variado y menos lineal.

ESCUCHA

Ejercicio 1

Este primer ejercicio consiste en tocar arpegios ascendentes pero saltando la segunda nota del acorde. Esto también se llama "separar los bajos", ya que la nota más grave del acorde (el bajo) resalta de este modo, en comparación con otras notas más agudas.

Coloca el acorde completo en el diapasón, aunque ciertas notas no se toquen.

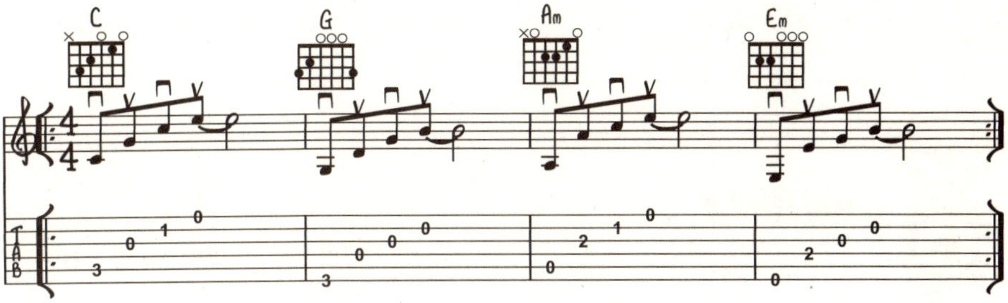

ESCUCHA

Ejercicio 2

Otro ejercicio en el que hay que separar los bajos, pero donde no se tocan las notas más agudas de los acordes porque se vuelve a descender antes. El sentido de los golpes de púa te será de gran utilidad para ejecutar este ejercicio de manera fluida.

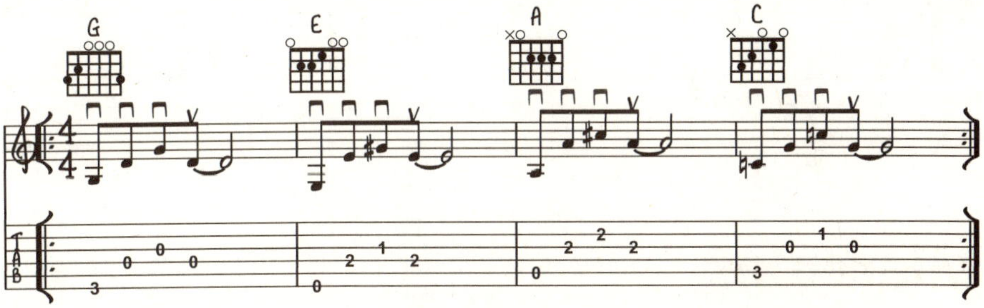

ESCUCHA

Ejercicio 3

Ahora, toca una nota de cada dos en los arpegios. No te olvides de colocar todo el acorde, aunque no se toquen todas las notas. No es un ejercicio sencillo; tómate tiempo y toca despacio. Para esta forma concreta de tocar (saltar una cuerda entre cada nota), hay varias soluciones en cuanto a los golpes de púa: todo hacia abajo, alternar con cada nota. Para no dificultarlo aún más, te dejo que elijas la técnica que te resulte más natural (si no miras la mano derecha).

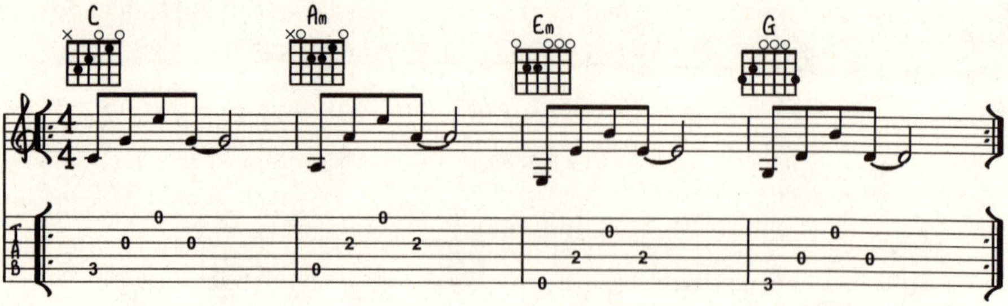

Ejercicio 4

ESCUCHA

Para terminar hoy, ¡el gran salto! Primero tendrás que tocar el bajo y, luego, ir directamente a la nota más aguda del acorde para descender de nuevo enseguida. Observarás la notable diferencia del acorde de fa mayor (F), que aporta su granito de dificultad porque, a diferencia de los demás acordes del ejercicio, su nota más aguda se sitúa en la cuerda de si y no en la de mi agudo.

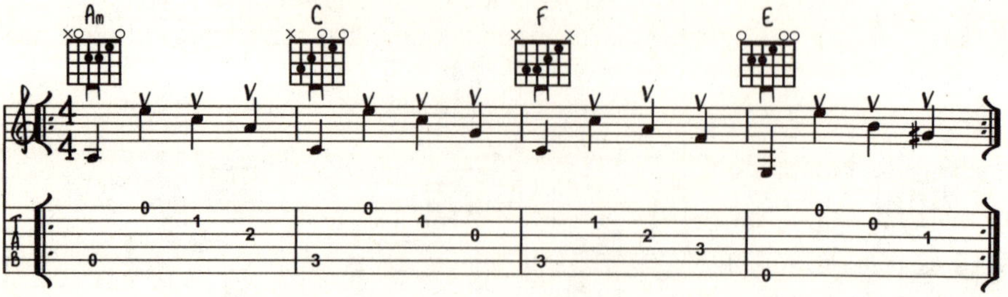

Los ejercicios que has trabajado hoy son muy importantes porque te encontrarás con este tipo de acompañamiento con mucha frecuencia. Te recomiendo encarecidamente que vuelvas sobre ellos de manera regular para practicar. Intenta también tocarlos con los dedos de la mano derecha y, por qué no, improvisar tus propios arpegios: recuerda que debes tocar cuatro notas por acorde, mantener el ritmo y probar distintas combinaciones de arpegios. No te cortes, es un excelente modo de progresar.

Jueves

Como ya te he contado, el tipo de acompañamiento que vimos ayer (los arpegios con saltos de cuerda) es una etapa difícil pero fundamental que todos los guitarristas deben superar. Te propongo seguir hoy por esta vía para adquirir soltura.

ESCUCHA

Ejercicio 1

Empecemos por separar los bajos (las notas más graves de los acordes), pero esta vez lo haremos duplicándolos.

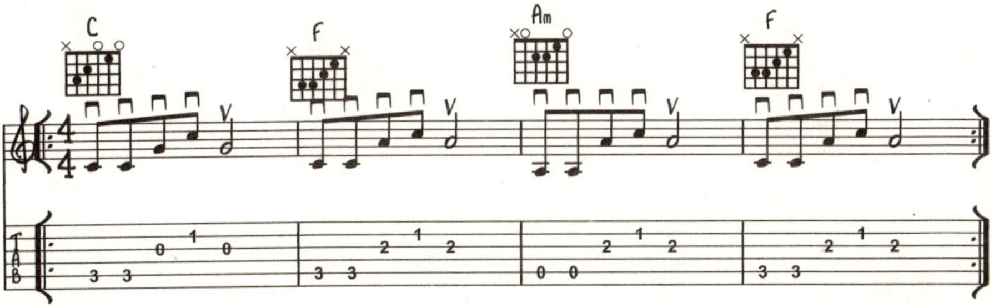

ESCUCHA

Ejercicio 2

Ahora los arpegios son descendentes (desde los agudos hasta los graves) y de nuevo tendrás que saltar la segunda nota del arpegio. A los principiantes les suelen costar más los arpegios descendentes, por lo que he escrito negras en lugar de corcheas para que puedas tocar aún más despacio.

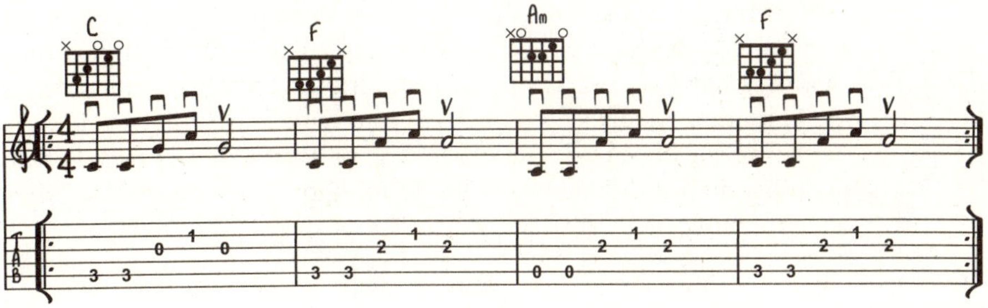

ESCUCHA

Ejercicio 3

Para trabajar el "gran salto", al que echamos un vistazo ayer, te propongo un ejercicio sobre cuerdas al aire. No te olvides de respetar el sentido de los golpes de púa; te ayudarán a lograr un movimiento suelto y fluido.

ESCUCHA

Ejercicio 4

Demos un paso más y añadamos notas con la mano izquierda para tocar estos grandes saltos.

CONSEJO

Si sientes que te tira la mano izquierda, no la fuerces; suelta la mano, relaja los dedos y vuelve a comenzar. Habrás escuchado o leído que hay que sufrir para progresar, pero ¡no es así! La música debe ser placentera (a todos los niveles) y el dolor no traerá más que tensión a tu forma de tocar y se te quitarán las ganas de practicar.

Viernes

Después de dos días de ejercicios bastante densos con repetidos saltos de cuerda, te propongo descansar un poco trabajando algunos *riff*. No es la primera vez que abordamos el tema, pero recuerda que un *riff* es una pequeña frase (muy pegadiza) que se repite muchas veces y que tiene la capacidad de llamar la atención, a la vez que contribuye enormemente a identificar una canción. El tema que escuchamos el domingo pasado (**"Back in Black"** de ACDC) es un clarísimo ejemplo de lo que es un *riff*.

Un *riff* no necesita ser complejo para ser eficaz (¡rara vez sucede esto!). Sin embargo, hay que ejecutarlo bien, con un buen sonido y, sobre todo, rítmicamente perfecto. Empieza con este primer ejercicio, dejando que suenen las cuerdas el mayor tiempo posible.

ESCUCHA

Ejercicio 2

El siguiente, sobre una cuerda, parece sencillo, pero se precisa una gran regularidad y una impecable independencia de las dos manos para lograrlo. El ritmo es constante (con corcheas, es decir, dos notas por tiempo), pero debes alternar la cuerda de mi grave tocada al aire con notas tocadas sobre esa misma cuerda en diferentes espacios del diapasón.

Trabaja despacio y, luego, acelera. Este *riff*, si se toca rápido, recuerda un poco a los temas de la música electrónica.

ESCUCHA

Ejercicio 3

Ahora un *riff* bastante lento con una sonoridad teñida de blues. El hecho de tocarse en las tres cuerdas graves supone la mayor dificultad. ¡No te olvides de tocar muy fuerte para que suene el instrumento!

ESCUCHA

Ejercicio 4

En este último ejercicio, vas a tocar en la parte alta del diapasón, es decir, en la parte alejada de la cabeza y cercana al cuerpo de la guitarra. Esto no parece lógico a primera vista, pero hace referencia a la altura de las notas: las notas más altas (agudas) se encuentran cerca del cuerpo del instrumento. Se trata, pues, de un *riff* sobre dos cuerdas que empieza en la parte alta del mástil. Procura que las cuerdas suenen por dos: imagina que en cada compás hay un acorde de dos notas y que simplemente lo arpegias.

Sábado

La pieza de fin de semana que te propongo reúne, naturalmente, los elementos que hemos trabajado durante los últimos días. Se puede dividir en cinco partes de cuatro compases con el siguiente orden:

- » Un *riff* bastante simple cuya única dificultad será dejar que suenen las cuerdas el mayor tiempo posible manteniendo las dos notas de cada compás pisado.
- » Una serie de arpegios con grandes saltos de cuerda (recuerda que el sonido de estos acordes es el mismo que el del *riff* del punto anterior, aunque no se toque en acorde).
- » Arpegios ascendentes y descendentes bastante sencillos, pero que te harán trabajar la regularidad y la destreza en el cambio de acordes.
- » Un rasgueo bastante simple como el que hemos visto en semanas anteriores.
- » Un rasgueo del mismo tipo con la particularidad de separar el bajo (la nota más grave) de cada acorde al comienzo del compás.

El conjunto no es muy difícil pero sí bastante largo: atención a las barras de repetición (todo grupo de compases comprendido entre dobles barras verticales con dos puntos debe repetirse).

Los siguientes tres ejercicios son fáciles y te servirán para calentar y prepararte para tocar después la pieza entera.

ESCUCHA

Ejercicio 1

El primer ejercicio servirá para que la mano derecha tome conciencia de la distancia entre las cuerdas y ejecute grandes saltos. Vigila los golpes de púa y toca tan despacio como sea necesario para no atascarte.

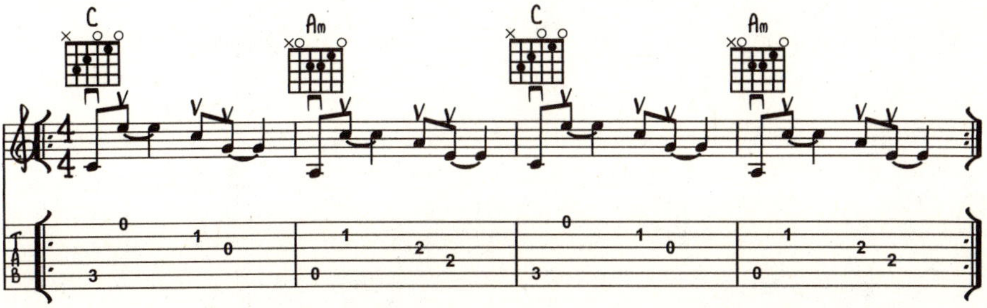

ESCUCHA

Ejercicio 2

Con este ejercicio volverás a trabajar brevemente un rasgueo separando los bajos.

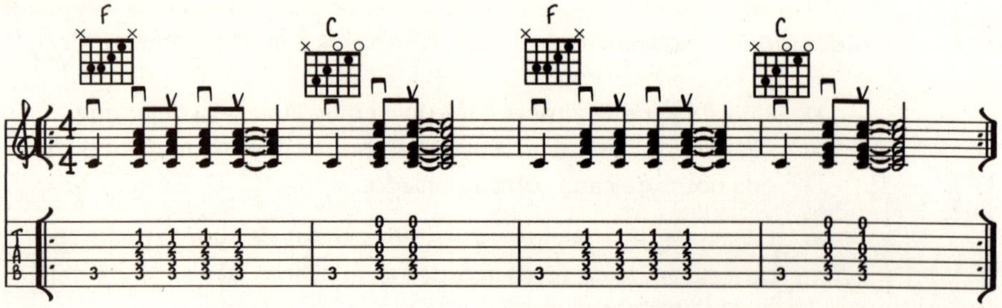

ESCUCHA

Ejercicio 3

Unos últimos consejos antes de atacar la pieza:

- Escucha atentamente la canción varias veces antes de tocarla.
- Trabaja cada parte independientemente para abordar las potenciales dificultades.
- Ten cuidado con las ligaduras: si dos notas (o acordes) iguales están ligadas, no toques más que la primera y deja que suene el tiempo que duren las dos notas.
- Cuando toques el acorde de fa mayor (F), ten cuidado para no tocar las cuerdas de mi grave y mi agudo.

¡Te toca!

C
Am
F
C
C
Am
F
C
Dm
G
Dm
Am
C
Am
F
C

Domingo

Slowhand... God ¿Te dice algo? Se trata ni más ni menos que de apodos atribuidos al guitarrista Eric Clapton. Los hay peores, ¿no?

Eric Clapton es un guitarrista inglés nacido en 1954 que ha dejado huella en la historia de la guitarra eléctrica. Fue miembro de las bandas The Yardbirds y Ballbreakers, aunque no destacó hasta 1966, cuando creó el grupo Cream. Te propongo escuchar una canción de esta época: **"Sunshine of your Love"**. Es uno de los mayores éxitos de Eric Clapton, interpretado después en repetidas ocasiones, en particular, por el gran Jimi Hendrix e incluso por la mismísima Ella Fitzgerald.

Es una canción característica de finales de la década de 1960, hipnotizante y con un punto psicodélico. Como es frecuente en el rock, la introducción es un *riff* perfectamente reconocible que sirve de acompañamiento a las estrofas. El ritmo de este *riff* es lento y se podría dividir en dos partes: la primera sería una pregunta, y la segunda, la respuesta. La indolente voz de Eric Clapton se posa en este *riff*, apoyado por una batería minimalista en la que solo suenan los tom con un ritmo casi tribal, lo que acentúa el aspecto hipnotizante de la canción. En el segundo minuto, Clapton emprende un solo de guitarra (trabajado por muchos guitarristas) que es un modelo de sencillez y emoción: no hay un virtuosismo ostensible, sino notas largas, notas dobladas *(bend)* y una fuerte connotación de blues muy presente en los grupos de rock de aquella época.

A veces, apodado *God* ("Dios") por sus admiradores, su apodo más frecuente es *Slowhand* ("mano lenta"), de origen incierto. Para que conste, a menudo se piensa que procede del hecho de que se toma su tiempo para tocar los solos y que "trabaja" cada nota dándole prioridad al *feeling*. Sin embargo, la razón más probable de este alias sea otro (y un poco menos elogioso): cuando se le rompía una cuerda, se quedaba en el escenario cambiándola, lo que conlleva tiempo. El público tomó por costumbre observarlo en el proceso mientras daban palmadas lentas, de ahí el sobrenombre de *Slowhand Clap* y, luego, *Slowhand*.

Además, puedes escuchar **"Layla"**, interpretada junto con otro de sus grupos, Derek and the Dominos, o la célebre versión acústica del MTV Unplugged de 1992. **"Cocaine"** es también otro de sus grandes éxitos, con un *riff* que recuerda al de **"Sunshine of your Love".**

Semana 7

Esta séptima semana de curso va a ser un poco especial. Tus dedos y oídos ya se han acostumbrado a una cierta cantidad de información referente a la guitarra: acordes, ritmos, *riff*, arpegios, técnica Por eso me gustaría aprovechar estos días para hacer una pequeña revisión, pero esta vez vas a participar más activamente en el aprendizaje, ya que te pediré crear e improvisar tus propios ejercicios conforme a los temas que te vaya dando.

CONSEJO DEL PROFE

La idea de "improvisación" puede asustar a veces a los músicos principiantes, incluso a los veteranos que no estén acostumbrados. Hay que desmitificar este término y entender que se trata de un proceso que hay que desarrollar desde las primeras semanas de la práctica instrumental. Al hablar de "improvisación", uno suele imaginarse a unos músicos de jazz tocando muy rápido melodías complejas creadas en sus cabezas como por arte de magia. Esto no es así; la improvisación se trabaja. Es la capacidad de tocar elementos musicales que se han trabajado previamente y combinarlos libremente en un momento cualquiera. La improvisación existe sin importar el nivel: si te pido que toques un acorde de do mayor seguido de un acorde cualquiera, estarás improvisando. Puede que aún no sepas exactamente cómo sonará el siguiente acorde que vas a tocar al azar, pero todo llegará: desarrollas un mecanismo que te permite liberarte de la partitura y de la canción que conoces de memoria. ¡Es el primer paso!

Lunes

Hoy vamos a recapitular todos los acordes que hemos visto hasta ahora revisando cada esquema. Vuelve a tocarlos como tú quieras, insistiendo en aquellos que te causen más problemas. No te olvides del ejercicio de cada lunes que consiste en tocar un acorde durante cuatro tiempos, descansar cuatro tiempos, volver a tocarlo cuatro tiempos, etc.; es excelente para asimilar a la perfección las posiciones de los acordes.

ESCUCHA

Ejercicio 1

Te doy de nuevo un ejemplo sobre el acorde de do mayor (C).

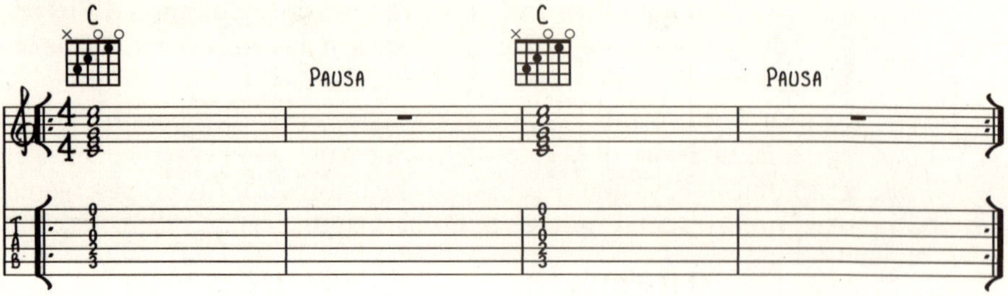

Repite ahora este ejercicio con todos los acordes que hemos visto, en el orden que prefieras.

E (mi mayor)

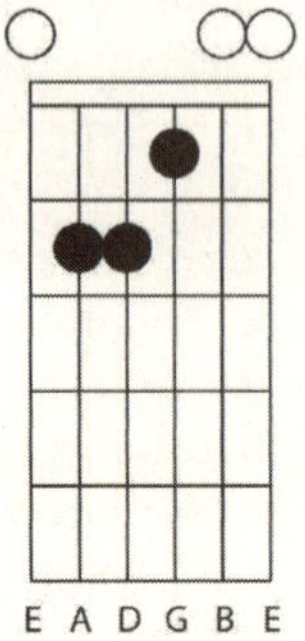

Em (mi menor)

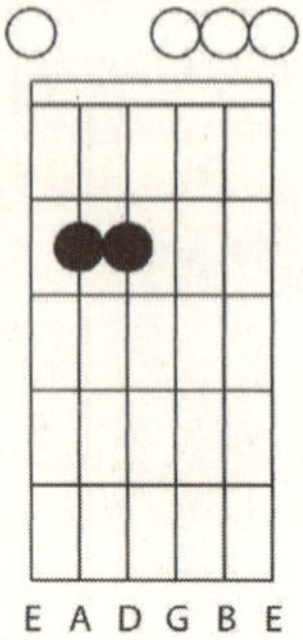

A (la mayor)

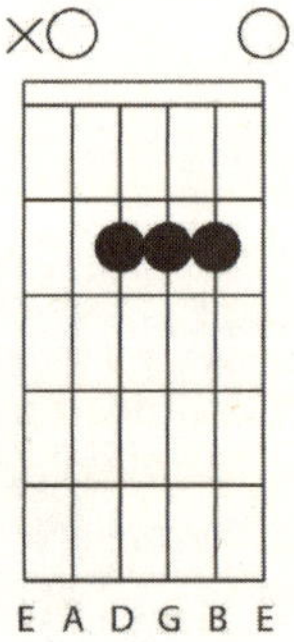

Am (la menor)

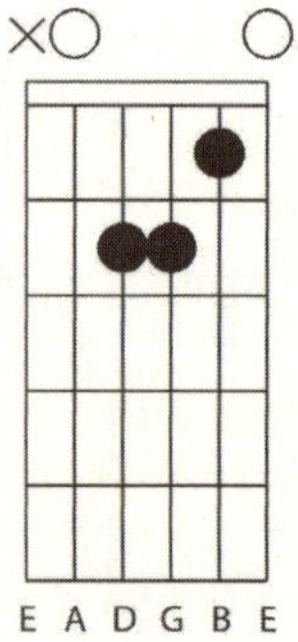

C (do mayor)

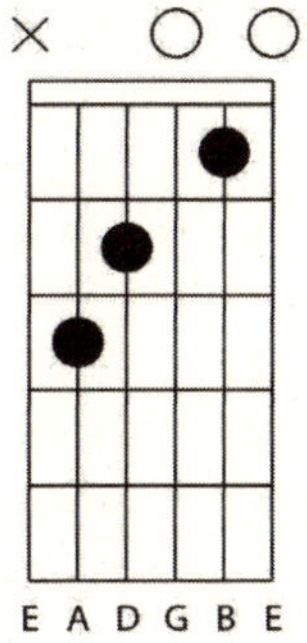

G (sol mayor)

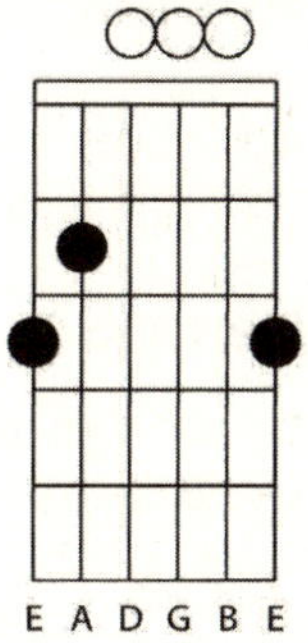

D (re mayor)

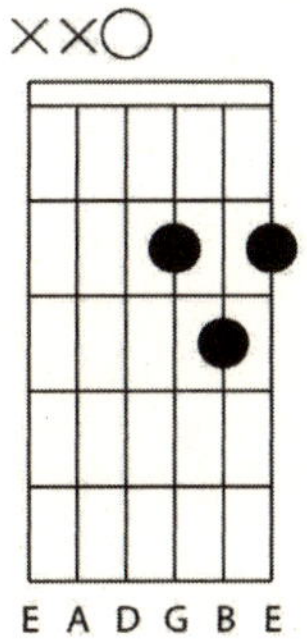

Dm (re menor)

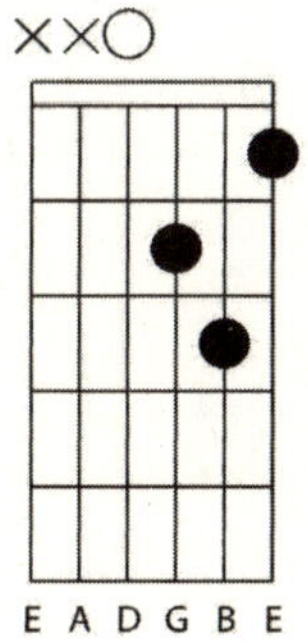

F (fa mayor)]

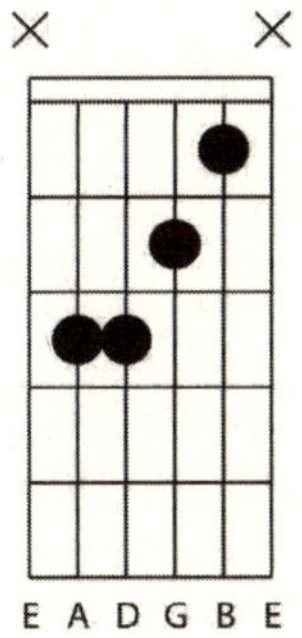

Martes

Ahora que has revisado los acordes que habíamos trabajado, simplemente te propongo improvisar encadenamientos de estos acordes.

ESCUCHA

Ejercicio 1

No intentes tocarlos todos de golpe. En un primer momento, elige tres o cuatro y tócalos despacio, un acorde por compás, por ejemplo:

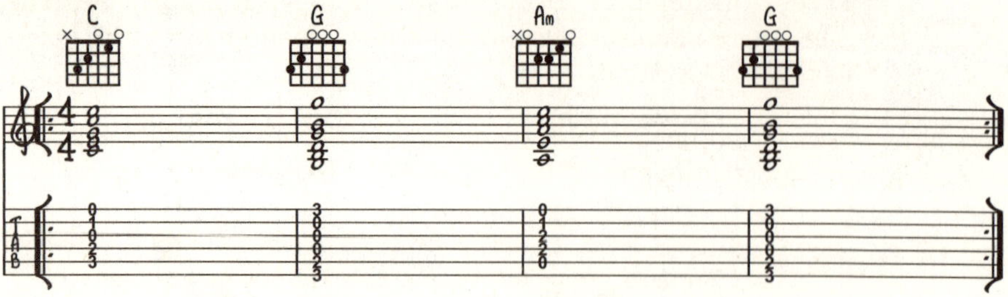

Cuando te sientas cómodo, procura no elegirlos con antelación, sino que toca uno y decide en el último momento cuál es el que vas a tocar a continuación.

CONSEJO

Presta atención al sonido resultante: si los encadenamientos te gustan, memorízalos y vuelve a tocarlos. De este modo, desarrollarás el oído y harás tus primeras improvisaciones.

Miércoles

Avancemos en el concepto de improvisación añadiendo ritmos. De momento, hemos visto notas redondas (4 tiempos), blancas (2 tiempos), negras (1 tiempo), corcheas (½ tiempo) y notas ligadas. Si tienes dudas sobre la notación rítmica, repasa estas cuestiones en la primera parte del libro, en el apartado "La notación rítmica" (pág. 34).

ESCUCHA

Ejercicio 1

Imagina (o escribe) primero un ritmo sobre un compás y repítelo cambiando de acorde en cada compás, como en el siguiente ejemplo:

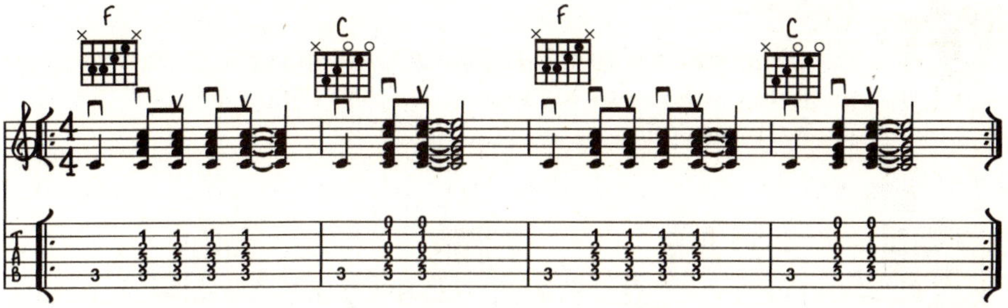

Puedes mantener el mismo ritmo e improvisar acordes distintos, pero intenta también hacerlo a la inversa: mantén los mismos acordes y varía los ritmos.

CONSEJO

Solo te pido que recuerdes dos reglas importantes, aunque es probable que al principio no consigas respetarlas siempre (es normal y lo lograrás si eres consciente):

1. Un compás de cuatro tiempos (como los que hemos trabajado hasta ahora) comprende cuatro tiempos, ni más ni menos. Así que piensa que todas las divisiones rítmicas que hagas de un compás deben sumar exactamente cuatro tiempos. No te preocupes: aunque al principio puedes contar (o escribir) estos ritmos para estar seguro, el oído humano está habituado a escuchar la música a cuatro tiempos. Si añades o quitas tiempos, enseguida notarás un desfase o una sensación de desequilibrio bastante desagradable.
2. Los golpes de púa son la clave para lograr un acompañamiento de rasgueo seguro y eficaz. Recuerda que las notas tocadas a tiempo se ejecutan púa abajo, y las notas, a contratiempo, púa arriba. Esta práctica te puede resultar de muchísima utilidad para contar los tiempos, ya que eso significa que, en un compás de cuatro tiempos, hay 4 golpes de púa hacia abajo.

Jueves

Repasemos ahora los arpegios. Te recuerdo que se trata de desgranar las notas de un acorde tocándolas unas detrás de otras y no al mismo tiempo, como, por ejemplo, hicimos ayer. Es un tipo fundamental de acompañamiento que deben conocer todos los guitarristas.

ESCUCHA

Ejercicio 1

Hoy te propongo revisar los bajos: prepara una serie de acordes y luego tócalos arpegiados con un ritmo regular, subiendo y, después, bajando. Como aquí:

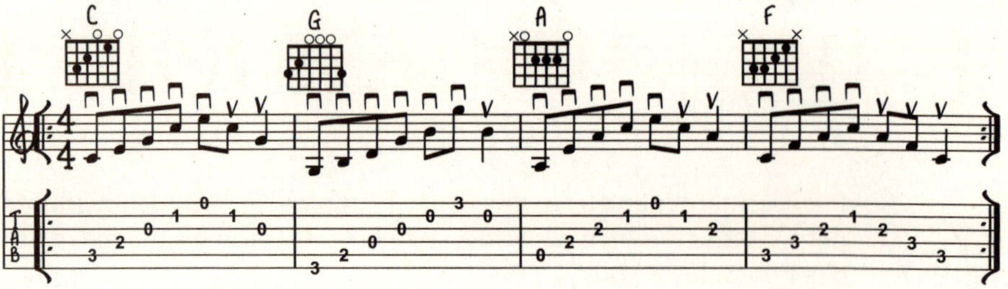

CONSEJO

En lo que respecta a los arpegios, los golpes de púa se dan hacia abajo cuando las notas van de graves a agudas, y viceversa, púa arriba cuando se va desde las notas agudas hacia las graves.

Después de haber preparado algunas series de acordes para trabajar los arpegios de esta manera, intenta ahora improvisar los acordes que vayas a tocar en función de los que ya conoces: decide el primero, luego, mientras tocas, elige el siguiente y así sucesivamente. Unas combinaciones funcionan mejor que otras, pero eso lo decides tú.

Viernes

Hemos visto también arpegios más complejos, en concreto, con movimientos menos lineales y con saltos de cuerda más o menos importantes.

ESCUCHA

Ejercicio 1

Hoy te voy a pedir que improvises los arpegios que vas a tocar en lugar de elegir los acordes. Tomemos, por ejemplo, una serie sencilla de acordes con un patrón:

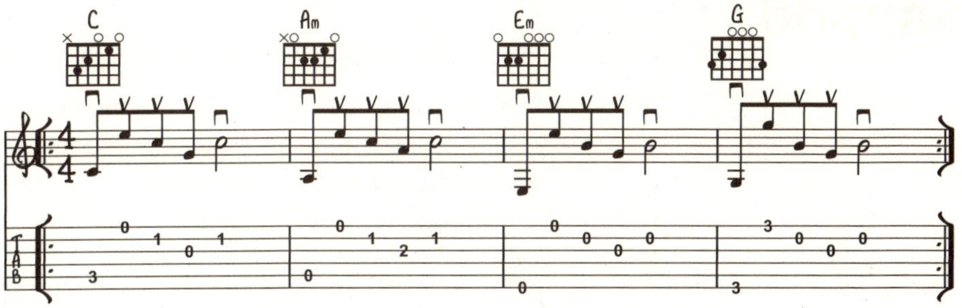

ESCUCHA

Ejercicio 2

Manteniendo la misma serie de acordes, el patrón de los arpegios podría ser algo así:

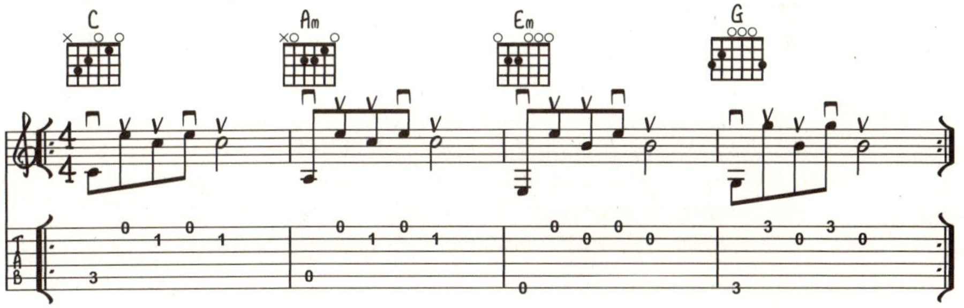

No dudes en simplificar aún más tu patrón de arpegios; la complejidad no supone necesariamente una mayor musicalidad.

ESCUCHA

Ejercicio 3

Este tipo de arpegios también sería válido:

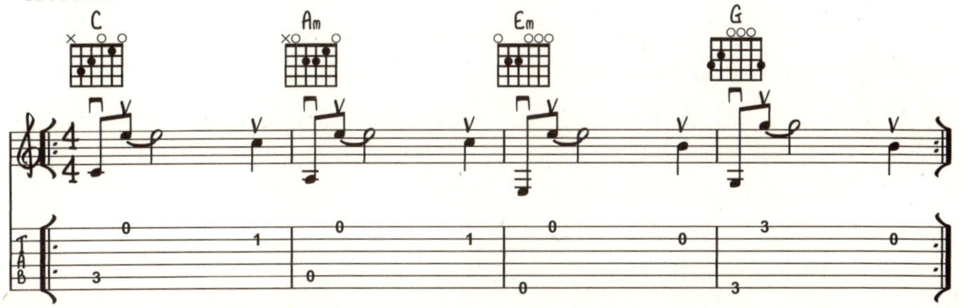

Sábado

Para la pieza más larga del sábado, te propongo seguir con la inercia de esta semana de revisión un poco atípica. De nuevo, te voy a pedir que prepares (o, tal vez, improvises) lo que vayas a tocar. Para esta pieza, te he escrito los acordes, pero no cómo tocarlos. También te guiaré por lo que llamamos la estructura (la disposición de la pieza); te corresponde a ti completar los compases vacíos.

Esta es la estructura de la pieza:

» Los primeros cuatro compases se repetirán una vez y tendrás que encontrar los arpegios simples, continuos y sin saltos de cuerda.

» Los cuatro compases siguientes (segunda línea) contienen los mismos acordes arpegiados pero, esta vez, con un salto de cuerda al menos.

» En la tercera línea (repetida una vez), tendrás que tocar los acordes rasgueados.

» Seguiremos rasgueando en la cuarta línea, pero con acordes que se encadenen a un ritmo de dos por compás.

ESCUCHA

CONSEJO

Ejercicio 1

Aísla los grupos de cuatro compases para prepararlos mejor (puedes incluso intentar escribir los ritmos en la partitura) y elige patrones sencillos para que la ejecución sea fluida. Te animo a que intentes improvisar después cada una de estas partes. ¡Tu turno!

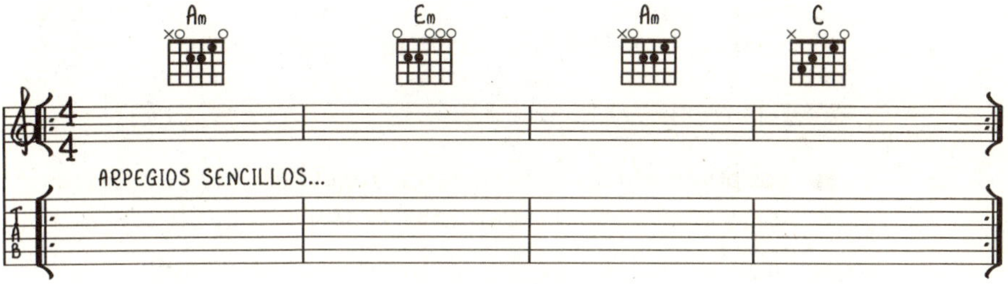

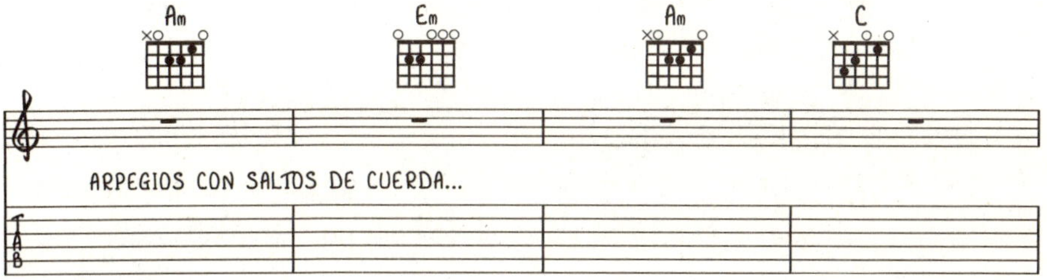

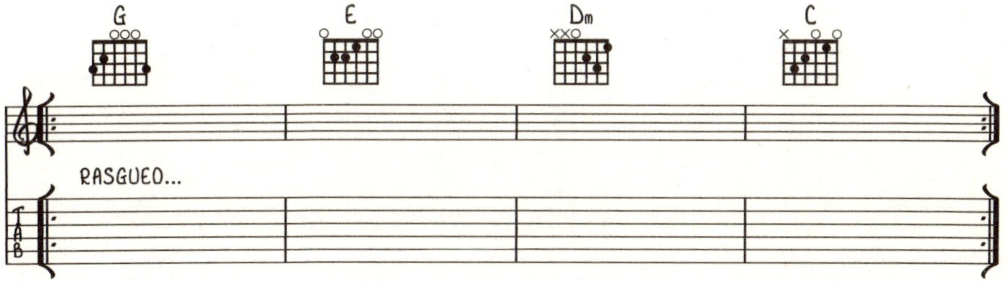

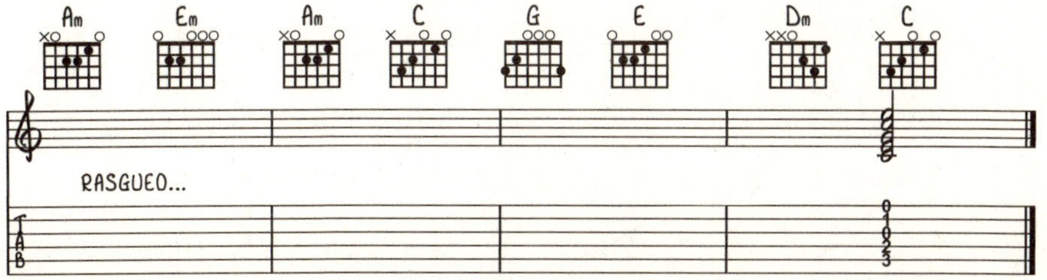

Domingo

Incluso en este día dedicado a la escucha, esta semana te voy a pedir que te impliques más activamente en la tarea. La canción de hoy es **"Hotel California"**, del grupo The Eagles. De nuevo, uno de los grandes éxitos de la guitarra.

Aunque te guíe en la escucha, no te voy a dar una respuesta o un análisis. Me gustaría que escuchases la canción y que después reflexionases sobre unas simples preguntas:

- ¿Quiénes son The Eagles? ¿A qué época pertenece el grupo y quién es el guitarrista principal?
- ¿En qué álbum (y año) se incluye **"Hotel California"**?
- ¿Tiene esta canción una introducción? En caso afirmativo, ¿cómo la describirías?
- ¿Cómo son los acompañamientos de las estrofas y de los estribillos?
- ¿Hay un solo de guitarra? En caso afirmativo, ¿en qué momento? ¿Cómo lo describirías? (¿muchas notas?, ¿efectos?, ¿virtuosismo?, ¿minimalismo?, ¿con acompañamiento o sin él?)
- ¿Cómo termina la canción?

Es un ejercicio excelente para aprender a escuchar de manera estructurada. Recuerda que la música, antes de nada, pasa por la escucha, y esta capacidad de comprender y analizar una canción es fundamental para convertirse en un buen músico.

Semana 8

Lunes

Para empezar esta nueva semana, vamos a hablar de ritmo. El ritmo es un componente esencial de la música: permite infinidad de variaciones y de matices, hace que te entren ganas de bailar o de relajarte ; sin él, las piezas y melodías que conoces carecerían del mismo sentido. Imagina una obra tan simple como la canción francesa *Au clair de la lune* tocada con las notas correctas pero con ritmos totalmente distintos: ¡seguro que no la reconocerías!

Tal vez hayas observado que desde el principio todos los ejemplos que hemos trabajado comienzan sistemáticamente con uno de los cuatro tiempos del compás. Esto resulta práctico porque te permite sentir los tiempos (los pulsos), no obstante, si se reduce todo a eso, la música pronto se vuelve pesada y carente de variedad. Hoy vamos a trabajar los ritmos a contratiempo, es decir, exactamente entre dos tiempos (o *pulsos*).

Para ello, te pediré que, excepcionalmente, dejes la guitarra a un lado: vamos a dar palmas con las manos para asimilar mejor esta nueva fórmula rítmica.

En la música que estamos trabajando, un tiempo equivale a una negra (♩) o a un silencio de negra (𝄽), pero también a dos corcheas (♪♪) o dos silencios de corchea (𝄾𝄾). Si comenzamos una melodía a contratiempo, la primera unidad rítmica será entonces un silencio de corchea y la primera nota se tocará entre dos tiempos.

Aquí tienes un ejemplo de compás en el que la melodía empieza a contratiempo:

CONSEJO DEL PROFE

Para trabajar los ritmos (y, en este caso, los contratiempos), tendrás que seguir la partitura, por supuesto, pero también escuchar las grabaciones de audio. En ellas se oye un metrónomo que marca todos los tiempos y un sonido distintivo que toca el ritmo escrito. El ejemplo está grabado en tres fases:

- Un compás (cuatro tiempos) "vacío" para que percibas el tempo y te prepares.
- El ejercicio tal y como está escrito con el metrónomo y el ritmo tocado.
- El mismo ejercicio a continuación, pero solamente con el metrónomo para que puedas tocar el ritmo dando palmadas, como si fuera un *play-back*.

Notarás que ciertos tiempos marcados por el metrónomo son más agudos: se trata de los primeros tiempos de cada compás para que te sirvan de referencia en el ejercicio.

Aunque he elegido la nota do para escribir el ritmo en el pentagrama, el sonido que escucharás no es un do, sino un sonido de percusión.

ESCUCHA

Ejercicio 1

Ahora te voy a pedir que des una palmada en una nota por compás, que empezará a contratiempo, justo detrás del primer tiempo.

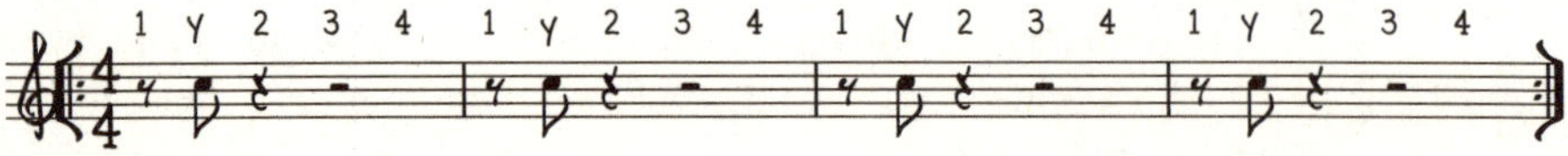

CONSEJO

Verás que encima del pentagrama está escrito "1 y 2, 3, 4". Es una ayuda para contar mejor: las cifras representan los tiempos del compás; las "y", los contratiempos. Cuenta en voz alta mientras haces el ejercicio, te servirá de mucha ayuda.

ESCUCHA

Ejercicio 2

En el siguiente ejercicio se tocan dos notas a contratiempo. La nueva nota se añade entre el tercer y el cuarto tiempo del compás.

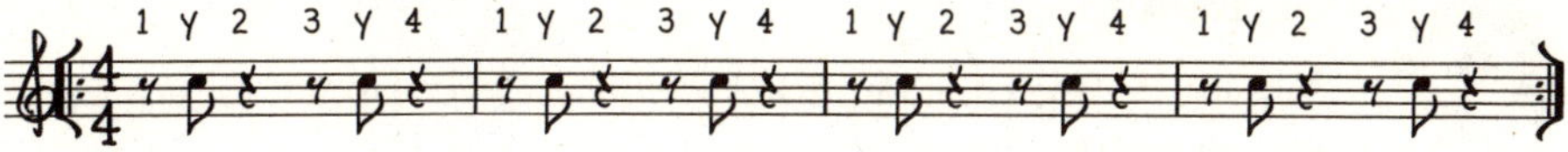

ESCUCHA

INFORMACIÓN TÉCNICA

Ejercicio 3

¿Empiezas a entender el principio? Intenta ahora dar una palmada en cada uno de los contratiempos de cada compás. Cuenta "1 y 2 y 3 y 4 y 1..." de manera regular para ayudarte. Este ejercicio requiere una cierta coordinación de los miembros y concentración; trabaja lentamente y escucha el ejemplo varias veces antes de lanzarte.

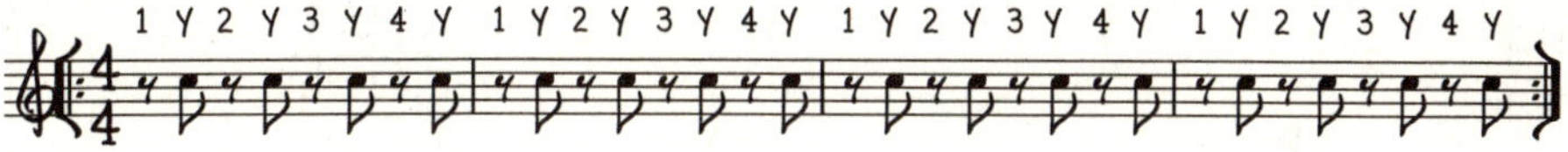

ESCUCHA

Ejercicio 4

Para terminar, en el último ejercicio de la jornada, simplemente alterna un compás en el que la primera nota se toca a tiempo con otro en el que la primera nota se toca a contratiempo. Esto te ayudará a sentir la sensación de contratiempo.

Martes

Hoy puedes retomar la guitarra, pues vamos a trabajar los contratiempos con el instrumento. Volveremos a los ejercicios de ayer para empezar sin problemas.

En cuanto a los golpes de púa, ya debes comenzar a habituarte. A tiempo: púa abajo; a contratiempo (entre dos tiempos): púa arriba. Por lo tanto, tienes que estar atento para atacar las cuerdas hacia arriba si una nota o acorde se toca a contratiempo, incluso si antes hay un silencio de corchea (𝄾).

ESCUCHA

Ejercicio 1

Comenzaremos sin complicarnos con un acorde por compás. Como ayer, el metrónomo marcará cuatro tiempos antes de empezar, escucharás el ritmo una vez y, después, otros cuatro compases con el metrónomo para que toques tú solo el ritmo.

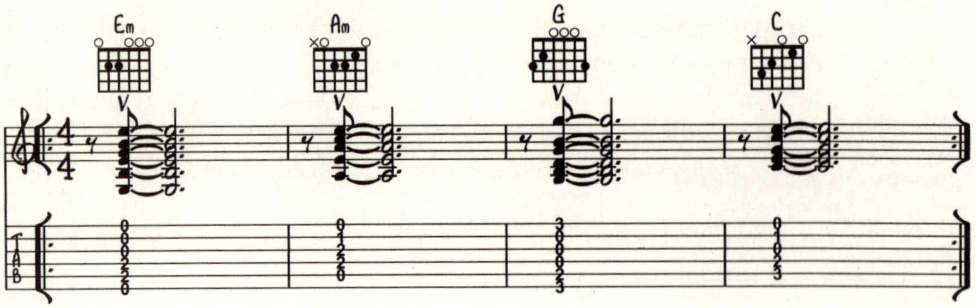

ESCUCHA

Ejercicio 2

El mismo principio, tocando cada acorde a contratiempo entre el tercer y el cuarto tiempo.

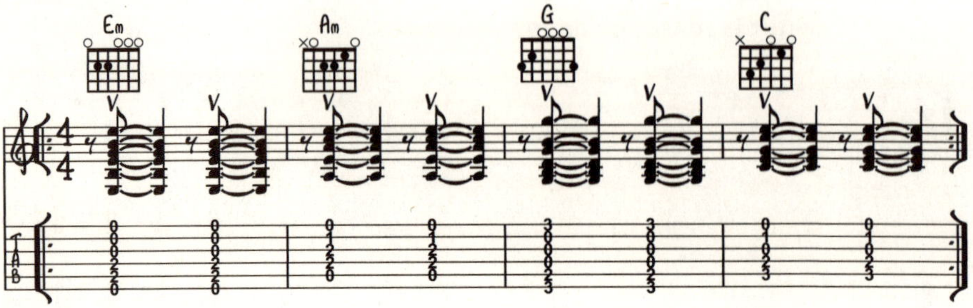

ESCUCHA

Ejercicio 3

Alterna ahora un acorde tocado a tiempo con otro a contratiempo. Recuerda que los acordes tocados a tiempo (compases 1 y 3) se atacarán púa abajo.

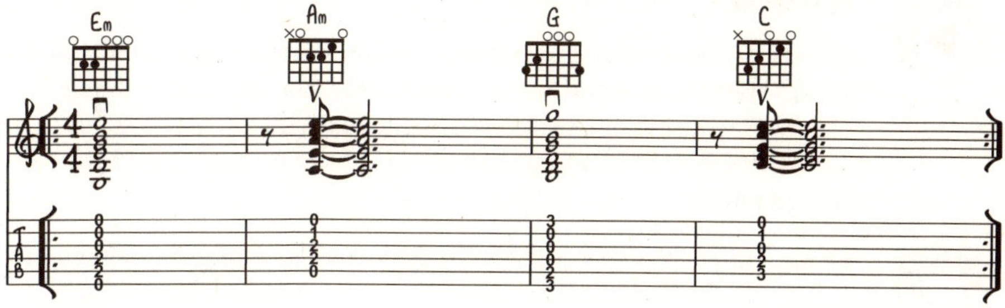

ESCUCHA

Ejercicio 4

Por último, vas a tocar los mismos acordes, pero todos a contratiempo en todos los compases. Hazlo de forma regular, púa arriba. Prueba a contar mientras tocas como hiciste ayer (1 y 2 y 3 y 4 y 1), ¡es genial para el ritmo y la independencia! Lo más difícil en este tipo de ejercicios es sentir los pulsos, incluso aunque no se toquen.

CONSEJO

Puedes dejar que suene cada acorde o levantar un poco la mano izquierda rápidamente entre cada acorde para cortar la resonancia. En este último caso, ¿no te parece que este ritmo suena un poco a reggae? Lo veremos más adelante

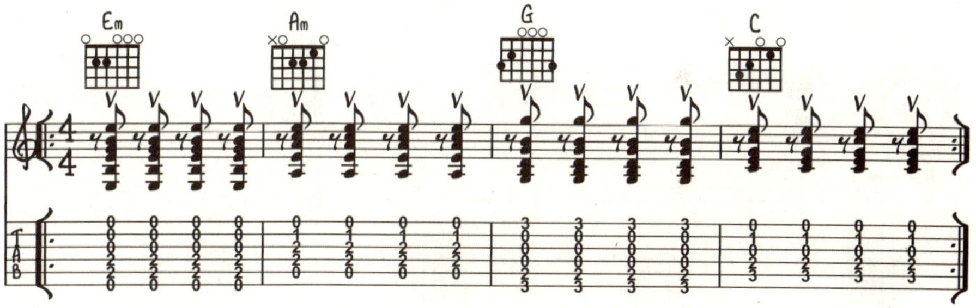

Miércoles

Tal vez a estas alturas ya empieces a darte cuenta de lo que son los contratiempos en música. Para hoy quiero proponerte unos ejercicios más musicales para integrarlos en tu forma de tocar, sobre todo con rasgueos.

Ejercicio 1

ESCUCHA

En este primer ejercicio, el contratiempo se sitúa sobre la "y" del segundo tiempo. Aunque no se toque nada al comienzo del segundo pulso, te aconsejo que muevas la mano derecha hacia abajo para que se encuentre en la posición correcta a la hora de tocar hacia arriba el contratiempo.

CONSEJO

En general, en un rasgueo simple de corcheas, la mano derecha hace como si tocara todas las cuerdas cuando hay un silencio y se aproxima a ellas para rasguearlas cuando hay que tocar un acorde. De este modo, se mantiene un ritmo regular y siempre se puede atacar las cuerdas en el sentido correcto cuando toca.

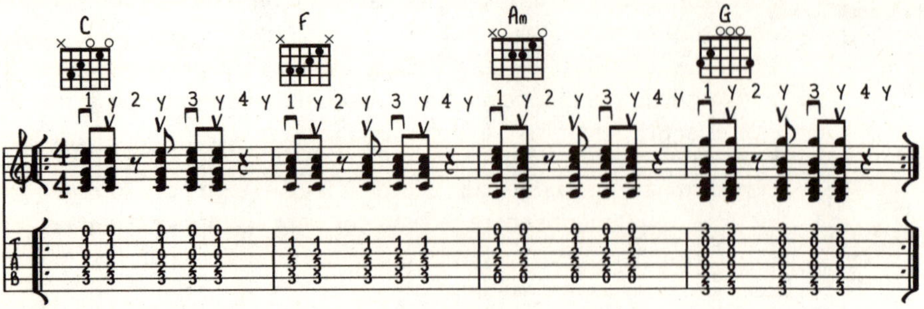

Ejercicio 2

ESCUCHA

Otro ejercicio del mismo tipo pero con un contratiempo en el tercer pulso.

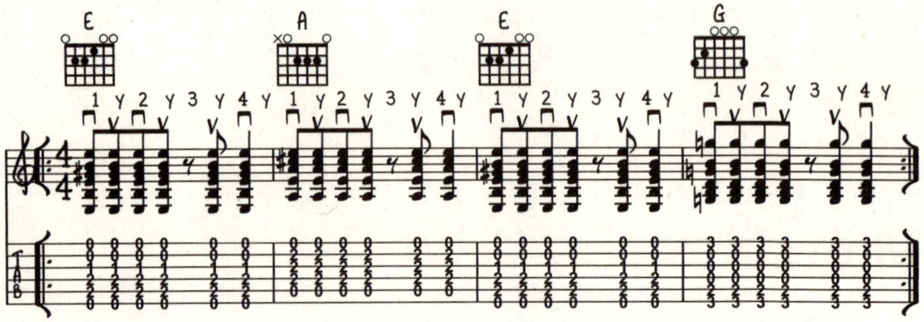

ESCUCHA

Ejercicio 3

Veamos ahora una figura de acompañamiento muy común que utiliza el contratiempo: se trata de anticipar el acorde del compás siguiente mediante una corchea. Por lo tanto, encontraremos este acorde sobre la "y" del cuarto pulso del compás. No es difícil, tranquilo; aquí tienes un ejercicio sencillo:

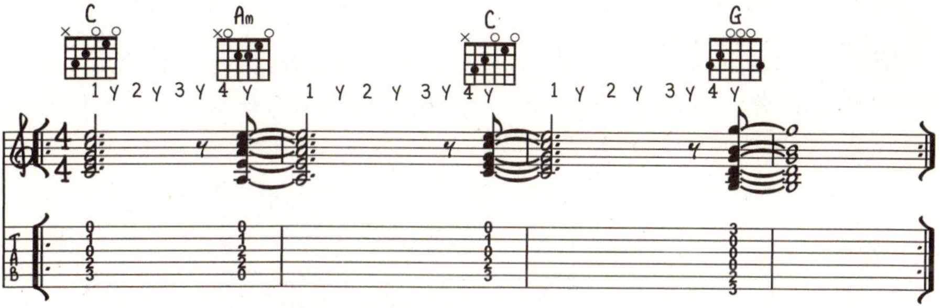

ESCUCHA

Ejercicio 4

Siguiendo con este principio de anticipación de una corchea, el siguiente ejercicio es un poco más complejo, aunque no debería causarte muchos problemas si respetas bien el ritmo y el sentido de los golpes de púa. Presta atención también a las notas ligadas; recuerda que, cuando dos notas o acordes iguales están ligados, no debes atacar más que el primero y dejar que suene el tiempo que duran esas dos notas o acordes.

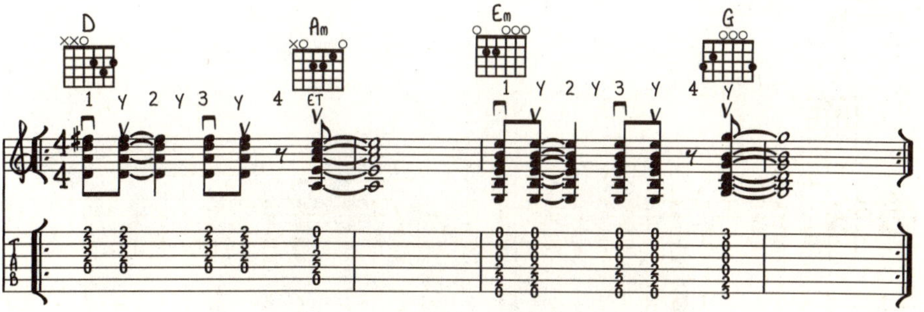

Jueves

Hoy veremos una nueva técnica a la guitarra llamada *dobles cuerdas* (puede que también lo veas escrito en inglés como *double stops*). Se trata simplemente de tocar dos notas al mismo tiempo en la guitarra.

Las dobles cuerdas que vamos a trabajar hoy se refieren a dos notas situadas en el mismo traste del diapasón y sobre cuerdas adyacentes. Para hacerlo lo mejor posible, utiliza solo un dedo de la mano izquierda para tocar estas dos cuerdas (posible, claro está, porque las dos notas están en el mismo traste).

En la siguiente foto, verás una doble cuerda ejecutada con el índice en el tercer traste sobre las cuerdas de re y sol:

Esta misma doble cuerda se puede realizar perfectamente con los otros dedos de la mano izquierda, por ejemplo, con el dedo medio:

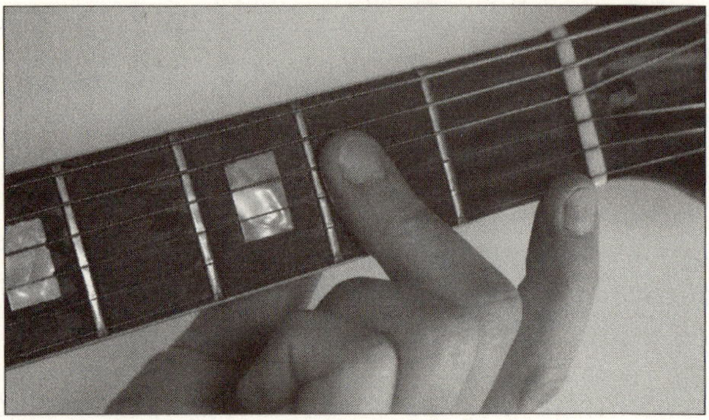

Las dobles cuerdas son bastante fáciles de realizar y muy frecuentes en la guitarra. Sin embargo, para los principiantes, pueden plantear dos dificultades:

- Las dobles cuerdas se tocan, en general, con la primera falange de un dedo de la mano izquierda y precisan una presión igual sobre las dos cuerdas para que las notas suenen bien. Esta presión puede provocar pequeños dolores al principio. Recuerda que si siente algo de dolor y las notas no suenan, no es que no presiones con bastante fuerza, sino que no has colocado el dedo correctamente. Quita el dedo y comienza de nuevo sin forzar.
- Apuntar bien con la mano derecha: si ya cuesta dar con una cuerda, tener que pulsar dos... No te preocupes, pronto lo conseguirás, sobre todo si miras lo menos posible tu mano derecha.

ESCUCHA

Ejercicio 1

Este primer ejercicio es sencillo y consiste en tocar la misma doble cuerda en todos los compases, pero cambiando de dedo cada vez para adquirir una buena sensación.

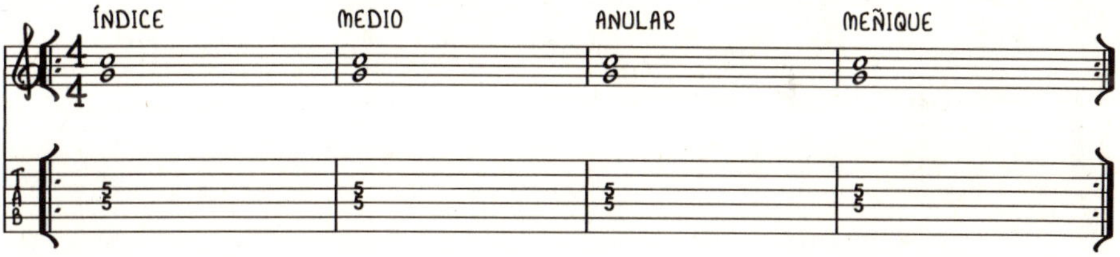

ESCUCHA

Ejercicio 2

Las dobles cuerdas se utilizan mucho en la guitarra para hacer *riff*. En el siguiente ejemplo, tienes que usar los dedos índice y anular de la mano izquierda. Presta atención también a los contratiempos después del segundo pulso en los compases 2 y 4.

ESCUCHA

Ejercicio 3

Otro ejercicio de *riff* con dobles cuerdas ejecutado, sobre todo, en las cuerdas graves. Observa las anticipaciones de los compases 2 y 4 (una corchea antes).

ESCUCHA

INFORMACIÓN TÉCNICA

Ejercicio 4

Para terminar, un ejercicio un poco más difícil para trabajar los contratiempos en dobles cuerdas. Cuando los contratiempos estén encadenados, como en los compases 1 y 3, asegúrate de sentir cada pulso (1, 2, 3, 4), aunque no se toquen, para colocar mejor los contratiempos (los “y”). Una vez más, el metrónomo será de gran ayuda para desarrollar la precisión rítmica.

Viernes

Para el último día de ejercicios, te propongo realizar un poco de técnica para soltar los dedos y conseguir que te sientas más cómodo con el instrumento.

ESCUCHA

Ejercicio 1

Para empezar, un ejercicio con el que trabajar la independencia de los dedos. Está escrito sobre la cuerda de mi agudo, pero te animo a que lo repitas con todas las demás cuerdas de la guitarra. Trata igualmente de alternar lo más posible los golpes de púa, empezando hacia abajo.

ESCUCHA

Ejercicio 2

El mismo tipo de ejercicio pero más condensado, ya que tendrás que cambiar de dedos en cada tiempo. Trabaja despacio, con un ritmo regular, y presta atención a la mínima tensión que pueda perjudicar tus dedos, brazos, espalda Repítelo en todas las cuerdas.

ESCUCHA

Ejercicio 3

Retomemos ahora un ejercicio que trabajamos hace algunas semanas y que complicaremos un poco añadiéndole saltos de cuerda. La precisión de la mano derecha será indispensable, sobre todo porque me gustaría que practicases en lo posible la alternancia de los golpes de púa.

ESCUCHA

Ejercicio 4

INFORMACIÓN TÉCNICA

El último ejercicio es una extensión del anterior: no solo tendrás que saltar de cuerda, sino que también deberás cambiar de pareja de cuerdas en cada compás. La prioridad será mantener la regularidad y la precisión de la mano derecha. ¡La velocidad carece de importancia!

Por supuesto, una vez que llegues a los graves, puedes seguir con el ejercicio y volver a los agudos.

Sábado

Para este fin de semana, te propongo una pieza que engloba las dobles cuerdas dobles, aunque también, y sobre todo, muchos contratiempos.

Al principio, tendrás que tocar dobles cuerdas sobre las cuerdas de la y re. No es demasiado complicado, salvo por un desplazamiento notable que hay que prever entre los trastes 10 y 5.

La segunda parte es un ritmo rasgueado que te resultará muy sencillo en cuanto hayas identificado los acordes tocados a contratiempo. Puedes escribir los "1 y 2 y 3 y 4 y..." si lo necesitas para identificar la ubicación rítmica de cada ataque.

La tercera parte es una sucesión continua de arpegios. Aunque no lo hayamos practicado esta semana, es un modo de tocar que debe practicarse con regularidad.

Este pasaje resulta bastante complicado, dado que los arpegios no son tan regulares como parecen: a veces, deberás saltar una cuerda y todo ello con una gran fluidez, pues el ritmo está formado por una serie de corcheas seguidas.

ESCUCHA

Ejercicio 1

Te propongo aislar esta parte para trabajarla de forma independiente. Reduce la velocidad tanto como quieras hasta que logres mantener una gran regularidad rítmica.

ESCUCHA

Ejercicio 2

Para finalizar, volverás a un rasgueo en la última parte. Los acordes son los mismos que en la segunda parte, pero el ritmo cambia un poco. En el segundo compás, deberás tocar los acordes únicamente a contratiempo, lo que puede resultar algo confuso cuando no se está acostumbrado. Te propongo un pequeño ejercicio de preparación para que puedas ejecutar la pieza con la máxima soltura. Haz todo lo posible para sentir los tiempos (incluso aunque no se toquen) y ataca los acordes a contratiempo púa arriba.

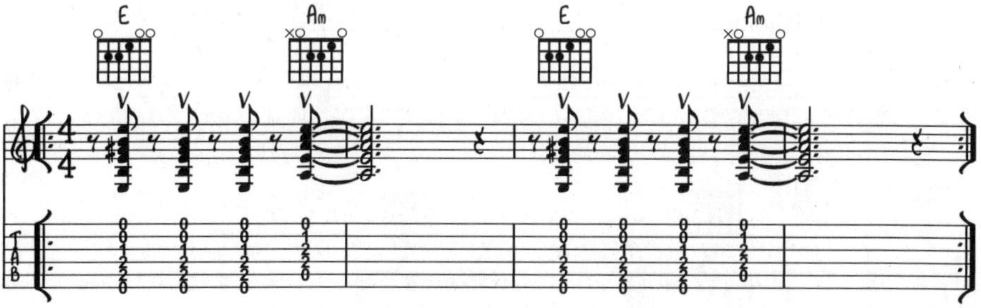

ESCUCHA

Ejercicio 3

¡Llegamos por fin a la pieza! Escúchala varias veces, reduce el tempo si es preciso para sentirte cómodo y tócala en bucle.

Domingo

La audición de hoy me viene de perlas para introducir el tema que abordaremos a partir de mañana: el blues. Para empezar sin problemas en este estilo, nada mejor que hacerlo con uno de sus gigantes: B. B. King.

B. B. King nació en 1925 en el estado de Misisipi y murió en Las Vegas en 2015. Tocó durante toda su vida. Para que te hagas una idea: con más de ochenta años, B. B. King aún daba ¡más de trescientos conciertos al año! A lo largo de una vida tan longeva, se ha batido con grandísimos guitarristas, mientras se mantuvo fiel a su guitarra, llamada Lucille, que se ha convertido en un modelo de guitarra de la célebre marca Gibson. Detrás del nombre de esta guitarra hay una historia sorprendente: en 1949, mientras tocaba en un club, dos hombres empezaron a pelearse y prendieron fuego al establecimiento. Una vez fuera, B. B. King volvió a entrar para buscar la guitarra que había olvidado cerca de las llamas. Al día siguiente, se enteró de que los dos hombres (que fallecieron en el incendio) se habían peleado por una mujer llamada Lucille.

La canción que quiero que escuches se titula **"The Thrill Is Gone"**, escrita por Roy Hawkins y Rick Darnell en 1951. Muchos fueron los músicos de blues que la versionaron, pero realmente fue B. B. King quien la convirtió en un éxito. Es una canción bastante lenta que destaca, por un lado, por la voz grave y profunda de B. B. King, pero también por su interpretación con la guitarra. Al principio, la guitarra responde a la voz con algunas notas raras. Después, el artista acomete un solo más largo, saliendo a relucir su estilo inimitable. No se trata tanto del virtuosismo puro, como del sentimiento, el *feeling* auténtico: se siente cada nota, que procede directamente de Misisipi. Numerosos guitarristas, como Clapton o Jimmy Page, dicen haber escuchado a B. B. King para copiarlo, sobre todo para imitar su famoso vibrato, un efecto que consiste en dejar que una nota resuene manteniéndola con el dedo de la mano izquierda. Como resultado, se produce un leve movimiento rápido y la aparición de "pequeñas ondas sonoras", un efecto muy popular entre los guitarristas; hay tantos tipos de vibrato como guitarristas. El de B. B. King era muy rápido e inimitable; escúchalo tan pronto como suene una nota larga.

Semana 9

Lunes

La audición que hicimos ayer de B. B. King nos sirve de introducción perfecta para abordar el amplio tema que desarrollaremos esta semana: el **blues**. Es tal vez el estilo musical más ligado a la guitarra, aunque especialmente es un estilo esencial que ha nutrido durante más de un siglo al jazz, al pop, al *rythm and blues*, al rock, etcétera.

EL CONSEJO DEL PROFE

El blues es una música tradicional estadounidense nacida del canto de los esclavos negros en los campos de algodón del sur de Estados Unidos. Es una música cargada de tristeza que evoca sin pudor temas tales como el sufrimiento amoroso, la pobreza, el alcohol, el sexo , aunque a veces también un tenue rayo de esperanza y conversaciones con Dios que recuerdan la sólida fe cristiana de la comunidad negra estadounidense a finales del siglo XIX.

El instrumento preferido de este estilo es la guitarra, y el impacto que tuvo esta música en el siglo XX es tal que la mayoría de los guitarristas apelan al blues. Jimi Hendrix, Eric Clapton, Keith Richards, Ben Harper, Jimmy Page, Slash, Mark Knopfler... (la lista es interminable) no serían los genios que conocemos hoy día si no fuera por la influencia del blues americano.

El blues carecía en origen de una estructura definida: el número de compases no estaba fijado, el número de pulsos de un compás no era regular, la guitarra solo tenía que adaptarse y seguir a la voz. El blues comienza a estructurarse a principios del siglo XX hasta convertirse en una forma casi fija que perdura hasta hoy. Esta es la forma que vamos a estudiar.

El blues, tal y como se toca mayoritariamente en la actualidad, consta de tres acordes. La tonalidad con la que los guitarristas aprenden (y tocan) con más frecuencia el blues es la de mi mayor. En esta tonalidad, estos tres acordes son: E (mi mayor), A (la mayor) y B7 (si séptima).

Ya conoces los acordes de E y de A, pero puede que nunca hayas oído hablar de si séptima (B7). El principio no es muy complicado: si séptima (B7) es un acorde de si mayor al que se le añade una nota: la séptima nota a partir de la nota si y en el orden ascendente que todos conocemos: do, re, mi, fa, sol, la, si. Partimos, entonces, de la nota que nos interesa, el si, y recitamos las notas para encontrar la séptima de este acorde: 1 = si, 2 = do, 3 = re, 4 = mi, 5 = fa, 6 = sol, 7 = la. Por lo tanto, si séptima es un acorde de si mayor al que añadimos la nota la. Por supuesto, esta explicación, aunque válida, es muy básica, y la teoría va más allá; pero no es este nuestro propósito: de momento, lo importante es que comprendas el origen de esta cifra 7 añadida al acorde.

La imagen siguiente te muestra el acorde de B7:

B7 (si séptima)

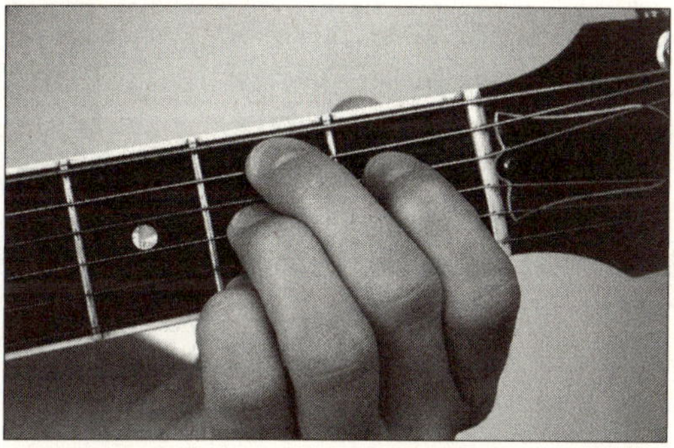

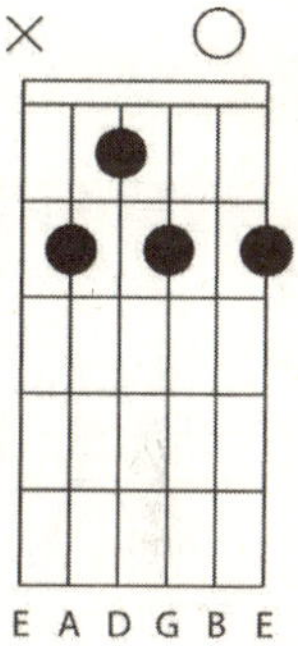

ESCUCHA

Ejercicio 1

No voy a explicar de nuevo el primer ejercicio, pero solo te pido que lo trabajes: es fundamental para aprender a colocar correctamente los acordes.

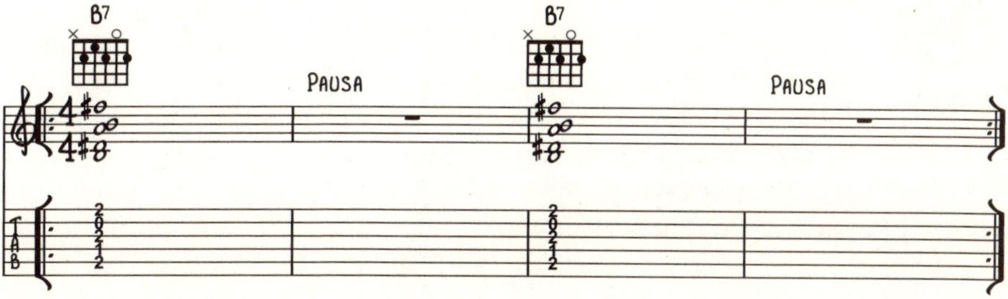

ESCUCHA

Ejercicio 2

Otro ejercicio sencillo que mezcla los acordes de E (mi mayor), A (la mayor) y B7 (si séptima).

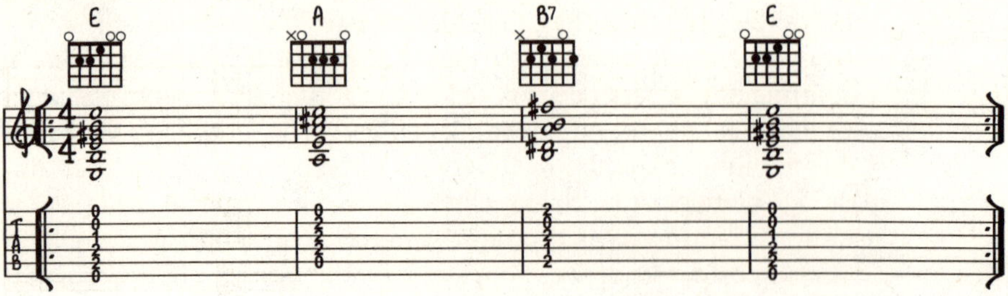

ESCUCHA

Ejercicio 3

En el último ejercicio, debes tocar los acordes con negras (un acorde por tiempo) y alternar más a menudo el de B7.

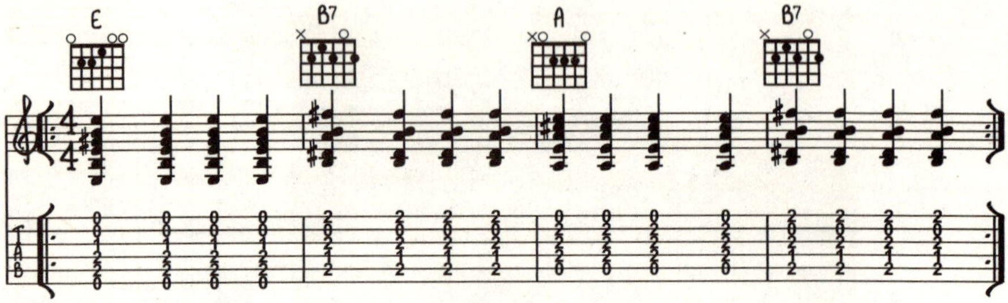

Martes

ESCUCHA

Ejercicio 1

Ahora que sabes algo más del blues y sus tres acordes en la tonalidad de mi mayor, vamos a centrarnos en la estructura. El blues, tal y como lo conocemos en la actualidad, se compone de doce compases de cuatro tiempos y de un encadenamiento específico de tres tipos de acordes que ya vimos ayer. A continuación, verás esta forma como parte de un sencillo ejercicio:

Bastante fácil, ¿no te parece? Puesto que el blues es una forma fija (aunque haya excepciones) y muy común, es fundamental conocer el orden de estos acordes. ¿De qué modo? Una solución sería aprenderte el nombre de los acordes en orden y recitarlos como si fuera un poema. De ese modo, sin embargo, solo practicarías la memoria, no tu oído y, al fin y al cabo, hacemos música, así que mejor ¡vamos a combinarlos!

Te propongo la que en mi opinión es la mejor solución: aprenderte el orden de los acordes cantando las fundamentales, es decir, las notas que dan nombre a los acordes. La nota mi para un acorde de mi mayor, por ejemplo.

ESCUCHA

Ejercicio 2

Esta vez, tocarás solo la primera nota de cada acorde en negras, cantando al mismo tiempo el nombre de la nota. Es un ejercicio excelente para aprender el orden de los acordes, mientras trabajas el oído.

CONSEJO

No temas cantar mal o desafinar, ¡no es concurso de canto! Solo te pido que cantes a pleno pulmón y que no murmures las notas para que puedas reproducir correctamente los sonidos y asimilarlos.

Aunque solo debas tocar una nota cada vez, te he indicado el nombre de los acordes y sus posiciones para que puedas identificarlos.

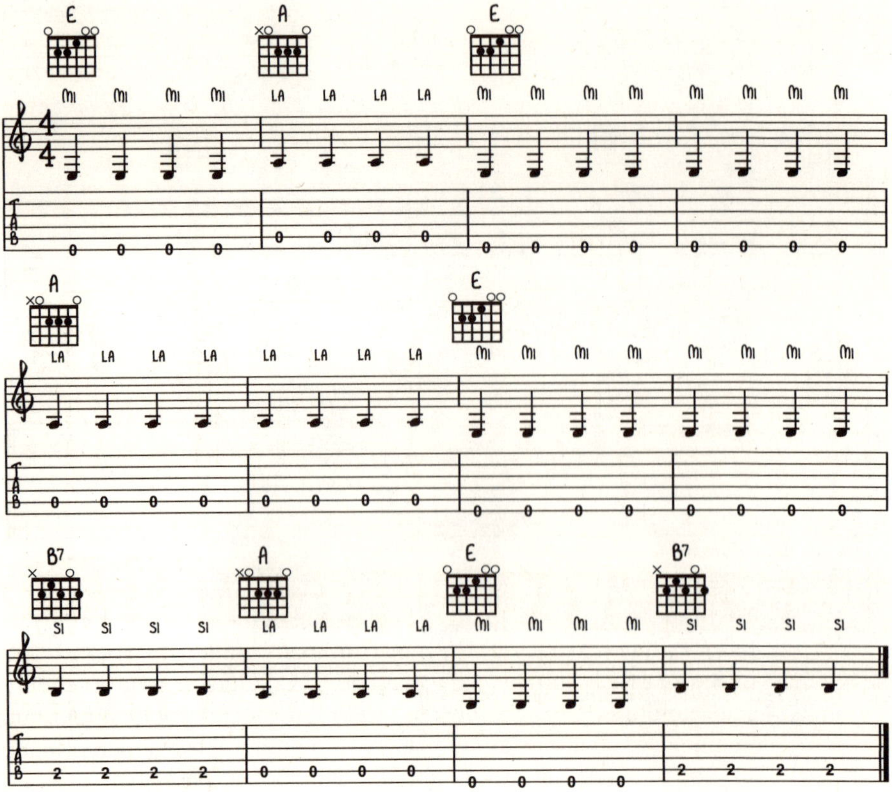

Miércoles

Ya deberías hacerte una idea de cómo suena un blues clásico y cuál es su estructura.

CONSEJO

Te recomiendo encarecidamente que repitas regularmente el ejercicio de ayer, que consiste en cantar las notas del blues: el canto es una herramienta muy útil para progresar en la música, puesto que no se puede cantar lo que no se escucha; mientras que en la guitarra, por ejemplo, sí es posible tocar notas sin llegar a escuchar realmente lo que hacemos.

ESCUCHA

Ejercicio 1

Hoy vamos a continuar con esta progresión de acordes de blues añadiéndole el ritmo. Este primer ejercicio no es nada complejo: respeta los golpes de púa (indicados sobre los dos primeros compases, puesto que los ritmos se repiten) y mantén una ejecución muy suave. Intenta también repetir esta serie de memoria, esto te ayudará a aprender esta serie típica de acordes con más rapidez.

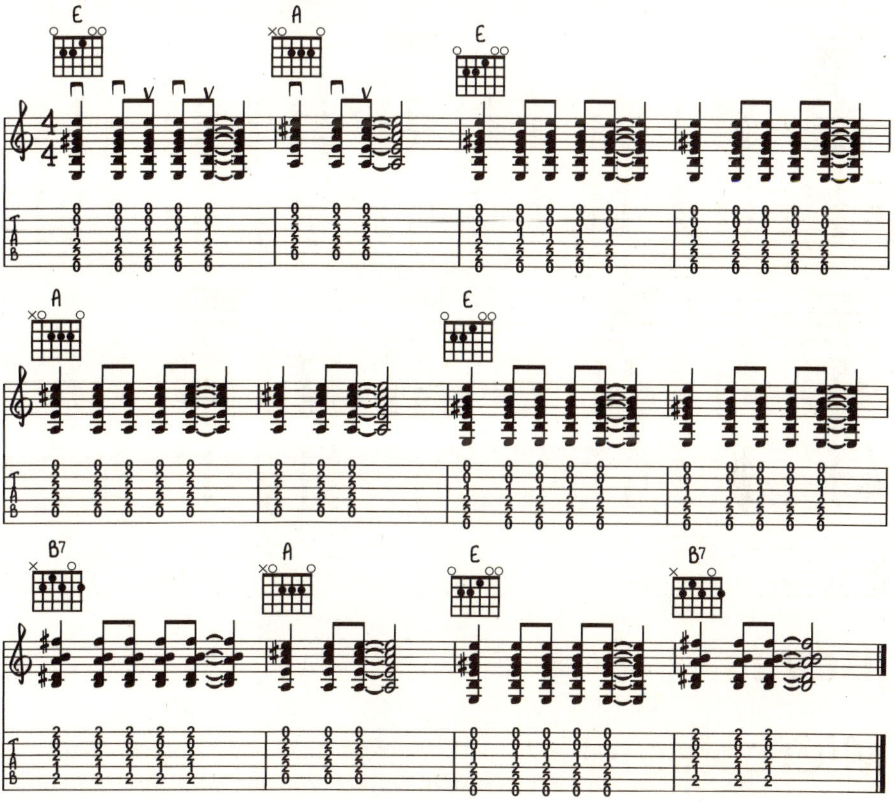

ESCUCHA

Ejercicio 2

Aquí tienes una segunda progresión de acordes de blues con ritmos simples y repetitivos (como suele suceder en el blues). La única dificultad reside en tocar correctamente los contratiempos en el segundo tiempo de cada compás (y púa arriba si es posible). De nuevo, te animo a que toques de memoria este ejercicio en cuanto te sientas capaz.

Jueves

Vamos a complicar un poco las cosas añadiendo algunos elementos que ya conoces. Una técnica muy frecuente que emplean los músicos de blues para acompañar consiste en separar los bajos de los acordes. (Te recuerdo que el bajo de un acorde es la nota más grave que puede tocarse dentro de ese mismo acorde.) Ya abordamos este tema en ejercicios de semanas anteriores: la principal dificultad para separar los bajos reside en apuntar correctamente con la mano derecha sin que suenen las otras cuerdas de la guitarra cuando se tocan estos bajos. Es un efecto que da una sensación de equilibrio (bajos/acordes) y aporta variedad al acompañamiento porque el hecho de tocar solamente los bajos en ciertos momentos también permite que la música respire.

ESCUCHA

Ejercicio 1

Observa que, para tocar este ritmo, los bajos separados (las primeras notas de los compases) se tocan púa abajo, con el fin de que la mano derecha rebote mejor sobre estas notas.

ESCUCHA

INFORMACIÓN TÉCNICA

Ejercicio 2

Ahora, debes tocar un ritmo similar sobre una progresión de acordes de blues, separando siempre los bajos, pero esta vez dos veces por compás. El ejercicio se complica aún más porque el segundo bajo separado se toca ¡a contratiempo!

Estudia bien el ritmo antes de tocarlo para entender este contratiempo (tal vez, podrías marcar en la partitura los "1 y 2 y 3 y 4 y..."), escucha el ejercicio varias veces, cántalo

De nuevo, los bajos separados se tocan púa abajo. Es un movimiento que se naturaliza rápidamente: los bajos hacia abajo, los acordes a tiempo también van púa abajo, y los acordes a contratiempo, púa arriba.

CONSEJO

Si te cuesta pulsar las cuerdas correctas, recuerda relajar no solo la mano derecha, sino también el brazo y el hombro derechos. No intentes conseguir un movimiento demasiado preciso porque a veces se produce lo opuesto. Al contrario, toca con grandes movimientos (proporcionalmente): el sonido será, ante todo, más bonito, y los músculos se relajarán con mayor facilidad.

Viernes

Hoy vamos a dejar de lado el blues para realizar un poco de técnica y, en concreto, empezar a prepararte para la que probablemente es la etapa más difícil para un guitarrista principiante: los acordes con cejilla.

Ya hemos visto los acordes de mi mayor (E) y mi menor (Em), la mayor (A) y la menor (Am), re mayor (D) y re menor (Dm)... Pero ¿qué hay de los acordes de do menor? ¿Si mayor/menor? ¿Fa menor? Son acordes que necesitan un mayor dominio porque solo pueden hacerse utilizando la cejilla.

Los acordes con cejilla son aquellos que, para tocarlos, necesitan que el dedo índice de la mano izquierda se estire sobre un traste, como si fuera una barra, presionando uniformemente todas las cuerdas de la guitarra.

En la foto puedes ver un ejemplo de acorde con cejilla muy frecuente:

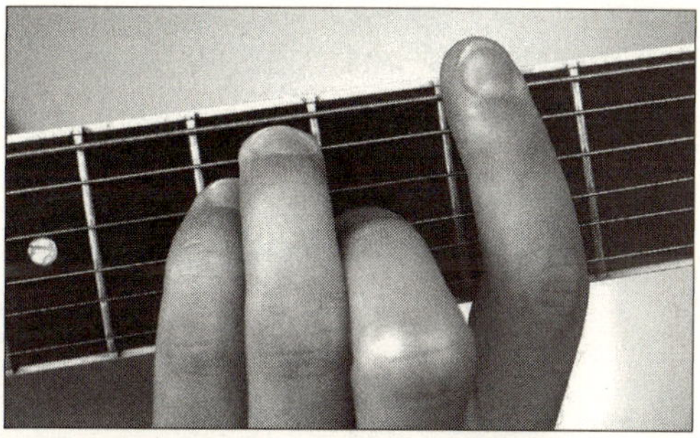

CONSEJO DEL PROFE

A veces, a los acordes con cejilla se les llama el "cementerio de los guitarristas". Este apodo tan poco alentador proviene del hecho de que muchos guitarristas, ante la dificultad de tocar estos acordes, abandonan la guitarra. En efecto, sin preparación o un buen método, las cejillas resultan difíciles de realizar, provocan tensión en los dedos y pueden llegar a desanimar. Sin embargo, son extremadamente importantes y no podemos obviarlas. El método que desarrollaremos te ayudará a adquirir una buena base y a trabajar estos acordes sin problemas.

CONSEJO

Recuerda esto: un acorde con cejilla no es una cuestión de fuerza en los dedos, sino de colocación de estos. ¡No sirve de NADA presionar las cuerdas como un loco!

ESCUCHA

Ejercicio 1

Empezaremos por hacer pequeñas cejillas, es decir, apoyando el dedo sobre tres o cuatro cuerdas como máximo. Unos consejos generales previos para una buena ejecución:

- Mantén el dedo índice bien recto, aunque sin ponerlo demasiado tieso, para que se ajuste a la forma del mástil.
- No lo apoyes demasiado: si el acorde no suena del todo, procura girar ligeramente el índice sobre sí mismo para poder tocar más con el lado del dedo.
- Si te duele y sientes que tienes que presionar mucho para que el acorde suene, intenta apretar más con el pulgar sobre el mástil, y recuerda que la mano izquierda actúa como una pinza sobre el mástil.

Retomemos un concepto de ejercicio que conoces bien: toca el acorde una vez, desgrana sus notas, relaja y vuelve a empezar. Cambia de traste cada vez.

La siguiente foto ilustra una buena posición; luego, viene el ejercicio:

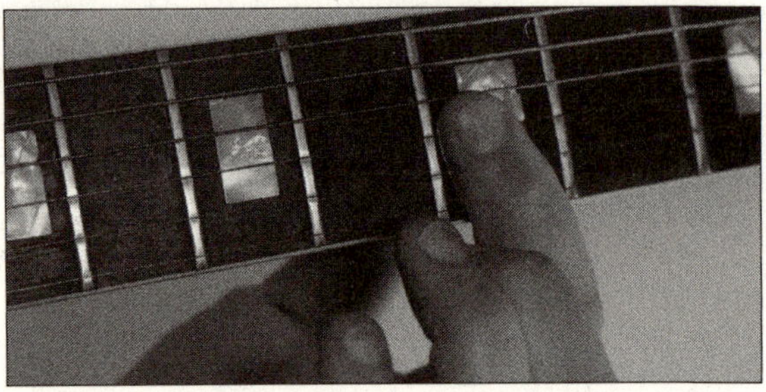

Te pido empezar hacia el centro del mástil —en el quinto traste— porque ahí los trastes son más grandes (en comparación con el duodécimo, por ejemplo) y resulta más fácil presionar las cuerdas (si se compara con los primeros trastes).

ESCUCHA

Ejercicio 2

El mismo ejercicio, pero ahora sobre cuatro cuerdas:

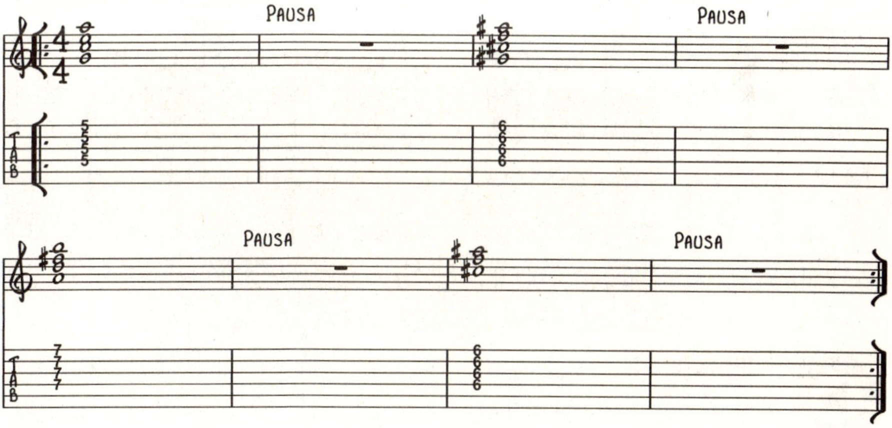

Sábado

Para la pieza del fin de semana, te propongo volver al blues sin salirnos de una tonalidad querida en la guitarra: mi mayor. El objetivo de esta pieza es que te familiarices con la serie de tres acordes típicos del blues en esta tonalidad: mi mayor (E), la mayor (A) y si séptima (B7).

Te vas a encontrar con varias dificultades (superables), así que plantéate las siguientes preguntas antes de tocar la obra:

- ¿Hay notas ligadas? ¿Cómo se tocan? (Si dos notas —o acordes— están ligadas, solo se toca la primera.)
- ¿Dónde están ubicados las notas/acordes tocados a contratiempo? ¿Sobre qué "y" de qué tiempo?
- ¿Cómo son los golpes de púa?

ESCUCHA

Ejercicio 1

Para prepararte, te propongo dos pequeños ejercicios. El primero alterna (como el jueves pasado) bajos separados a tiempo y a contratiempo:

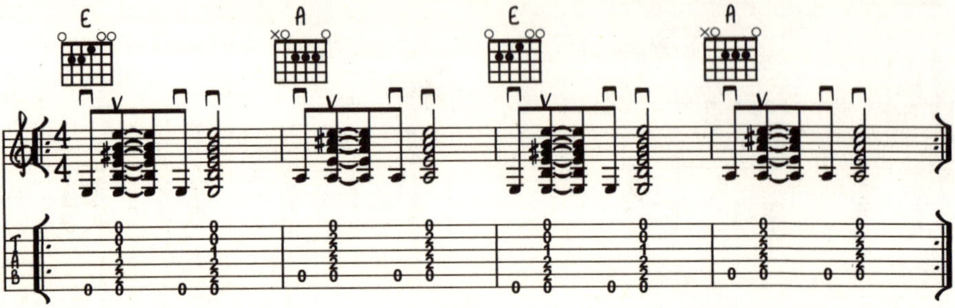

ESCUCHA

Ejercicio 2

El segundo ejercicio consiste en rasgueos con un grupo de dos corcheas que comienzan a tiempo, seguido del mismo grupo a contratiempo y que finaliza en una anticipación (una corchea antes de compás) del acorde siguiente. Ten en cuenta que los golpes de púa pueden resultar confusos al principio.

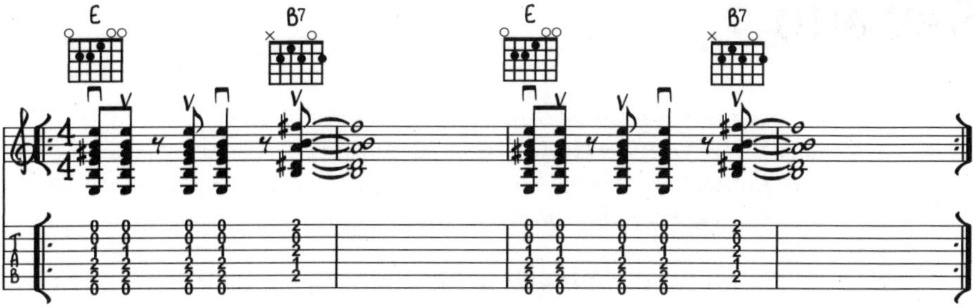

ESCUCHA

Ejercicio 3

Aquí tienes la pieza que engloba los elementos que acabas de trabajar. Escúchala primero varias veces antes de tocarla.

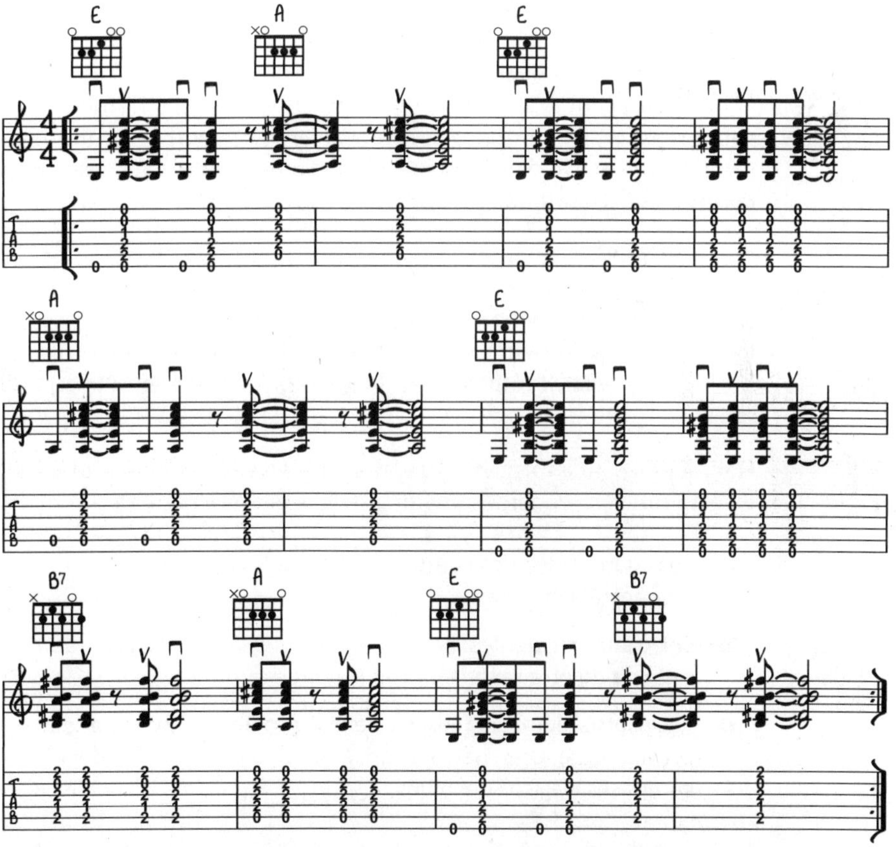

Domingo

Consagraremos la escucha de hoy domingo a un guitarrista de blues legendario y, probablemente, el más emblemático de este estilo: Robert Johnson. La obra de la que vamos a hablar puede que tampoco te resulte desconocida: **"Malted Milk"**.

Nacido en 1911 en Misisipi (estado por excelencia del blues), Robert Johnson no solo ha dejado una huella indeleble en la historia del blues, sino también en la de la guitarra. Poseía una técnica magnífica en su instrumento, pero siempre al servicio de su voz, sin resultar efusivo. La particularidad de su forma de tocar consiste en alternar fases de acompañamiento de acordes con pequeñas melodías blues que acentúan maravillosamente su voz. Como ocurre con ciertos genios, una leyenda rodea al personaje de Robert Johnson. Considerado un mal guitarrista cuando era joven y ridiculizado por sus compañeros, decidió abandonar su ciudad sin previo aviso. Cuando regresó (tal vez meses o años después), se había convertido en un excelente guitarrista y cantante. Quienes previamente lo habían humillado no daban crédito; de ahí nació la leyenda de que Robert Johnson había vendido su alma al diablo en una encrucijada para convertirse en un guitarrista extraordinario.

"Malted Milk" es una canción típica de Robert Johnson y del blues en general: una frase de acordes y arpegios sirve de introducción; luego comienza a cantar acompañándose casi únicamente de negras. Robert Johnson alterna entonces dos compases de canto y dos compases de improvisación melódica, que parecen responder a sus palabras.

Hay, además, una forma muy representativa del blues y sus orígenes en esta canción. Podemos dividirla de la siguiente manera:

- Los cuatro primeros compases: una frase cantada, una respuesta a la guitarra.
- Los cuatro siguientes: la misma frase que la anterior, cantada y seguida de otra respuesta con la guitarra.
- Los cuatro últimos: la respuesta al canto de la frase repetida previamente. Una melodía con la guitarra concluye los doce compases clásicos del blues.

Este sistema de composición es la base del blues tradicional estadounidense. Puedes escucharlo en otra célebre canción blues de Robert

Johnson: **"Sweet Home Chicago"** (recuperada también por Eric Clapton o los Blues Brothers, cuya versión fue muy popular).

Cuando Robert Johnson murió con veintisiete años por causa desconocida (quizás por una enfermedad o tal vez envenenado por un marido celoso), ya había marcado para siempre la historia de la guitarra.

Semana 10

Lunes

Como te dije la semana pasada, las cejillas suponen una etapa importante y esencial para cualquier guitarrista. No obstante, para que este aprendizaje se haga sin problemas y sin dolor, tendrás que practicar un poco a diario. Por esta razón, durante las próximas semanas, te daré un ejercicio diario de acordes con cejilla. En este trabajo, la regularidad es primordial, pero tampoco emplees demasiado tiempo cada día: dos minutos serán más que suficientes.

Hoy dedicaremos un poco más de tiempo a estos acordes.

ESCUCHA

Ejercicio 1

Para el primer ejercicio, vas a volver a tocar cejillas sobre cuatro cuerdas como hicimos la semana pasada. La diferencia estriba en que vas a arpegiar los acordes, lo que te permitirá estar seguro de pisar bien todas las cuerdas. No te olvides de relajar los dedos entre cada acorde.

ESCUCHA

Ejercicio 2

El mismo ejercicio, cambiando de trastes:

ESCUCHA

Ejercicio 3

Para terminar, tendrás que saltar un traste entre dos acordes. Quizás hayas observado que los acordes con cejilla no presentan las mismas dificultades en función del lugar del diapasón donde se toquen: los primeros trastes son mucho más difíciles de tocar con cejilla porque las cuerdas se levantan un poco debido a la cejuela; por lo tanto, tendrás que presionar (un poco) más.

CONSEJO

Recuerda que la cejilla es una cuestión de posición de los dedos. En lugar de presionar más, a veces, basta con mover el dedo índice horizontal o verticalmente. También puedes hacer pivotar un poco el índice sobre su eje para formar la cejilla más con el hueso y menos con la carne.

Martes

ESCUCHA

Ejercicio 1

Comencemos la jornada con un pequeño ejercicio de acordes con cejilla:

A continuación, te propongo regresar al blues. Es un tema importante al que hay que dedicarle tiempo. A riesgo de repetirme: buena parte de los músicos que escuchamos actualmente (sobre todo, aquellos ligados a la guitarra) hunden sus raíces en el blues.

En la tonalidad de mi mayor, hemos visto que el blues engloba los tres acordes: mi mayor, la mayor y si séptima. En realidad, es preciso aportar una pequeña precisión sobre estos acordes porque, del mismo modo que el de si, los acordes de mi mayor y la mayor son, en general, *de séptima* en el blues.

Aquí tienes estos dos nuevos acordes. No son difíciles de tocar, puesto que solo tienes que retirar un dedo de sus posiciones mayores:

E7 (mi séptima mayor)

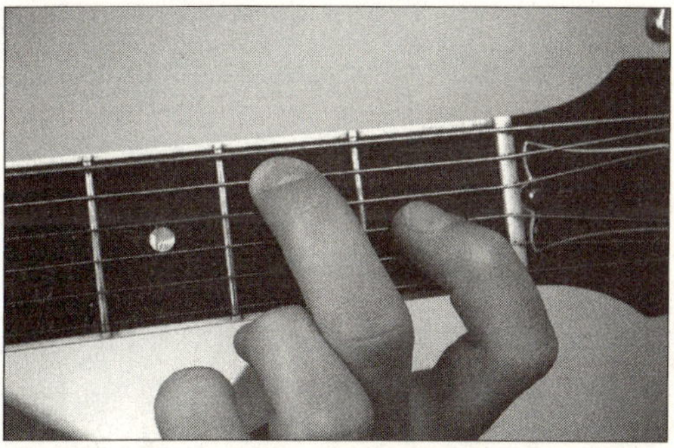
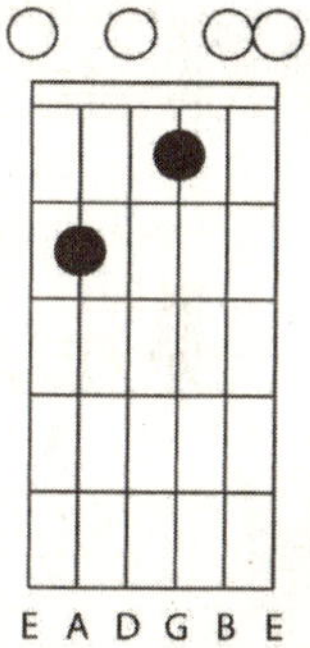

A7 (la séptima mayor)

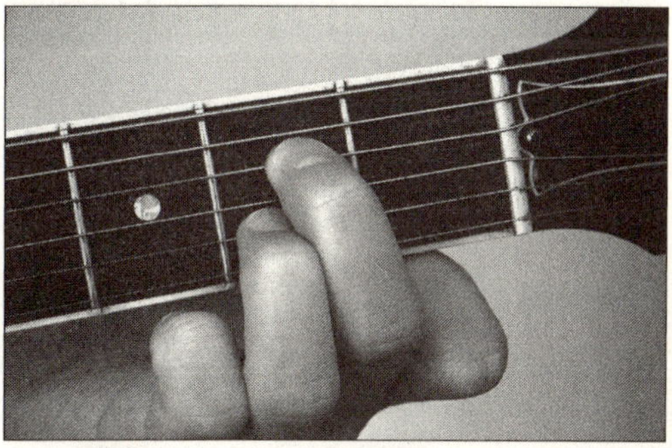
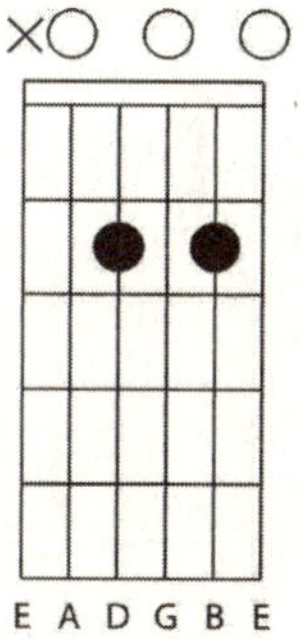

ESCUCHA

Ejercicio 2

Toca ahora estos acordes para familiarizarte con las posiciones. He intercalado a propósito acordes mayores con acordes de séptima para que puedas escuchar la diferencia ocasionada por esta nota adicional (una séptima).

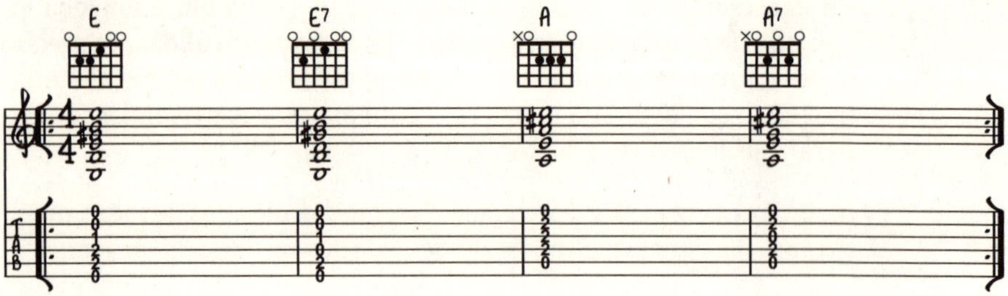

Ejercicio 3

ESCUCHA

Para terminar, una progresión completa de blues con acordes de séptima. Para trabajar las posiciones, he elegido un ritmo muy simple (solo notas negras), aunque, si te sientes cómodo, también puedes tocarla con uno de los ritmos que hemos visto con anterioridad o mejor aún: ¡inventarte uno!

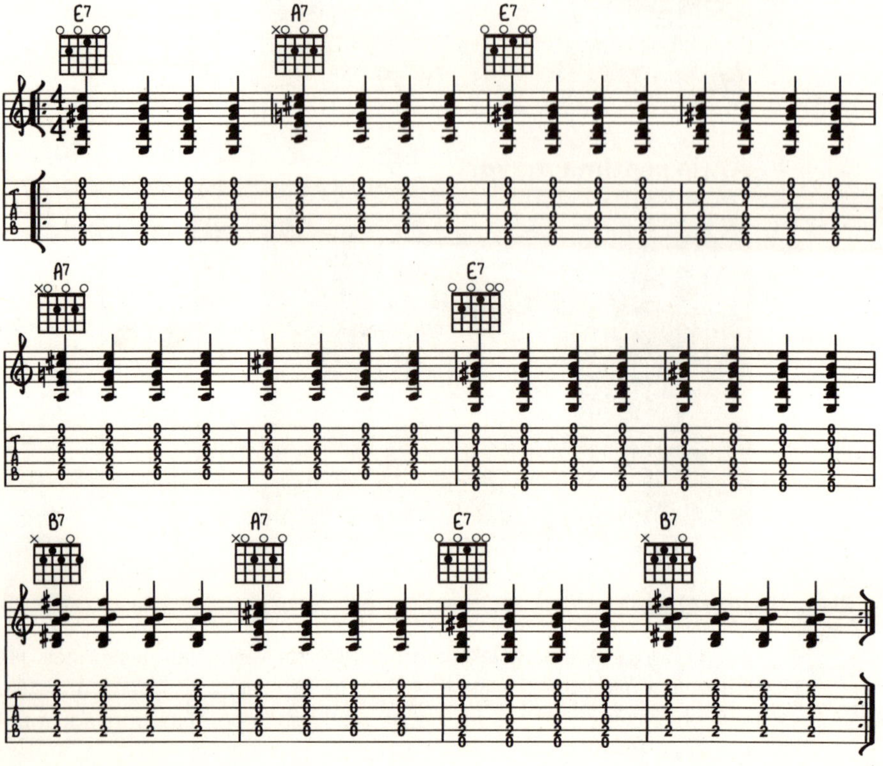

Miércoles

ESCUCHA

Ejercicio 1

Un poco de acordes con cejilla... arpegiados.

Retomemos las progresiones de blues con acordes de séptima, pero con acompañamientos más ricos que los de ayer.

ESCUCHA

Ejercicio 2

Primero, una progresión de arpegios simples. La única dificultad con la que te vas a encontrar es con el salto de cuerda en el acorde de E7 (mi séptima). Presta también atención al sentido de los golpes de púa indicados al principio de la progresión.

ESCUCHA

INFORMACIÓN TÉCNICA

Ejercicio 3

Para terminar, seguimos con los arpegios en una progresión de blues pero con un ejercicio más complicado. Vamos a comprobar mejor que nunca tu precisión con la mano derecha mediante dos saltos de cuerda por compás: el primero te hará saltar de la nota más grave (el bajo) a la nota más aguda; con el segundo salto, pasarás de la cuerda de mi agudo a la de sol, es decir, saltarás una cuerda. Trabaja primero el patrón de arpegios sobre un acorde, concentrándote sobre la mano derecha antes de realizar todo el ejercicio. ¡Recuerda mirar lo menos posible esta mano!

CONSEJO

Incluso aunque no toques los acordes en su totalidad, te aconsejo que los coloques por completo en el diapasón. Esto te permitirá hacer variaciones si lo deseas, pero, sobre todo, te ayudará a estar seguro de tocar las notas correctas rápidamente porque conoces estas posiciones.

Jueves

ESCUCHA

Ejercicio 1

Antes de nada, aquí tienes tu ejercicio diario de acordes con cejilla, ¡hoy tienes que presionar todas las cuerdas! Recuerda que un buen acorde con cejilla depende sobre todo de una buena posición del índice.

Como habrás podido escuchar en nuestra audición del domingo pasado en canciones como **"Malted Milk"** o **"Sweet Home Chicago"**, de Robert Johnson, se puede tocar blues a la guitarra con acordes aunque también con pequeños patrones repetidos que definen aún más la identidad de la canción. Podríamos llamar a estos patrones *¡riff!* Una vez más, los 2 más conocidos y populares, especialmente en el rock, tiene su origen en el blues y en la manera que tenían los guitarristas de acompañarse. Esto es lo que veremos hoy.

ESCUCHA

Ejercicio 2

En un primer ejercicio, vas a tener que mezclar notas tocadas solas y acordes. Puedes entenderlo de la siguiente forma: las notas plantean una pregunta y los acordes la responden. Hay una variación en los cuatro últimos compases de la progresión de blues para finalizar un ciclo o anunciar el final de la canción.

Trabaja primero la parte melódica (las notas tocadas solas) y luego la parte de los acordes. En esta última parte, verás que el acorde se toca sobre el primer tiempo y luego sobre la "y" del segundo tiempo. Los acordes aparecen anotados sobre el pentagrama, incluso aunque no haya que tocarlos, para que puedas identificar la secuencia de acordes del blues.

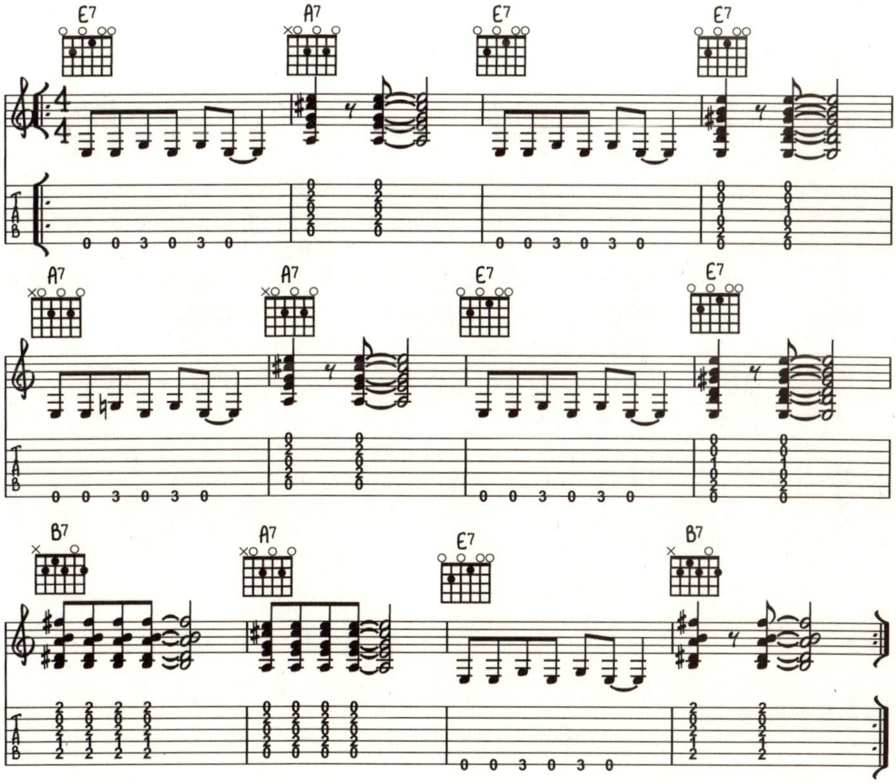

Ejercicio 3

ESCUCHA

Repite ahora el mismo ejercicio con el mismo *riff* pero, en lugar de tocar el *riff* sobre la cuerda de mi grave, hazlo sobre la de mi agudo. Este cambio, aunque pueda parecer fácil, modifica por completo la posición de la mano derecha después de tocar los acordes.

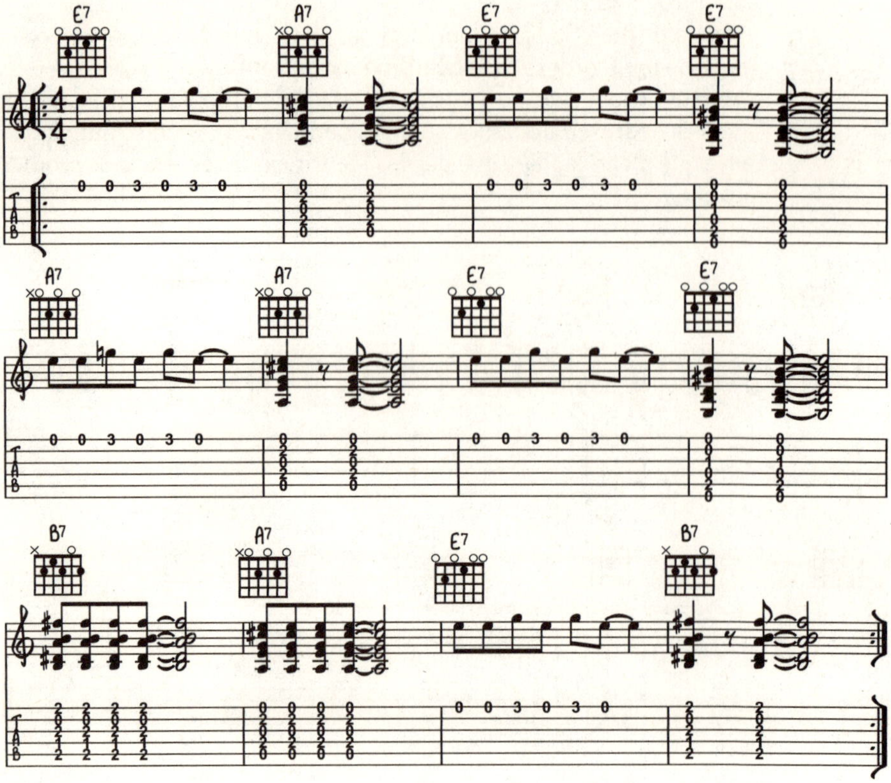

Viernes

Ejercicio 1

ESCUCHA

Los acordes con cejilla del día: tendrás que presionar las seis cuerdas en dos trastes diferentes. Dos minutos, ¡nada más!

Ha pasado ya algún tiempo desde que tocamos el tema de las melodías a la guitarra. Hoy te propongo trabajar frases que poseen una sonoridad blues.

ESCUCHA

Ejercicio 2

Nada excesivamente complejo en esta primera melodía que incluye muchas cuerdas al aire. Ten cuidado, no obstante, con las notas tocadas a tiempo y a contratiempo.

Un asunto que aún no habíamos abordado a la hora de tocar melodías es el sentido de los golpes de púa en general, se aplica la misma regla que para los acordes: si una nota se toca a tiempo, se ataca púa abajo; si se toca a contratiempo, se atacará púa arriba. Los símbolos te ayudarán.

ESCUCHA

Ejercicio 3

La siguiente melodía se toca sobre las tres cuerdas agudas, lo que complica un poco el pulsado de las cuerdas con la mano derecha. Reduce el tempo hasta sentirte cómodo y confía en tu mano derecha sin mirarla: pronto encontrará las distancias adecuadas.

ESCUCHA

Ejercicio 4

Para acabar la jornada, una melodía impregnada de blues sobre cuatro cuerdas. Un poco más compleja, lo admito, pero las numerosas cuerdas al aire te facilitarán el trabajo.

Sábado

ESCUCHA

Ejercicio 1

Calentemos un poco con unos acordes con cejilla sobre las seis cuerdas y tres trastes:

Para terminar con los ejercicios semanales, te propongo una pieza con forma de blues. Se divide en dos partes distintas. La primera es un patrón popular en este estilo musical para acompañar las canciones (vuelve a escuchar **"Sweet Home Chicago"** de Robert Johnson). Se podría comparar este acompañamiento a un *riff*, ya que se repite a lo largo de toda la progresión con algunas raras variaciones para seguir bien los acordes. Se toca sobre dos cuerdas al mismo tiempo (por lo que no hay que colocar el acorde entero) y no es muy difícil. Tal vez, el pasaje de si séptima (B7) exija algo más porque tendrás que hacer una pequeña extensión de la mano izquierda. En este tipo de acompañamiento, y sin que sirva de precedente, ataca siempre púa abajo.

CONSEJO

Al igual que con la cejilla, no fuerces y relaja los dedos si sientes algún tipo de tensión desagradable en la mano. Observa que, aunque no se toquen los acordes, estos se indican sobre el pentagrama para que puedas identificar los sonidos de este *riff* con los acordes.

Ejercicio 2

ESCUCHA

Este ejercicio sirve de preparación para este modo de acompañamiento:

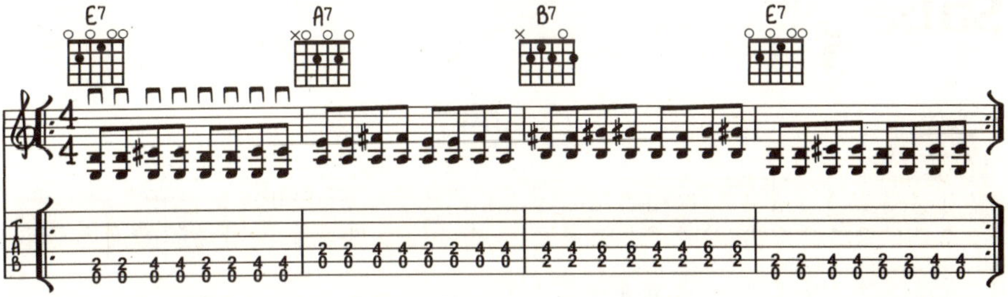

La segunda parte de la pieza retoma un poco la forma de **"Malted Milk"**, que escuchaste el domingo pasado: dos compases acompañan con acordes y los dos siguientes lo hacen con una melodía. Intenta escucharlo como una forma de preguntas/respuestas musicales.

Ejercicio 3

ESCUCHA

Aquí tienes los cuatro primeros compases para practicar:

ESCUCHA

CONSEJO

Ejercicio 4

Por fin, la pieza con las dos partes encadenadas.

Si la extensión de B7 de la primera parte te da problemas, reemplaza estos dos compases por acordes de B7. Una vez más: ¡no fuerces los dedos! En la segunda parte, te animo a que intentes encontrar de oído tus propias frases melódicas (las respuestas).

Domingo

Como audición del fin de semana, te propongo un tema titulado **"Mary Had a Little Lamb"** interpretado por uno de los mayores guitarristas de blues de la historia: Stevie Ray Vaughan.

Stevie Ray nació en 1954 y falleció en 1990, en un accidente de helicóptero. Su voz y su estilo de tocar la guitarra fueron tales que propiciaron el gran retorno del blues en la década de 1980. Con su sombrero vaquero y su vieja guitarra Fender Stratocaster, grabada con sus iniciales en letras brillantes, a Stevie Ray Vaughan no solo se le reconocía por su música, sino también por su estilo.

Con una gran influencia de Jimi Hendrix (a quien veneraba), su forma de tocar la guitarra está marcada por un gran virtuosismo, pero también por un sonido muy primario, un poco saturado, y un vigor sin parangón. Cantaba y tocaba al mismo tiempo, casi siempre en trío con sus dos colegas (los Double Trouble); juntos formaron una banda mítica que sigue siendo una referencia en la actualidad: Stevie Ray Vaughan and the Double Trouble.

"Mary Had a Little Lamb" es un blues (aunque los tres acordes no se encadenen de manera ortodoxa) y una de las canciones que hicieron famoso a Stevie Ray Vaughan. Se publicó en 1983 dentro de su primer álbum, *Texas Flood*. La introducción, que combina acordes y melodías, es una de las que más aprenden los guitarristas principiantes del planeta. Intenta identificar en esta introducción la forma de blues que conoces (las variaciones se producen después). En las estrofas, Stevie Ray mantiene un ritmo sincopado basado en acordes. Perfectamente ejecutado, resulta bastante difícil de realizar, y le aporta mucha energía a la canción. En el minuto 1:21 empieza el solo de guitarra; de nuevo, presenciamos un dominio total de la guitarra de blues. Comienza suavemente con notas bastante largas, que va construyendo progresivamente, y termina con una frase muy rápida. Escucha con atención este sonido blues característico y procura descubrirlo en los ejercicios de esta semana. Después del solo, Stevie Ray Vaughan vuelve a cantar una estrofa y se sirve luego de la introducción para terminar la canción.

Escucha también sus grandes éxitos: **"Texas Flood"**, **"Pride and Joy"**, **"Cold Shot"** o **"Change It"**.

Semana 11

Lunes

Vamos a seguir esta semana (y algunas semanas más) con pequeños ejercicios de acordes con cejilla. Te recuerdo que no es necesario emplear más que dos o tres minutos al día. No cuenta tanto el tiempo dedicado como la regularidad: esto les permite a los dedos memorizar las posiciones y mejorarlas.

La semana pasada tocaste acordes con cejilla sobre las seis cuerdas con el dedo índice. Hoy te propongo añadir a estos acordes con cejilla dos dedos para ejecutar acordes menores.

En la imagen siguiente verás la posición de la menor (Am), que ya conoces, aunque ahora lleva cejilla:

Am (la menor)

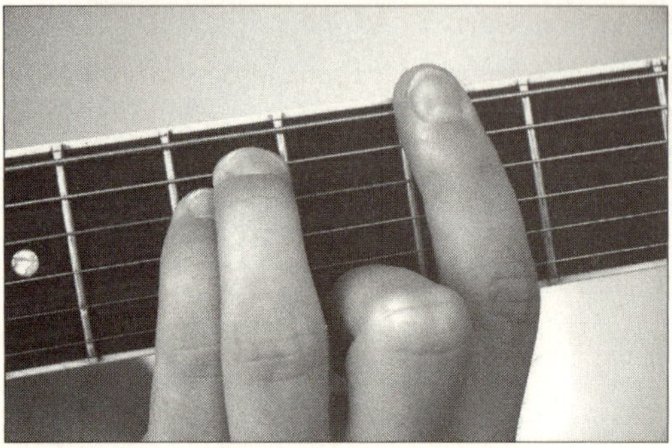

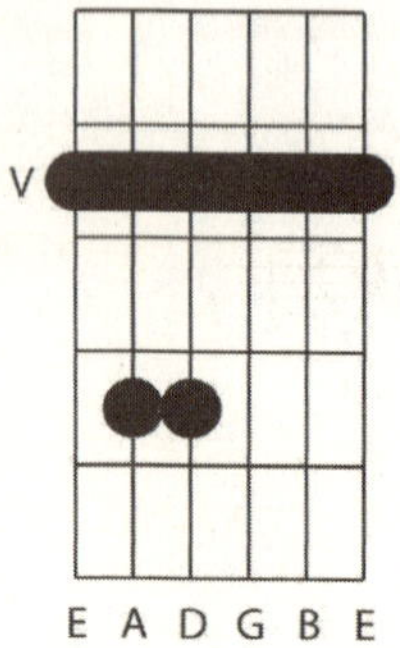

CONSEJO

En el esquema, la gran barra negra que atraviesa las cuerdas representa la posición del dedo índice. El número romano a su izquierda te indica el traste en el que debes colocar este dedo (aquí, el índice se coloca en el quinto traste: V).

Ejercicio 1

ESCUCHA

El primer ejercicio, como supondrás, está dedicado al aprendizaje suave de la posición.

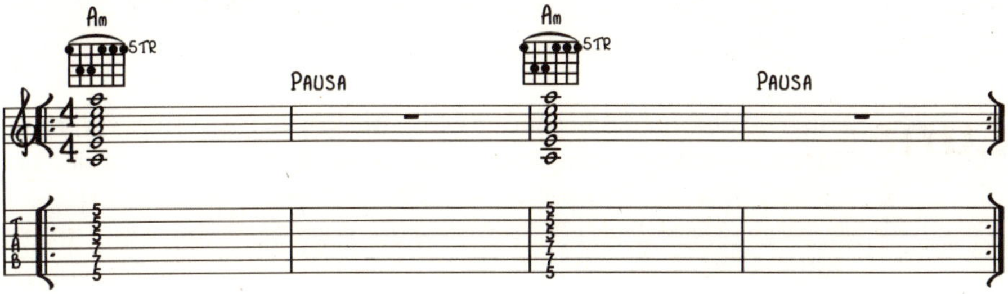

CONSEJO

No fuerces; si el acorde no suena bien, revisa la posición del índice: procura estirarlo bien recto y, tal vez, girarlo ligeramente sobre sí mismo hacia fuera para que el contacto con las cuerdas se sitúe un poco más hacia el lado del dedo índice y un poco menos en la parte de abajo, que es más blanda.

Ejercicio 2

ESCUCHA

Volvamos al ejercicio anterior, pero esta vez con arpegios para asegurarnos de que todas las cuerdas suenen bien.

CONSEJO DEL PROFE

Los acordes con cejilla no contienen cuerdas al aire; si desplazas uno de esos acordes en paralelo sobre el diapasón, siempre obtendrás el mismo acorde, solo cambiará la nota que le da nombre. Este principio es esencial porque, con una sola forma, puedes ejecutar todos los acordes del mismo tipo existentes.

(continúa)

(continuación)

Más concretamente, tomemos como ejemplo el acorde con cejilla de la menor (Am) que acabamos de ver. Es un la menor porque esta posición comienza por la nota la, que se encuentra en el quinto traste de la cuerda de mi grave. Si quieres tocar un si menor con cejilla, solo tienes que encontrar la nota si en la cuerda de mi grave y tocar esta misma posición.

Antes de ilustrar estas palabras con un ejercicio, me gustaría recordarte los nombres de las notas de la cuerda de mi grave (todas las notas del diapasón se describen en la primera parte del libro): traste **1, fa**; traste **3, sol**; traste **5, la**; traste **7, si**; traste **8, do**; traste **10, re**; traste **12, mi**.

Si quieres tocar una nota con bemol (♭), tienes que tocar la nota un traste más grave. Por ejemplo, la bemol (A♭) se tocará en el cuarto traste.

Para los sostenidos (♯), se actúa a la inversa: hay que tocar un traste más agudo. La sostenido (A♯) se tocará en el sexto traste.

ESCUCHA

Ejercicio 3

Un caso práctico. Establece la relación entre la forma del acorde y el lugar del diapasón en el que se toca (¿cuál es la nota más grave? ¿En qué traste?). No te olvides de relajar los dedos entre cada posición.

Martes

Dos minutos de acordes con cejilla para comenzar esta sesión. Ten en cuenta que la pausa para relajar los dedos dura solamente dos tiempos en lugar de cuatro.

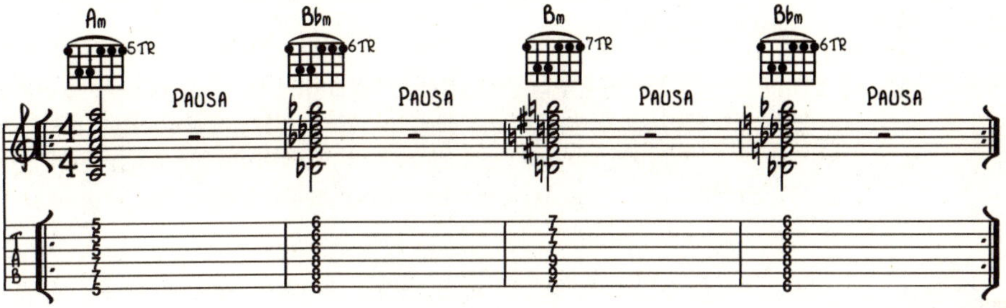

Sigamos hoy con el blues. Se trata de una forma musical interesante porque, por un lado, es un estilo que todo guitarrista que se precie debe conocer inevitablemente y, por otro, es una forma que permite un gran número de ejercicios que te hacen progresar.

En la pieza del sábado pasado, alternamos acordes con melodías cada dos compases. Me gustaría avanzar por este camino y te propongo alternar del mismo modo pero dentro del mismo compás: tienes que tocar un acorde que dure los dos primeros tiempos del compás y luego una pequeña melodía de respuesta en los dos pulsos siguientes.

Ejercicio 2

ESCUCHA

Este sería un breve ejemplo de lo que podría hacerse.

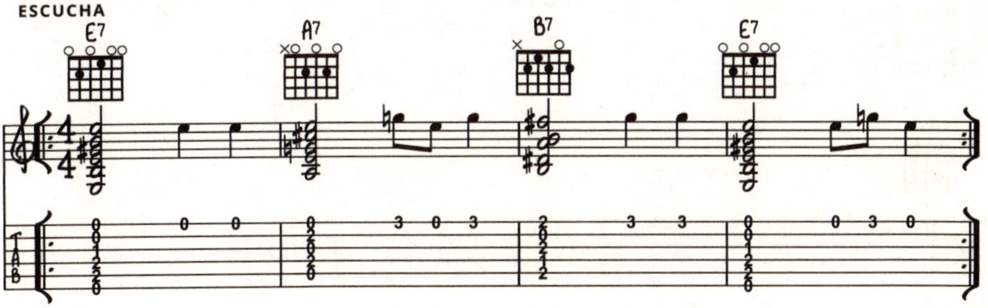

Ejercicio 3

ESCUCHA

El siguiente ejercicio utiliza el mismo concepto aunque durante toda la progresión de acordes del blues. He añadido dos pequeñas dificultades: en primer lugar, tendrás que separar los bajos de cada acorde. Toca esta nota grave en el primer tiempo, luego el acorde entero en el segundo tiempo. Con este sistema, promuevo que pulses mejor las cuerdas con la mano derecha, pero también te da un poco de margen para colocar el acorde.

Y en cuanto a la segunda dificultad: en algunos compases, la frase melódica termina en la última corchea del cuarto pulso del compás (en la "y"), lo que te dejará poco tiempo para volver a colocar el acorde. Toca de manera regular pero lentamente para ejecutar el ejercicio con el ritmo adecuado.

CONSEJO

Intenta tocar (cuando sea el caso) púa arriba la última corchea del compás, así tu mano derecha se dirigirá de manera natural en la dirección correcta para encadenar rápidamente el siguiente compás.

Miércoles

ESCUCHA

Ejercicio 1

¿Dos minutos de acordes con cejilla?

Hoy vamos a ver un efecto característico de la guitarra: el *arrastre* (también llamado *slide* o *glissando*). Esta es una técnica muy utilizada que consiste en pisar una nota con un dedo de la mano izquierda y deslizar ese dedo hacia otra nota de la misma cuerda sin soltar ni atacar de nuevo.

Un arrastre se indica sobre la partitura mediante un pequeño trazo que une dos notas, como se ve aquí:

Si tuvieras que tocar el ejemplo anterior, tendrías que atacar el la en el segundo traste de la cuerda sol y luego deslizar el dedo, sin atacar, hacia la nota si de esa misma cuerda, en el cuarto traste. Después, seguirías el mismo principio para atacar el do, en el quinto traste de la cuerda sol, y deslizar el dedo hacia el la del segundo traste.

A veces, en algunas partituras de guitarra, se puede ver escrito sobre el trazo "sl.", que es la abreviatura de *slide* (arrastre). No es un efecto difícil de realizar, aunque requiere cierta práctica para que no se pierda el sonido de la nota mientras se desliza el dedo.

ESCUCHA

Ejercicio 2

En este ejercicio tienes que hacer cuatro arrastres diferentes sobre dos cuerdas distintas (mi agudo y si): los primeros con una distancia de un semitono (1 traste) y los dos siguientes con un tono de separación (2 trastes).

CONSEJO

Para realizar correctamente un arrastre, en lugar de presionar excesivamente sobre la cuerda —esto te impediría deslizar el dedo con fluidez—, es mejor que ejerzas una presión constante durante todo el movimiento.

ESCUCHA

Ejercicio 3

El mismo ejercicio pero invirtiendo el movimiento: arrastra desde el agudo hacia el grave.

ESCUCHA

Ejercicio 4

Ahora, un ejercicio algo especial porque vas a efectuar arrastres sobre... doce trastes. Por supuesto, este efecto no suele utilizarse sobre una distancia tan grande; no obstante, es un magnífico ejercicio para aprender a mantener una presión adecuada durante todo el movimiento. Mantén el ritmo: el *slide* debe durar exactamente dos tiempos.

ESCUCHA

INFORMACIÓN TÉCNICA

Ejercicio 5

Para terminar, una pequeña melodía impregnada de blues que incluye arrastres. Presta atención a los compases segundo y tercero, donde tienes que subir y bajar arrastrando las notas: se ataca la primera nota, pero las siguientes se tocan deslizando el dedo de la mano izquierda.

Jueves

ESCUCHA

Ejercicio 1

Cejillas en arpegios pero, esta vez, empezando por los agudos.

CONSEJO

Antes de empezar a tocar los arpegios, coloca bien los dedos.

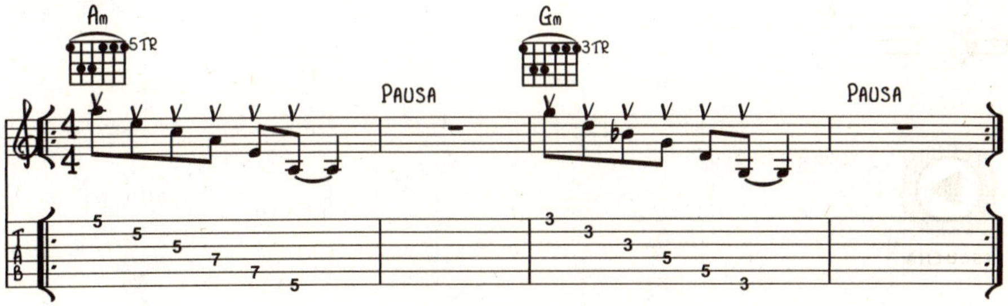

Puede que lo hayas observado al escuchar a Robert Johnson o Stevie Ray Vaughan: el blues suele incluir introducciones con la guitarra. Algunas de ellas se han convertido en estándares y se han utilizado en distintas canciones, también de rock. Quiero mostrarte algunas para que amplíes tu vocabulario guitarrístico.

CONSEJO DEL PROFE

La primera introducción que vas a tocar me permite enseñarte un ritmo nuevo: el tresillo de corcheas. Ya conoces las notas redondas (cuatro tiempos), las blancas (dos tiempos), las negras (un tiempo) y las corcheas (medio tiempo). Un tresillo de corcheas representa una tercera parte del tiempo, es decir, que se necesita un tresillo de corcheas para completar un tiempo. Se escribe uniendo tres corcheas sobre cuya barra de unión aparece un pequeño número "3".

ESCUCHA

Ejercicio 2

El primer ejemplo de introducción es bastante sencillo e incluye los famosos tresillos de corcheas. Escucha atentamente la pista de audio para entender el ritmo y contar tres notas por tiempo.

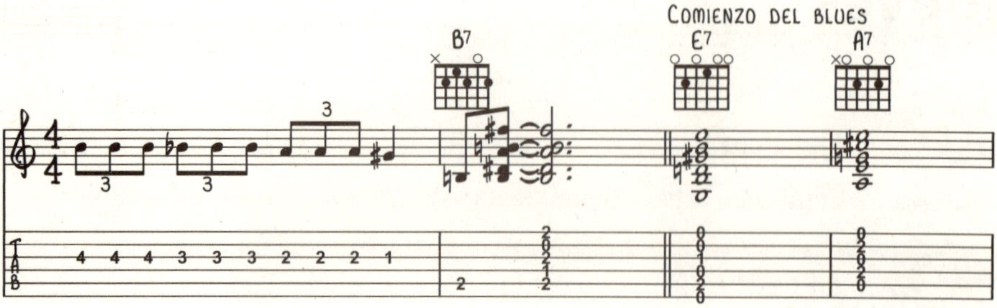

ESCUCHA

Ejercicio 3

Ahora que empiezas a entender el principio, toca esta misma introducción ampliada con dos cuerdas al aire agudas (si y mi) para reforzar el sonido. La dificultad radica en hacer que suene bien la cuerda de sol (la que pisas) para que la línea melódica sea muy audible.

ESCUCHA

INFORMACIÓN TÉCNICA

Ejercicio 4

En esta tercera y conocidísima introducción, vas a encontrar varias dificultades: primero, tresillos de corcheas que, a la fuerza, tienen un ritmo bastante rápido y puede resultar difícil de ejecutar. Además, tendrás que hacer saltos de cuerda alternando entre las cuerdas de sol y de mi agudo. Por último, he añadido algunos arrastres en el primer compás para que no te olvides de la lección de ayer.

Observa atentamente cada parámetro del primer compás y toca la introducción despacio para acostumbrarte a los *slide* y a los saltos de cuerda. He añadido mi sugerencia para los golpes de púa, con el fin de ayudarte a realizar correctamente los movimientos.

ESCUCHA

Ejercicio 5

Para terminar la jornada sobre las introducciones de blues, aquí tienes una un poco más larga: es un patrón muy sencillo (cuidado, de todos modos, con los arrastres) que se repite en dos cuerdas, seguido de la introducción que acabamos de ver.

Viernes

ESCUCHA

Ejercicio 1

El tradicional ejercicio de cejilla, esta vez con grandes distancias.

Hoy vamos a tocar melodías o, más bien, lo que en guitarra se llaman solos. Es posible que hayas observado, al escuchar canciones de blues, rock o pop, que los solos de guitarra se tocan a menudo en las notas agudas, aunque haya numerosas excepciones. Las notas más agudas hacen que la guitarra solista sobresalga del acompañamiento y, de este modo, sea más eficaz.

Por lo tanto, vas a tocar por encima del ¡traste 12!

ESCUCHA

Ejercicio 2

Para empezar, ejecutarás una serie de notas en este punto del mástil; es lo que llamamos una escala, aunque de momento no abordaremos este asunto en detalle. Toca esta serie teniendo en cuenta que todas las melodías que interpretaremos hoy se basarán en esta serie de notas.

Escucha con atención el sonido de esta serie (escala) e intenta cantar las notas mientras tocas. Más tarde veremos que es de suma importancia para la guitarra. Toca de manera lenta y constante, procurando mantener un sonido uniforme tanto en las notas graves como en las agudas.

ESCUCHA

Ejercicio 3

La siguiente melodía consta de cuatro compases que se repiten y que utiliza las notas de la serie anterior. Los golpes de púa son meramente indicativos, pero te animo a que los respetes para adquirir buenos hábitos. Cuidado con el gran salto de cuerda al llegar al cuarto compás.

ESCUCHA

Ejercicio 4

Para el último ejercicio del día, otra melodía tocada a partir del traste duodécimo. Esta vez, con arrastres en los que tendrás que deslizar el dedo dos o tres trastes.

Asegúrate de escuchar bien la nota de partida y la nota de llegada; si no fuera así, recuerda que el problema no se produce necesariamente por no presionar lo suficiente la cuerda, sino por no hacerlo de la manera correcta. Un último consejo: elige con qué dedo vas a empezar cada *slide* de acuerdo con el resto de la melodía. En el segundo compás, por ejemplo, es conveniente empezar el arrastre con el anular para situarse en la posición correcta para continuar.

Sábado

Ejercicio 1

ESCUCHA

Aunque sea sábado, no te librarás de practicar un poco los acordes menores con cejilla.

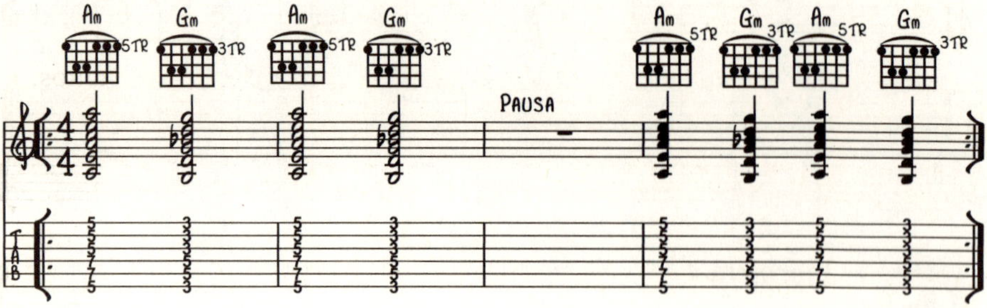

Ejercicio 2

ESCUCHA

Como ya es habitual, el sábado lo dedicamos a interpretar una pieza un poco más larga que reúne los elementos que hemos visto durante la semana. Por lo tanto, encontrarás hoy una primera parte que comprende una introducción, seguida de una progresión de blues que alterna acordes y melodías. En la segunda parte, tocarás un solo (quizás con algún *slide*).

En la primera parte, tendrás que tocar dos tiempos de acordes y dos tiempos de melodía. He querido añadir una dificultad: una parte de estas melodías se tocarán en la zona baja del diapasón (en las graves), y otra parte, en la zona alta del diapasón (agudas), en el traste duodécimo. Esto te obligará a recorrer rápidamente una gran distancia del diapasón; tendrás así una visión más global de él. No dudes en reducir el tempo para mantener el ritmo: tu mano derecha se acostumbrará poco a poco a recorrer la distancia correcta.

Prepárate con el siguiente ejercicio:

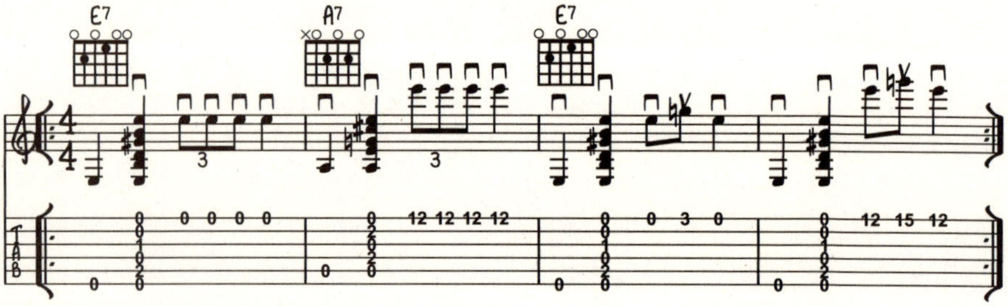

En la segunda parte de la canción, tendrás que superar dos dificultades: la primera es una larga frase melódica compuesta por tresillos a partir del traste duodécimo y que también contiene un arrastre. Asegúrate de separar cada tiempo en tres partes iguales. La segunda dificultad es un arrastre que va no de la nota grave hacia la aguda, sino a la inversa. El movimiento no es demasiado difícil de realizar, aunque necesita un poco de trabajo.

ESCUCHA

Ejercicio 3

El siguiente ejercicio te ayudará a ejercitarte en estos dos puntos:

ESCUCHA

INFORMACIÓN TÉCNICA

Ejercicio 4

Llegamos a la pieza. Escúchala bien antes de tocarla y, luego, hazlo mientras suena la pista de audio. No dudes en aislar las partes que te causen problemas. Notarás que la introducción se parece bastante al final de la canción: es un procedimiento clásico. Sin embargo, reduce gradualmente la velocidad al final para indicar que se acaba la canción.

En cuanto a la segunda parte (el solo), he anotado los acordes encima del pentagrama. No tienes que tocarlos, tan solo te indican en qué momento de la progresión de blues te encuentras, lo cual resulta práctico.

¡Llegó tu turno!

INTRO
E7
A7
E7
A7
E7
B7
A7
E7
B7

Domingo

Para la escucha dominical, te propongo una última canción blues: **"Boom Boom"**, del gran John Lee Hooker.

John Lee Hooker nació en 1917 en la cuna del blues: Misisipi. Fue uno de los primeros guitarristas de blues que utilizó un instrumento eléctrico, especialmente para que el público pudiera escucharlo mejor en los conciertos. Tenía la costumbre de marcar el tempo con los pies con mucha fuerza e incluso lo amplificaba colocando una plancha de madera en el suelo que golpeaba con los talones, algo que formaba parte de su inimitable estilo.

Su carrera, aunque muy dilatada, conoció momentos difíciles ligados, sobre todo, al desinterés del público por el blues durante algunas épocas. John Lee Hooker logró un segundo impulso durante la década de 1960 gracias al resurgimiento del blues iniciado por artistas como Eric Clapton, los Rolling Stones o Led Zeppelin, aunque especialmente entre los años 1980-1990, cuando grabó junto a Carlos Santana, Eric Clapton o Keith Richards. Su notable aparición en la película *The Blues Brothers (Granujas a todo ritmo)* en 1980 lo devolvió a los escenarios.

Su estilo es minimalista. Utiliza la guitarra principalmente para acompañarse y a menudo la usa como percusión. No se puede hablar tanto de virtuosismo como de *feeling*: toca las notas con una fuerte convicción y el sonido que le saca a su guitarra está cargado de emociones y sinceridad. Se respira el blues.

Uno de sus grandes éxitos, **"Boom Boom"**, comienza con una introducción bastante típica: la guitarra toca una melodía que justo después recibe la respuesta de los acordes (¿no te recuerda a algunos ejercicios?). Las estrofas reproducen el mismo esquema y la voz reemplaza las melodías de la guitarra. Los acordes responden siempre. Luego, el bajo, la batería y el teclado entablan un acompañamiento más franco llamado *shuffle*; es el momento del solo de guitarra, que John Lee Hooker ejecuta con una maestría digna de los más grandes. A continuación, vuelve la estrofa y los otros instrumentos se atenúan para dejar sitio de nuevo a la discusión guitarra/voz, un parámetro recurrente en el blues. La canción termina con un segundo solo de guitarra sobre un *shuffle,* cuando menos, pegadizo.

John Lee Hooker falleció en 2001 justo antes de iniciar una gira. Se le considera uno de los mayores guitarristas de todos los tiempos.

Semana 12

Lunes

Vamos a empezar la semana estudiando un nuevo acorde con cejilla. Ya hemos trabajado los acordes menores con cejilla, así que ahora veremos los acordes mayores.

Te recuerdo que el principal interés de los acordes con cejilla es el de poder desplazarse libremente por el diapasón manteniendo la misma posición de los dedos. Por lo tanto, si sabes tocar un acorde de la mayor con cejilla, por ejemplo, podrás tocar todos los demás acordes mayores con cejilla (do, re, mi, fa...); solo tienes que desplazar los dedos en paralelo al mástil.

El acorde mayor con cejilla se parece bastante al menor que vimos la semana pasada. Basta con añadir un dedo (el medio) para formar la cejilla mayor.

A continuación, verás una posición de la mayor (A) con cejilla (recuerda que el número romano sobre el esquema indica el traste en el que debes colocar el primer dedo: aquí, para un la, el traste 5, es decir, V).

A (la mayor)

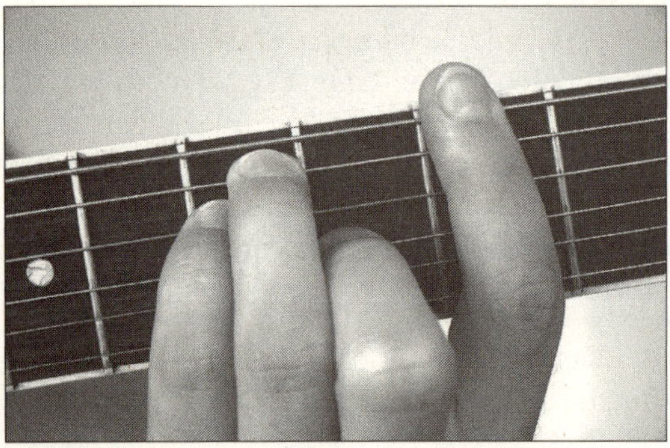

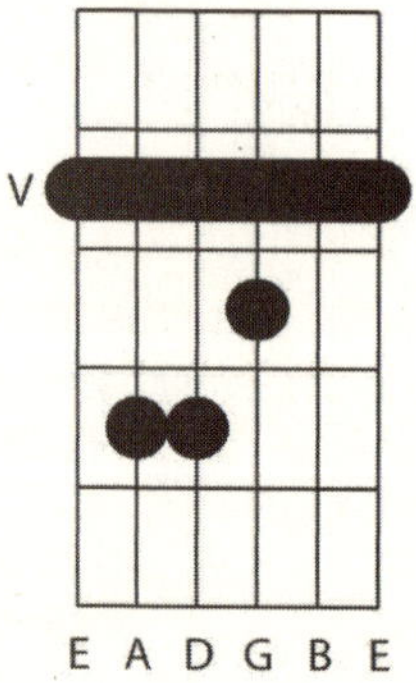

ESCUCHA

Ejercicio 1

Lo primero es aprender a colocar este acorde en el diapasón:

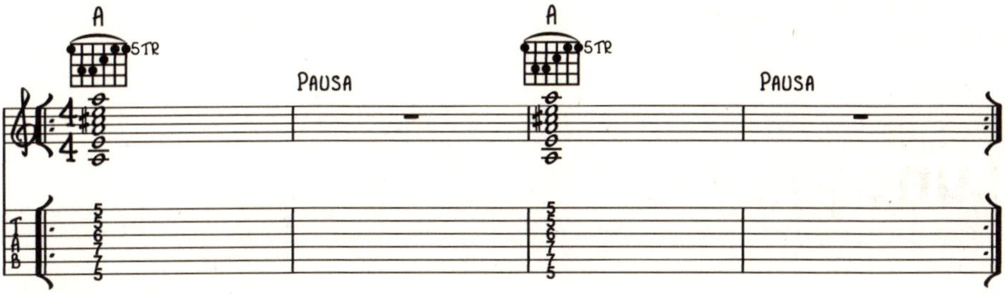

ESCUCHA

CONSEJO

Ejercicio 2

Vamos a buscar ahora las posiciones de sol mayor (G) y si mayor (B) con cejilla. La digitación ya la conoces, solo te queda encontrar el lugar del diapasón donde tocarlos. Para ello, busca la nota deseada en la cuerda de mi grave de la guitarra. Si buscas un sol, sería: cuerda al aire = mi; traste 1 = fa; traste 2 = fa sostenido; traste 3 = sol. El acorde de sol mayor con cejilla comenzará, por lo tanto, en el tercer traste. Utiliza el mismo razonamiento para el acorde de si mayor y descubrirás que se sitúa en el séptimo traste.

Ejercicio 3

ESCUCHA

Un último ejercicio de acordes mayores con cejilla, pero esta vez con arpegios. Es una excelente práctica que te permite escuchar con mucha claridad si suenan bien todas las notas del acorde.

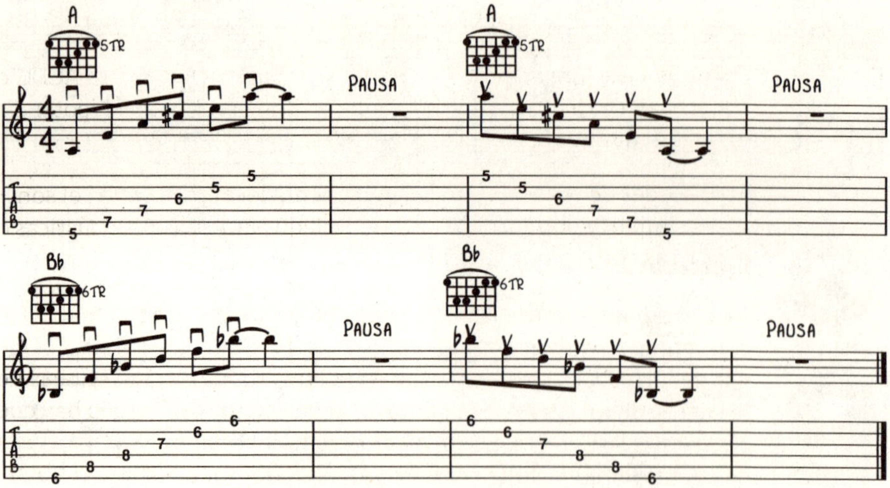

Martes

Ejercicio 1

ESCUCHA

Dos minutitos de acordes mayores con cejilla.

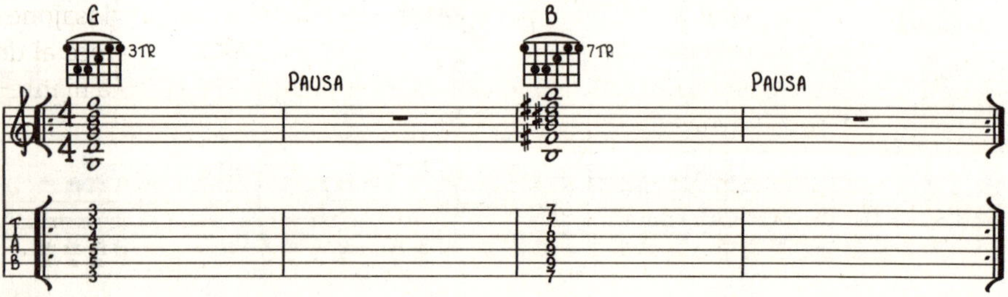

Hoy vamos a estudiar un sonido típico de la guitarra: los acordes de potencia (*power chords*). Estos acordes son tremendamente frecuentes en el rock y el pop, por un lado, debido a su sonoridad simple y potente (de ahí su nombre) y, por otro, porque son muy fáciles de ejecutar, pues solo contienen dos notas. Para aquellos que sepáis solfeo, un acorde de potencia está formado por la fundamental (la nota que da nombre al acorde) y su quinta (la quinta nota a partir de la fundamental).

"Smells Like Teen Spirit" de Nirvana, **"Back in Black"** de ACDC o **"Stairway to Heaven"** de Led Zeppelin utilizan acordes de potencia en algún momento; y la lista no acaba ahí

Los acordes de potencia son la herramienta ideal para un *riff*: el sonido es simple (y potente) y resulta adecuado para guitarras acústicas o eléctricas con o sin saturación.

ESCUCHA

Ejercicio 2

CONSEJO

Un primer ejercicio con acordes de potencia. Otra de las ventajas de estos acordes es que siempre tienen la misma posición: solo hay que mover los dedos en horizontal por el diapasón. Lo habitual es atacar estos acordes púa abajo para mantener la máxima coherencia sonora posible.

ESCUCHA

Ejercicio 3

Es muy frecuente (sobre todo en el metal) tocar los acordes de potencia de manera continua, por ejemplo, en corcheas. Los anglosajones lo denominan *train*, puesto que el sonido producido se parece al de una locomotora. Ataca todos los acordes púa abajo y procura mantener la mayor regularidad posible.

ESCUCHA

Ejercicio 4

Los acordes de potencia se suelen tocar en las cuerdas graves, lo que contribuye a aumentar su sonido tan particular y se adapta perfectamente a un buen ritmo de acompañamiento en el rock. Hemos visto estos acordes sobre las cuerdas de mi grave y la, pero podemos tocarlos también en las cuerdas de la y re. En eso consiste el siguiente ejercicio, que no conlleva una gran dificultad, pues solo hay que mover los dedos simétricamente para que mantengan siempre la misma posición. Sin embargo, para complicarlo un poco, he añadido contratiempos. Por lo tanto, presta mucha atención a la precisión rítmica.

Miércoles

ESCUCHA

Ejercicio 1

Cuatro arpegios mayores con cejilla alternando subidas y bajadas.

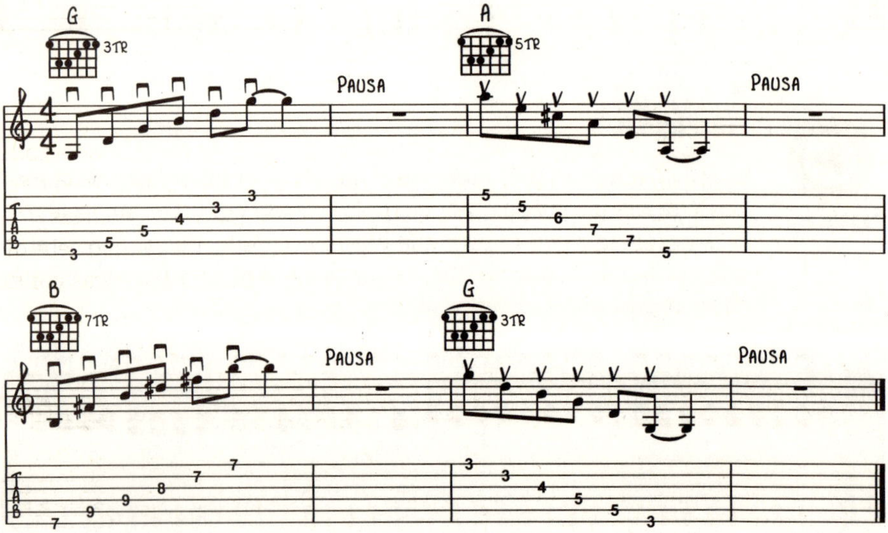

Hoy vamos a hablar de ritmo y estudiar una nueva subdivisión: las semicorcheas. Ya sabes que una nota blanca equivale a dos tiempos; una negra, a un tiempo; una corchea, a la mitad de un tiempo; un tresillo de corcheas, a la tercera parte de un tiempo. Una semicorchea no es más que una cuarta parte de tiempo. Las semicorcheas se parecen gráficamente a las corcheas, salvo porque tiene dos corchetes en lugar de uno.

En la siguiente ilustración de un compás, cada tiempo se ha subdividido en orden: una negra, dos corcheas, un tresillo de corcheas y cuatro semicorcheas.

Ejercicio 2

ESCUCHA

Sin esperar más, aquí te presento un ejercicio rítmico sencillo que contiene semicorcheas y negras. Te animo a que marques el ritmo con palmadas antes de tocarlo con la guitarra. He escrito la nota do, pero puedes tocarlo con cualquier otra nota. Procura únicamente respetar los golpes de púa.

Ejercicio 3

ESCUCHA

Vamos a añadirle ahora corcheas. Un truco para habituarse a tocar semicorcheas (u otras descomposiciones rítmicas) consiste en decir mientras se toca: "1" para las negras, "1, 2" para dos corcheas y "1, 2, 3, 4" para cuatro semicorcheas, sabiendo que cada tiempo debe dividirse en partes iguales. En la grabación de audio, me oirás contar mientras toco para ilustrar este útil mecanismo.

ESCUCHA

INFORMACIÓN TÉCNICA

Ejercicio 4

Para terminar la lección de hoy, realizaremos un ejercicio un poco más complejo, ya que combina corcheas, semicorcheas y tresillos de corcheas. Estos tresillos son más complicados de colocar porque se pasa de una división de tiempo en 2 o 4 a una división en 3, algo que puede descolocarnos si no estamos acostumbrados. Canta el ejercicio antes de tocarlo e intenta seguir cantando mientras lo tocas.

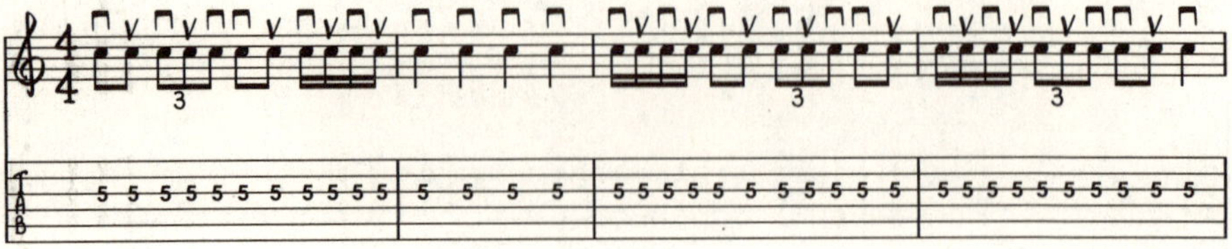

Jueves

ESCUCHA

Ejercicio 1

El acorde mayor con cejilla que se utiliza con más frecuencia es también el más complicado de tocar porque se sitúa justo al lado de la cejuela de la guitarra, donde las cuerdas se levantan un poco y es preciso ejercer más fuerza con los dedos para tocar. Se trata ni más ni menos que del acorde de fa mayor con cejilla.

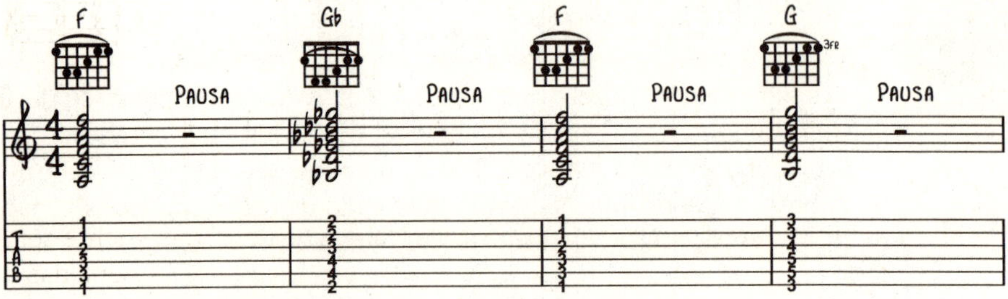

Ayer vimos una nueva subdivisión rítmica: las semicorcheas. Hoy te propongo aplicar estos conocimientos con acordes y acompañamientos muy frecuentes.

Ejercicio 2

ESCUCHA

En este primer ejercicio, encontrarás de nuevo los acordes de do mayor (C), la menor (Am) y sol mayor (G) que ya conoces bien; no encontrarás una gran dificultad. Respeta los golpes de púa y mantén el ritmo.

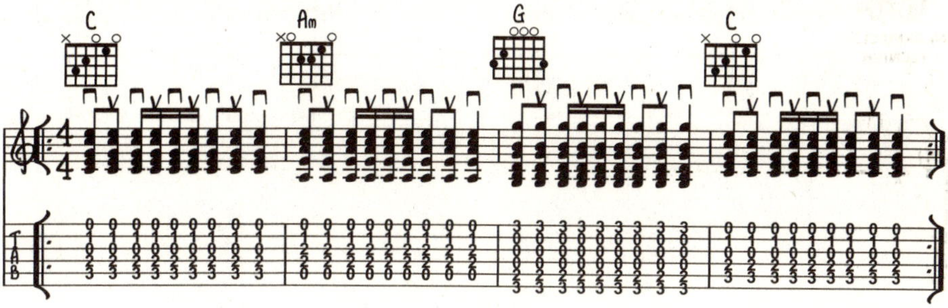

Ejercicio 3

ESCUCHA

El mismo tipo de ejercicio —añadiéndole el acorde de mi menor (Em)—, aunque esta vez tendrás que separar los bajos de cada acorde al comienzo de cada compás.

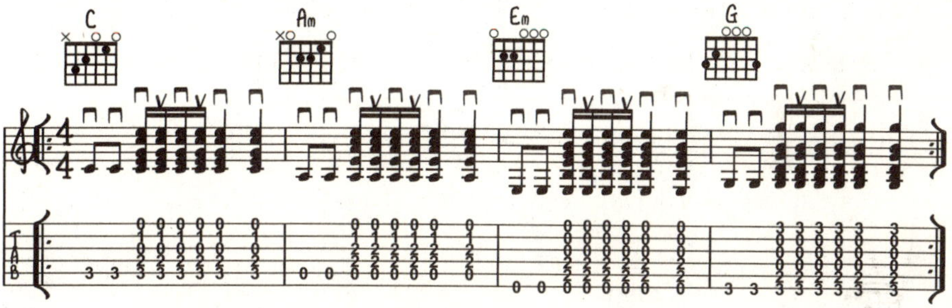

Ejercicio 4

ESCUCHA

Terminaremos el día con un ejercicio que contiene únicamente corcheas y acordes que no hemos visto desde hace varias semanas a modo de revisión. Presta atención a las ligaduras que aparecen después de cada grupo de cuatro semicorcheas: recuerda que, si dos notas idénticas (o acordes) están ligadas, solo hay que tocar la primera y mantener su sonido durante el tiempo que sumen las dos notas.

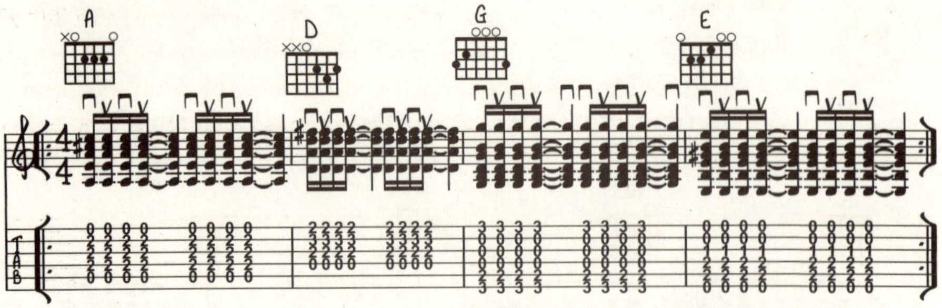

Viernes

ESCUCHA

Ejercicio 1

Más acordes de fa mayor (F) con cejilla, pero también de do mayor con cejilla (en el octavo traste) para que practiques recorrer grandes distancias sobre el diapasón de la guitarra.

La semana pasada vimos un efecto muy utilizado en guitarra: los arrastres (o *slide*). La guitarra utiliza numerosos efectos de este tipo y hoy te propongo ver uno nuevo muy común: el *hammer-on*, también llamado martilleo o ligado ascendente. Se trata de tocar una nota con la mano izquierda y, sin volver a atacar con la mano derecha, tocar otra nota cerca de la anterior en la misma cuerda golpeando con otro dedo muy fuerte para hacer que suene esta última, como un golpe de martillo.

Un martilleo se indica en una partitura mediante una pequeña ligadura entre dos notas distintas (atención: si las dos notas ligadas son idénticas, no se trata de un *hammer-on*, sino de las ligaduras que ya hemos visto anteriormente). Un ejemplo gráfico:

Ejercicio 2

ESCUCHA

Veamos un primer ejercicio para practicar este nuevo efecto. Para que sea más sencillo, todas las primeras notas que hay que atacar son cuerdas al aire.

Para ejecutar correctamente un martilleo, el dedo que golpea la segunda nota debe hacerlo de manera viva y directa para que la cuerda no deje de sonar. Intenta concentrarte en la velocidad de pulsación de este dedo más que en la fuerza; como es frecuente en la guitarra, no sirve de nada forzar.

CONSEJO DEL PROFE

El *hammer-on* forma parte de las llamadas ligaduras. Tiene como efecto suavizar el fraseo melódico, al limitar el número de ataques de la mano derecha. El término que caracteriza este tipo de ejecución es lo que en música se llama *legato* del que tal vez ya hayas oído hablar. El *legato* incluye efectos como el *hammer-on*, los *slide*, los *pull-off* y los *bend* (de los que hablaremos más adelante).

Ejercicio 3

ESCUCHA

Vamos a seguir martilleando con una pequeña y sencilla melodía que contiene algunos *hammer-on*. Marca la diferencia entre los ligados ascendentes (dos notas distintas ligadas) y las ligaduras de duración que ya conoces (dos notas idénticas, donde solo se ataca la primera) como sucede en el primer compás de este ejercicio.

CONSEJO

Los golpes de púa y la tablatura te ayudarán a reconocer las notas que se atacan y a diferenciar los dos tipos de ligadura.

Ejercicio 4

ESCUCHA

Un último ejercicio con ligados ascendentes, esta vez en el traste duodécimo. Los martilleos se ejecutan aquí con los dedos índice y medio de la mano izquierda, lo que suele generar menos problemas. No dudes en adoptar este ejercicio como base e intenta hacer variaciones en el traste duodécimo utilizando estos dos dedos en todas las cuerdas.

Sábado

ESCUCHA

Ejercicio 1

Como ejercicio diario de cejillas, vas a tocar cuatro compases con este tipo de acorde pero sin pausas. Sin embargo, si lo repites en bucle, haz una pausa cada cuatro compases. Recuerda que las cejillas deben practicarse con suavidad durante el aprendizaje y que forzarlo solo te impedirá progresar adecuadamente.

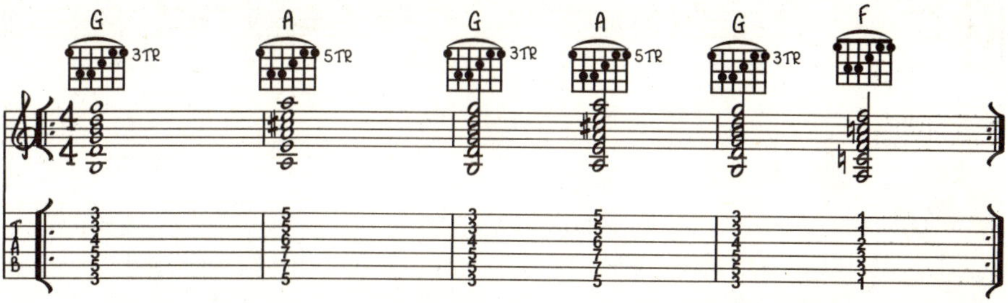

En nuestra pieza del fin de semana, encontrarás acordes de potencia, semicorcheas, martilleos y arrastres. Nada que no conozcas ya.

ESCUCHA

Ejercicio 2

La primera parte incluye acordes de potencia con semicorcheas; la segunda, acordes simples con el mismo ritmo que la parte anterior. La última parte es un pequeño solo que contiene los efectos que hemos trabajado.

Para preparar el principio, te pediré que marques y toques el ritmo con una nota para asimilarlo bien. Puedes contar las semicorcheas en voz alta (1, 2, 3, 4), como hicimos el miércoles pasado. Intenta tocarlo todo púa abajo, pero alterna también el sentido de los golpes de púa.

Presta atención a las ligaduras: ¡la corchea (o la negra) que sigue a las cuatro semicorcheas no debe tocarse!

ESCUCHA

Ejercicio 3

En la segunda parte, la dificultad reside sobre todo en identificar (y diferenciar) correctamente los martilleos y los arrastres. Recuerda que los martilleos se representan mediante una ligadura entre dos notas distintas y los arrastres mediante un pequeño trazo oblicuo que une también dos notas diferentes.

ESCUCHA

CONSEJO

Ejercicio 4

Llegamos a la pieza completa. Como de costumbre, escúchala bien antes de tocar e identifica los puntos que te parezcan difíciles para trabajarlos por separado. Las semicorcheas son una subdivisión bastante rápida, por lo que he elegido deliberadamente un tempo lento. Te animo a que, si te sientes cómodo, aumentes la velocidad un poco, siempre y cuando mantengas la suavidad. ¡Tu turno!

C
Am
G
Em
C
Am
G
Em
C
Am
G
Em
Dm
F
Am
G
Dm
F
Am
G

Domingo

Hoy te propongo escuchar una canción pop que se ha convertido en una referencia del género: **"Smells Like Teen Spirit",** del grupo Nirvana. Este título, incluido en su álbum *Nevermind*, de 1991, no ha perdido popularidad con el paso de las décadas.

Nirvana es un grupo de Seattle nacido a finales de la década de 1980; fue uno de los que iniciaron el *grunge*, un estilo de música pop inspirado en el rock alternativo y en el punk con sonidos bastante "sucios" (de donde le viene el nombre de *grunge*) y que se opone al marketing siempre creciente de la industria del espectáculo musical y sus lentejuelas. Entre los grupos grunge más conocidos, además de Nirvana, se encuentran Alice in Chains, Soundgarden o Pearl Jam.

El guitarrista-cantante de Nirvana es Kurt Cobain (1967-1994). Kurt está lejos de ser un virtuoso y sus interpretaciones pueden ser a veces de andar por casa, en comparación con otros grandes guitarristas. Sin embargo, Kurt Cobain destaca por su sentido del sonido y de la escritura: con acordes muy simples, ha escrito canciones magníficas y reconocibles de inmediato. Además, es un auténtico fanático de los *riff* (**"Smells Like Teen Spirit"**, **"Come as You Are"**), de una eficacia formidable. La sencillez de sus canciones ha servido para que muchos guitarristas principiantes se inicien con canciones de este grupo. No obstante, no es tan fácil: tocar los acordes de las canciones es una cosa, pero hacerlo con el sonido y la energía de Kurt Cobain es otra muy distinta.

"Smells Like Teen Spirit" es una canción muy rock, casi punk. La conocida introducción está formada por cuatro acordes de potencia que le aportan su potente y característico sonido. Durante las estrofas, Kurt Cobain se acompaña con solo dos notas agudas tocadas con parsimonia y que tienen la ventaja de resaltar el aspecto elegante de estas estrofas, así como enfatizar la línea de bajo tocada por Krist Novoselic y la batería incisiva de Dave Grohl (al que tal vez conozcas como guitarrista y cantante de los Foo Fighters). Volvemos a encontrar el *riff* de la introducción en el estribillo, acompañado ahora por la voz, el bajo y la batería. El solo de guitarra retoma nota por nota el aire del estribillo con un sonido saturado y muy grunge.

La forma de la canción es sencilla, pero endiabladamente eficaz y nada fácil de reproducir con la misma energía y magnitud. Lo que sigue sorprendiendo de Nirvana, y especialmente de **"Smells Like Teen Spirit",** es que, siendo solo tres en el escenario, se podría pensar que son muchos más, dado el enorme sonido que producen.

Semana 13

Lunes

Ya llevas varias semanas trabajando a diario los acordes con cejilla, o eso espero... Es un proceso de aprendizaje bastante largo, aunque necesario si uno quiere ejecutarlos sin dificultad y evitar la frustración de muchos guitarristas principiantes durante esta conocida etapa. A partir de esta semana, vamos a poner en práctica este tipo de acordes y a combinarlos con otros que ya conoces.

CONSEJO DEL PROFE

Los acordes con cejilla poseen la enorme ventaja de que se pueden mover por el diapasón libremente: si conoces una forma de acorde con cejilla cuya fundamental se encuentre en una cuerda determinada (por ejemplo, el acorde de fa mayor con cejilla con la nota fa en la cuerda de mi grave), podrás tocar todos los acordes con cejilla de esta misma forma y sobre esta misma cuerda (en el ejemplo anterior, todos los acordes mayores cuya fundamental se encuentre en la cuerda de mi grave).

ESCUCHA

Ejercicio 1

Para ilustrar este sistema, aquí tienes un ejercicio compuesto por varios acordes con cejilla de la misma naturaleza (mayor), cuya fundamental se encuentra en la cuerda de mi grave. (Si tu guitarra no te permite realizar los últimos acordes en la parte superior del diapasón, puedes detenerte antes, en el re mayor (D), por ejemplo.)

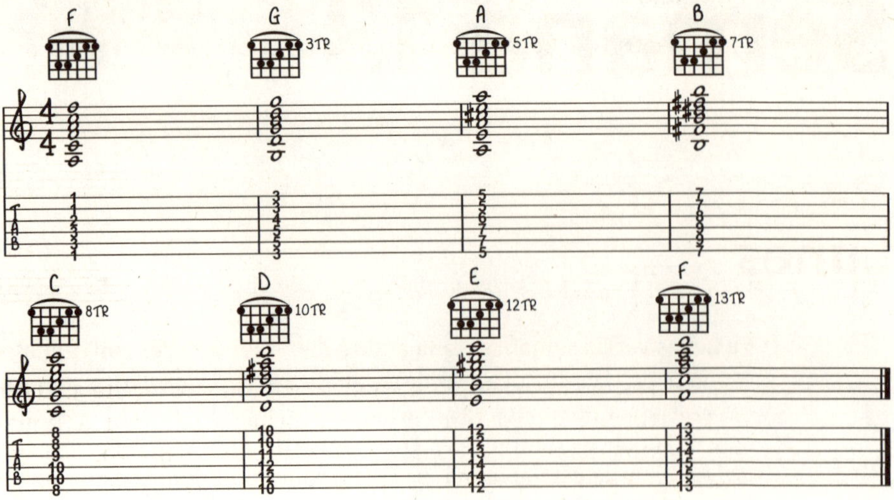

Para comprobar que has entendido el principio, te daré una serie de acordes con cejilla para que los toques, aunque sin ofrecerte las posiciones exactas. Por lo tanto, tendrás que encontrar la ubicación de la fundamental de cada acorde sobre la cuerda de mi grave y tocar el acorde a partir de esa nota. Para ayudarte, aquí tienes un esquema que resume las notas de la cuerda de mi grave a lo largo de todo el diapasón.

Para no sobrecargar la representación del diapasón que viene a continuación, no he marcado las notas que llevan sostenidos (♯) o bemoles (♭). Un sostenido aumenta la nota un semitono (1 traste) y un bemol la disminuye un semitono (1 traste). Recuerda tan solo que entre el fa y el sol está la nota fa♯ o sol♭; entre la y si está la♯ o si♭; etcétera.

Atención, entre las notas si y do, así como entre mi y fa, no hay ni sostenido ni bemol.

Los números romanos situados debajo del esquema indican los números de traste.

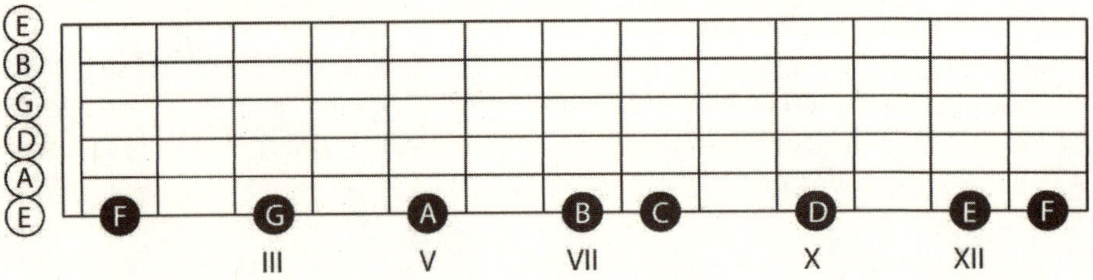

ESCUCHA

Ejercicio 2

Aquí tienes el ejercicio. (Las respuestas se encuentran justo después.)

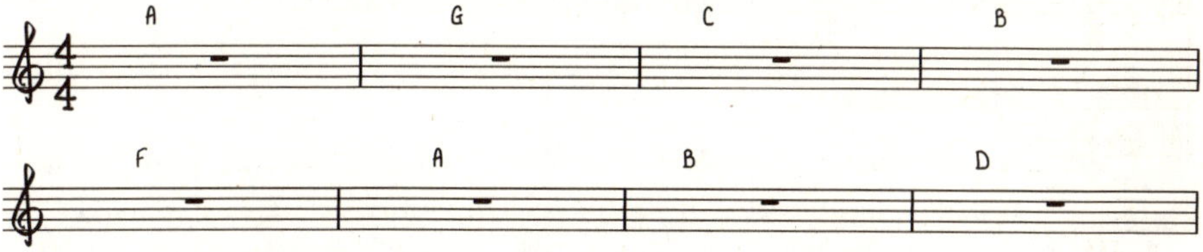

Respuestas: A (la mayor), traste 5. G (sol mayor), traste 3. D (do mayor), traste 8. B (si mayor), traste 7. F (fa mayor), traste 1. A (la mayor), traste 5. B (si mayor), traste 7. D (re mayor), traste 10.

ESCUCHA

Ejercicio 3

El mismo tipo de ejercicio/acertijo pero también con acordes menores (la misma posición que la del acorde mayor, aunque sin utilizar el dedo medio), así como sostenidos (♯) y bemoles (♭).

CONSEJO

Recuerda que un sostenido sube la nota medio tono (es decir, un traste hacia la derecha) y un bemol la baja un semitono (un traste hacia la izquierda). Atención, hay una pequeña trampa en los compases 5 y 6.

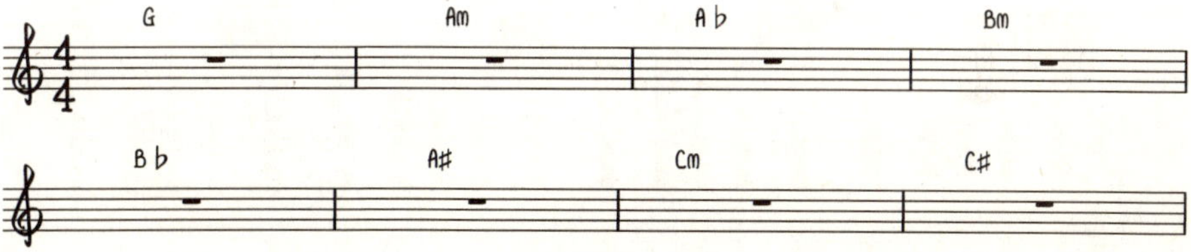

Respuestas: G (sol mayor), traste 3. Am (la menor), traste 5. A♭ (la bemol mayor), traste 4. Bm (si menor), traste 7. B♭ (si bemol mayor), traste 6. A♯ (la sostenido mayor), traste 6. Cm (do menor), traste 8. C♯ (do sostenido mayor), traste 9. ¿Te has dado cuenta de que las notas B♭ y A♯ se encuentran en el mismo traste (el 6)? A esto se le llama enarmonías: es bastante frecuente y la elección de una u otra forma de notación para la misma nota depende con frecuencia de la tonalidad de la pieza.

Martes

Hoy vamos a combinar acordes con cejilla y acordes en la parte baja del mástil (en los graves) que ya conoces bien.

ESCUCHA

Ejercicio 1

Para empezar, una serie de acordes muy popular que incluye cuatro acordes: do mayor (C), sol mayor (G), la menor (Am) y fa mayor (F). Son innumerables las canciones compuestas basándose en estos acordes: **"Let It Be"**, de los Beatles; **"No Woman No Cry"** de Bob Marley, **"So Lonely"** del grupo Police, etcétera.

Tal vez te preguntes por qué hay que tocar el acorde de fa mayor con cejilla si ya hemos visto una versión de este acorde sin cejilla. En realidad, el acorde de fa mayor que vimos no es exactamente el mismo; las notas que lo componen son idénticas pero, si te fijas, la posición anterior comenzaba por la nota do (traste 3 de la cuerda de la) y no por un fa. Es una posición válida que, no obstante, se aprende especialmente antes de trabajar las cejillas. El acorde fa mayor con cejilla tiene la nota fa como bajo, lo que le otorga un sonido más preciso y permite hacer los movimientos adecuados de bajo. Esta es la posición más común entre los guitarristas.

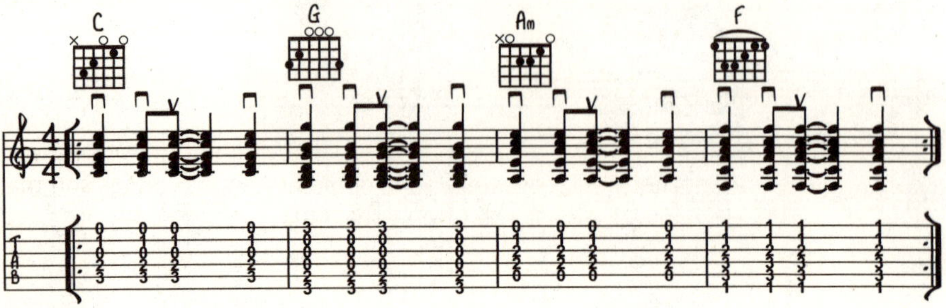

CONSEJO

No hay, por lo tanto, una sola forma de tocar un acorde en la guitarra. Un do mayor (C), por ejemplo, puede tocarse en posición abierta en la parte baja del diapasón, cerca de la cejuela, o en el octavo traste con cejilla. El guitarrista puede elegir la posición del acorde de acuerdo con dos criterios:

1. **La sonoridad:** puede preferir el sonido amplio y grave de un acorde abierto de do, o el sonido más fino y agudo de una cejilla en el octavo traste, por ejemplo.

2. **La facilidad y la coherencia en la ejecución:** si todos los acordes de una pieza se sitúan cerca de la cejuela, resulta más lógico quedarse en esa zona y no crear dificultades inútiles yéndose a buscar un solo acorde en la parte alta del mástil (hacia el cuerpo de la guitarra).

ESCUCHA

INFORMACIÓN TÉCNICA

Ejercicio 2

Para el segundo ejercicio, no tengas en cuenta por un momento el criterio 2) y vuelve a tocar el ejercicio 1 solamente con acordes con cejilla, lo que hará que te desplaces por el diapasón (aunque no siempre se aconseje, es un buen ejercicio). Escucha la diferencia con el ejercicio 1: la base del sonido de los acordes es la misma, pero tienen una textura distinta. ¡Es una cuestión de gustos!

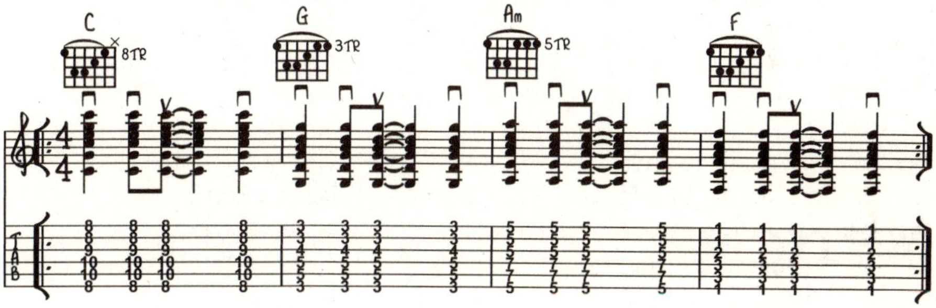

ESCUCHA

Ejercicio 3

Otra serie de acordes que combina acordes con cejilla con otros abiertos. Comprueba si hay sostenidos o bemoles, si los acordes son mayores o menores y cuáles se tocan con cejilla.

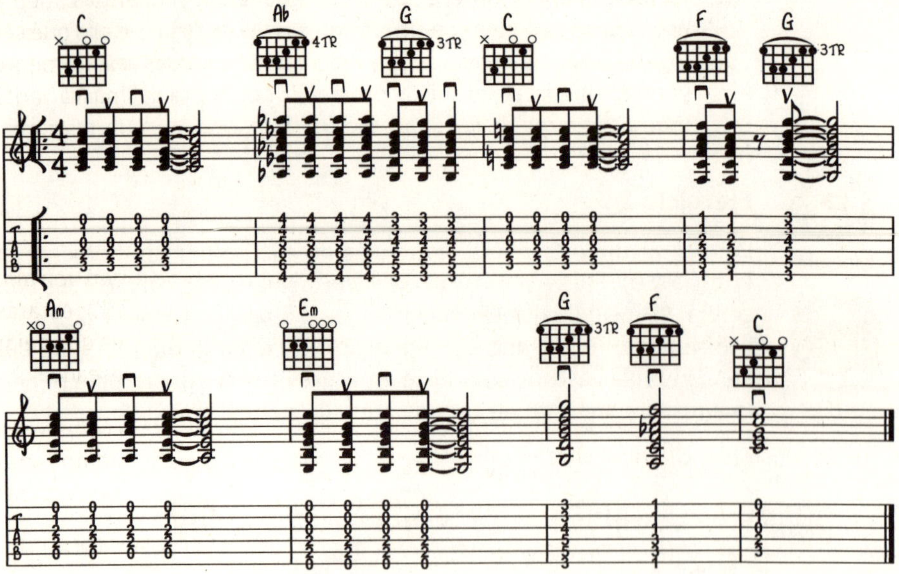

Miércoles

La semana pasada hablamos de una nueva subdivisión rítmica: las semicorcheas. Como recordatorio, se necesitan cuatro semicorcheas para completar un tiempo. Se trata de una subdivisión muy común y hoy quiero que sigamos trabajando en ella para avanzar un poco más.

ESCUCHA

Ejercicio 1

Empecemos con un sencillo ejercicio con semicorcheas para entrar en materia. Presta atención a los golpes de púa; es un parámetro esencial para realizar bien este tipo de ritmo.

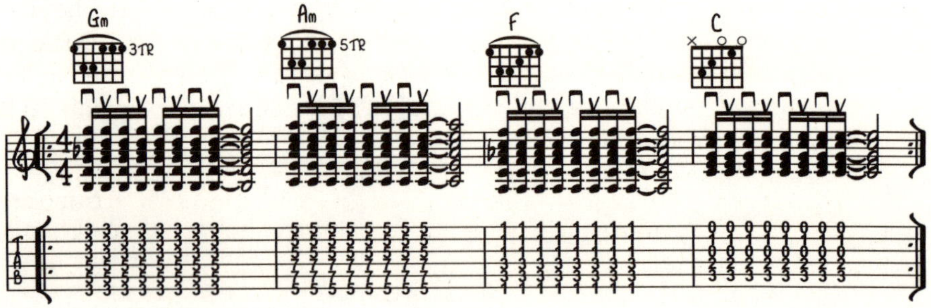

Hasta ahora, cuando tocabas semicorcheas, lo hacías empezando a tiempo y tocando al menos cuatro seguidas. Esto no tiene por qué ser así siempre, hay otras posibilidades que no implican necesariamente empezar con las semicorcheas en el primer tiempo. Una variante muy común consiste en no tocar más que las terceras y cuartas semicorcheas de cada pulso.

ESCUCHA

Ejercicio 2

Para realizar correctamente este ejercicio, puedes contar en voz alta cada tiempo dividiéndolo en cuatro ("1, 2, 3, 4, 1, 2, 3, 4..."); estarás cantando todas las semicorcheas de un tiempo. Solo tienes que dejar de cantar los "3" y "4" en voz alta y obtendrás el ritmo deseado.

CONSEJO

Aquí tienes el acorde (¡con cejilla!): el ejercicio alterna un compás en el que solo tocas la tercera y cuarta semicorchea de cada tiempo y un compás en el que se tocan todas las semicorcheas para que percibas bien la diferencia. Intenta ser lo más preciso posible.

ESCUCHA

Ejercicio 3

El siguiente ejercicio mezcla las corcheas y las semicorcheas. Las primeras comienzan a tiempo, pero las semicorcheas, como en el ejercicio anterior, lo hacen entre dos tiempos. En estos casos, solo tienes que tocar las terceras y cuartas semicorcheas. Para ayudarte, he añadido sobre la partitura los "1 y 2 y 3 y 4 y ..." para que puedas ubicarlas más fácilmente. Recuerda que aquí los "1, 2, 3, 4" representan los cuatro tiempos del compás y que las "y" se sitúan exactamente en la mitad de cada pulso.

Puedes decir (o cantar) estos "1 y 2 y 3 y 4 y ..." marcando el ritmo escrito mediante palmadas; es un ejercicio excelente para hacerlo antes de agarrar la guitarra.

CONSEJO

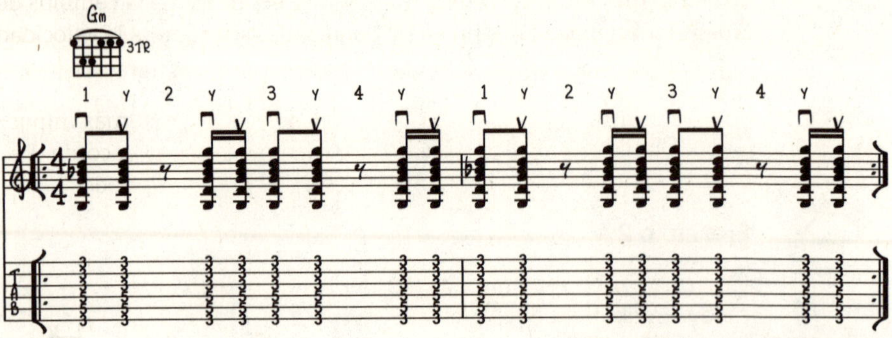

ESCUCHA

Ejercicio 4

En los dos ejercicios anteriores, hemos visto cómo tocar solamente las terceras y cuartas semicorcheas de cada tiempo (o grupo de cuatro semicorcheas). Intenta ahora no tocar más que la primera y la segunda semicorchea de cada tiempo. Repite el ejercicio varias veces para sentir la subdivisión de las semicorcheas incluso aunque no ejecutes las cuatro en cada pulso.

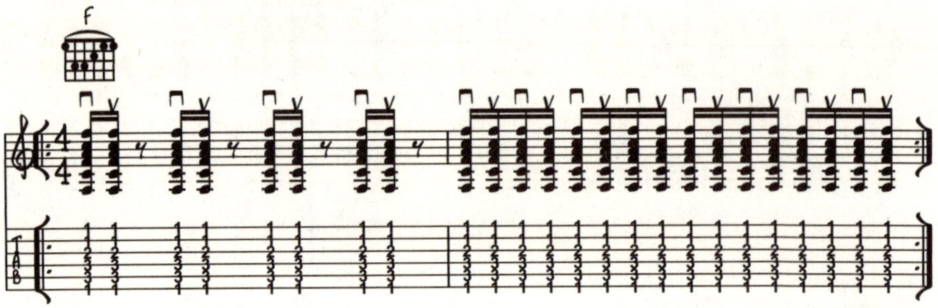

Jueves

Hoy retomaremos los ritmos vistos ayer basados en variaciones de semicorcheas, pero sobre varios acordes en lugar de uno solo.

ESCUCHA

Ejercicio 1

El primer ejercicio, cuyo ritmo ya has trabajado, incluye los acordes de do mayor (C), la menor (Am), sol mayor (G) y fa mayor (F). La principal dificultad reside en realizar correctamente los cambios de acorde (sobre todo el de fa mayor con cejilla) sin reducir la velocidad o sin dudar.

CONSEJO

En este punto, mantener un ritmo preciso y regular es más importante que hacer sonar perfectamente cada nota de cada acorde. Reduce la velocidad tanto como necesites para sentirte cómodo.

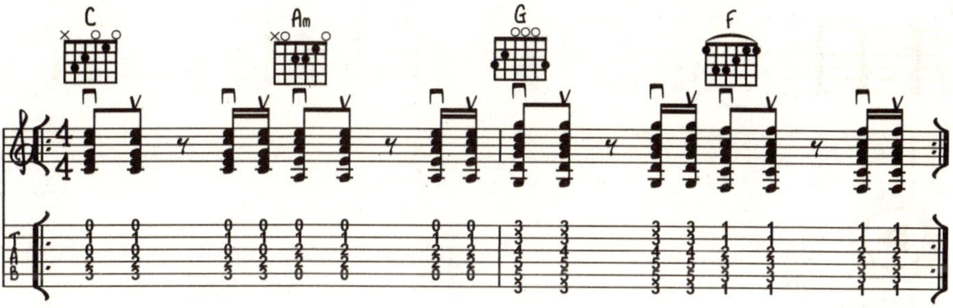

Ejercicio 2

ESCUCHA

Una variación común del ejercicio anterior consiste en separar los bajos de cada acorde en los primeros pulsos de cada acorde nuevo (las dos corcheas). Es posible que necesites algo más de concentración para pulsar la cuerda correcta, pero este procedimiento tiene la ventaja de dejarte algo más de tiempo para colocar bien los dedos y encadenar los acordes: no tienes que colocar todos los dedos para tocar solo los bajos.

¡Golpea púa abajo las dos corcheas graves!

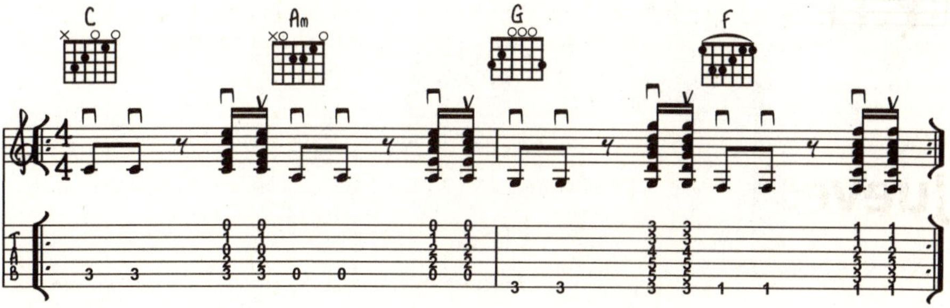

Ejercicio 3

ESCUCHA

En el siguiente ejercicio, tienes que tocar los grupos de dos semicorcheas empezando a tiempo (es decir, la primera y la segunda semicorchea de cada pulso). Observa que estas dos semicorcheas están ligadas a una corchea: esto significa que debes tocar únicamente las dos semicorcheas y dejar que la segunda suene también durante el tiempo que dura la corchea suplementaria.

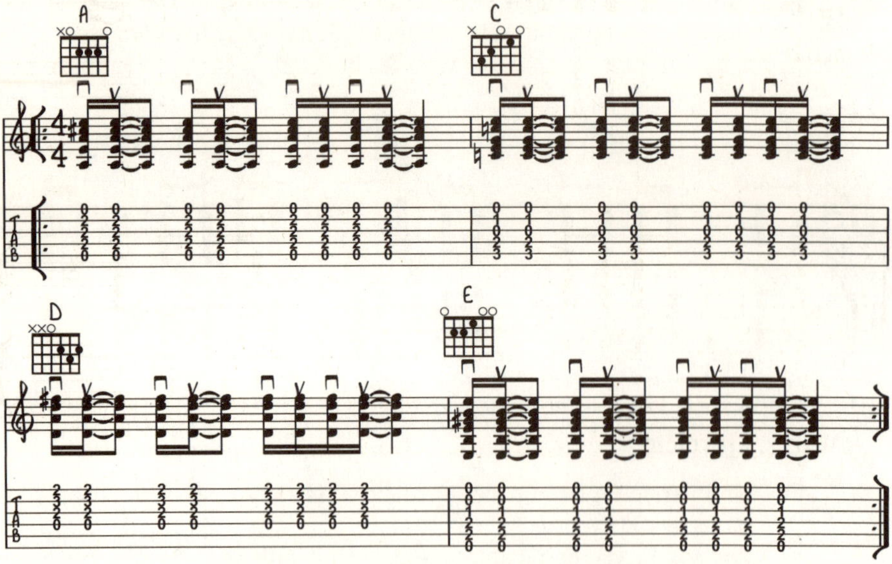

ESCUCHA

INFORMACIÓN TÉCNICA

Ejercicio 4

Por último, vamos a combinar las dificultades alternando grupos de dos semicorcheas tocadas a tiempo o a contratiempo. Si la notación te parece demasiado compleja, intenta descifrarla y comprenderla lo mejor posible, pero, sobre todo, escucha atentamente la grabación de audio: te darás cuenta de que este tipo de ritmo es muy común y que solo hay que acostumbrarse un poco a leerlo.

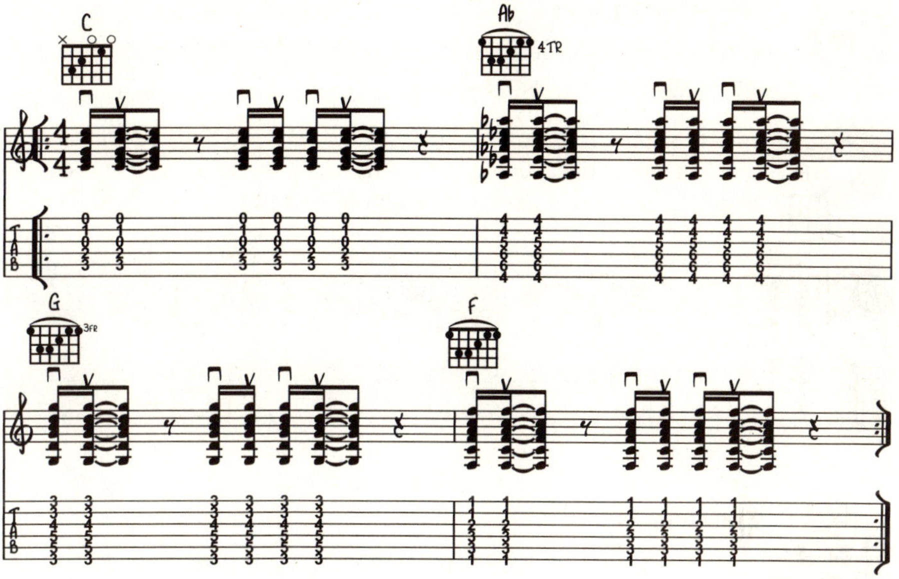

Viernes

En lo referente a los efectos asociados a la guitarra para tocar melodías, ya hemos visto los arrastres (*slide*) y los martilleos o ligados ascendentes (*hammer-on*). Hoy te propongo ver uno nuevo muy frecuente: el tirón o ligado descendente (*pull-off*).

El tirón (*pull-off*) es también un tipo de ligadura que podría definirse como lo contrario del martilleo (*hammer-on*). Para tocar un martilleo, hay que atacar una primera nota y luego apoyar otro dedo con un golpe seco sobre la misma cuerda para tocar la nota siguiente. Este efecto solo puede aplicarse a una serie de notas ascendentes (hacia los agudos). El caso del tirón es lo opuesto: se ataca una nota sobre una cuerda y se retira el dedo de esta misma cuerda tirando un poco hacia abajo para hacer sonar la nota siguiente, que es más grave.

El tirón se escribe en una partitura mediante una pequeña ligadura entre dos notas distintas. Para diferenciar los martilleos de los tirones, solo debes fijarte en si la segunda nota es más aguda (martilleo) o más grave (tirón) que la primera.

Ejercicio 1

ESCUCHA

El primer ejercicio de *pull-off* es muy sencillo porque la segunda nota que se toca es una cuerda al aire.

CONSEJO

Para realizar correctamente este efecto, el dedo debe retirarse de la cuerda tirando ligeramente de ella hacia abajo, de modo que la cuerda se quede un poco enganchada y siga resonando.

Ejercicio 2

ESCUCHA

Este ejercicio se parece bastante al anterior, aunque, esta vez, no hay cuerdas al aire. Veamos el primer compás; tienes que hacer un *pull-off* entre un la bemol (cuarto traste de la cuerda de mi agudo) y un sol (tercer traste de la misma cuerda). Coloca el dedo medio en el cuarto traste y prepara el tirón colocando también el dedo índice en el tercer traste. Por lo tanto, tienes dos dedos pisando la misma cuerda al mismo tiempo. Ataca la cuerda y luego retira el dedo medio haciendo un ligero movimiento hacia abajo: el sol (tercer traste, donde ya tenías puesto el índice) va a sonar sin que hayas pulsado la cuerda de nuevo. Repite el movimiento siguiendo el ejercicio y utilizando los pares índice/medio o índice/anular.

ESCUCHA

Ejercicio 3

Esta es una melodía un poco más larga que incluye un *pull-off*. Atención a las notas que hay que ligar y a las que hay que atacar.

Cuando aparecen los tirones, los martilleos no andan lejos (y viceversa), ya que constituyen una gran parte de lo que en música se llama tocar *legato* (ligado, sin o con pocos ataques).

ESCUCHA

Ejercicio 4

La siguiente melodía mezcla los dos. Diferéncialos correctamente: los ligados ascendentes van de la nota grave a la aguda, y los ligados descendentes, de la aguda a la grave. No confundas los ligados de ejecución (*hammer-on, pull-off*) con las ligaduras de duración (dos notas idénticas ligadas, en las que solo se ataca la primera). Las tablaturas te pueden servir de ayuda para identificarlas porque las ligaduras de duración no aparecen marcadas.

Para terminar, encontrarás en los compases tercero y cuarto un ligado ascendente y otro descendente que se encadenan; tendrás que pulsar la cuerda una sola vez, golpear con un dedo para hacer el martilleo y retirarlo rápidamente hacia abajo para hacer el ligado descendente. Lograrás hacer sonar tres notas con un solo golpe de púa.

Sábado

En nuestra pieza de hoy, encontrarás obviamente los elementos trabajados a lo largo de la semana: los acordes mayores con cejilla, las semicorcheas y los ligados descendentes.

La pieza se divide en cuatro partes:

- acordes rasgueados con semicorcheas y dos acordes mayores con cejilla;
- esos mismos acordes pero arpegiados;
- una breve secuencia de acordes rasgueados más complejos con semicorcheas;
- un pequeño solo que contiene ligados descendentes y ascendentes.

La mayor dificultad reside en descifrar correctamente los ritmos con semicorcheas para ejecutarlos bien. De nuevo, la grabación de audio te será de gran ayuda para comprender mejor la partitura.

ESCUCHA

Ejercicio 1

La primera parte, por el modo en que está escrita, puede parecerte muy densa. Sin embargo, si te fijas, hay muchas ligaduras, por lo que no tendrás que tocar mucho en cada compás. A continuación, verás los primeros cuatro compases simplificados. La ausencia de ligaduras en el ejemplo (en comparación con la pieza) implica que los acordes no resuenan, dando como resultado un sonido bastante seco, pero resulta interesante trabajarlo para dirigir correctamente los ataques rítmicos de la mano derecha.

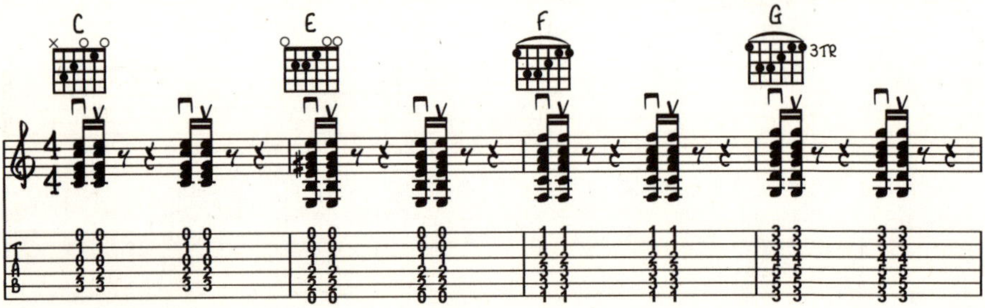

ESCUCHA

Ejercicio 2

En la tercera parte, el ritmo se complica un poco. En estos casos, puede ser conveniente ignorar los acordes y trabajar este tipo de ritmos con una sola nota para comprender bien (y escuchar) todos los golpes. Podemos practicarlos, por ejemplo, con la nota do. He añadido los tiempos (1, 2, 3, 4) encima del pentagrama para ayudarte a ver los puntos de apoyo, es decir, las notas que caen a tiempo.

ESCUCHA

Ejercicio 3

Llegamos a la pieza. Escúchala bien antes de tocar, aísla las partes que te parezcan más complejas y reduce el tempo (manteniendo la regularidad) tanto como necesites para sentirte cómodo. En la última parte (el solo), he escrito los acordes encima del pentagrama para que entiendas también el acompañamiento que se interpreta de fondo. ¡Te toca!

C
E
F
G
3TR

Domingo

Hoy escucharemos una canción muy conocida entre los guitarristas: **"Sweet Child o Mine"** del grupo **Guns and Roses**. Es uno de los grandes éxitos de esta banda entre los años 1980-1990, incluida en el álbum *Appetite for Destruction*, publicado en 1987. Permaneció 24 semanas entre los diez discos más vendidos en el mercado estadounidense.

Si todo el mundo es capaz de nombrar al emblemático cantante de Guns and Roses, Axl Rose, también todos conocen a su misterioso guitarrista, Slash. Es difícil que pase desapercibido... Larga cabellera rizada, gafas de sol, normalmente descamisado y con un sombrero de copa bien calado. Es uno de los *guitar hero* icónicos que ha suscitado numerosas vocaciones, y uno de los últimos rockeros auténticos fieles al abuso de las drogas y el alcohol (aunque finalmente tuviera que sentar la cabeza por problemas de salud, claro). Slash es un excelente guitarrista, un virtuoso que sabe poner su técnica al servicio de la música. Sus solos, impregnados de blues, no caen en el exceso de notas; son muy melódicos y poseen un potente sonido, característico del famoso dúo Gibson Les Paul/Marshall, que juega un papel clave.

"Sweet Child o Mine" comienza con la célebre introducción de Slash, trabajada por incontables guitarristas. Es una introducción atípica, muy melódica y depurada, que permite que el bajo toque una melodía por encima y sea audible.

El acompañamiento de las estrofas que hace la guitarra también es bastante sobrio y alterna acordes y arpegios. En el estribillo, Slash retoma la introducción, lo cual representa un agradable recordatorio. El solo de guitarra, igualmente muy famoso, sigue siendo muy cantable y pegadizo en su primera parte. Luego, el volumen sube un nivel, Slash activa su pedal wah-wah (que aporta a la guitarra una inflexión sonora que justifica su nombre) y demuestra su velocidad con el instrumento, sin que resulte indigesto. ¡Una obra maestra! La canción termina con un intercambio entre el cantante Axl Rose, que redobla su energía, y la guitarra de Slash que le responde.

Después de veintidós años de separación, el grupo volvió a reunirse en 2017 para una gira que recogía sus grandes éxitos, entre ellos, **"Sweet Child o Mine"**. Aún no sabemos si esta nueva formación dará lugar a un nuevo disco

Semana 14

Lunes

Desde hace algunas semanas, se ha convertido en tradición que los lunes veamos nuevos acordes con cejilla. Insisto en estos acordes porque su importancia es enorme en la guitarra y con (demasiada) frecuencia son fuente de frustración (incluso abandono) para muchos guitarristas en ciernes. Si se trabaja en ello con regularidad, se evitan estos inconvenientes.

Hemos visto acordes mayores y menores con cejilla cuya fundamental se encuentra en la cuerda de mi grave. No obstante, existe otra gran familia de acordes con cejilla, aquellos cuya fundamental está en la cuerda la. Hoy veremos estos acordes menores con cejilla. (Recuerda que la fundamental es la nota que designa la altura de un acorde, o su nombre; por ejemplo, la fundamental de un acorde de si mayor es la nota si.)

Un acorde menor con cejilla cuya fundamental está en la cuerda la sería así:

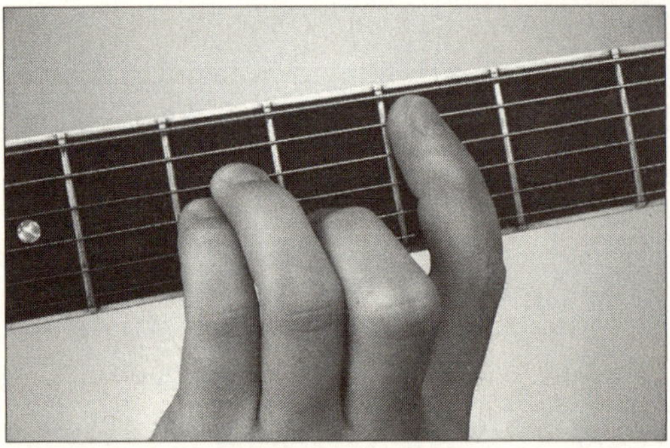

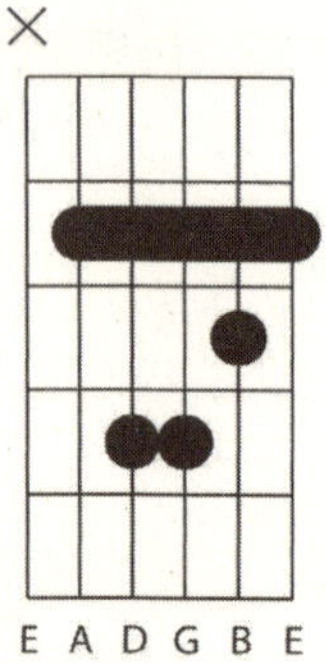

Observa que la posición de los dedos se parece visualmente a la forma de los acordes mayores con cejilla cuya fundamental se encuentra en la cuerda de mi grave. La dificultad de estos nuevos acordes con cejilla radica en no tocar la cuerda de mi grave.

CONSEJO

Si te cuesta no tocar la cuerda de mi grave, al principio puedes extender la cejilla hasta esa cuerda; la nota adicional deja de ser la fundamental, pero forma parte del acorde (es la quinta) y eso es mejor que tocar la cuerda de mi grave al aire, que en la mayoría de los casos sería una "nota falsa". Al final, la mano derecha acabará ignorando fácilmente esa cuerda al ejecutar estos acordes.

ESCUCHA

Ejercicio 1

Aquí tienes el ejercicio tradicional para que te familiarices con esta posición:

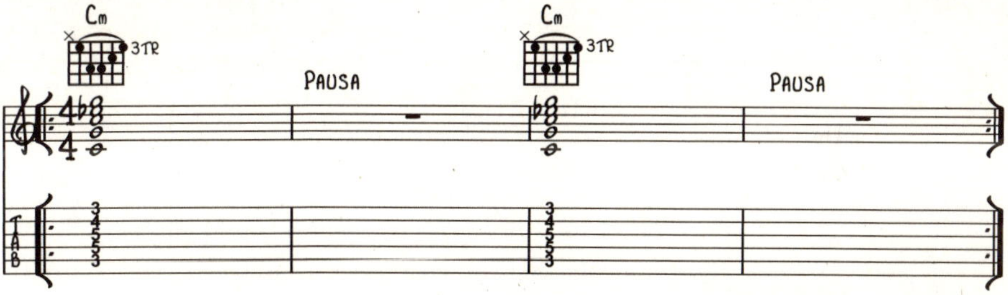

Al igual que sucede con todos los acordes mayores con cejilla, cuando conoces uno, conoces todos aquellos que comparten la forma: solo hay que desplazar la posición del acorde al lugar correcto del diapasón para que la fundamental coincida con su nombre. Si conoces, por ejemplo, do menor (Cm) con cejilla con la fundamental en la cuerda la (es decir, en el tercer traste), puedes tocar un re menor con cejilla (Dm) en el quinto traste de esa misma cuerda.

A modo de recordatorio, el siguiente esquema del diapasón de la guitarra muestra dónde están escritas las notas en la cuerda la (de nuevo, no hay notas con sostenidos ni bemoles).

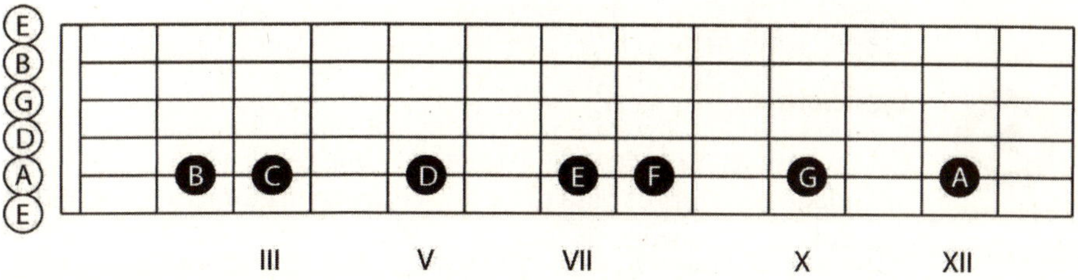

ESCUCHA

Ejercicio 2

Este ejercicio ilustra la utilización de estos acordes en el diapasón. Vamos a buscar un si menor (Bm), un mi menor con cejilla (Em), un fa menor (Fm) y un do sostenido menor (C♯m): el si se encuentra en el segundo traste de la cuerda la; el mi, en el séptimo; el fa, en el octavo; y el do sostenido, en el cuarto traste.

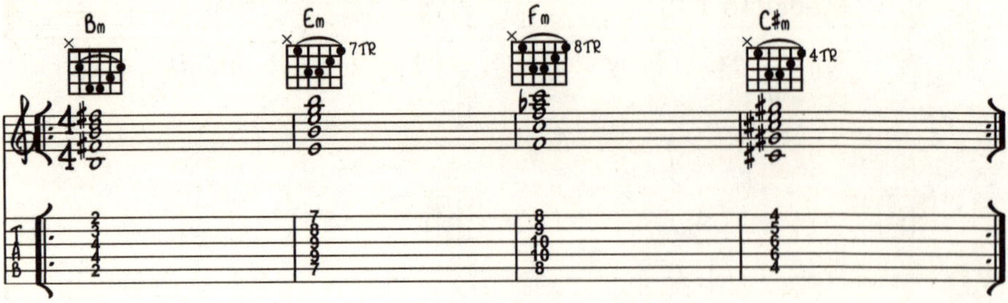

ESCUCHA

Ejercicio 3

Algunos arpegios para trabajar el punteo de la mano derecha con estos nuevos acordes menores con cejilla:

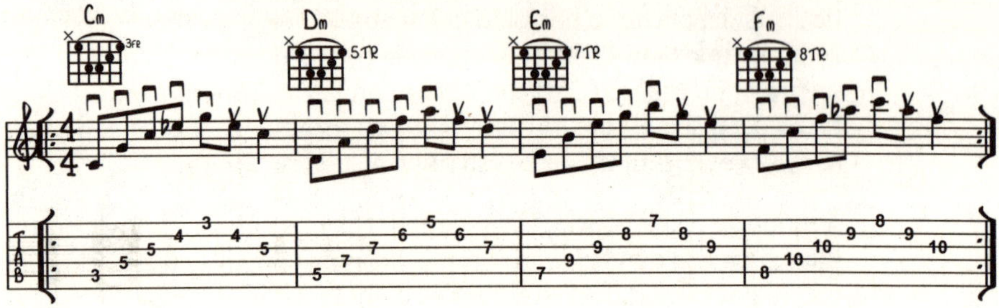

ESCUCHA

Ejercicio 4

Para terminar, te propongo un ejercicio que resalta las distintas posibilidades existentes para tocar un acorde en la guitarra. En realidad, hay varias formas de ejecutar un mismo acorde; es una cuestión de gustos, de facilidad de ejecución (en general, se intenta tocar acordes próximos los unos a los otros) y de sonoridad (más o menos grave o agudo).

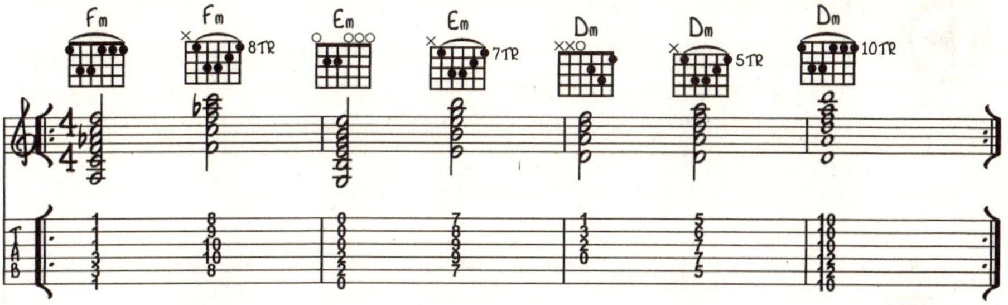

Martes

Hoy pondremos en práctica estos famosos acordes con cejilla, cuya fundamental se encuentra en la cuerda la, con ejercicios rítmicos un poco más musicales.

ESCUCHA

Ejercicio 1

El primer ejercicio solo contiene la nueva forma de acordes con cejilla que vimos ayer. Haz todo lo posible para no pulsar la cuerda de mi grave con la mano derecha.

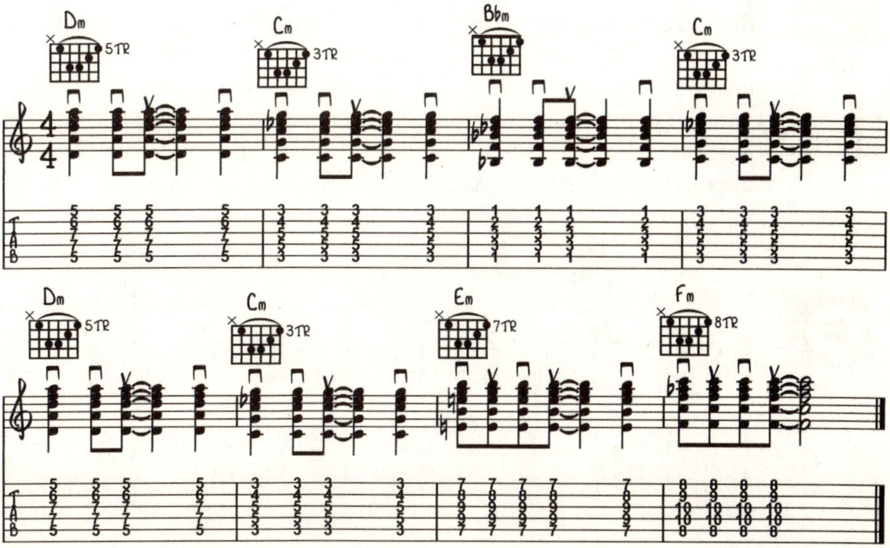

ESCUCHA

Ejercicio 2

El mismo ejercicio pero con arpegios. Cuando se trata de asegurarse de que todas las notas de un acorde suenen bien, los arpegios no dejan lugar a duda. Intenta respetar (como siempre) el sentido de los golpes de púa.

ESCUCHA

Ejercicio 3

Combinemos ahora estas nuevas formas de acordes con cejilla con las que ya has trabajado en las semanas anteriores. Este ejercicio no debería ocasionarte demasiados problemas. No obstante, ten cuidado para no forzar en exceso los dedos: el encadenamiento continuo de acordes con cejilla puede ocasionar al principio tensiones indeseables en la mano izquierda. Descansa entre cada repetición.

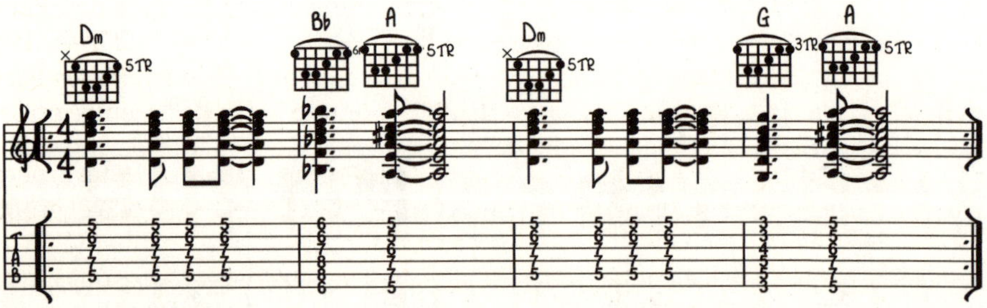

ESCUCHA

INFORMACIÓN TÉCNICA

Ejercicio 4

Para los más obstinados, un ejercicio un poco más largo y con formas distintas de acordes con cejilla. Si los encadenamientos te causan problemas, aísla dos acordes para encadenarlos de manera independiente.

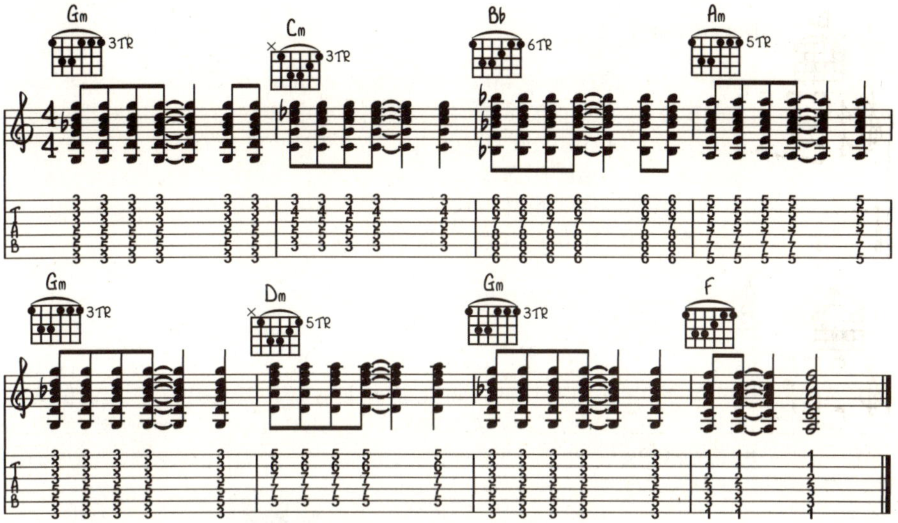

Miércoles

A lo largo de las dos últimas semanas, hemos abordado el tema de las semicorcheas. Hoy seguiremos explorando este ritmo a través de un estilo particular, el funk.

El funk es un estilo musical nacido a finales de la década de 1960 y que tiene su origen tanto en el jazz como en el *rythm and blues*. Los mayores representantes de este estilo son James Brown, Maceo Parker, Sly and the Family Stone, Parliament o Funkadelic, entre otros.

La guitarra desempeña un papel esencial en el funk: no destaca, pero debe asegurar un ritmo continuo que contribuye a que todo el grupo sienta el *groove*. El modo de acompañamiento más frecuente en el funk es el llamado *fretboard mute* (o "apagado del diapasón"), que suele ejecutarse con semicorcheas continuas en las que unas se acentúan más que otras.

Para tocar el *fretboard mute*, la mano derecha toca las semicorcheas continuamente, mientras que la mano izquierda o bien pisa las cuerdas para que suene el acorde, o bien las suelta (rozándolas ligeramente), de manera que se produce un sonido seco, percusivo y sin nota. En una partitura o tablatura, este efecto de percusión se indica mediante unas pequeñas cruces en lugar de las notas.

Ejercicio 1

ESCUCHA

Este es un ejercicio sencillo para que te acostumbres a esta técnica. El acorde elegido es muy común en el funk, una pequeña cejilla sobre cuatro cuerdas (en este caso, un Am7), que permite no ocupar mucho espacio, como habría sucedido si se tocara una cejilla entera con las notas graves. Tendrás que tocar cuatro semicorcheas pisando las cuerdas y enmudecer otras cuatro.

CONSEJO

Puesto que el movimiento de la mano derecha es amplio y continuo (con semicorcheas), es muy difícil no tocar las dos cuerdas graves sin querer. La solución más utilizada consiste en colocar el pulgar de la mano izquierda por encima del mástil, de manera que roce (sin tocarlas) las cuerdas graves, impidiendo que suenen, como se ve en la imagen siguiente:

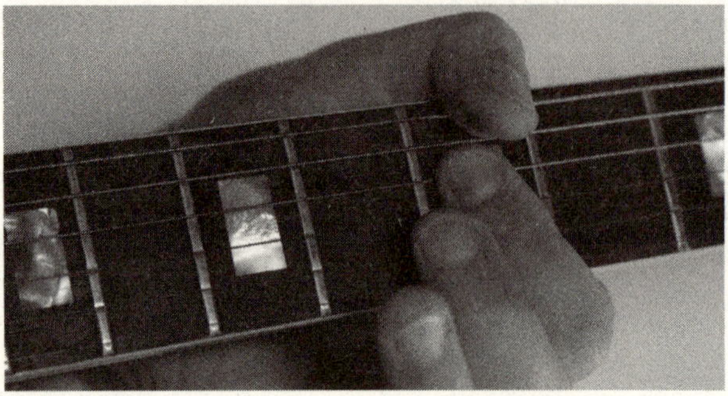

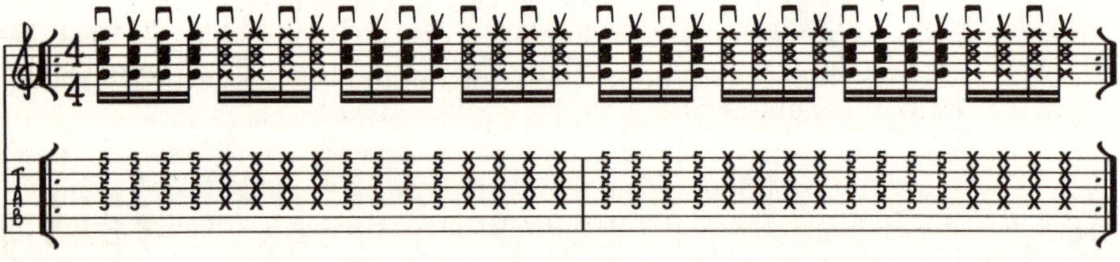

Como comprenderás, este estilo de acompañamiento con la guitarra requiere un gran rigor rítmico y una regularidad perfecta. Las subidas y bajadas de la mano derecha de manera continua constituyen la mejor (y única) forma de ejecutar bien estos ritmos.

ESCUCHA

Ejercicio 2

Acabamos de ver grupos de cuatro semicorcheas que alternan notas pisadas y notas no pisadas (percutidas). Intenta tocar ahora el mismo tipo de ejercicio pero alternando estos dos modos de ejecución cada dos semicorcheas.

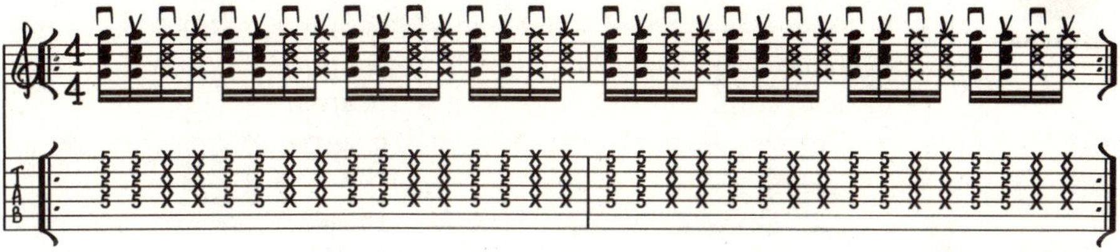

ESCUCHA

Ejercicio 3

El mismo ejercicio pero, en lugar de empezar con dos notas pisadas, comenzando con dos enmudecidas.

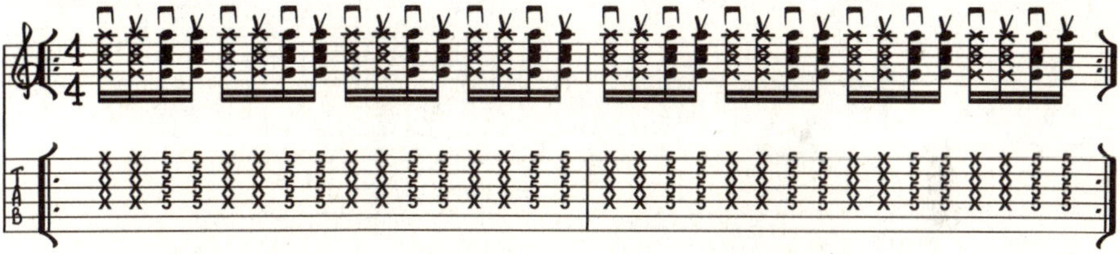

ESCUCHA

INFORMACIÓN TÉCNICA

Ejercicio 4

Un último ejercicio más difícil en el que tendrás que tocar la primera y la cuarta semicorchea y enmudecer la segunda y tercera. No dudes en contar en voz alta las semicorcheas de manera regular mientras tocas ("1, 2, 3, 4, 1, 2, 3, 4"), lo cual te permitirá estar seguro de ejecutar bien el movimiento en la semicorchea correcta.

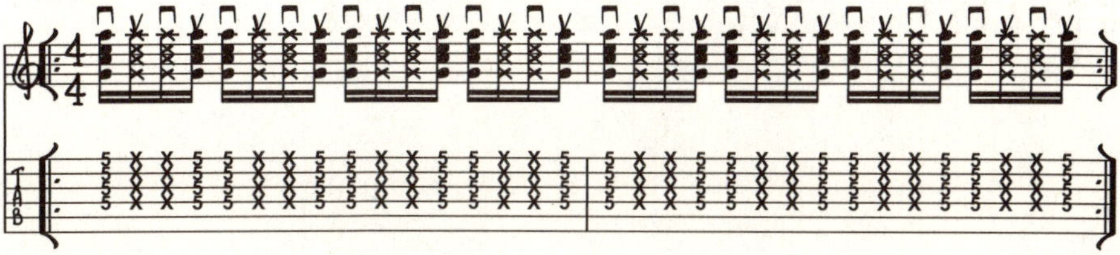

Jueves

Ahora que el *fretboard mute* y su subdivisión en semicorcheas te parecerá un poco más natural, vamos a mezclar ritmos de este tipo y, sobre varios acordes, tocar ritmos funky.

ESCUCHA

Ejercicio 1

En este primer ejercicio vas a utilizar una nueva forma de acorde con cejilla sobre cuatro cuerdas que le permite a la guitarra encontrar su lugar dentro de un grupo sin sobrecargar el sonido de conjunto.

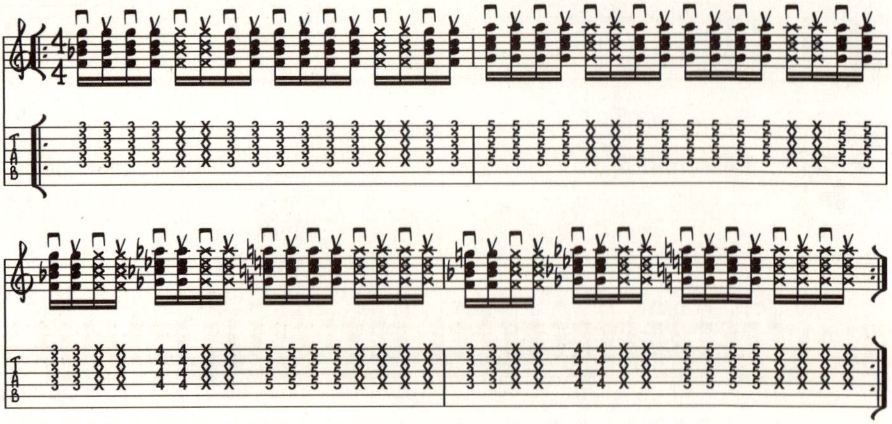

ESCUCHA

Ejercicio 2

Una variación muy utilizada en este tipo de ritmo es mantener el mismo acorde pero cambiando una sola nota (por lo general, la nota más aguda) para crear diversidad. La canción **"Sex Machine"** de James Brown es un buen ejemplo.

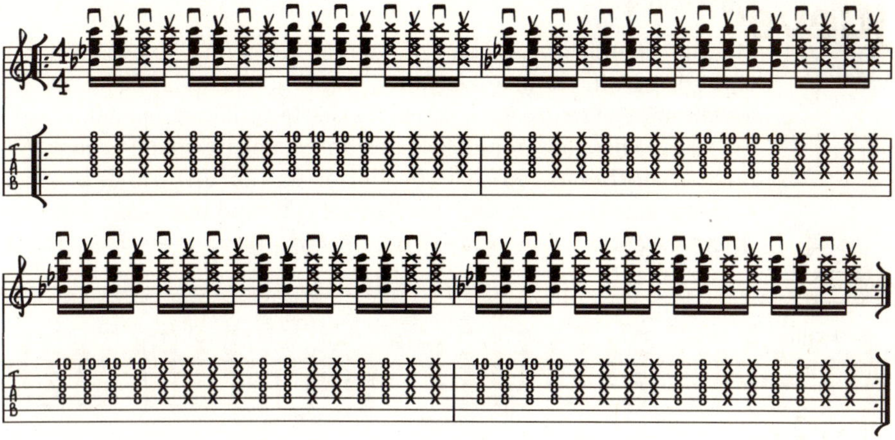

ESCUCHA

Ejercicio 3

Otro uso de las semicorcheas en el funk consiste en alternar pequeños *riff* sobre notas graves (lo que podríamos llamar una "línea de bajo") con acordes apagados. Este tipo de acompañamiento, con un efecto más bonito, también permite tocar una canción solo con una guitarra, ya que abarca una mayor amplitud de sonidos y no se echa de menos la presencia de otros instrumentos. La dificultad reside en mantener el ritmo y en colocar bien la mano derecha según los modos de ejecución (bajos o acordes). Te será de gran utilidad, como siempre, escuchar la grabación de audio del ejercicio. Si una parte te causa problemas (los bajos, por ejemplo), ya sabes, aíslala para trabajarla mejor.

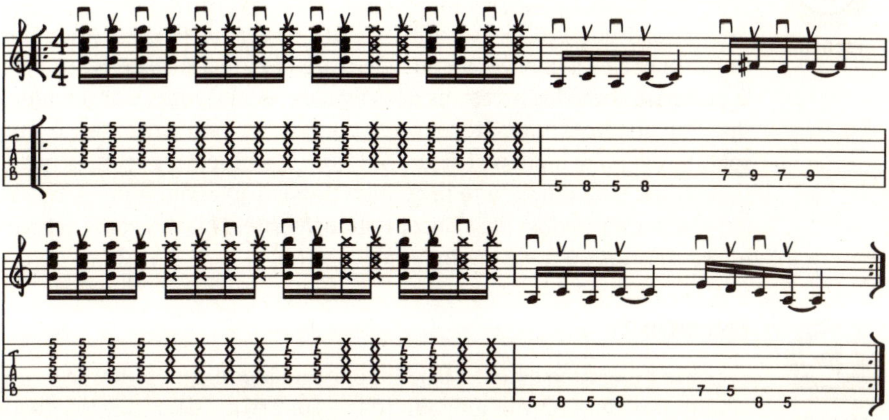

ESCUCHA

Ejercicio 4

El último ejercicio es un poco más complicado, no solo por las melodías graves, sino también porque tendrás que cambiar de acorde (en los compases tercero y cuarto) en la cuarta semicorchea del tiempo, ¡un cambio bastante rápido! No obstante, la posición del acorde es la misma, solo tienes que moverte dos trastes. Con un poco de práctica, el ejercicio te parecerá sencillo. Reduce el tempo tanto como quieras (¡manteniendo la regularidad!) para ejecutar bien los encadenamientos de notas/acordes.

Viernes

Durante varias semanas hemos visto algunas técnicas de fraseo con la guitarra, como los arrastres o los ligados ascendentes y descendentes. Son técnicas muy frecuentes, aunque no necesariamente muy sencillas si no se suelen utilizar. Antes de aprender una técnica nueva la próxima semana, hoy te propongo trabajar lo estudiado: ejercicios para soltar los dedos, para hacer regularmente y que a veces incluyen los elementos de fraseo mencionados antes.

ESCUCHA

Ejercicio 1

El primer ejercicio está destinado, por un lado, a consolidar la cohesión mano derecha/mano izquierda y, por otro, a entrenar los dedos de la mano izquierda para que se muevan de manera algo distinta con un movimiento poco común. Asegúrate de alternar correctamente los golpes de púa abajo/arriba

ESCUCHA

Ejercicio 2

Trabajemos ahora los ligados ascendentes y descendentes al mismo tiempo. En este ejercicio, solo vas a pulsar la cuerda una vez en el primer tiempo de cada compás; la segunda nota se toca con un *hammer-on*, la tercera, con un *pull-off*, etc. Cuando este movimiento se efectúa rápidamente en música, se llama "trino". La dificultad de este ejercicio reside en mantener un ritmo muy regular.

ESCUCHA

Ejercicio 3

El mismo tipo de acorde pero sobre varias cuerdas:

ESCUCHA

Ejercicio 4

Siguiendo la misma línea, una serie de ligados ascendentes a la que le voy a añadir una dificultad: entre cada compás, tendrás que recorrer una gran distancia en el diapasón para seguir con la progresión. Es un excelente ejercicio para tomar conciencia de la totalidad del diapasón de la guitarra y no tensarse en ningún lugar.

ESCUCHA

Ejercicio 5

Para terminar, te propongo un ejercicio que recuerda mucho a lo que has trabajado los días previos con los ritmos funk: tendrás que tocar semicorcheas sobre una sola nota, pasando de notas tocadas a notas apagadas (levantando solo un poco el dedo para tocar la cuerda sin que pueda producirse sonido). Recuerda que las notas apagadas están marcadas con cruces en la partitura/tablatura. La mano derecha mantiene un movimiento continuo de semicorcheas.

CONSEJO

También puedes realizar este ejercicio sobre las otras cinco cuerdas de la guitarra: como no todas tienen la misma tensión, la sensación es distinta en cada una de las seis cuerdas.

Sábado

Acordes con cejilla, acordes de potencia, líneas de bajo, *fretboard mute*…, todo esto lo vas a encontrar en la pieza del fin de semana, que se divide en seis partes:

» una línea de bajo funky con semicorcheas;

» acordes de potencia que recogen el sonido de las líneas de bajo anteriores;

» acordes con cejilla con semicorcheas y algunas notas apagadas (cruces);

» la reanudación de la línea de bajo del principio;

» bajos separados con pequeñas cejillas en respuesta;

» para terminar, más acordes mayores con cejilla con semicorcheas y notas apagadas.

Observarás que los sonidos de todas estas partes son muy coherentes; se trata, en efecto, de una idea (o de un color sonoro) que se toca de varias maneras.

Las dos partes que te pueden causar problemas son la primera (la línea de bajo) y la tercera (los acordes mayores con cejilla con semicorcheas). Vamos a verlas en detalle.

ESCUCHA

Ejercicio 1

La línea de bajo tiene como denominador común las semicorcheas. La dificultad reside en el primer tiempo, que incluye una corchea apagada y una semicorchea; esto significa que tendrás que tocar la primera semicorchea del tiempo y la tercera (1 y 4). El siguiente ejercicio te servirá para practicar este ritmo, que no es tan complicado.

ESCUCHA

Ejercicio 2

En la tercera parte, la dificultad no está tanto en las semicorcheas como en el encadenamiento de los acordes con cejilla. El siguiente ejercicio te permitirá trabajarlos despacio al principio y, luego, tocarlos con semicorcheas.

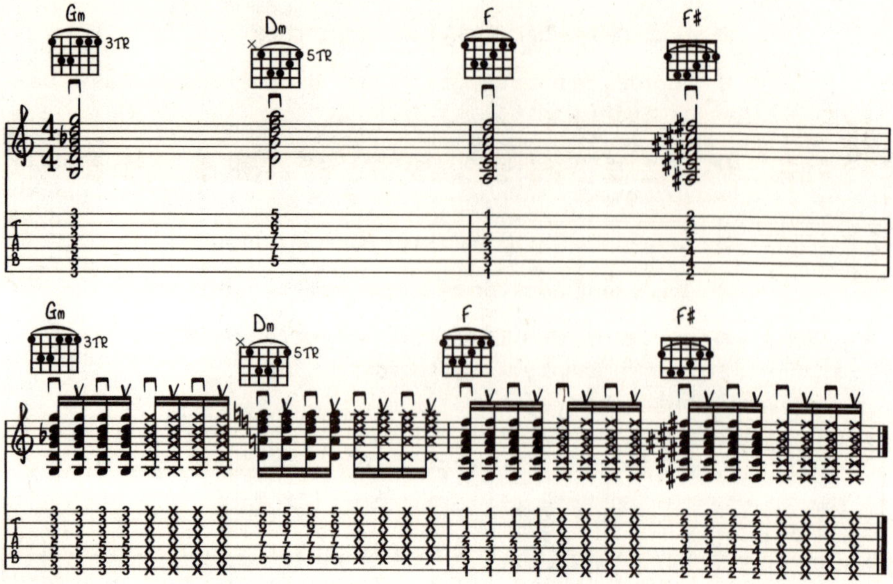

ESCUCHA

CONSEJO

Ejercicio 3

¡Llegamos a la pieza! Como de costumbre, escucha antes la grabación de audio, toca lentamente las partes que te parezcan difíciles y presta especial atención al sentido de los golpes de púa. Localiza las repeticiones (doble barra vertical con dos puntos); recuerda que te indican que hay que repetir la parte comprendida entre estas dos barras dobles. ¡Te toca!

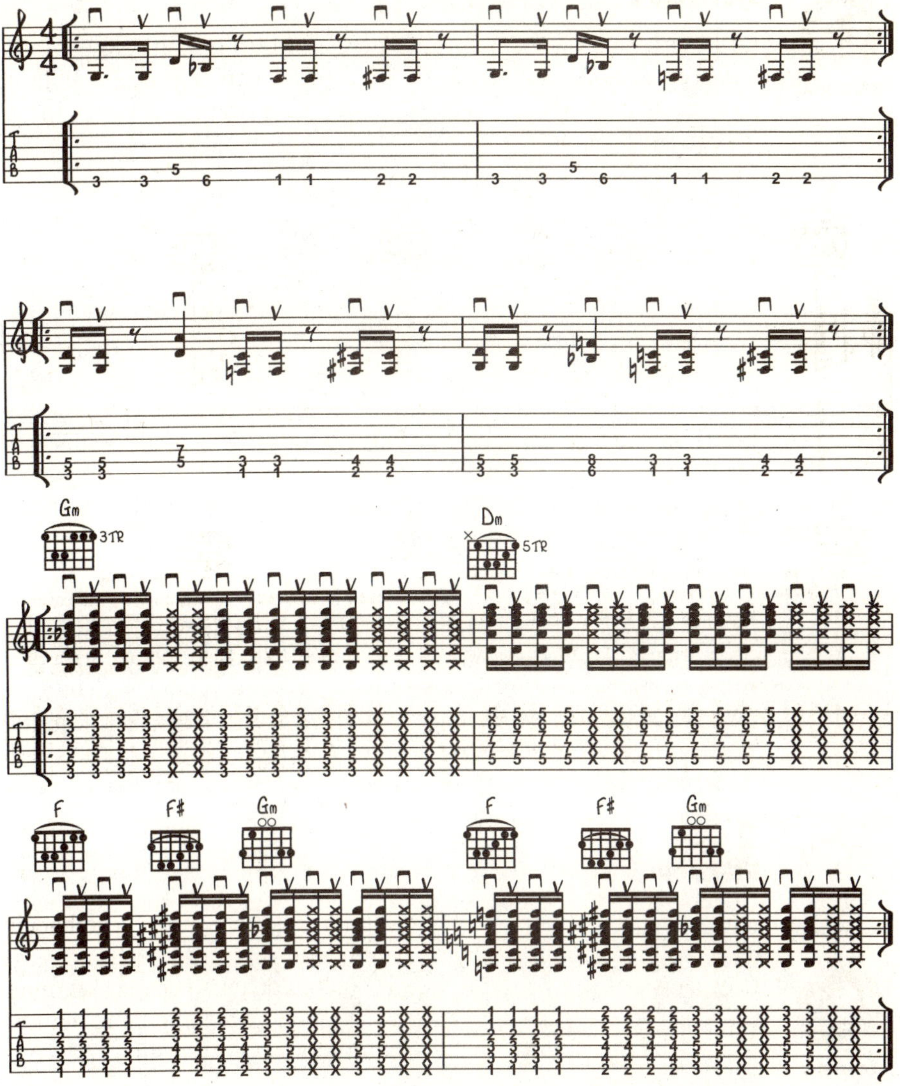

Domingo

Para este domingo, y sin que sirva de precedente, no nos vamos a centrar en un guitarrista o en una canción en particular, sino en los ritmos funk a la guitarra en varias canciones emblemáticas de este estilo.

Como mencioné esta semana, la guitarra desempeña un papel muy particular en el funk, ya que sirve de elemento rítmico, igual que el bajo y la batería. Para ello, los guitarristas de funk usan, en general, acordes bastante agudos, sobre tres o cuatro cuerdas, para no sobrecargar la canción, aunque lo suficientemente fuerte como para que se les oiga. Además de por estos acordes agudos, los acompañamientos funk a la guitarra se caracterizan por trabajar con secuencias de *riff*; por ejemplo, es muy frecuente que un guitarrista, teniendo la misma frase y el mismo ritmo en todas las estrofas, toque otra cosa en el estribillo.

Escucha la célebre canción de James Brown **"Sex Machine"** (1970). La guitarra, sutil pero muy audible, toca el mismo patrón agudo en toda la estrofa (que podía prolongarse mucho, sobre todo en los directos, ya que era James Brown quien indicaba cuándo pasar al estribillo). No hay absolutamente ninguna variación, es una especie de trance que resulta ser mucho más difícil de ejecutar de lo que parece, por su perfección y su duración. Durante el estribillo, la guitarra cambia de *riff* (siempre con semicorcheas) y, de nuevo, no hay ninguna variación, lo que refuerza la cohesión guitarra/bajo/batería.

"Flash Light" es un tema del grupo **Parliament** escrito en 1978 por unos genios del funk como son George Clinton, Bootsy Collins y Bernie Worrell. Nos encontramos ante un funk mucho más relajado que en **"Sex Machine"** pero ni mucho menos carente de *groove*. La guitarra resulta muy audible y escuchamos perfectamente la subdivisión de semicorcheas del acompañamiento que forman pequeños acordes agudos.

"Rhythm Is Love", del guitarrista y cantante Keziah Jones, es una canción más reciente, pues data de 1992. **Keziah Jones** es un gran guitarrista de blues/funk, y en este tema, que fue su principal éxito, se oye bien su guitarra, que, una vez más, acompaña a la voz con un ritmo regular y unos acordes bastante percusivos y agudos. Escucha también su magnífica canción **"Rainy London Streets"**, en la que utiliza un ritmo funky basado en semicorcheas y notas apagadas para acompañarse mientras canta, aunque, como está solo (sin bajo, batería, etc.), toca unos acordes más imponentes y, en particular, con cejilla porque en ese momento puede llenar el espacio sin preocuparse por sobrecargar el conjunto.

Una anécdota: a Keziah Jones le gustan especialmente las guitarras acústicas (folk y clásica) para tocar funk. No existe, por lo tanto, ninguna regla, se puede tocar todo con cualquier guitarra y un poco de imaginación.

Semana 15

Lunes

Hemos visto los acordes con cejilla menores y mayores cuya fundamental se encuentra en la cuerda de mi grave, así como los acordes menores con cejilla cuya fundamental se halla en la cuerda de la. Solo te queda por conocer una forma de acorde con cejilla simple: los acordes mayores cuya fundamental se encuentra en la cuerda de la.

Este tipo de acorde con cejilla es quizás el más complejo de los cuatro en cuanto a ejecución, ya que requiere colocar los dedos de la mano izquierda de tal forma que resulta incómoda al principio (aunque uno se acostumbra muy rápido). Por suerte, existen dos modos de colocar estos acordes, y puedes optar por una u otra solución dependiendo de tu habilidad o morfología.

Antes de nada, mira el esquema de este acorde:

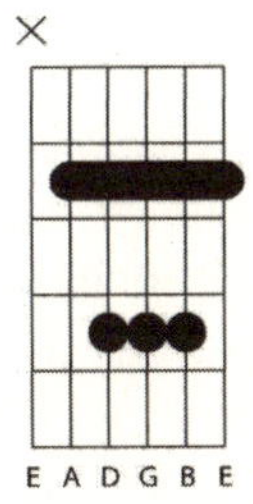

La primera solución para tocar este acorde consiste en utilizar cuatro dedos de la mano izquierda, colocando los dedos medio, anular y meñique en el mismo traste, como en la foto:

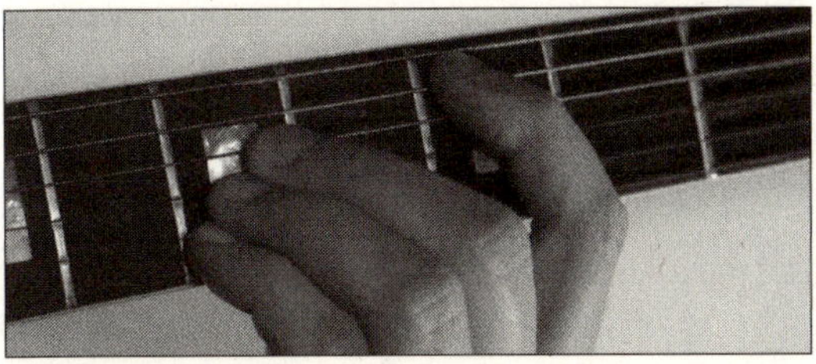

Las dificultades de esta digitación son, por un lado, la gran separación entre el índice y el dedo medio y, por otro, un espacio bastante reducido, según el lugar del diapasón en el que te encuentres, para colocar tres dedos en un mismo traste.

La segunda solución, la que prefiero personalmente, consiste en utilizar solo dos dedos (el índice y el anular) y, más concretamente, en doblar el anular para realizar una minicejilla sobre tres cuerdas. La dificultad de esta posición radica en lograr doblar el dedo anular lo suficiente como para formar la cejilla sobre esas tres cuerdas.

CONSEJO

Si optas por esta solución (que te recomiendo), es normal que el dedo anular esté un poco rígido al principio y te cueste doblarlo. Con un poco de práctica, pronto verás que los dedos son más elásticos de lo que parecen, y que tu anular se acostumbra rápidamente a hacer ese movimiento. Esta sería la posición:

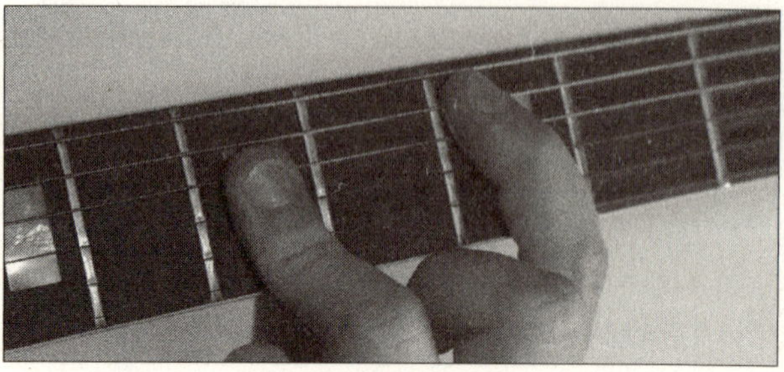

Al igual que con los acordes menores con cejilla de la semana pasada, para encontrar la ubicación en el diapasón del acorde mayor que estás buscando, solo tienes que localizar la fundamental de ese acorde en la cuerda de la.

ESCUCHA

Ejercicio 1

Ya conoces el primer ejercicio, que te servirá para domar este acorde, sea cual sea la digitación que elijas:

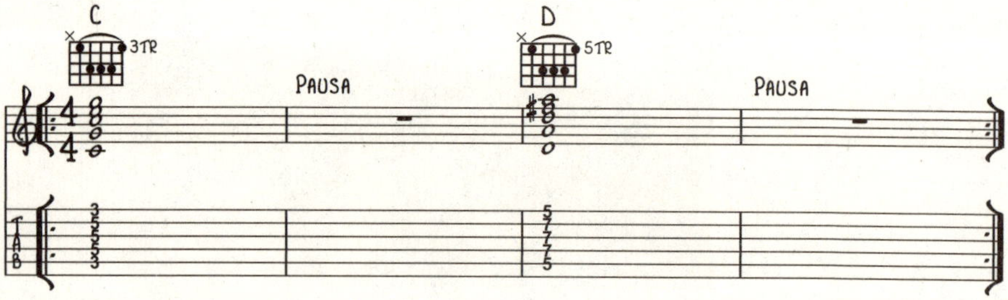

Es muy posible que te resulte difícil al principio hacer que suene la nota situada en la cuerda de mi agudo con esta posición del acorde. Es normal. De momento, si esta cuerda no suena, no es algo crucial: las cuatro primeras notas graves son las más importantes. Si utilizas la minicejilla del anular, asegúrate solo de no rozar la cuerda de mi con el mismo dedo: estarías tocando entonces una nota incorrecta en el acorde.

Ejercicio 2

ESCUCHA

Un segundo ejercicio para acostumbrarte a colocar el acorde:

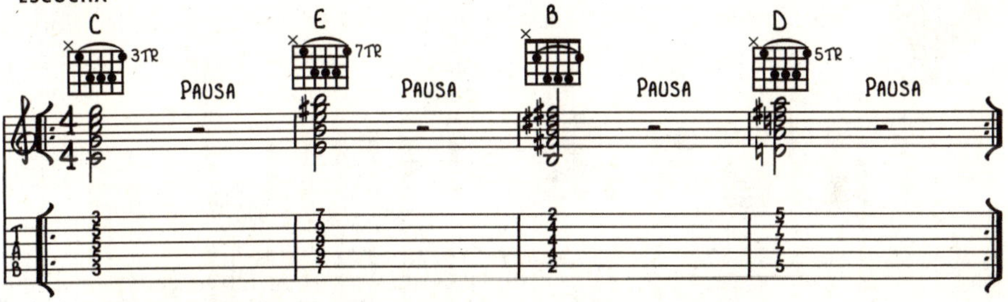

Ejercicio 3

ESCUCHA

Un último ejercicio, con arpegios, para asegurarte de que todas las notas de los acordes suenen bien.

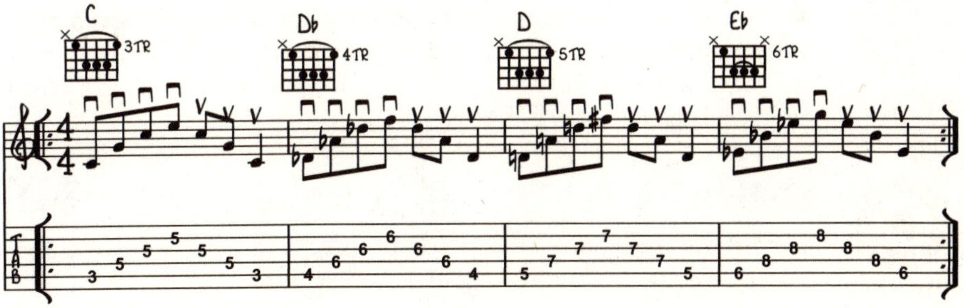

Martes

Hoy seguiremos aprendiendo acordes mayores con cejilla cuya fundamental se sitúa en la cuerda de la, combinándolos con otros acordes (con o sin cejilla) que ya conoces.

ESCUCHA

Ejercicio 1

Para el primer ejercicio, te propongo mezclar estos acordes con cejilla nuevos con acordes abiertos simples que utilizan cuerdas al aire.

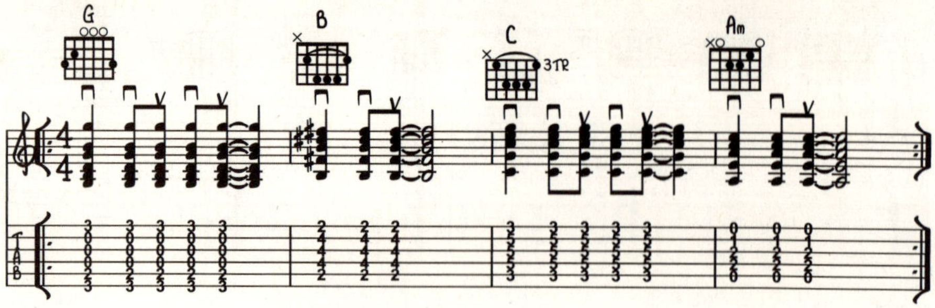

ESCUCHA

INFORMACIÓN TÉCNICA

Ejercicio 2

Vamos ahora a combinar solamente las cejillas sobre todas las formas que conoces. Presta atención a las tensiones indeseadas que puedas sentir en la mano izquierda: ¡no fuerces! Descansa la mano entre cada repetición del ejercicio.

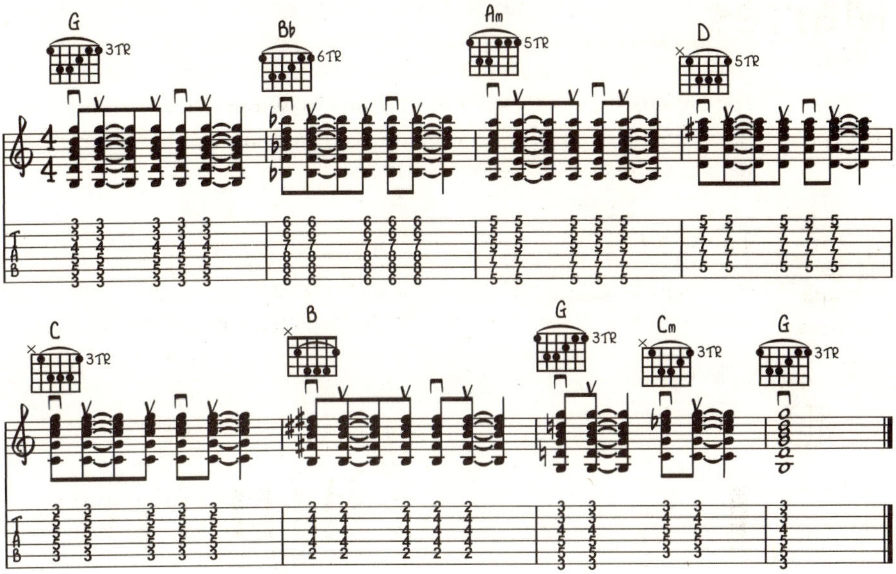

Ejercicio 3

ESCUCHA

Siguiendo el mismo tipo de ejercicio, ahora tendrás que separar los bajos de los acordes, como ya hicimos hace algunas semanas con los acordes abiertos. Aunque el bajo se toque separado al principio de cada compás, ten en cuenta que, en última instancia, el acorde debe colocarse por completo desde el primer pulso.

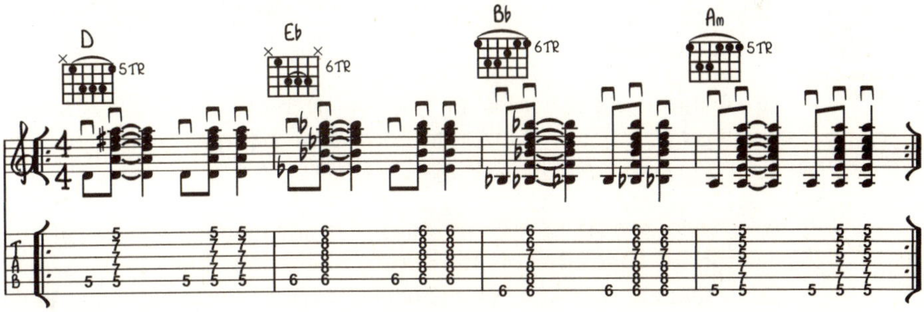

Ejercicio 4

ESCUCHA

Terminaremos la jornada con unas cejillas arpegiadas. He añadido una dificultad: unos arpegios comienzan en las notas graves, y otros, en las agudas. Esto te obligará a estar más atento a la posición de la mano derecha para pulsar las cuerdas.

CONSEJO

Si no tocas todas las notas de un acorde, no intentes probar con una digitación extraña: prueba a determinar a qué acorde corresponde el arpegio y coloca ese acorde entero, incluso si solo tocas tres notas de cinco o seis.

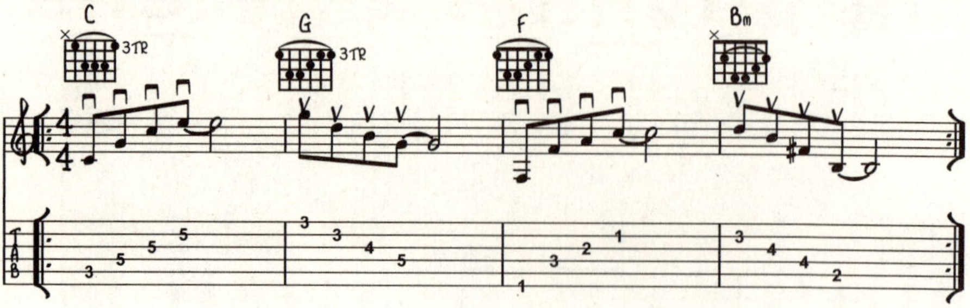

Miércoles

Hasta ahora solo hemos estudiado cómo tocar la guitarra con púa. Como te contaba al principio del libro, suele ser el mejor medio (y el más fácil) cuando se está empezando. Tocar con los dedos puede parecer sencillo a primera vista, pero enseguida surgen los límites, puesto que esta técnica necesita rigor y trabajo: resulta más complicado lograr un buen sonido, es más difícil pulsar las cuerdas con precisión, etcétera.

No obstante, no podemos ignorar esta técnica, ya que presenta numerosas ventajas, por ejemplo, tocar arpegios más complejos. Este es el tema del que quiero ocuparme hoy.

Ante todo, resulta imprescindible tener una buena posición para tocar con los dedos de la mano derecha para que ataquen las cuerdas de la manera correcta con el fin de producir un sonido agradable. Dentro de lo posible, los dedos de la mano derecha deben colocarse en perpendicular a las cuerdas. Por lo tanto, será necesario "estirar" un poco la muñeca (sin forzar) para encontrar la posición correcta. La mano debe situarse a medio camino entre el principio del mástil y el puente.

La foto muestra un ejemplo de buena posición:

La siguiente imagen sería un ejemplo de lo que no hay que hacer:

En este último ejemplo, los dedos se encuentran demasiado en paralelo a las cuerdas: con toda seguridad, se logrará un sonido débil y poco definido.

CONSEJO DEL PROFE

Algunos consejos para tocar bien con los dedos:

» Puedes comparar los dedos con pequeños ganchos que deben agarrar adecuadamente las cuerdas y luego soltarlas.

(continúa)

(continuación)

- Cuando tocas con los dedos de la mano derecha, nunca debes tocar dos veces seguidas con el mismo dedo; eso desplazaría tu mano y limitaría mucho la fluidez de la ejecución.
- Coloca los dedos sobre las cuerdas (un dedo por cuerda) y procura mover la mano lo menos posible; solo se mueven las falanges. De ese modo, te costará mucho menos pulsar las cuerdas para, por ejemplo, tocar arpegios. Esta es una de las ventajas de los dedos frente a la púa.
- Debido a su pequeño tamaño, casi nunca se utiliza el dedo meñique cuando se toca con los dedos.

ESCUCHA

Ejercicio 1

El primer ejercicio está formado por acordes simples. El pulgar tocará las cuerdas de mi grave y de la; el índice estará siempre en la cuerda de re; el dedo medio, en la de sol; y el anular, sobre la cuerda de si. Antes de empezar, coloca los dedos de la mano derecha sobre cada una de las cuerdas para que no tengas que mover la mano mientras tocas. Te recuerdo un consejo de ayer: si un acorde no se toca entero (como el mi mayor [E] del segundo compás y el sol mayor [G] del cuarto compás), colócalo por completo de todos modos, pues eso te servirá de guía y, si llega el caso, te ayudará a ejecutar variaciones con más facilidad cuando lo desees.

ESCUCHA

Ejercicio 2

El mismo ejercicio pero empezando cada arpegio por las notas agudas. Recuerda que el pulgar se queda en las cuerdas de mi grave y de la; el índice, sobre la cuerda de re; y el dedo medio, sobre la cuerda de sol.

Ejercicio 3

ESCUCHA

En el siguiente ejercicio, practicarás los ataques alternos del pulgar en las cuerdas de mi grave y de la. Los demás dedos se mantienen en las mismas cuerdas, así que asegúrate de moverlos lo menos posible. Para enredar un poco, he añadido un acorde de fa mayor (F) con cejilla en el último compás.

Ejercicio 4

ESCUCHA

INFORMACIÓN TÉCNICA

Para terminar, un ejercicio de arpegios con los dedos, compuesto solo por acordes con cejilla, para combinar varias técnicas. Toca dos veces cada compás para profundizar aún más en el ejercicio.

Jueves

Una de las mayores ventajas de tocar los arpegios con los dedos en vez de con la púa es la de poder tocar con mucha más facilidad dos notas que no se sitúan en cuerdas adyacentes. Puedes, por ejemplo, hacer sonar la nota más aguda y la más grave al mismo tiempo, produciendo un efecto mucho más bello. El principio de "un dedo por cuerda" se mantiene siempre y, si debes tocar simultáneamente la cuerda de mi grave y la de si, utilizarás respectivamente los dedos pulgar y medio, o el anular, en función de la situación.

ESCUCHA

Ejercicio 1

Un ejercicio sencillo para familiarizarte con esta técnica.

ESCUCHA

Ejercicio 2

Un buen ejercicio para trabajar estas notas dobles arpegiadas consiste en alternar los pares pulgar/medio e índice/anular, lo cual crea un efecto pendular de la mano derecha. Comienza despacio y acelera cuando te sientas cómodo. Procura que las notas suenen lo más fuerte posible sin provocar tensiones en las manos o los brazos.

ESCUCHA

INFORMACIÓN TÉCNICA

Ejercicio 3

Seguimos practicando estas notas dobles que respetan los pares pulgar/medio e índice/anular. Al principio, tómate tu tiempo para realizar el ejercicio despacio: no es tan simple como parece.

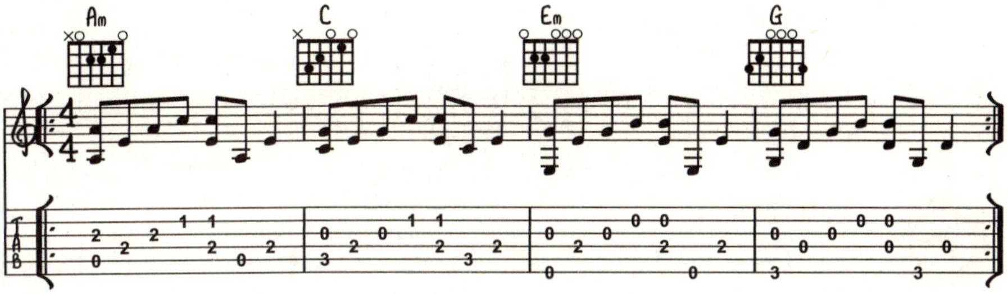

ESCUCHA

Ejercicio 4

Para terminar esta jornada dedicada a los arpegios tocados con los dedos, te presento una conocida melodía, de autor desconocido pero interpretada de forma sublime por el gran guitarrista clásico Narciso Yepes (1927-1997): **"Romance anónimo"**. El comienzo de esta melodía arpegiada no es demasiado complicado, ya que recurre constantemente a tres cuerdas al aire (mi grave, sol y si). En cuanto a la cuerda de mi agudo, se pisa con un solo dedo de la mano izquierda que se desplaza mucho sobre el diapasón. El arpegio es repetitivo pero extremadamente eficaz a la hora de resaltar la melancolía de este tema. Observa que está escrito en tresillos de corchea, lo que significa que debes tocar tres notas por tiempo. Los compases cambian también y están formados solo por tres tiempos (como en un vals) en lugar de cuatro; puedes verlo en la partitura indicado con el símbolo "3/4" al principio del pentagrama.

CONSEJO

Como de costumbre, la cuerda de mi grave se toca con el pulgar, aunque esta vez tendrás que mover los otros tres dedos una cuerda hacia arriba para colocar el índice en la cuerda de sol, el dedo medio en la cuerda de si y el anular en la de mi agudo.

La pieza original, naturalmente, es mucho más larga (y se torna más compleja). Solo he escrito el principio y me he tomado la libertad de añadir unas notas largas al final a modo de conclusión.

Viernes

Me gustaría seguir hoy con el tema de la ejecución con los dedos para enseñarte las otras posibilidades que ofrece esta técnica muy común en acompañamiento.

Ejercicio 1

ESCUCHA

En este primer ejercicio no vas a tocar arpegios, sino grupos de notas tocadas de dos en dos en cada acorde. Tendrás que usar los pares pulgar/anular e índice/medio. En el tercer compás, presta atención al pulgar, que debe pulsar la cuerda de la en lugar de la cuerda de mi grave. Los demás dedos seguirán siempre en las mismas cuerdas.

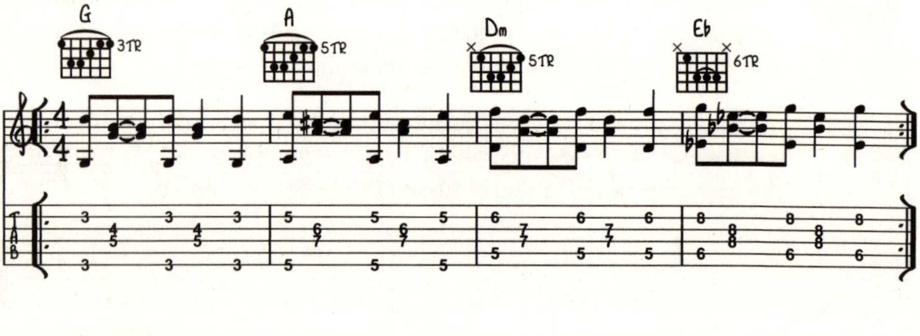

ESCUCHA

Ejercicio 2

Otra forma muy popular de tocar con los dedos es separar los bajos de los acordes. Ya hemos visto este procedimiento con la púa, pero también es muy frecuente ejecutarlo con los dedos. En este caso, la dificultad reside en asegurarse de que los tres dedos que tocan el acorde (sin el bajo) ejecutan todas las notas con el mismo volumen.

CONSEJO

Trabaja el oído tocando los acordes muy despacio e intentando aislar cada una de las tres notas en la cabeza; ¡es un excelente ejercicio musical!

Como ya te expliqué, al tocar con los dedos, se suele colocar un dedo de la mano derecha por cuerda para facilitar la pulsación y favorecer la fluidez. No obstante, si no se utilizan más que cuatro dedos de la mano derecha, y una guitarra tiene seis cuerdas, eso no implica que haya dos cuerdas que no se toquen nunca. En realidad, el pulgar se ocupa normalmente de las cuerdas de mi grave y de la, el índice se ocupa de re o sol, el dedo medio se encarga de la cuerda de sol o si y el anular pulsa la de si o mi agudo. Partiendo de este principio, los dedos de la mano derecha nunca se desplazan más de una cuerda, algo muy simple, dada la corta distancia que las separa.

ESCUCHA

Ejercicio 3

Este sencillo ejercicio te ayudará a practicar el desplazamiento de los dedos de la mano derecha desde una cuerda hacia arriba o hacia abajo.

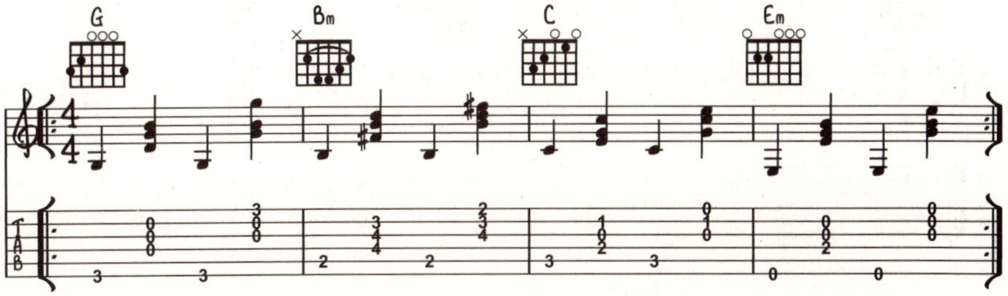

ESCUCHA

Ejercicio 4

Este principio también es válido para los arpegios, aunque sea un poco más complicado. Recuerda mover los tres dedos (salvo el pulgar) al mismo tiempo cada vez para mantener siempre la misma distancia entre ellos.

CONSEJO

No dudes en repetir estos ejercicios con la púa; ¡ambos métodos son perfectamente válidos!

ESCUCHA

Ejercicio 5

El último modo de acompañamiento que veremos hoy se refiere a la alternancia del pulgar sobre dos cuerdas (generalmente mi grave y la). Este procedimiento es muy frecuente, sobre todo en los estilos folk y country, y no resulta difícil de ejecutar. Para los lectores más avanzados en solfeo, la alternancia del pulgar se realiza entre la fundamental y la quinta del acorde.

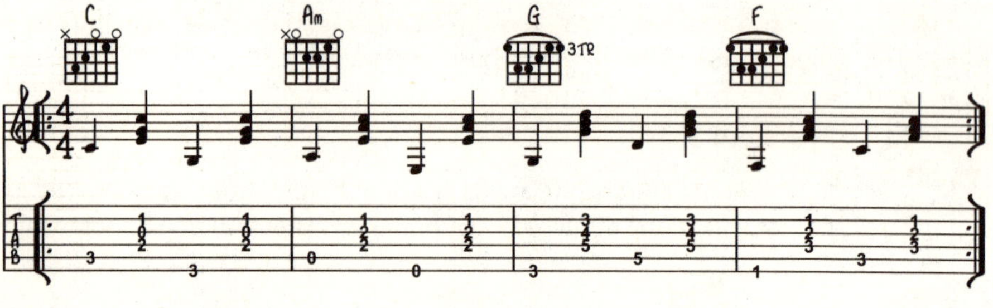

Sábado

La pieza del fin de semana, por supuesto, recoge la técnica de dedos (con algunos acordes con cejilla nuevos, de los trabajados el lunes y el martes pasados).

He escogido ocho acordes que se repetirán con distintos tipos de acompañamiento.

En la primera parte, tendrás que tocar esos acordes en arpegios. En la segunda, separar los bajos de los acordes. En la tercera parte, nuevos arpegios que incluyen notas dobles y, por último, en la cuarta parte, retomarás la púa (o no) para terminar con un rasgueo de acordes. ¡Un buen programa!

La primera y la tercera parte son las más delicadas; veamos juntos una forma de trabajarlas de antemano.

ESCUCHA

Ejercicio 1

La principal dificultad de la primera parte es el encadenamiento muy rápido de acordes sin ninguna pausa entre ellos. Como suele ocurrir, la mejor forma de trabajarlos es tocarlos despacio o simplificar la partitura. Este ejercicio vuelve a colocar los acordes al ritmo de uno por compás con una nota más larga entre cada cambio que facilita las transiciones.

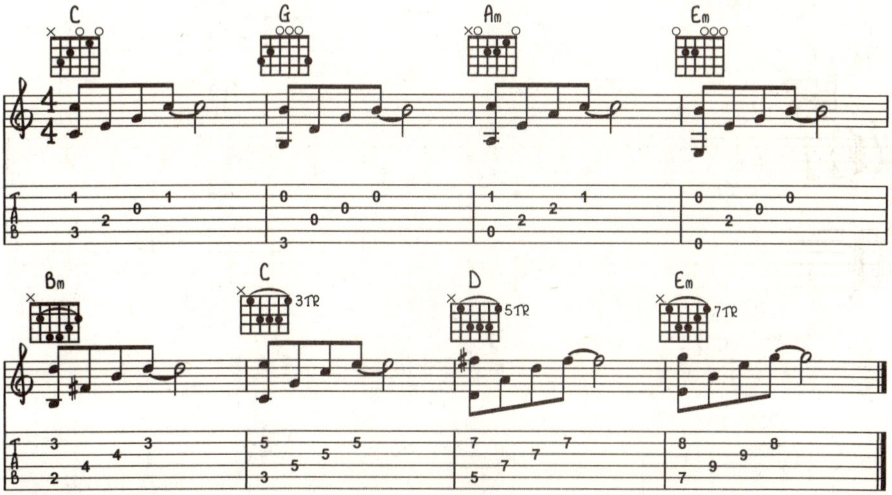

Ejercicio 2

ESCUCHA

En la tercera parte, tendrás que tocar arpegios descendentes que incluyen notas dobles. Este ejercicio simplifica ese pasaje:

Ejercicio 3

ESCUCHA

Aquí tienes la pieza final. Escúchala bien antes de tocarla y aísla las partes que podrían causarte problemas. Te dejo que elijas la púa o los dedos en la cuarta parte (podrías probar con los dos métodos): puedes tener a mano la púa (en la pierna o entre los labios) y usarla al final de la tercera parte, o puedes rasguear las cuerdas con la punta de los dedos de la mano derecha, algo perfectamente viable, aunque menos preciso.

Bm
C 3TR
D 5TR
Em 7TR
C
G
Am
Em
Bm
C 3TR
D 5TR
Em 7TR
C
G
Am
Em
Bm
C 3TR
D 5TR
Em 7TR

Domingo

Te propongo seguir este domingo con la técnica de dedos y, para ello, me gustaría que escuchases a uno de mis guitarristas preferidos: **Baden Powell**; un guitarrista brasileño nacido en 1937 y fallecido en 2000.

Baden Powell era un genio de la guitarra. De joven estudió guitarra clásica, pero también se interesó por el jazz y, naturalmente, estuvo rodeado por la música tradicional brasileña, los famosos *choros* de la bossa nova. ¿Qué tienen en común todos estos estilos? Que pueden tocarse con los dedos de la mano derecha en guitarras clásicas con cuerdas de nailon. Dejando a un lado el jazz, podría decirse que esto es una norma en los demás estilos mencionados.

Su capacidad para manejar con maestría distintas culturas musicales hace que su música sea única y lo convierte a él en inclasificable. En concierto, podía tocar una pieza clásica de jazz, una canción tradicional brasileña y una obra clásica conocida sin perder una coherencia real, logrando la unanimidad entre los músicos más exigentes.

Baden Powell poseía una técnica fantástica al servicio de la emoción. Era una técnica típica de los grandes músicos de la generación de nuestros abuelos: no importaba si ciertas notas "rozaban" un poco mientras hubiera música. No es que lo de antes fuera necesariamente mejor, sino que en la actualidad, todo hay que decirlo, se enfatiza la perfección en detrimento a veces de la emoción.

Te propongo escuchar una canción titulada **"Manhã de Carnaval"** ("Mañana de carnaval"), también conocida como **"Black Orpheus"** ("Orfeo negro"). Es un tema clásico de la bossa nova, compuesto por Luiz Bonfà y Antônio Maria, que se incluyó en la banda sonora de la película *Orfeo negro*, galardonada con la Palma de Oro del Festival de Cannes en 1959. La bossa nova es un estilo nacido en la década de 1950 que aúna las armonías del jazz y los ritmos brasileños. Es una música muy dulce y sensual que va inseparablemente de la mano de la guitarra.

Son incontables las versiones de "Manhã de Carnaval" pero las de Baden Powell son siempre magníficas. Es un tema en modo menor muy melancólico que se presta bien a la guitarra en solitario: Baden Powell no duda, además, en alargar las frases, tomarse su tiempo, acelerar o ralentizar el tempo Si escuchas varias versiones suyas, naturalmente reconocerás la canción, aunque también te darás cuenta de hasta qué punto improvisa libremente, algo que hace que su música sea apasionante.

Semana 16

¡Hemos llegado a la última semana de ejercicios de este libro! Aprovecharemos esta oportunidad para revisar puntos importantes y desarrollar ejercicios de autonomía que nos permitan comprobar tu autonomía y te sirvan de pista para trabajar en solitario y crear tus propios acompañamientos. Al final de la semana estudiaremos un nuevo aspecto esencial de la guitarra: los *bend*.

Lunes

Ya llevas varias semanas trabajando los acordes con cejilla. Espero que, llegados a este punto, no te causen demasiados problemas. Si aún persisten ciertas dificultades, no te preocupes, es totalmente normal y pronto desaparecerán si has seguido mis consejos.

Me gustaría comenzar la lección de hoy con un pequeño resumen.

Existen cuatro formas de acordes mayores y menores con cejilla:

» Los acordes mayores con cejilla cuya fundamental se sitúa en la cuerda de mi grave:

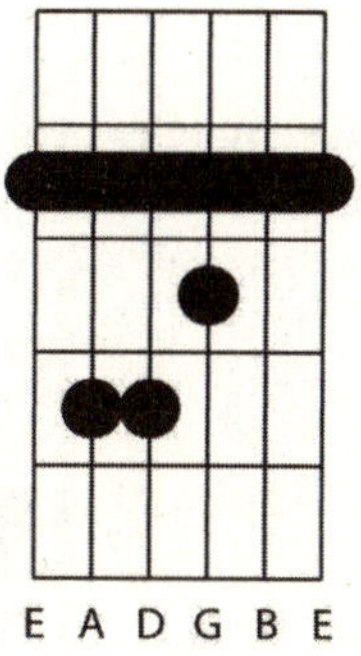

» Los acordes menores con cejilla cuya fundamental se sitúa en la cuerda de mi grave:

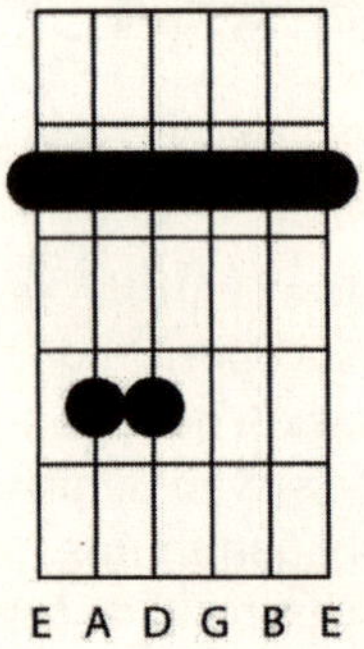

» Los acordes mayores con cejilla cuya fundamental se sitúa en la cuerda de la:

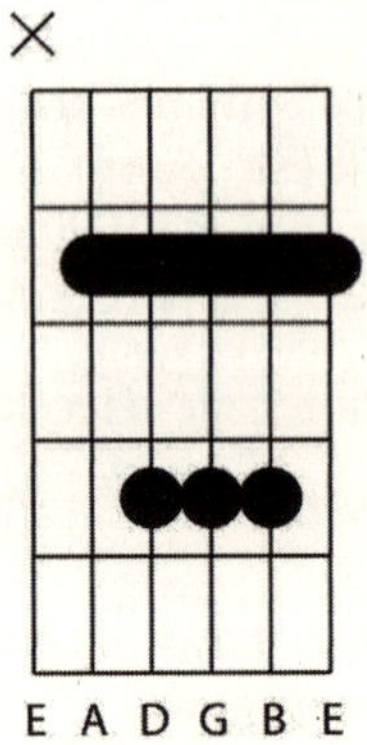

» Los acordes menores con cejilla cuya fundamental se sitúa en la cuerda de la:

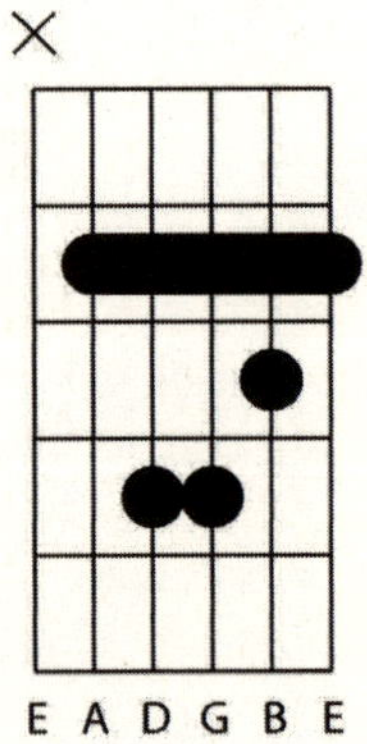

Observa que, entre dos posiciones (mayor y menor) cuya fundamental se sitúa en la misma cuerda, solo cambia una nota, la tercera del acorde, que indica si este es menor o mayor.

Para comprobar lo que has aprendido, en la siguiente secuencia de acordes con cejilla que te indico tendrás que descubrir las posiciones por tu cuenta, con una sola restricción: la fundamental de estos acordes debe situarse en la cuerda de mi grave. Los acordes son Am, B, C y Gm.

Respuesta:
La respuesta es el ejercicio 1, pero intenta averiguarla por tu cuenta antes de leerlo.

ESCUCHA

Ejercicio 1

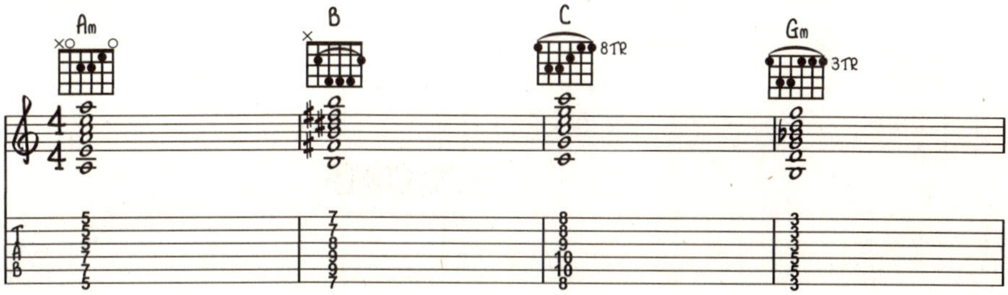

El mismo ejercicio pero con las fundamentales en la cuerda de la: Dm, Cm, B♭, E♭m.

Respuesta:
Está en el ejercicio 2.

ESCUCHA

Ejercicio 2

Parta terminar, un ejercicio en el que tendrás que elegir la forma de acorde con cejilla y las cuerdas sobre las que se situarán las fundamentales de esos acordes.

CONSEJO

No hay ningún requisito: la elección se puede hacer en función de tu facilidad para ejecutar una forma u otra de acorde (que suele ser el caso), o bien de la proximidad de las posiciones. En realidad, se suele dar preferencia a formas de acordes cercanos en lugar de los más alejados: C, A♭, G, Dm, Em, F, G, C.

Respuesta:
El ejercicio 3 es una sugerencia de lo que podrías hacer, pero no es la única posibilidad. ¡Experimenta!

ESCUCHA

Ejercicio 3

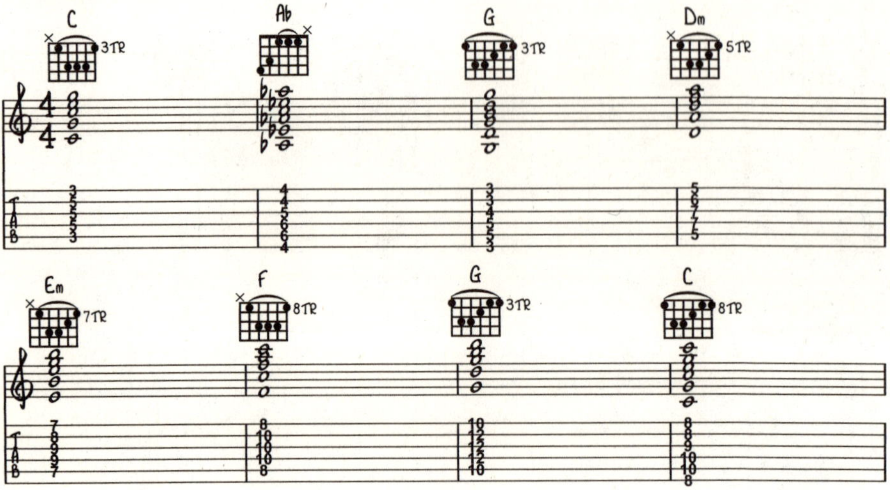

Martes

Hoy revisaremos los ritmos de acompañamiento rasgueados.

La secuencia de acordes será siempre la misma para los cuatro ejercicios. He escrito los ritmos de los dos primeros compases de cada ejercicio y tú tendrás que completar los dos siguientes, o bien preparando un ritmo coherente con los anteriores, o bien improvisando el ritmo a continuación.

El objetivo de este tipo de ejercicios es que aprendas a trabajar de forma autónoma los acompañamientos básicos para que puedas acompañar cualquier canción sencilla improvisando.

ESCUCHA

Ejercicio 1

Para empezar, un ejercicio simple con blancas, negras y corcheas.

Para este tipo de ejercicio, lo más importante es respetar los cuatro tiempos de cada compás. Un tiempo de más o de menos hace que la música se desequilibre. Repite cada ejercicio varias veces para acostumbrarte a encontrar nuevas ideas.

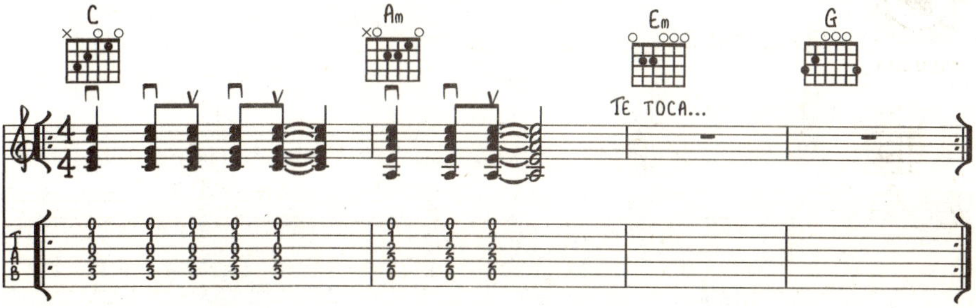

ESCUCHA

Ejercicio 2

La misma secuencia de acordes pero separando los bajos de cada uno de ellos:

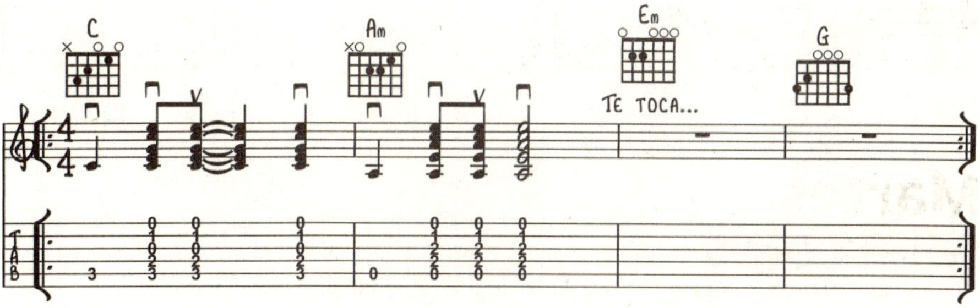

Ejercicio 3

ESCUCHA

Esta vez, intenta anticipar cada acorde (salvo el primero) una corchea antes para darle más impulso al acompañamiento:

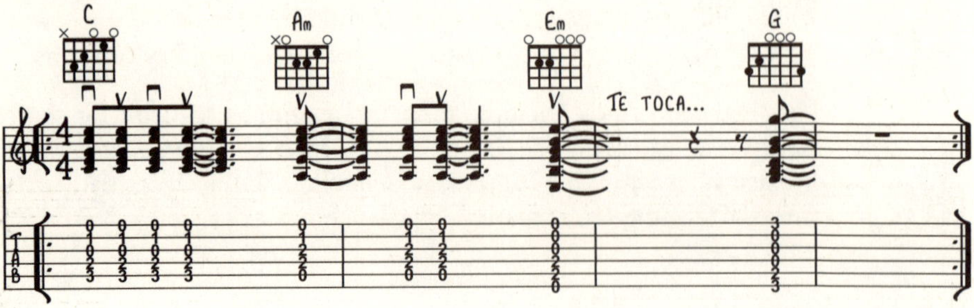

Ejercicio 4

ESCUCHA

Por último, intenta completar este ritmo formado por semicorcheas. Puedes usar los compases en blanco 3 y 4 para escribir tu ritmo y, de este modo, asegurarte de mantener los cuatro pulsos por compás. Además, escribir los ritmos es un buen ejercicio para comprenderlos y ejecutarlos mejor.

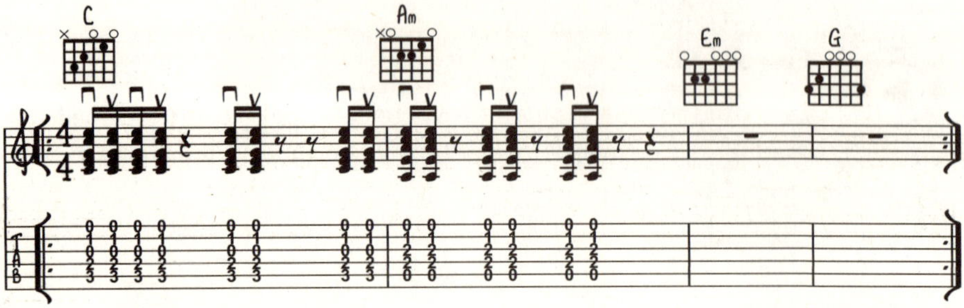

Miércoles

Después de los ritmos rasgueados, vamos con el otro modo de acompañamiento indispensable en la guitarra: los arpegios. Tócalos con la púa o los dedos (te aconsejo que uses los dos métodos); la dificultad de los arpegios es pulsar correctamente las cuerdas con la mano derecha.

ESCUCHA

Ejercicio 1

Unos arpegios sencillos como primer ejercicio, en los que solo tendrás que decidir si debes tocarlos hacia arriba o hacia abajo. Una vez más, puedes ejecutar estos ejercicios en bucle variándolos en cada ronda. Puedes incluso cambiar los acordes a tu gusto.

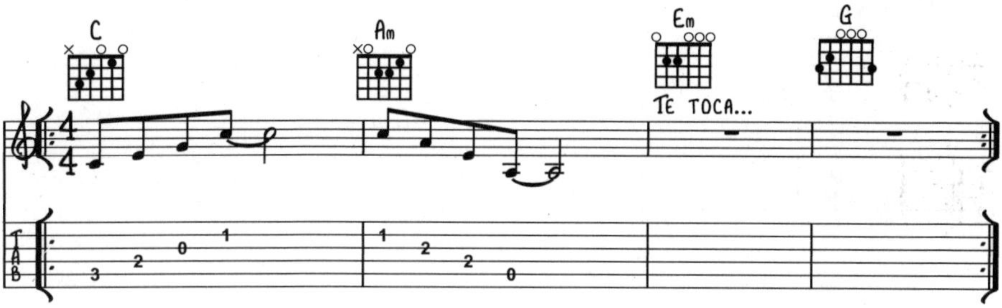

ESCUCHA

Ejercicio 2

Ahora debes realizar saltos de cuerda. Con los dedos resulta más fácil realizar este movimiento que con la púa, pero te aconsejo que lo hagas con ambos: nunca se sabe qué puede resultar más práctico al tocar una pieza.

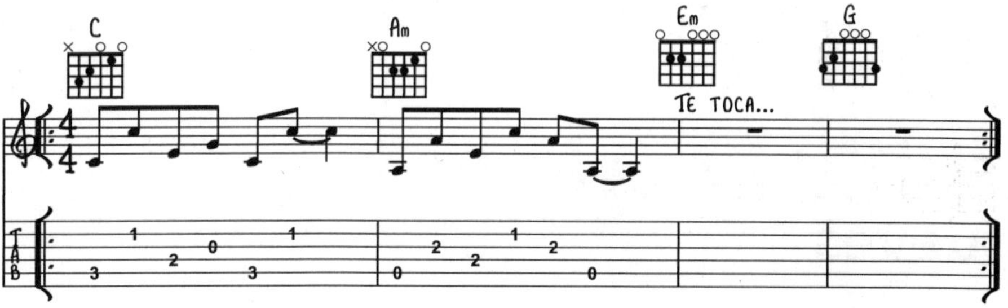

ESCUCHA

Ejercicio 3

En el ejercicio siguiente, tienes que tocar arpegios que contienen dos notas tocadas al mismo tiempo. Cada vez es más complicado tocar con púa, pero no imposible.

ESCUCHA

Ejercicio 4

Terminaremos con un tipo de arpegio que deberás tocar con los dedos porque algunas notas se tocan por parejas y, a veces, están muy separadas. Este ejercicio no es tan sencillo, recuerda que puedes reducir el tempo todo lo que necesites hasta que te encuentres cómodo.

Jueves

El último elemento nuevo que abordaremos en este libro afecta al fraseo de las melodías y los solos. Después de los arrastres (*slide*), los ligados ascendentes (*hammer-on*) y ligados descendentes (*pull-off*), veremos los *bend* (o notas dobladas o estiradas).

El *bend* es indisociable de la guitarra; es un efecto con el que este instrumento parece llorar en el blues y gritar en el rock. Resulta fácil de entender: basta con tocar una nota y después "doblar" la cuerda para estirarla (el término inglés *bend* significa eso, "doblar"), sin volver a pulsar la cuerda, hasta conseguir una nota nueva.

CONSEJO DEL PROFE

En una partitura, el *bend* se indica de dos maneras distintas según sea un pentagrama o una tablatura. En el pentagrama, se indica mediante dos líneas que forman un ángulo obtuso y unen dos notas. En la tablatura, solo se marca la primera nota, que va seguida de una flecha hacia arriba y un pequeño texto que indica la amplitud del *bend*:

- ½: medio tono más alto (equivalente a un traste).
- *Full*: un tono más alto (dos trastes).
- 1½: un tono y medio más alto (tres trastes), etcétera.

Aquí tienes un ejemplo de notaciones de *bend*:

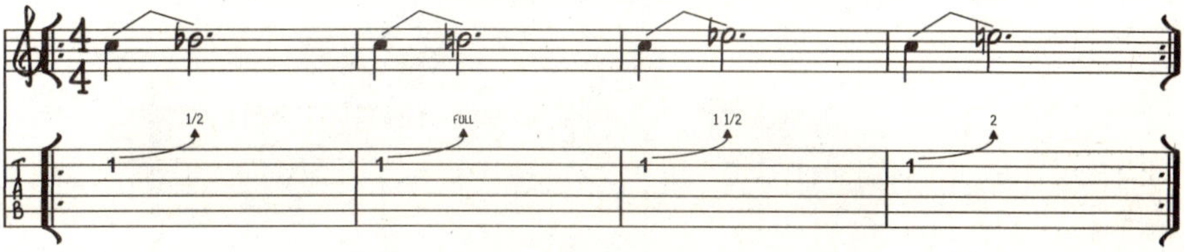

Te recuerdo que el *bend* es un tipo de ligadura, es decir, que solo hay que atacar la primera nota con la mano derecha; la segunda sonará según el efecto que aplique la mano izquierda.

Estirar una cuerda de la guitarra no es tan sencillo como parece. Las tres cuerdas agudas (las más finas) son las preferidas para realizar este efecto. Se puede hacer también con las cuerdas graves, pero es menos frecuente por resultar más difícil.

La posición de la mano izquierda debe respetar dos principios:

- En general, para hacer el *bend* se utiliza el dedo anular, a veces el medio, rara vez el meñique y casi nunca el índice. La razón es que, para empujar mejor la cuerda hacia arriba y estirarla, también se usan los dedos que preceden al dedo que pisa el traste en cuestión. De esta manera, se tiene mucha más fuerza y precisión para realizar el *bend.*
- Con frecuencia, para agarrar mejor el mástil de la guitarra, se pasa el pulgar de la mano izquierda por encima del mástil, lo cual ayuda a hacer palanca y estirar mejor la cuerda para realizar el *bend* sin forzar.

Las dos fotos siguientes ilustran un *bend* (antes/durante) sobre la cuerda de sol con el dedo anular. Observa que los dedos medio e índice pisan la cuerda junto al anular para ayudarlo, y que el pulgar se apoya encima del mástil para sujetarlo mejor.

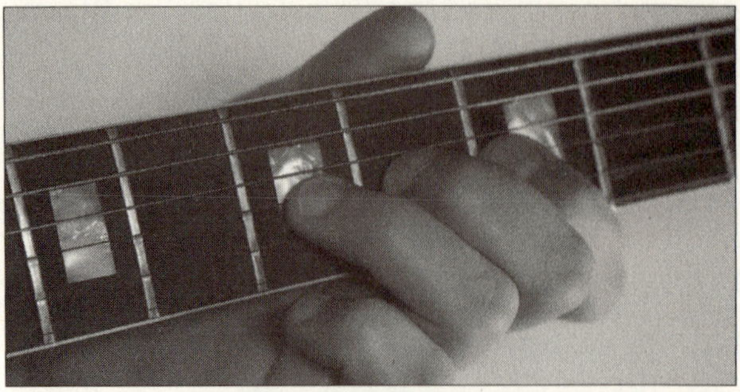

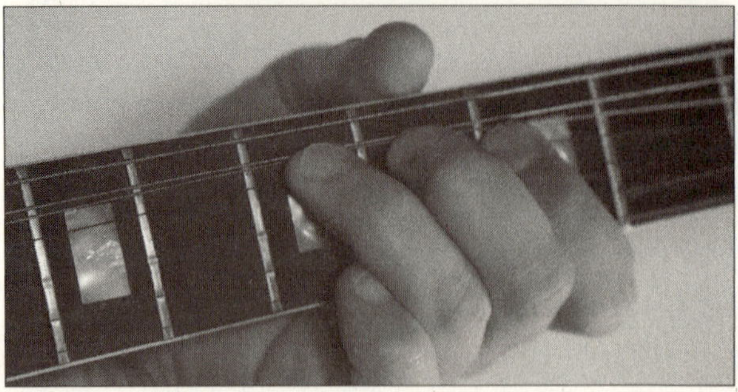

ESCUCHA

Ejercicio 1

Un primer ejercicio para practicar los *bend*. Al igual que hiciste con las cejillas, te recomiendo que sueltes las cuerdas entre dos *bend* para relajar los dedos. Utiliza el anular apoyado por los dedos índice y medio.

La principal dificultad de los *bend* es la precisión: hay que estirar la cuerda lo suficiente como para que la nota de llegada se corresponda exactamente con otra nota del diapasón.

ESCUCHA

CONSEJO

Ejercicio 2

Para trabajar la precisión, tengo el ejercicio perfecto: en el primer compás tocarás (sin *bend*) la nota de partida y la nota de llegada. En el segundo compás tocarás el *bend* prestando atención a subir hasta la segunda nota escuchada en el compás precedente.

Ten en cuenta que el primer *bend* es un semitono (1 traste) y el segundo es de un tono (2 trastes).

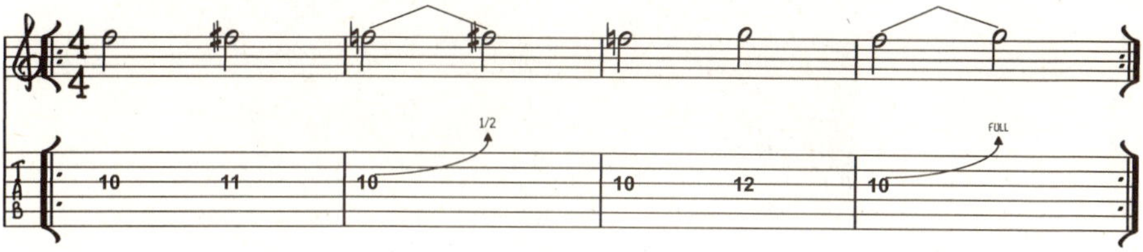

ESCUCHA

Ejercicio 3

Seguimos con el mismo ejercicio para trabajar la precisión, pero ahora tendrás que cambiar de cuerda en cada *bend*, prestando siempre atención a la amplitud (un semitono o un tono).

ESCUCHA

Ejercicio 4

Para terminar esta introducción a las cuerdas estiradas, vas a tocar los dos mismos *bend* (el primero de un semitono y el segundo de un tono), pero cambiando de dedo cada vez para que sientas las diferencias y que tus dedos se acostumbren a hacer este movimiento. Acuérdate de ayudarte con los dedos que preceden a aquel que toque la primera nota.

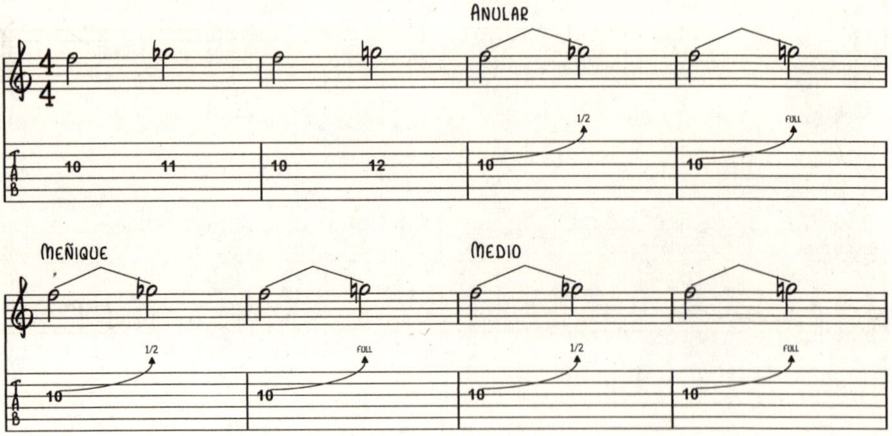

Viernes

Continuaremos hoy con los *bend* y los incluiremos en melodías o, especialmente, en solos, puesto que ahí es donde ganan popularidad entre los guitarristas. Observarás también que las cuerdas estiradas se tocan con más frecuencia en los agudos (la parte alta del diapasón). Hay dos razones para ello: primero, los solos de guitarra suelen tocarse con notas agudas para destacar por encima de los demás instrumentos en el momento adecuado. En segundo lugar, las cuerdas son mucho más flexibles en el centro (entre la cejuela y el puente), lo que facilita mucho los *bend* y permite realizarlos con una mayor amplitud (¡hasta 3 tonos!).

ESCUCHA

CONSEJO

Ejercicio 1

Un ejercicio sencillo en la zona del traste duodécimo. A riesgo de repetirme: ten cuidado con la amplitud del *bend* para no dar una nota incorrecta. Puedes preparar el ejercicio tocando la nota de partida y la de llegada (como ayer) para escuchar bien cómo debe sonar cada nota y no equivocarte.

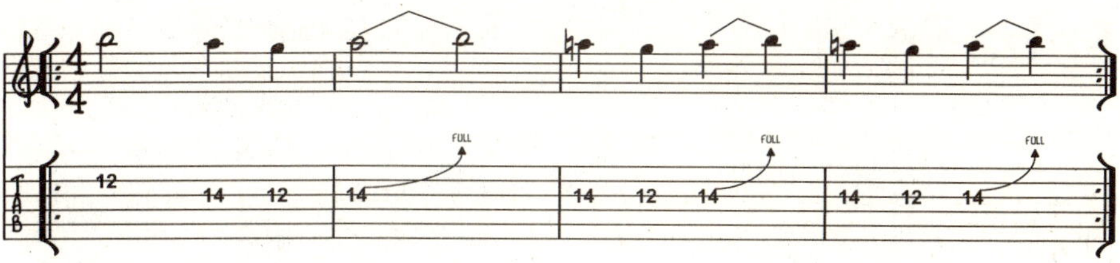

ESCUCHA

Ejercicio 2

Otro ejercicio melódico bastante simple que incluye *bend*:

ESCUCHA

INFORMACIÓN TÉCNICA

Ejercicio 3

Es muy frecuente, cuando se trata del *bend,* estirar la cuerda hacia arriba como hemos hecho hasta ahora, pero también hacer que descienda de nuevo sin volver a pulsar la cuerda. Los angloparlantes llaman a esto *reverse bend* (el *bend* a la inversa). En una tablatura, verás la flecha que sube y luego desciende hasta la primera nota. Aquí tienes un ejemplo:

ESCUCHA

Ejercicio 4

Otro ejercicio que incluye *reverse bend*:

Sábado

Para la última pieza del libro, he querido subir un poco el listón combinando varias dificultades. Ya tienes todas las claves para tocar bien. Antes de empezar, te propongo dos pequeños ejercicios para practicar y comenzar con más serenidad.

En la pieza encontrarás arpegios más o menos complejos, acordes rasgueados y un pequeño solo.

ESCUCHA

Ejercicio 1

En la parte de los arpegios, hay dos compases que se tocan con los dedos que son un poco más delicados. Encontrarás un acorde extraño que no hemos estudiado: G/B o sol mayor con bajo en si. Se trata de un acorde de sol mayor cuya nota más grave es la nota si, algo que viene bien, porque es la segunda nota grave del acorde de sol abierto; ¡la posición de los dedos no cambia! Este tipo de acordes se utiliza para crear movimientos de bajo. Si observas (y escuchas) atentamente estos dos compases, verás que el bajo comienza por un do, luego un si y, después, un la: desciende. Al mismo tiempo, la nota aguda de los acordes empieza por un do, luego un re y después un mi, es decir, sube. Este efecto contrario, bajos/agudos, aporta un bonito color al acompañamiento.

Además del acorde nuevo, las dificultades de este pasaje son la continuidad de los arpegios (hay que encadenarlos sin interrupción) y el hecho de que es preciso mover los dedos de la mano derecha una cuerda más alta (más aguda) para tocar en el la menor. Aquí tienes el pasaje:

Otra dificultad de esta pieza reside en la parte del solo. He agregado varios tipos de ligadura: ligados ascendentes, descendentes, arrastres y *bend*. Ten cuidado para identificarlos correctamente: conforman la riqueza y los detalles de una frase musical.

Ejercicio 2

ESCUCHA

Tomemos, por ejemplo, los dos primeros compases: la tercera nota está ligada a la cuarta con un ligado descendente *(pull-off)*, luego vas hacia un *bend* de un semitono en el séptimo traste (re) que continúa con un *release bend*. La proximidad de estos dos tipos de ligadura hace que sea más complicado ejecutar la frase, pero no hay ninguna razón para que no lo logres.

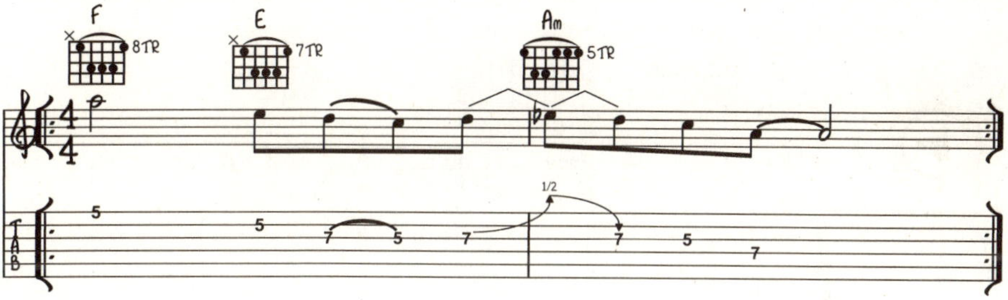

Ejercicio 3

ESCUCHA

¡Aquí tienes la pieza! Como de costumbre, escúchala atentamente antes de tocarla. Presta atención a las repeticiones (las dobles barras verticales con dos puntos) que te indican las partes que se repiten una vez. Por último, en la parte del solo, he añadido los acordes de acompañamiento para que entiendas la progresión de la pieza. También escucharás un acompañamiento en esta parte de la pista de audio.

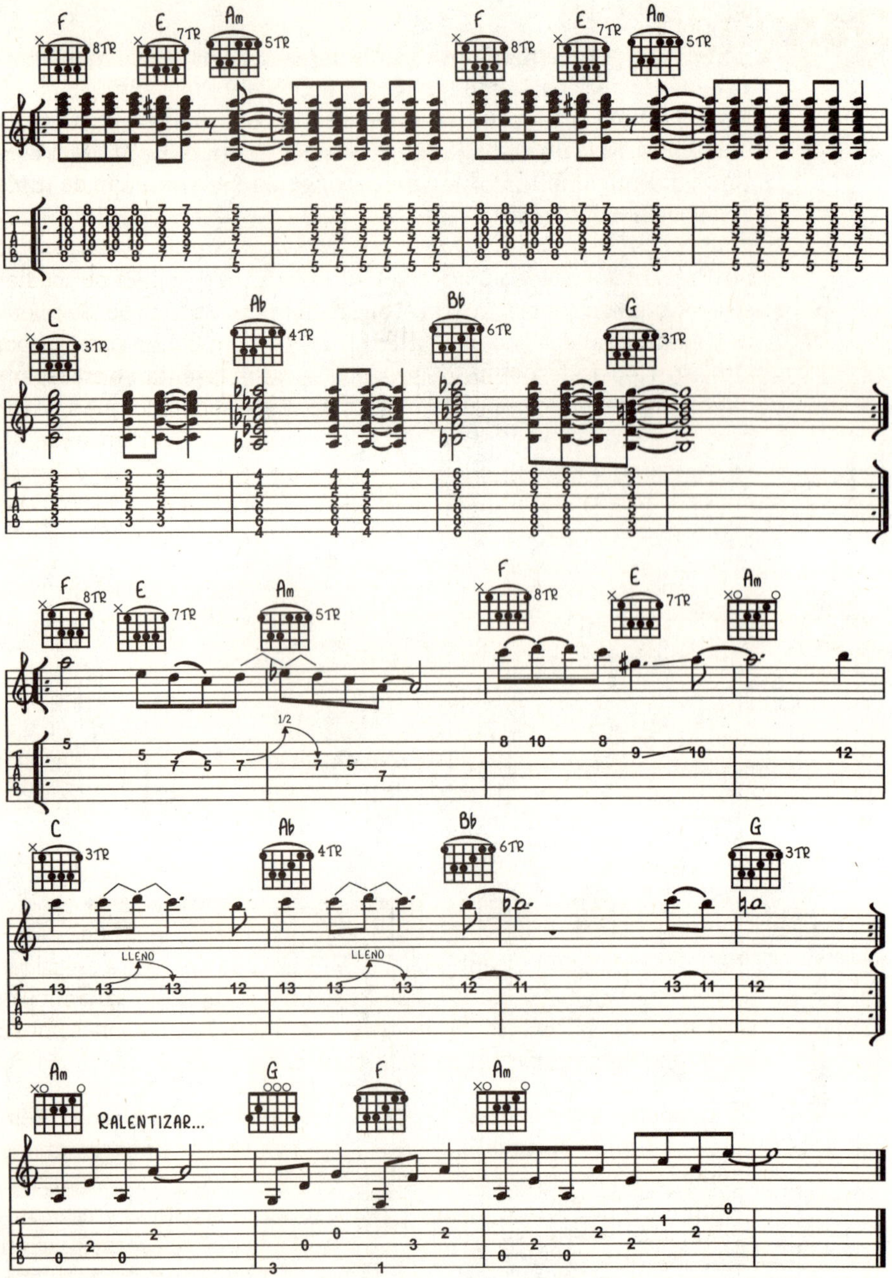
F
8TR
E
7TR
Am
5TR
C
3TR
Ab
4TR
Bb
6TR
G
1/2
LLENO
RALENTIZAR...

Domingo

Para la última sesión de audición del libro, te propongo descubrir (o redescubrir) a un gigante de la guitarra: **Django Reinhardt**. Nacido en 1910 y fallecido en 1953, Django fue un genio de la guitarra de jazz y creador del *jazz manouche* (también conocido como *Gipsy Jazz* o jazz gitano). Era un gran seductor, un jugador empedernido y la fiabilidad no era su mejor cualidad; no resultaba extraño que Django no acudiese a tocar en un concierto para el que había sido contratado. Su talento y su musicalidad, no obstante, hicieron que muchos pasaran por alto este tipo de desplantes. Su virtuosismo con la guitarra era legendario y sigue siendo impresionante, sobre todo sabiendo que solo tocaba ¡con dos dedos y medio! Como consecuencia de un incendio en su caravana, había perdido la movilidad del dedo meñique y de una gran parte del anular. Logró superar ese obstáculo desarrollando una técnica única, basada en sus propios acordes y digitación.

Se le conoce, sobre todo, por haber tocado en la orquesta del Hot Club de France con el gran violinista Stéphane Grappelli. Ellos dos formaban la quintaesencia del jazz francés.

La primera canción que me gustaría que escuchases es uno de los mayores éxitos de Django: **"Minor Swing"**, una canción sencilla pero magnífica que muchos guitarristas han trabajado. La improvisación de Django no es virtuosa en cuanto a la rapidez, pero cada frase está extremadamente bien construida y es muy cantable. Podrás escuchar un buen número de cuerdas estiradas, muy apreciadas por Django. El grupo está formado por tres guitarras, un contrabajo y un violín. Mientras Django o Stéphane Grappelli improvisan, se puede escuchar a los otros guitarristas tocar acordes en cada tiempo; a ese ritmo se le llama la *pompe* ("la bomba"). Es el modo de acompañamiento característico del jazz gitano, que permite, entre otras razones por su aspecto rítmico, paliar la ausencia de batería.

Otra canción muy conocida (quizás mi preferida) de Django Rein hardt se titula **"Nuages"**. Es una magnífica balada impregnada de nostalgia. En la versión más conocida, Django electrifica su guitarra (a diferencia de **"Minor Swing"**, donde toca una acústica) y toca junto a un pianista, un contrabajo y un batería, lo que se asemeja más a un grupo de jazz tradicional. Si bien la canción es lenta, Django improvisa frases fulgurantes y rápidas, aunque siempre melódicas. También arrastra algunos acordes, como para marcar sus improvisaciones. Django sigue siendo un guitarrista extremadamente respetado y, con frecuencia, imitado.

Recomiendo también la película de Woody Allen *Acordes y desacuerdos*, en la que el protagonista (Sean Penn) venera a Django Reinhardt y tiene como único objetivo tocar tan bien como él. La cinta está repleta de guiños al guitarrista y a su música.

3

Unos acordes muy útiles

EN ESTA PARTE . . .

Te propongo un pequeño diccionario de acordes indispensables para la guitarra. No es, desde luego, exhaustivo (no es el objeto de este libro), pero reúne una gran parte de los acordes que puedes encontrar con más frecuencia, sobre todo en pop y rock. Encontrarás acordes mayores, menores, de séptima dominante, de séptima mayor o séptima menor en las doce tonalidades: de do a si, pasando por todos los sostenidos y bemoles.

Cada acorde se presenta con una foto y un esquema. Para aquellos más avanzados en solfeo, se presenta también la naturaleza de cada nota del acorde. En pocas palabras, los acordes aquí presentes están formados por una fundamental, una tercera, una quinta y, a veces, una séptima. Aunque no tienes la obligación de estudiarlos con atención, puedes usar esta parte del libro como un pequeño diccionario de acordes para encontrar o comprobar los de las canciones que te gusten.

Los acordes de do (C)

CM

Fund. = C; 3.ª M = E; 5.ª = G

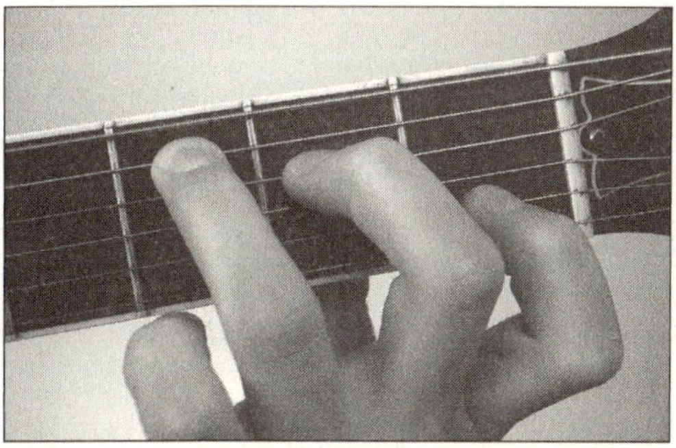

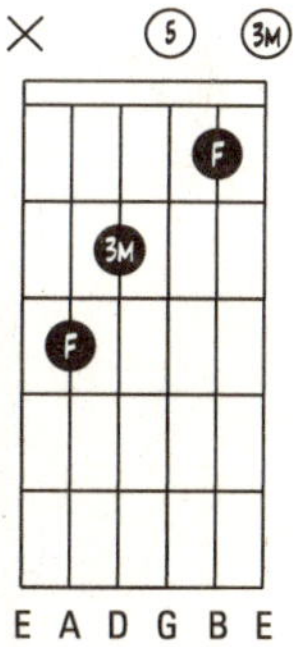

CM

Fund. = C; 3.ª M = E; 5.ª = G

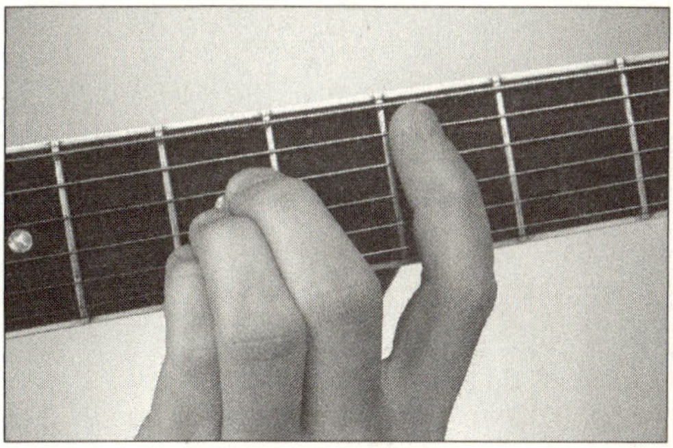

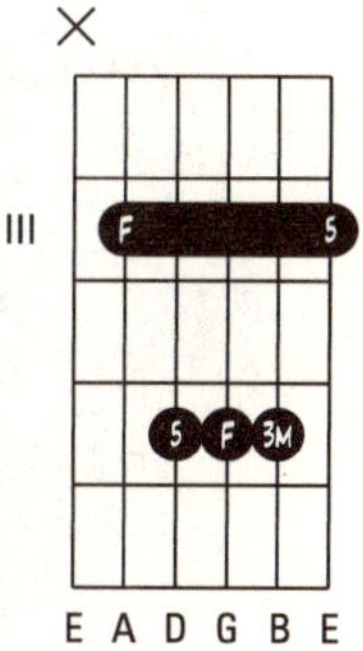

CM

Fund. = C; 3.ª M = E; 5.ª = G

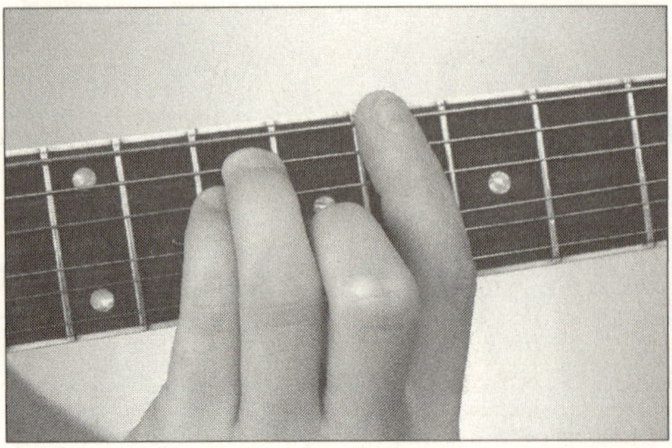
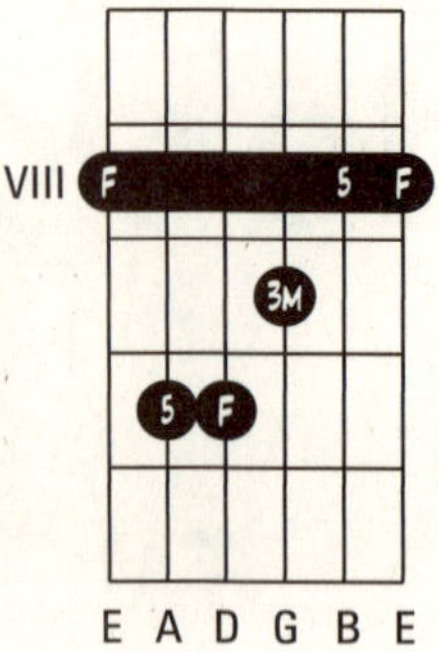

Cm (-)

Fund. = C; 3.ª m = E♭; 5.ª = G

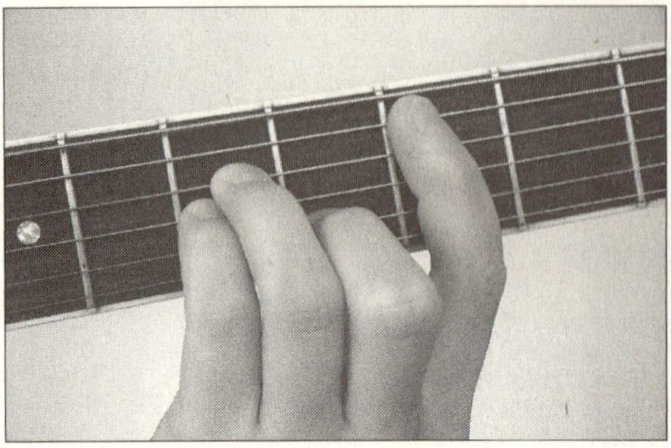
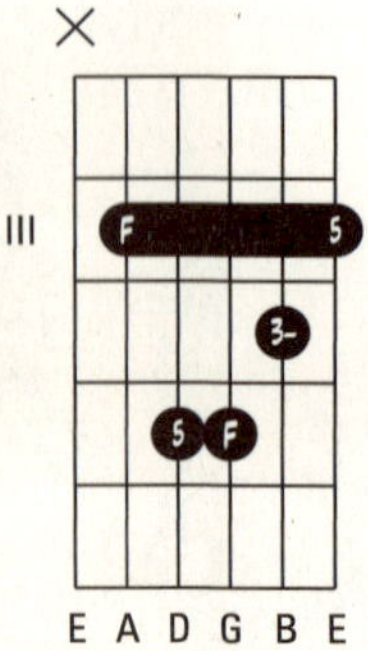

Cm (-)

Fund. = C; 3.ª m = E♭; 5.ª = G

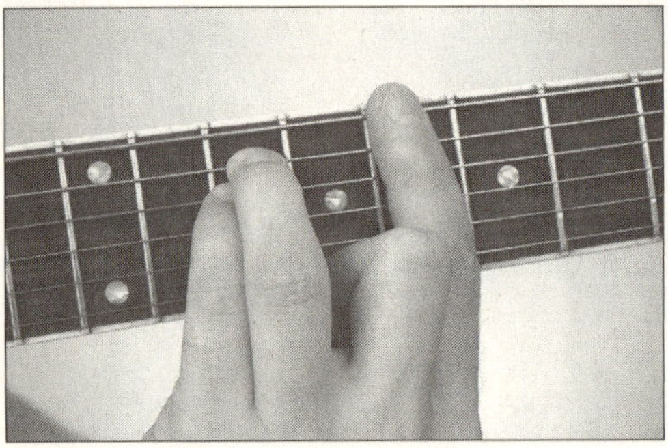
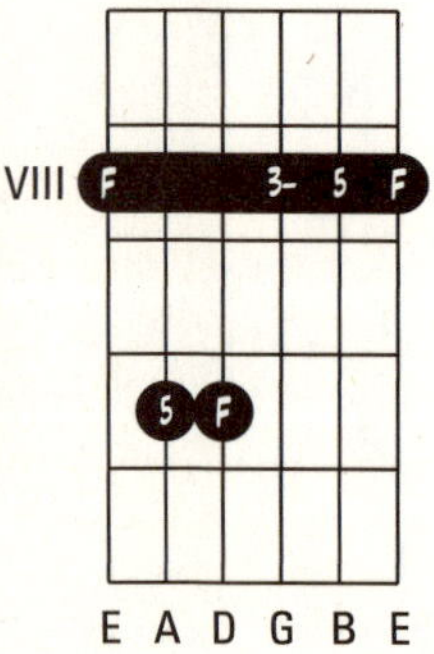

CM7 (7M, $^{\Delta}$)

Fund. = C; 3.ª M = E; 5.ª = G; 7.ª M = B

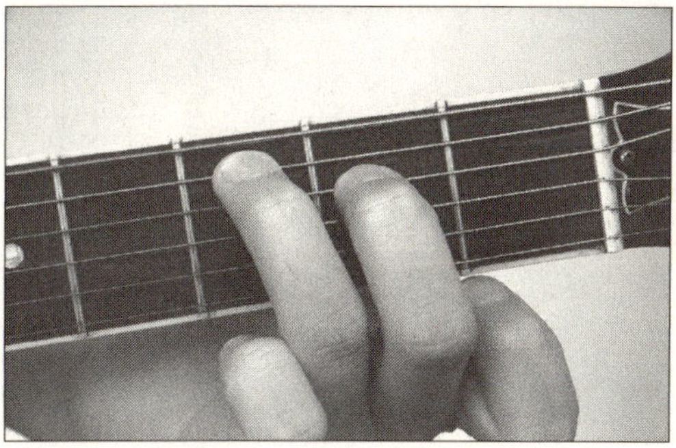

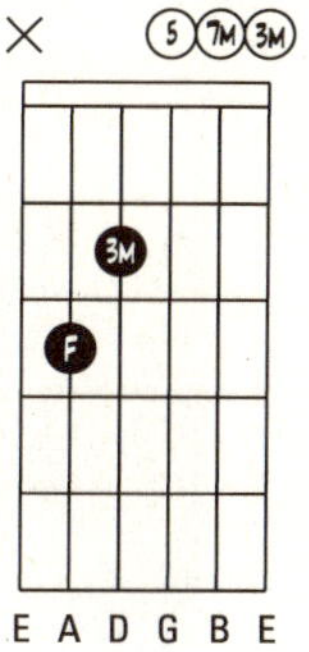

CM7 (7M, $^{\Delta}$)

Fund. = C; 3.ª M = E; 5.ª = G; 7.ª M = B

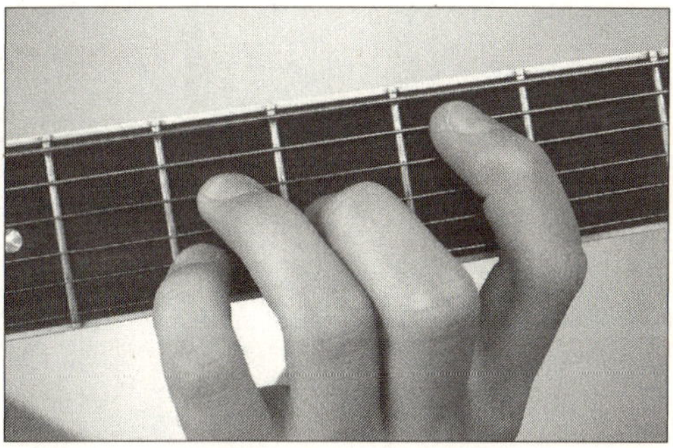

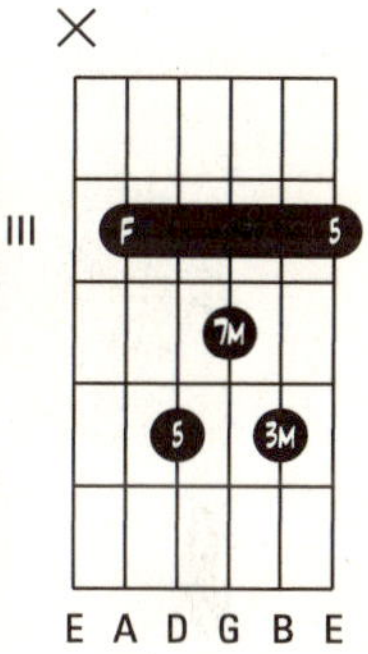

CM7 (7M, $^{\Delta}$)

Fund. = C; 3.ª M = E; 5.ª = G; 7.ª M = B

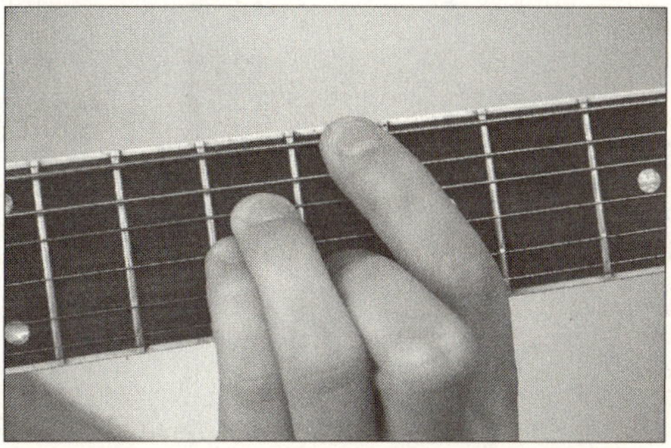

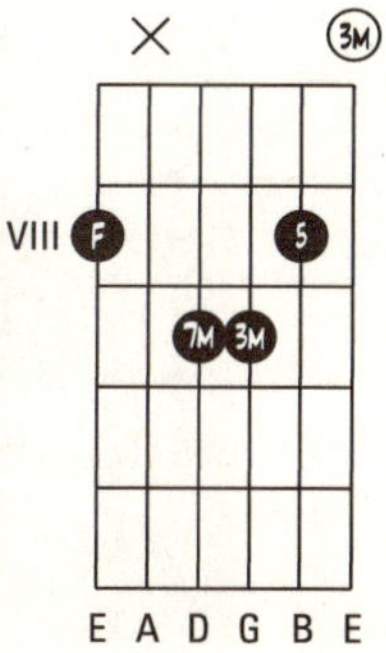

C7

Fund. = C; 3.ª M = E; 7.ª m = B♭

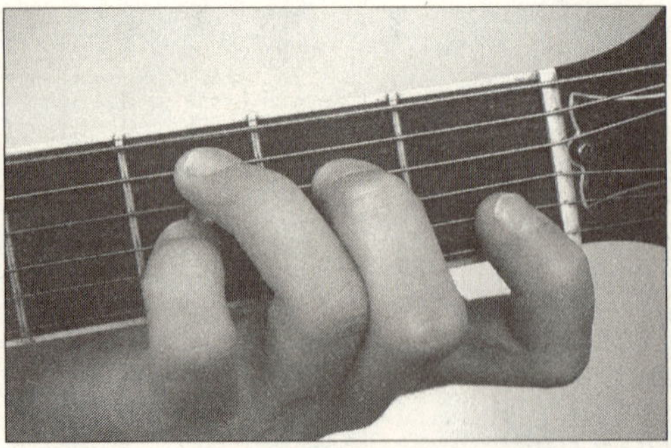

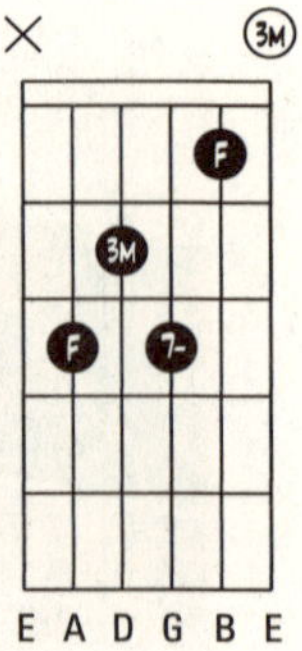

C7

Fund. = C; 3.ª M = E; 5.ª = G; 7.ª m = B♭

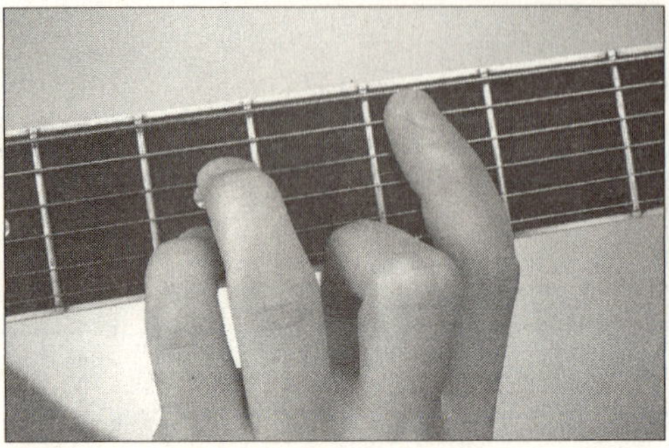

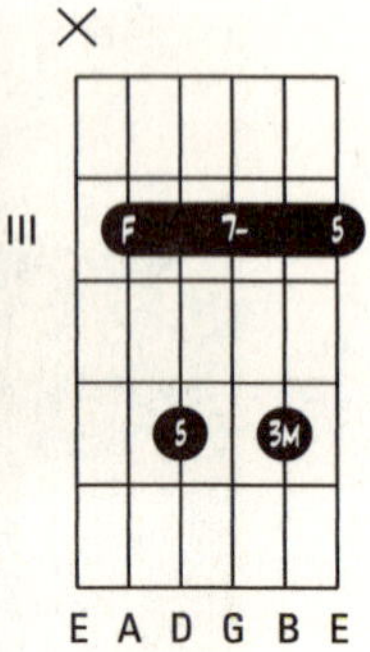

C7

Fund. = C; 3.ª M = E; 5.ª = G; 7.ª m = B♭

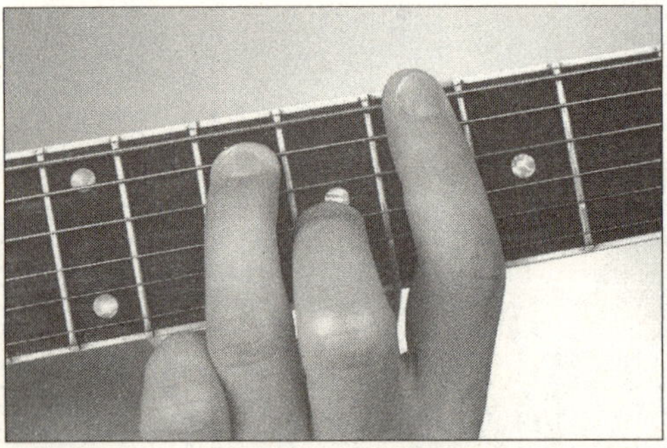

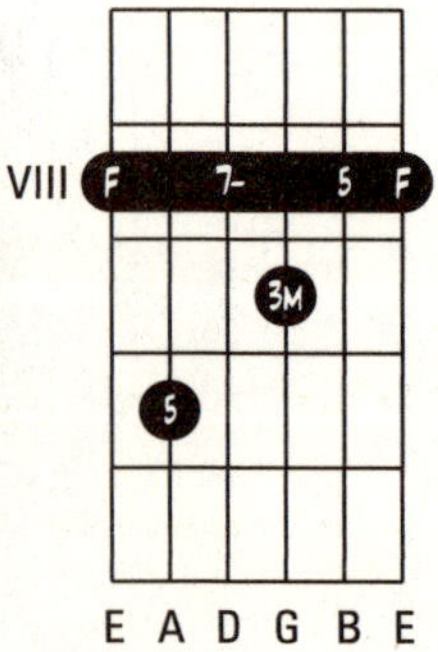

Cm7 (-7)

Fund. = C; 3.ª m = E♭; 5.ª = G; 7.ª m = B♭

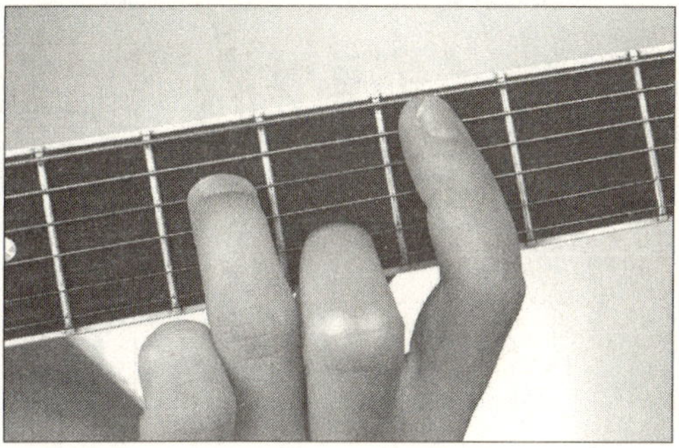

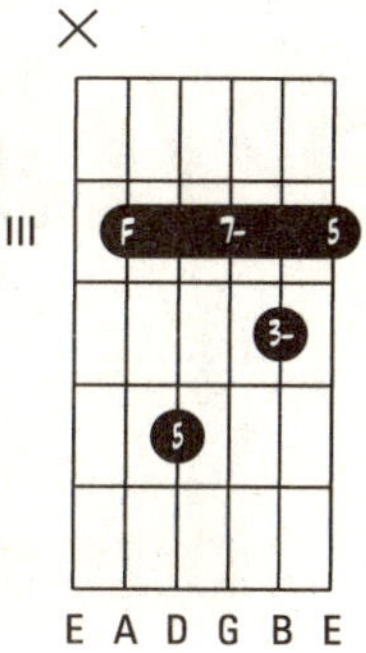

Cm7 (-7)

Fund. = C; 3.ª m = E♭; 5.ª = G; 7.ª m = B♭

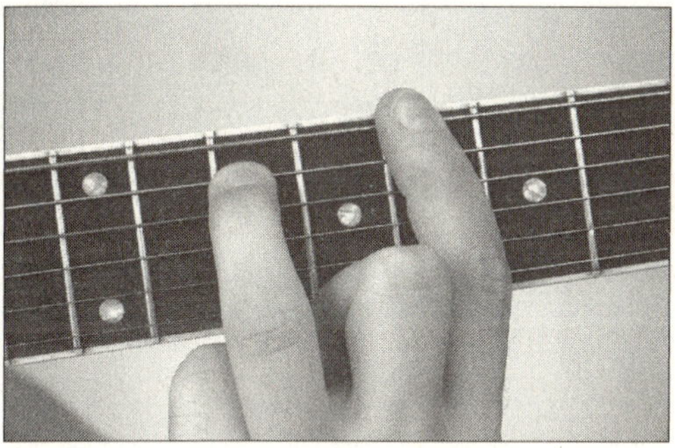

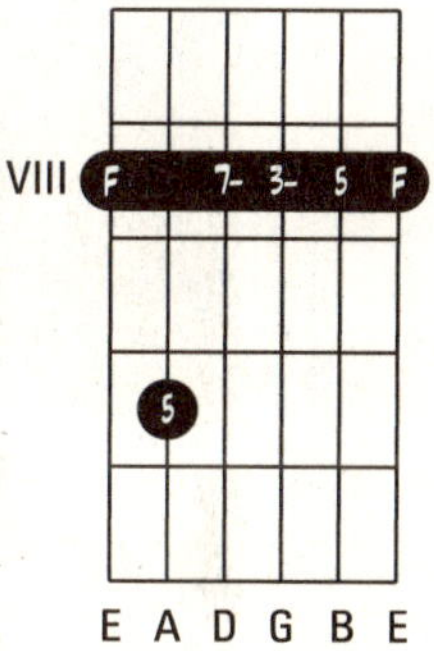

Los acordes de re♭/do♯ (D♭/C♯)

D♭/C♯M

Fund. = D♭; 3.ª M = F; 5.ª = A♭

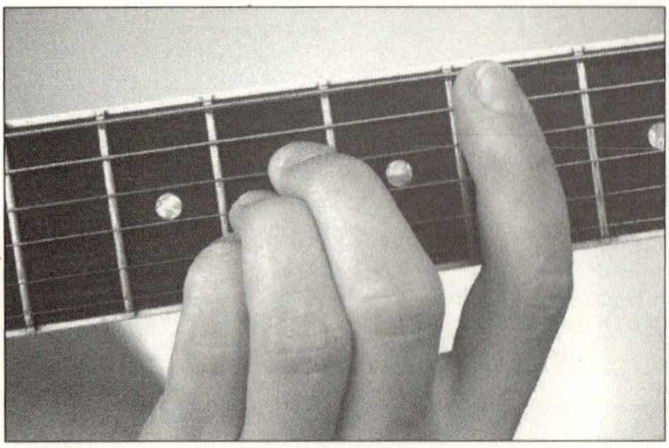

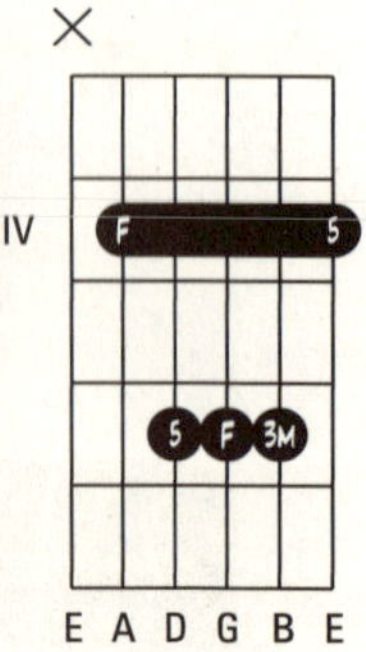

D♭/C♯M

Fund. = D♭; 3.ª M = F; 5.ª = A♭

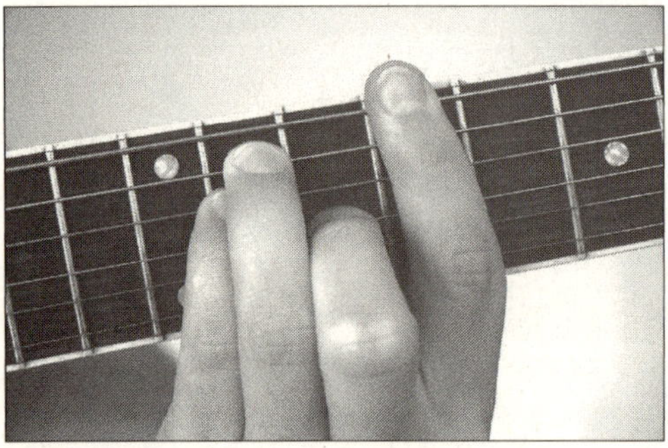

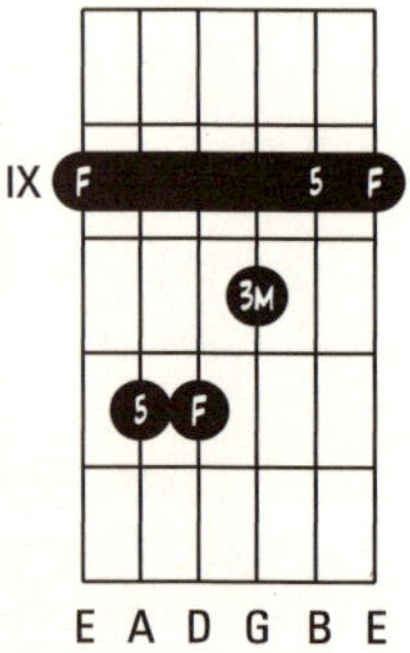

D♭/C♯ m (-)

Fund. = D♭; 3.ª m = F♭ (E); 5.ª = A♭

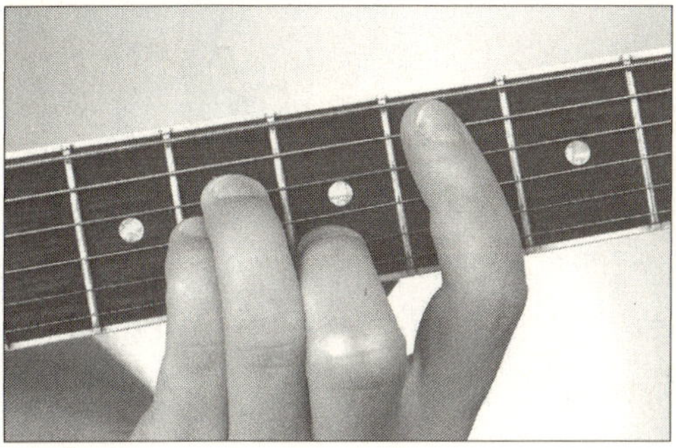

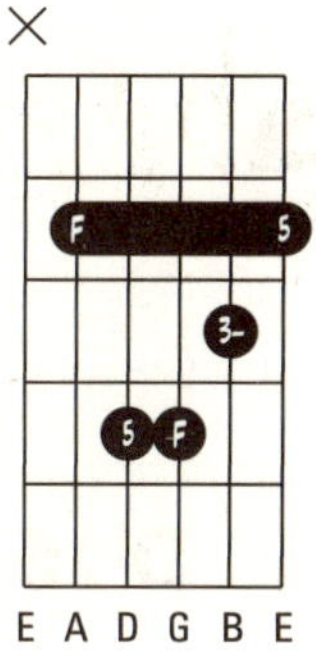

D♭/C♯ m (-)

Fund. = D♭; 3.ª m = F♭ (E); 5.ª = A♭

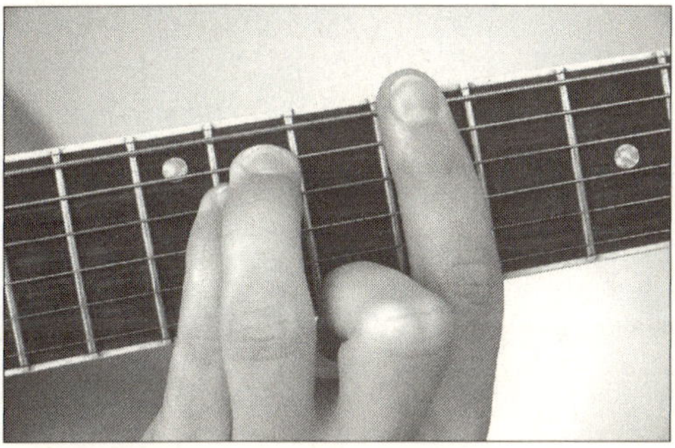

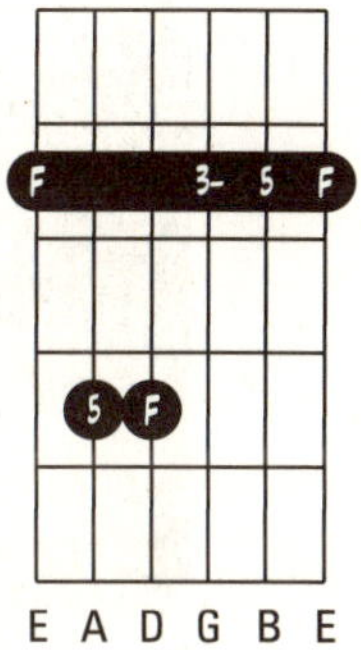

D♭/C♯ M7 (7M, Δ)

Fund. = D♭; 3.ª M = F; 5.ª = A♭; 7.ª M = C

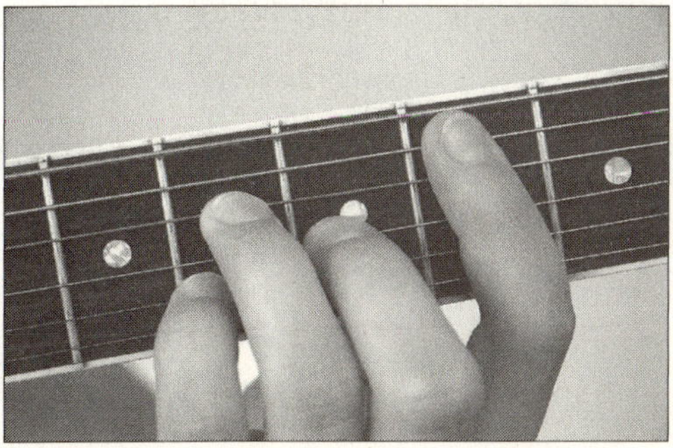

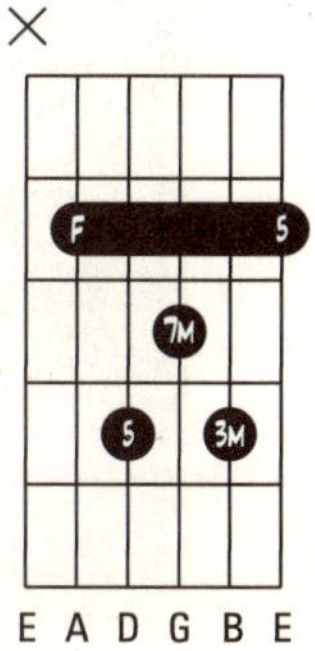

D♭/C♯M7 (7M, Δ)

Fund. = D♭; 3.ª M = F; 5.ª = A♭; 7.ª M = C

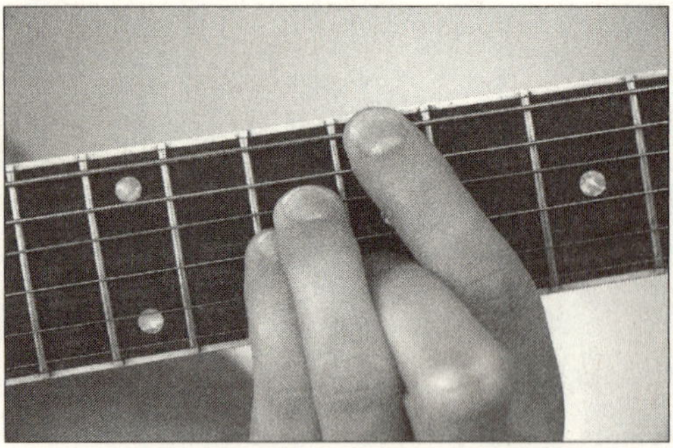

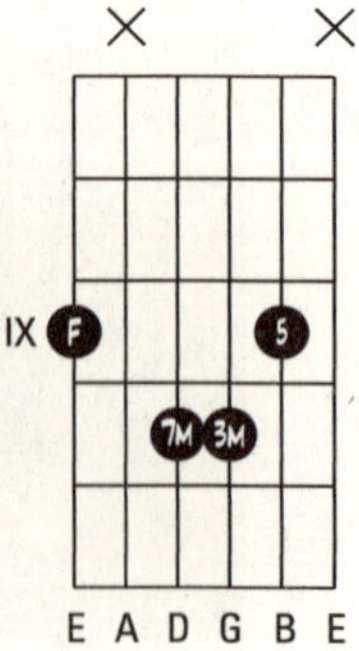

D♭/C♯7

Fund. = D♭; 3.ª M = F; 7.ª m = C♭ (B)

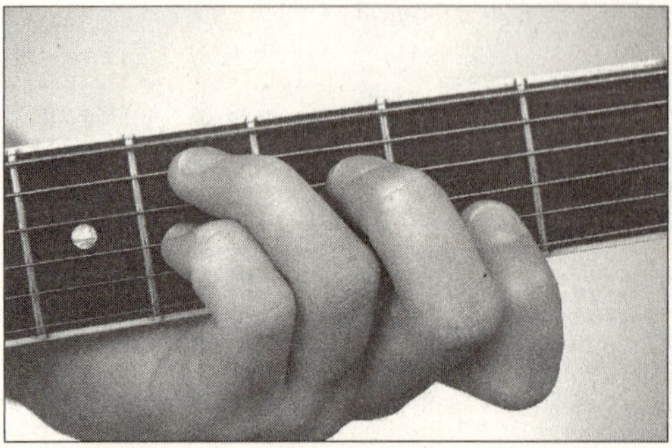

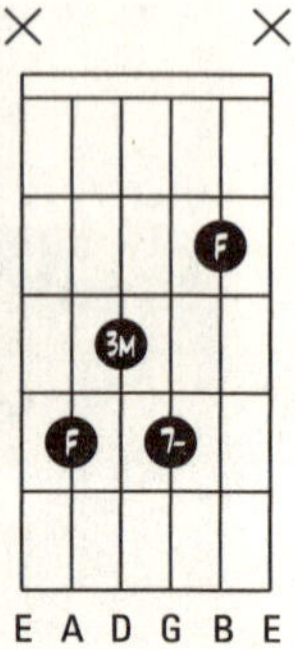

D♭/C♯7

Fund. = D♭; 3.ª M = F; 5.ª = A♭; 7.ª m = C♭ (B)

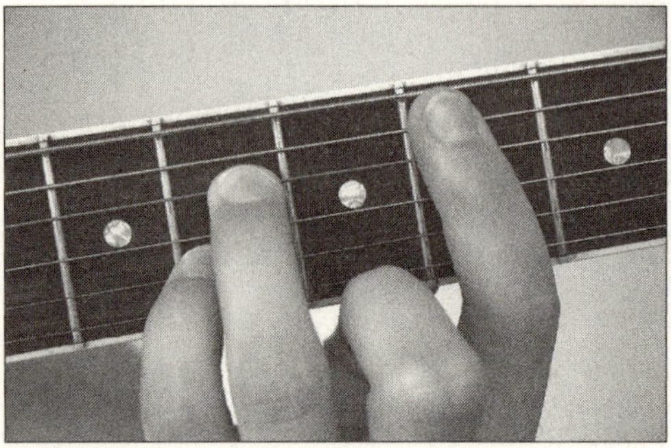

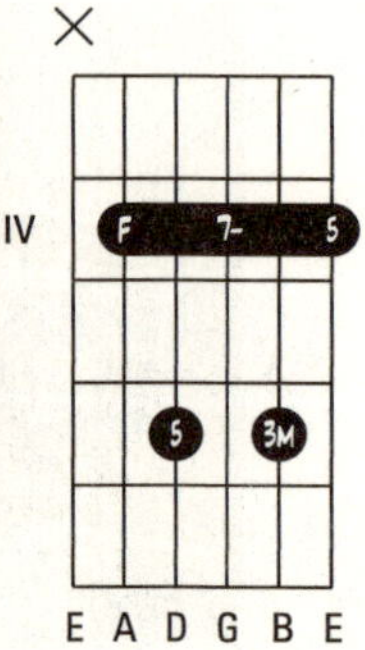

D♭/C♯7

Fund. = D♭; 3.ª M = F; 5.ª = A♭; 7.ª m = C♭ (B)

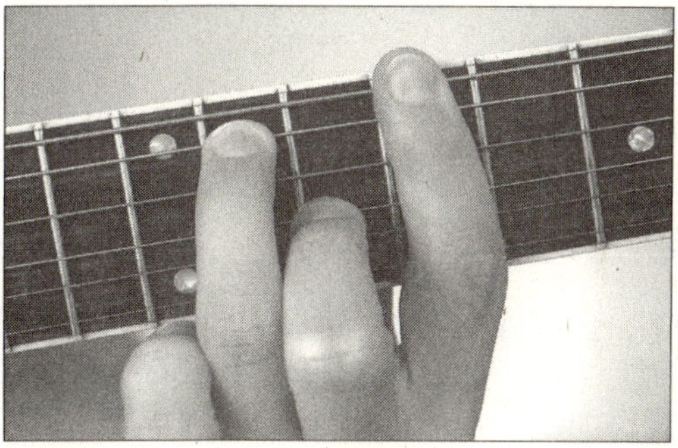

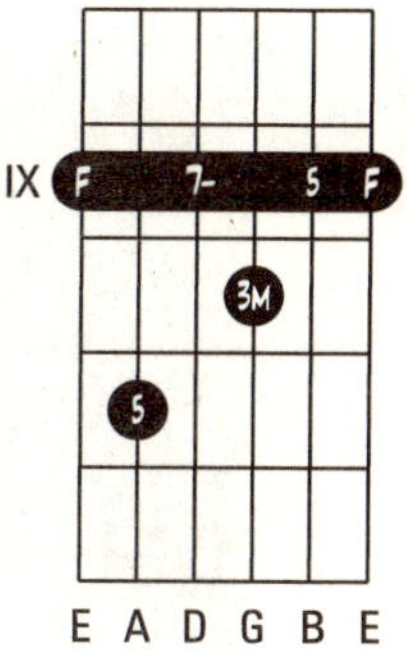

D♭/C♯m7 (-7)

Fund. = D♭; 3.ª m = F♭ (E); 5.ª = A♭; 7.ª m = C♭ (B)

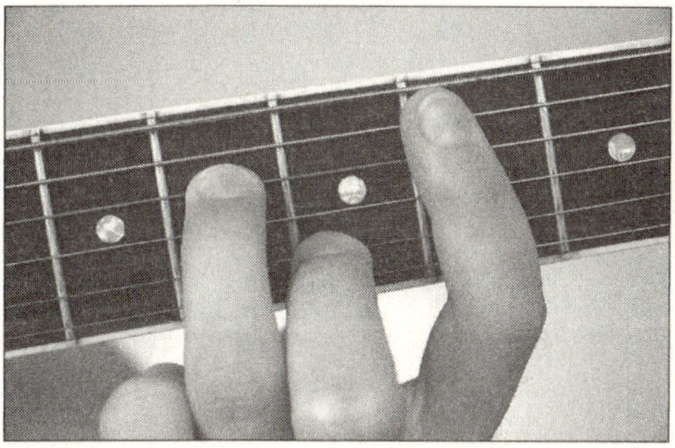

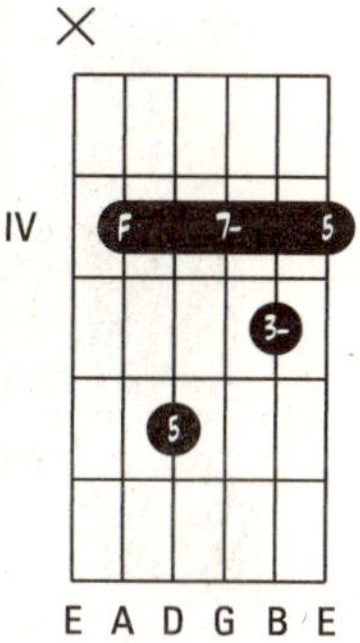

D♭/C♯m7 (-7)

Fund. = D♭; 3.ª m = F♭ (E); 5.ª = A♭; 7.ª m = C♭ (B)

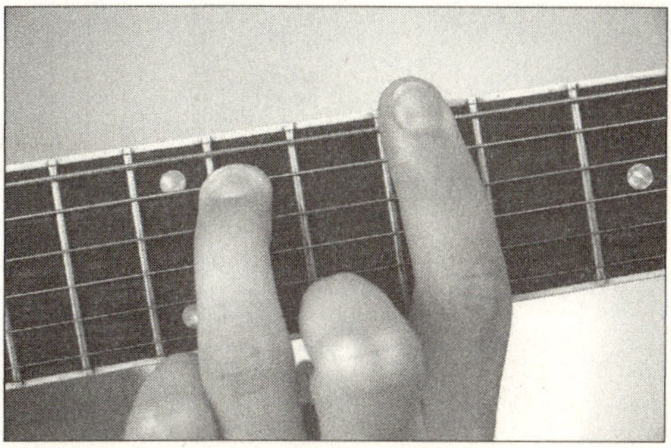

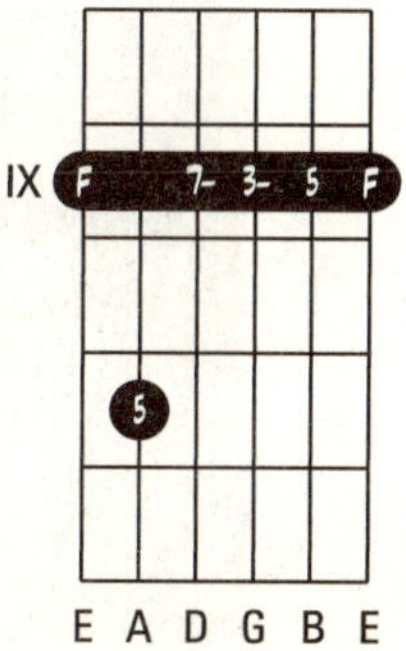

Los acordes de re (D)

DM

Fund. = D; 3.ª M = F♯; 5.ª = A

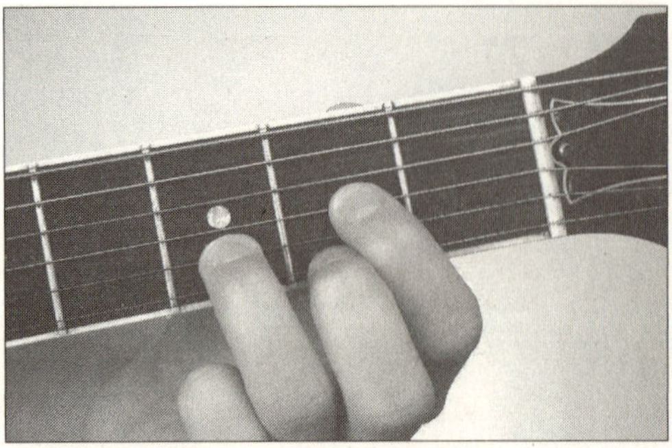

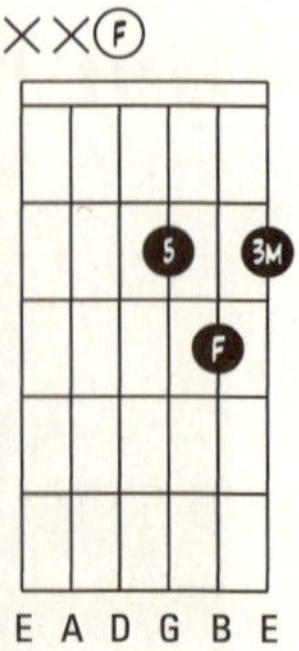

DM

Fund. = D; 3.ª M = F♯; 5.ª = A

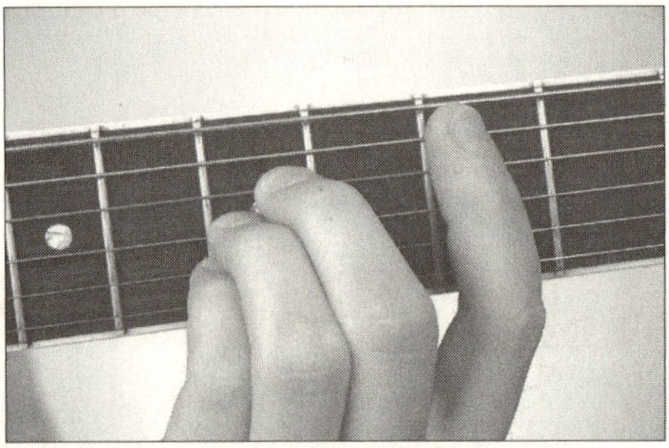

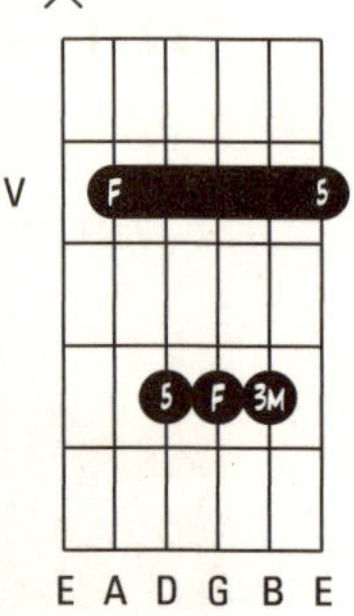

DM

Fund. = D; 3.ª M = F#; 5.ª = A

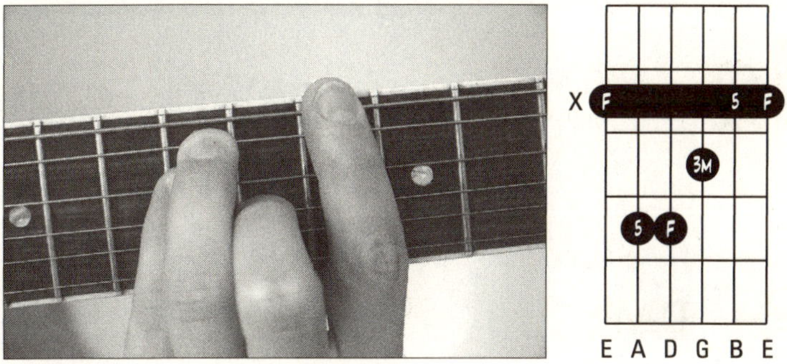

Dm (-)

Fund. = D; 3.ª m = F; 5.ª = A

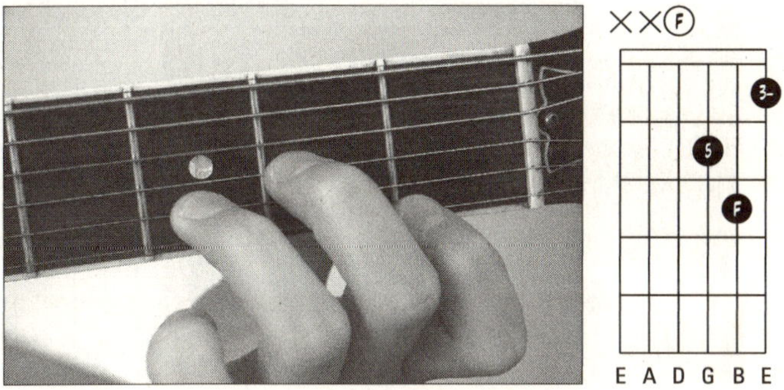

Dm (-)

Fund. = D; 3.ª m = F; 5.ª = A

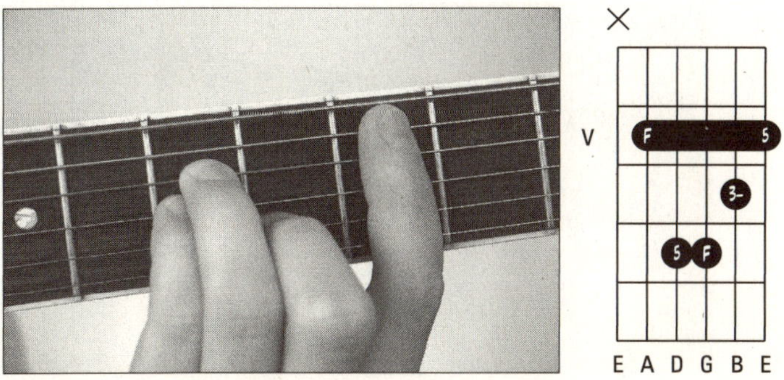

Dm (-)

Fund. = D; 3.ª m = F; 5.ª = A

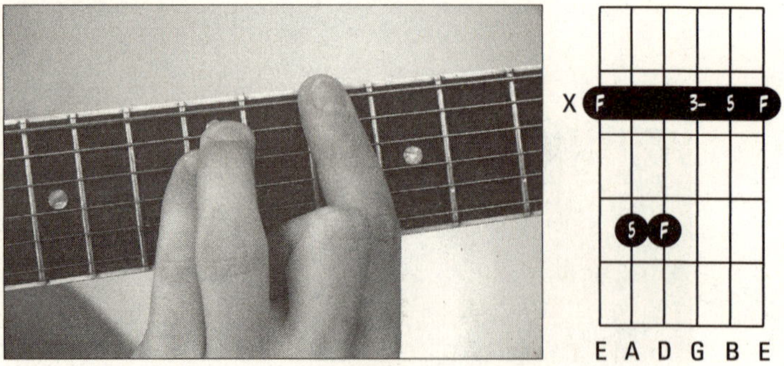

DM7 (7M, $^{\Delta}$)

Fund. = D; 3.ª M = F$^{\#}$; 5.ª = A; 7.ª M = C$^{\#}$

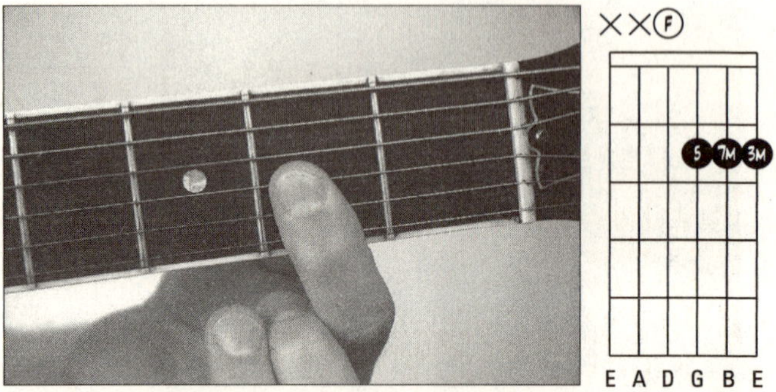

DM7 (7M, $^{\Delta}$)

Fund. = D; 3.ª M = F$^{\#}$; 5.ª = A; 7.ª M = C$^{\#}$

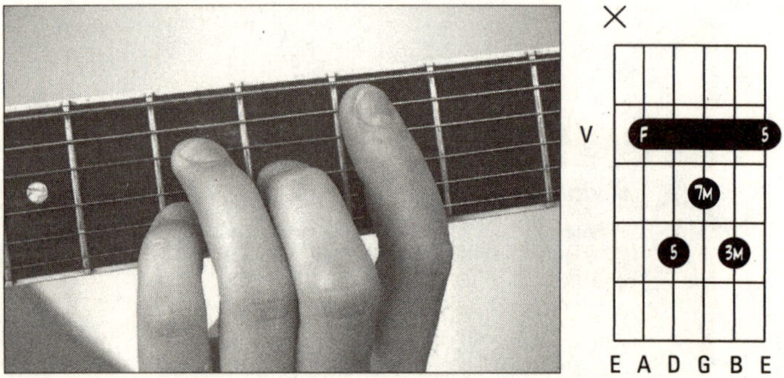

DM7 (7M, $^{\Delta}$)

Fund. = D; 3.ª M = F#; 5.ª = A; 7.ª M = C#

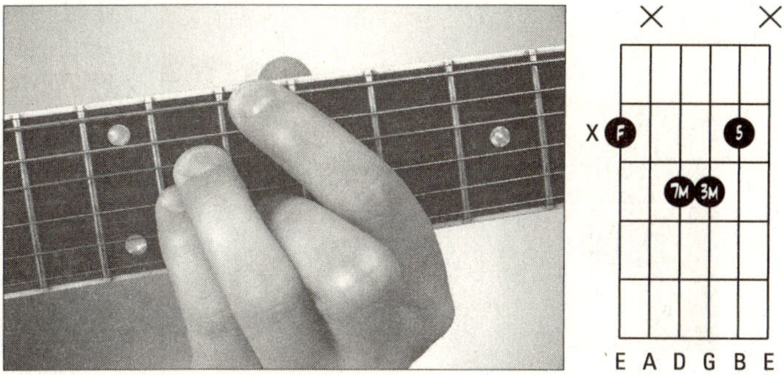

D7

Fund. = D; 3.ª M = F#; 5.ª = A; 7.ª m = C

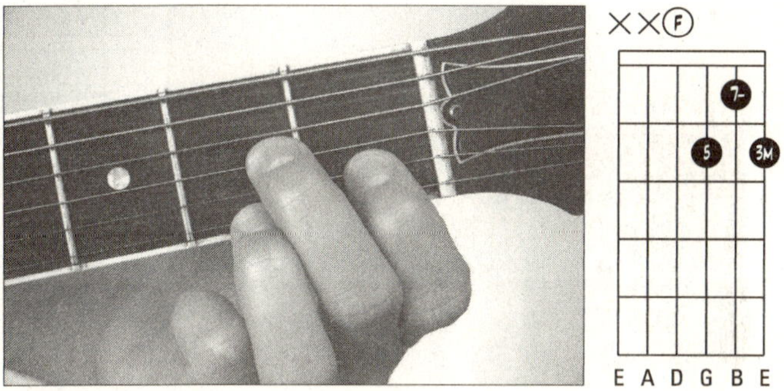

D7

Fund. = D; 3.ª M = F#; 7.ª m = C

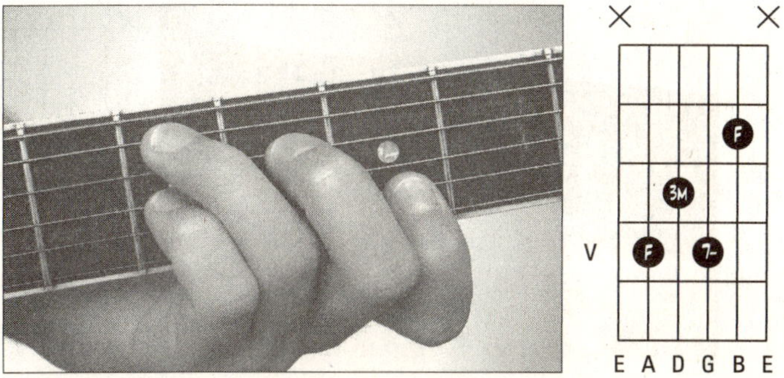

D7

Fund. = D; 3.ª M = F♯; 5.ª = A; 7.ª m = C

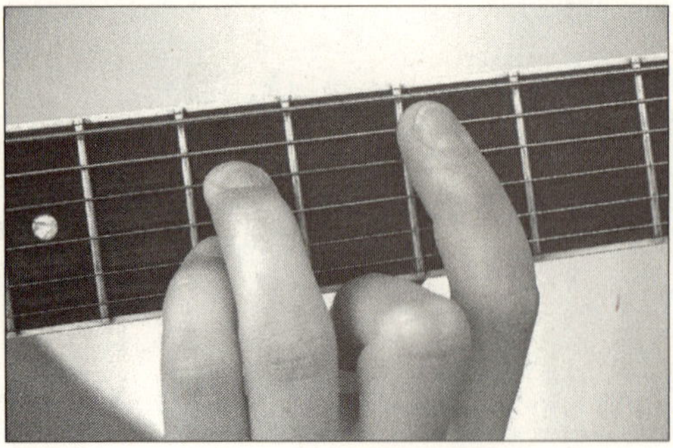

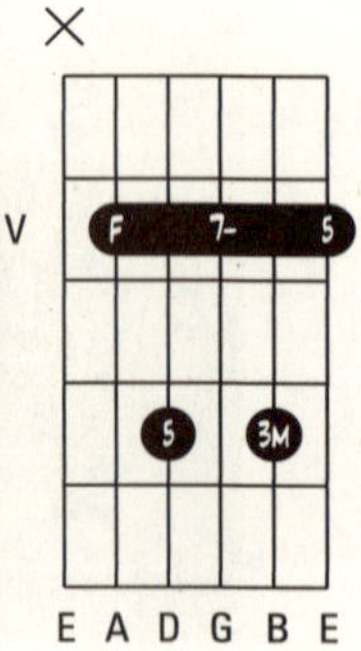

D7

Fund. = D; 3.ª M = F♯; 5.ª = A; 7.ª m = C

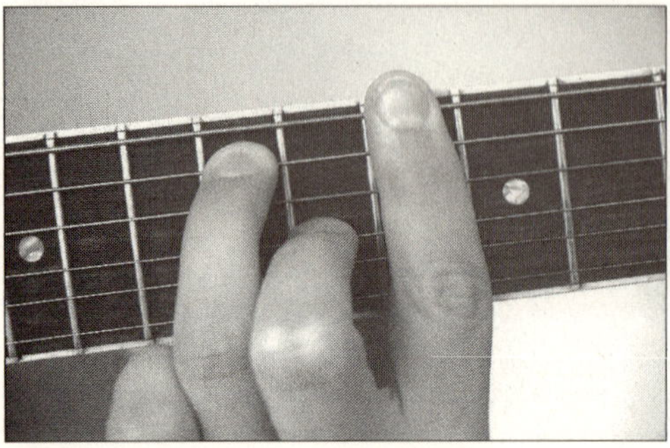

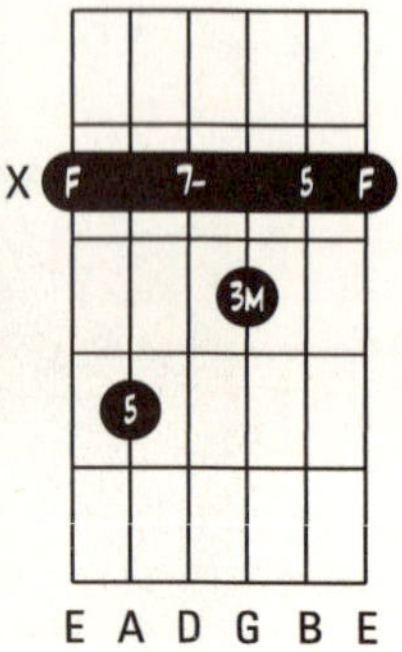

Dm7 (-7)

Fund. = D; 3.ª m = F; 5.ª = A; 7.ª m = C

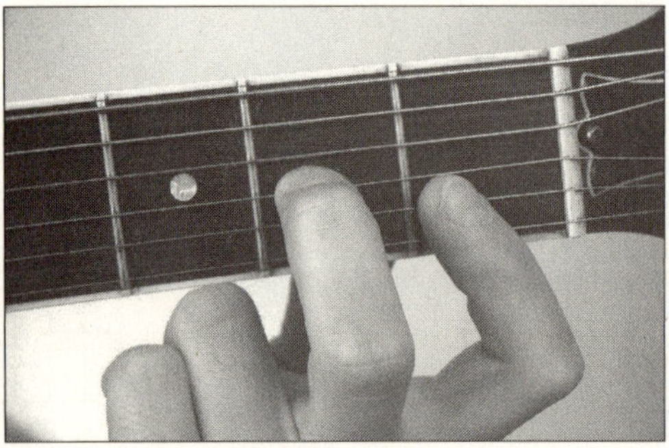

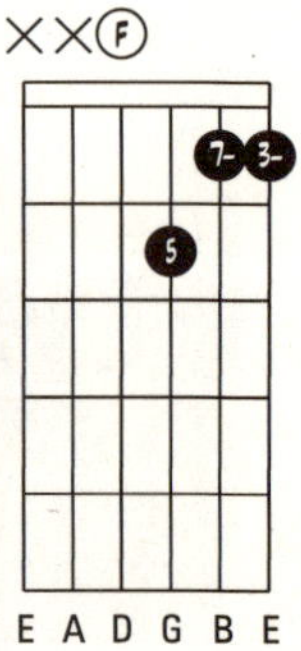

Dm7 (-7)

Fund. = D; 3.ª m = F; 5.ª = A; 7.ª m = C

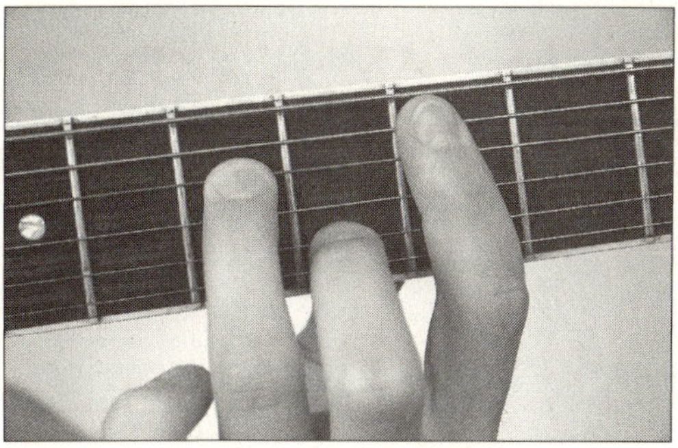

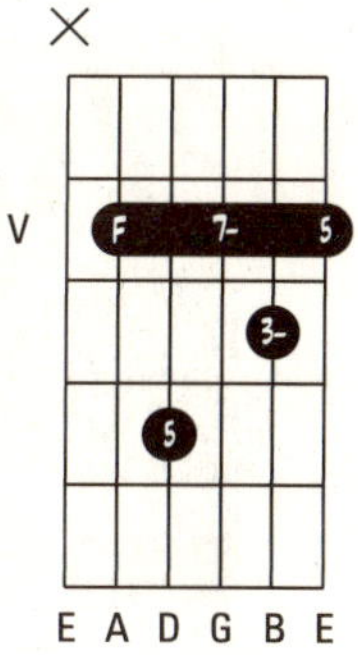

Dm7 (-7)

Fund. = D; 3.ª m = F; 5.ª = A; 7.ª m = C

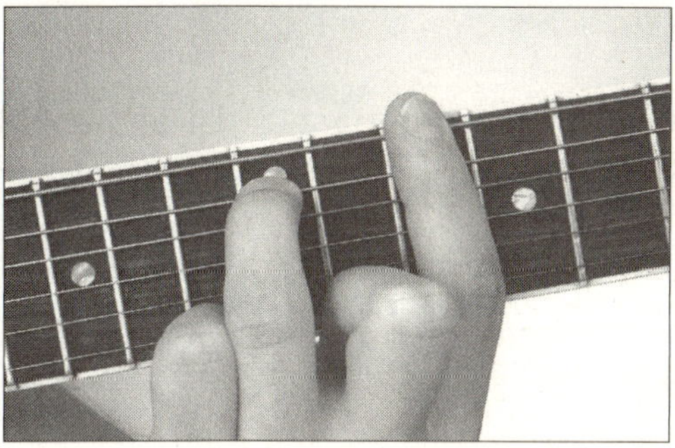

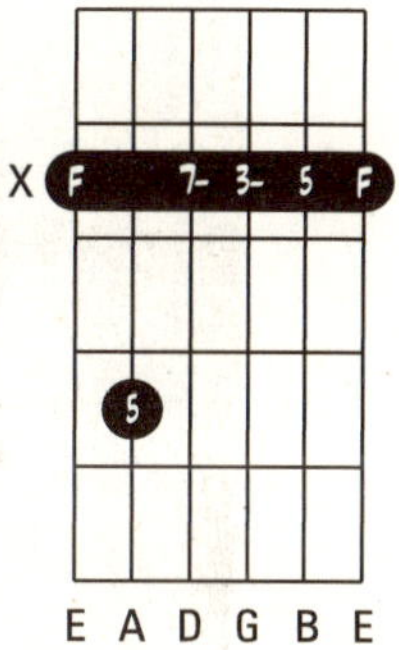

Los acordes de mi♭/re♯ (E♭/D♯)

E♭/D♯M

Fund. = E♭; 3.ª M = G; 5.ª = B♭

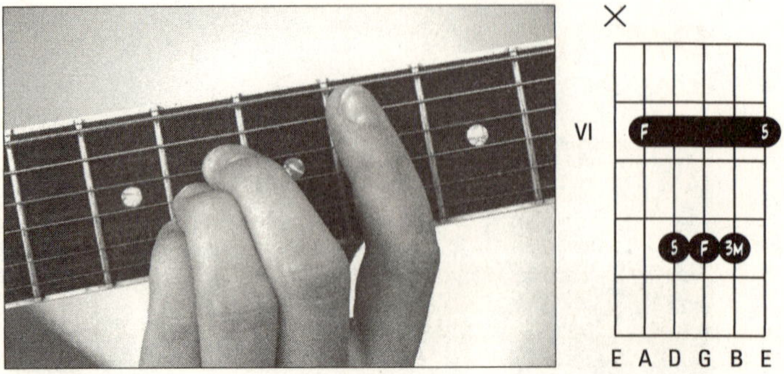

E♭/D♯M

Fund. = E♭; 3.ª M = G; 5.ª = B♭

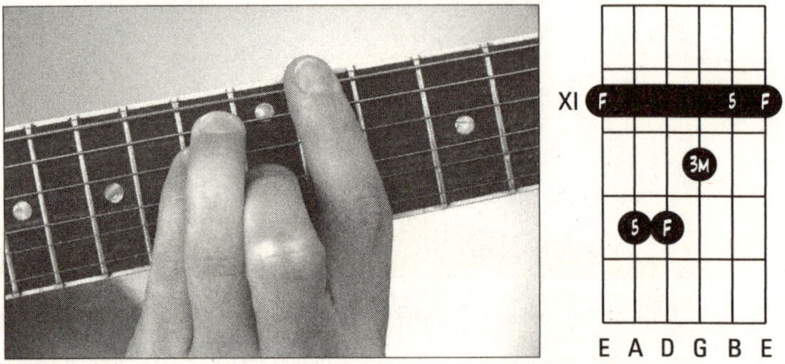

E♭/D♯ m (-)

Fund. = E♭; 3.ª m = G♭; 5.ª = B♭

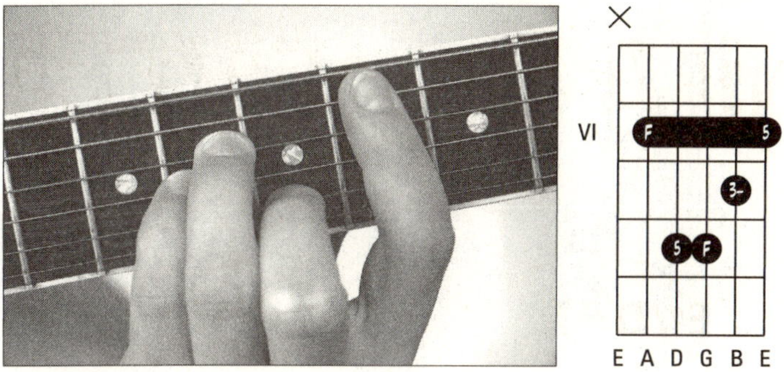

E♭/D♯ m (-)

Fund. = E♭; 3.ª m = G♭; 5.ª = B♭

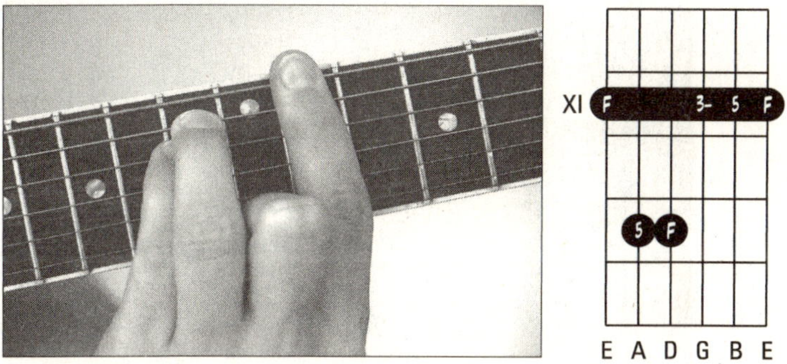

E♭/D♯ M7 (7M, △)

Fund. = E♭; 3.ª M = G; 5.ª = B♭; 7.ª M = D

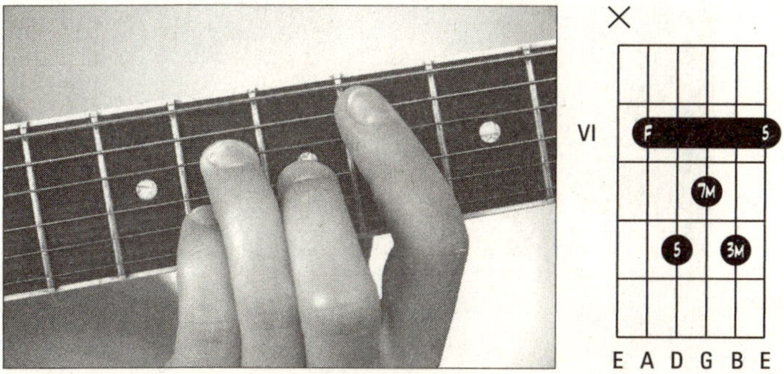

E♭/D♯ M7 (7M, $^{\Delta}$)

Fund. = E♭; 3.ª M = G; 5.ª = B♭; 7.ª M = D

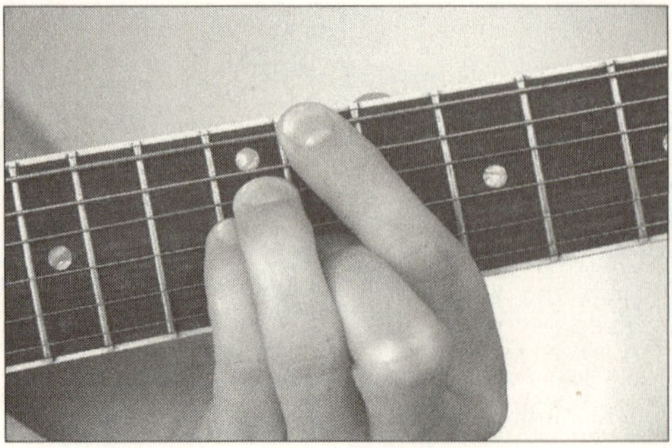

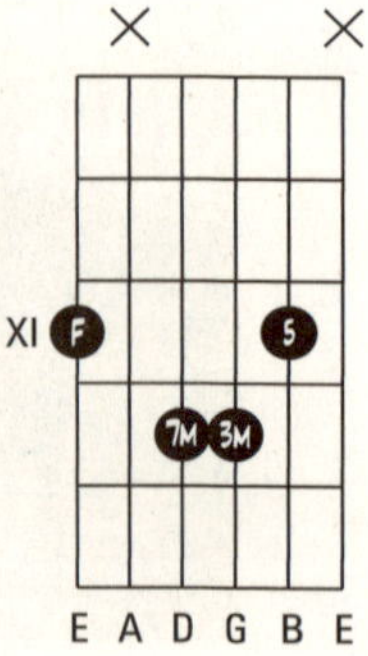

E♭/D♯ 7

Fund. = E♭; 3.ª M = G; 7.ª m = D♭

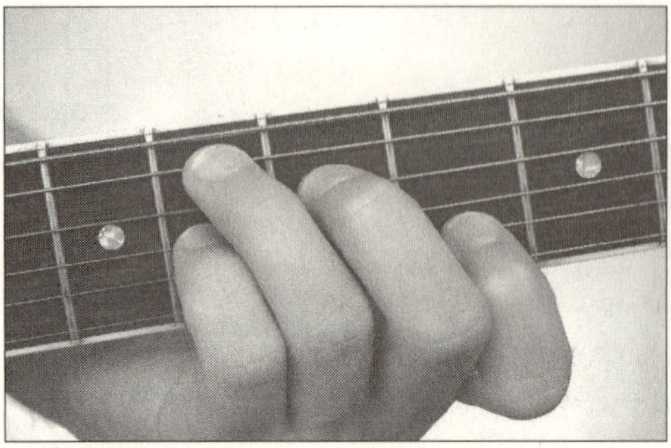

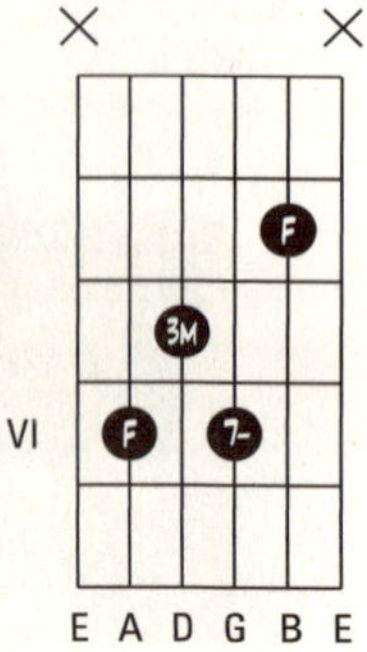

E♭/D♯ 7

Fund. = E♭; 3.ª M = G; 5.ª = B♭; 7.ª m = D♭

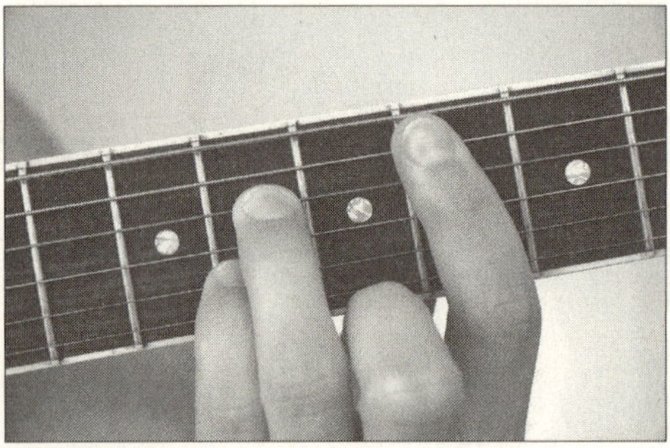

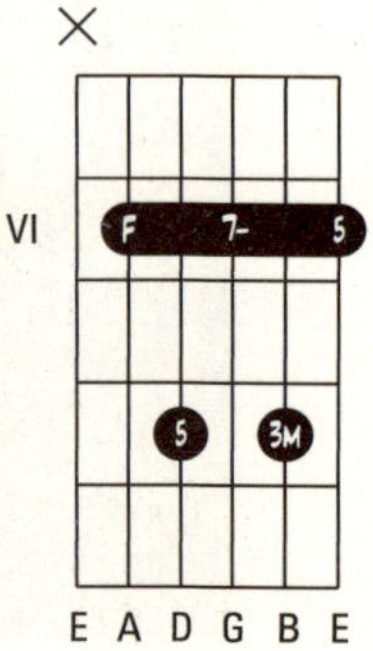

E♭/D♯7

Fund. = E♭; 3.ª M = G; 5.ª = B♭; 7.ª m = D♭

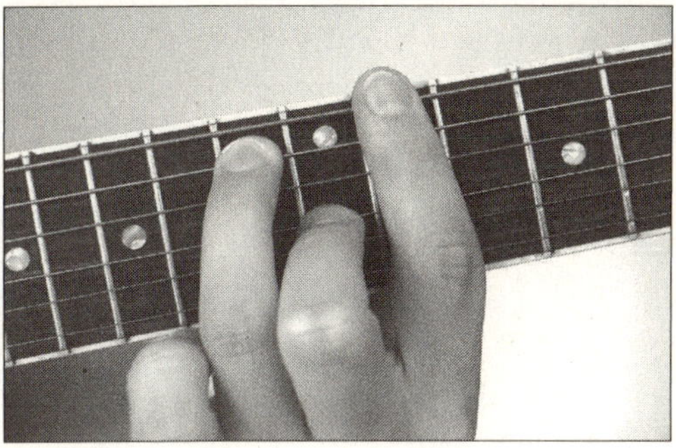

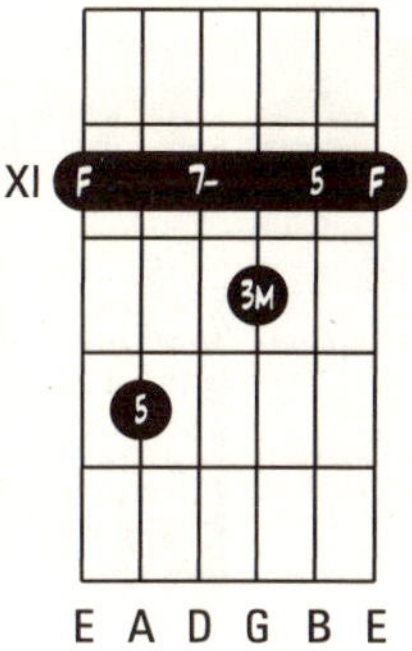

E♭/D♯m7 (-7)

Fund. = E♭; 3.ª m = G♭; 5.ª = B♭; 7.ª m = D♭

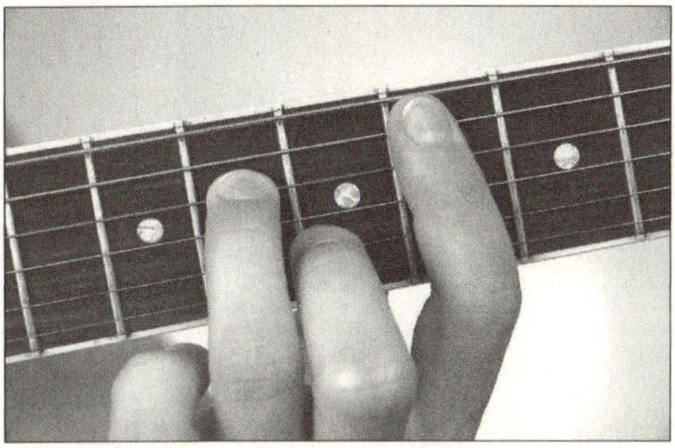

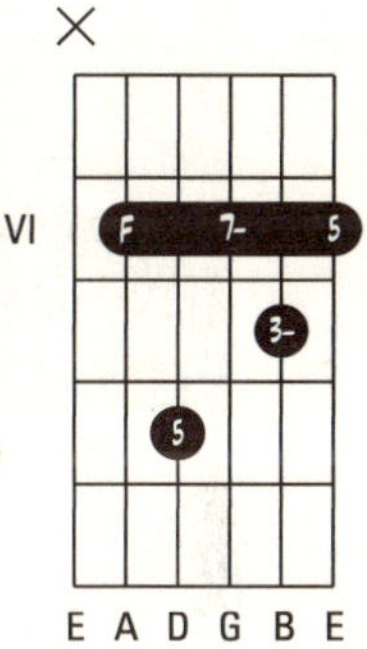

E♭/D♯m7 (-7)

Fund. = E♭; 3.ª m = G♭; 5.ª = B♭; 7.ª m = D♭

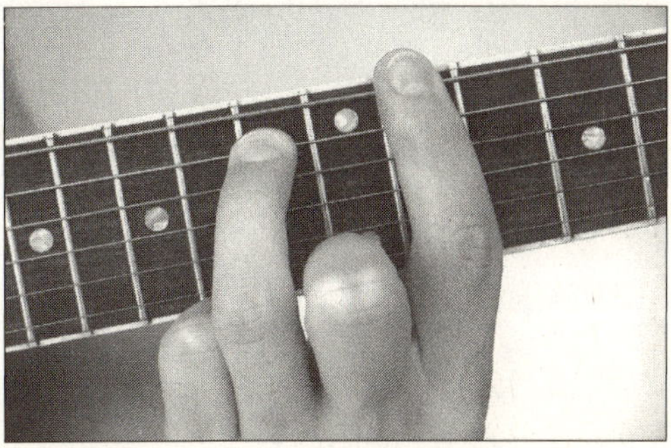

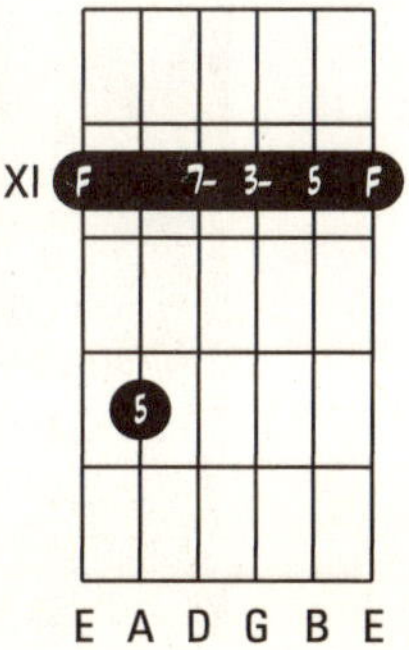

Los acordes de mi (E)

EM

Fund. = E; 3.ª M = $G^{\#}$; 5.ª = B

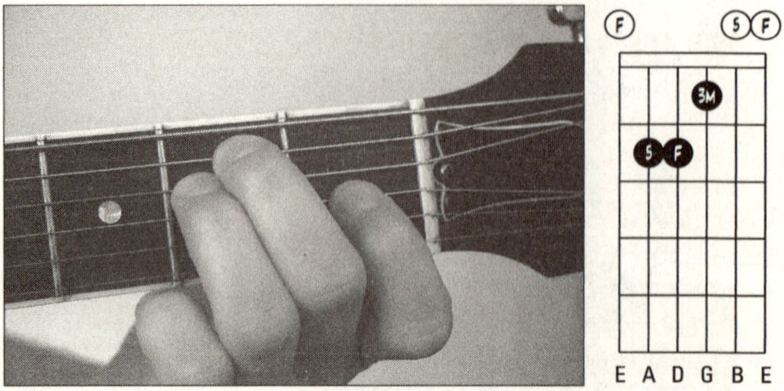

EM

Fund. = E; 3.ª M = $G^{\#}$; 5.ª = B

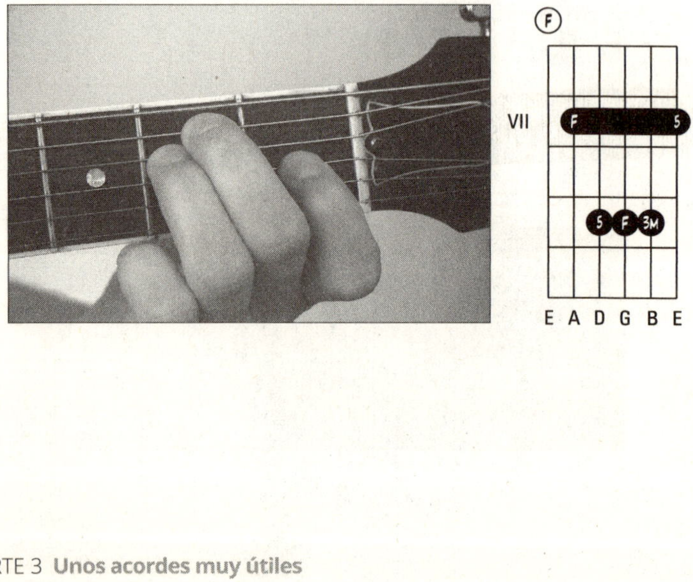

Em (-)

Fund. = E; 3.ª m = G; 5.ª = B

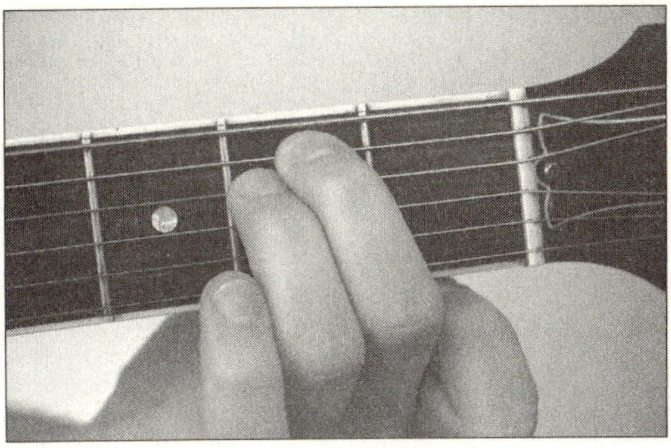

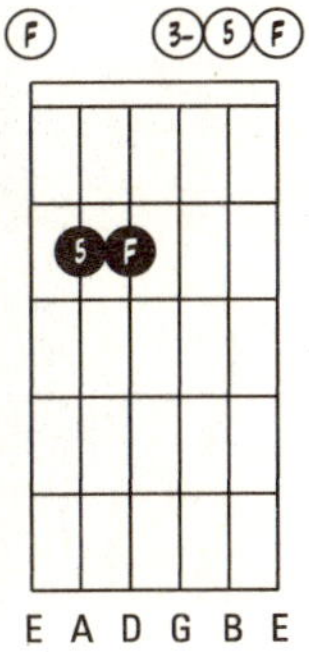

Em (-)

Fund. = E; 3.ª m = G; 5.ª = B

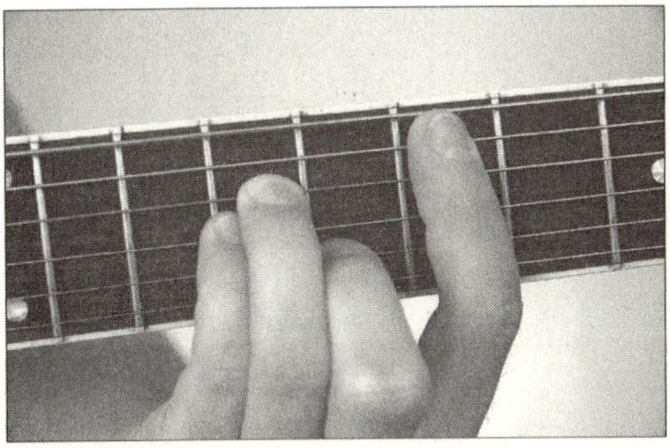

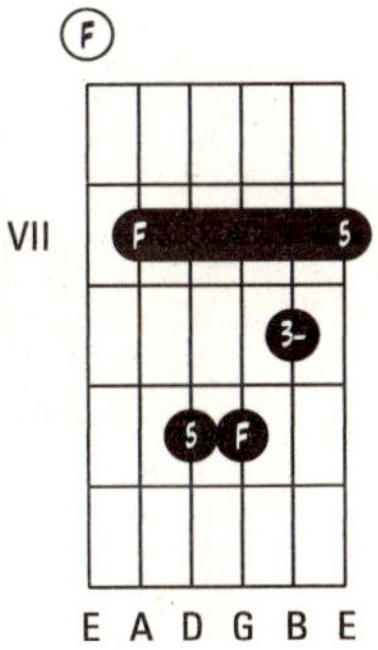

EM7 (7M, ∆)

Fund. = E; 3.ª M = G#; 5.ª = B; 7.ª M = D#

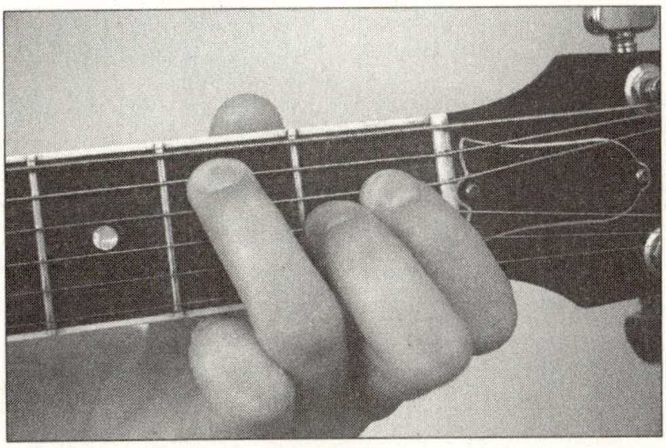

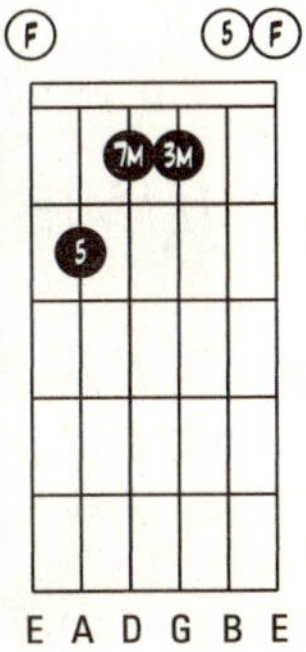

EM7 (7M, $^{\Delta}$)

Fund. = E; 3.ª M = G♯; 5.ª = B; 7.ª M = D♯

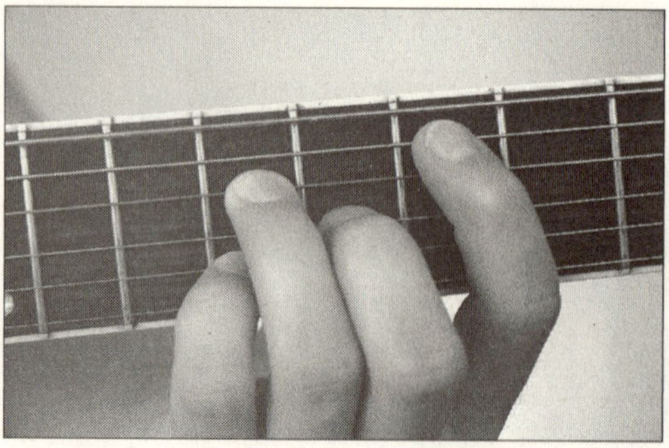

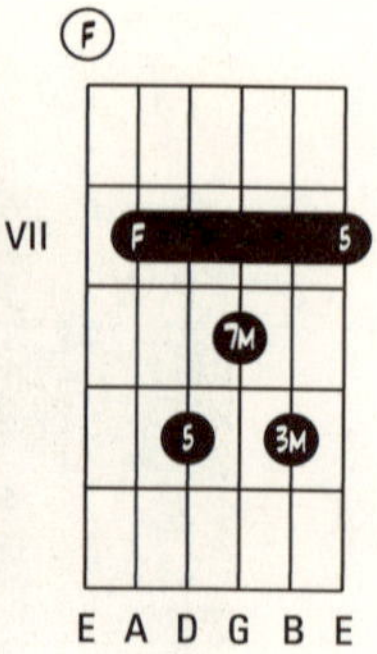

E7

Fund. = E; 3.ª M = G♯; 5.ª = B; 7.ª m = D

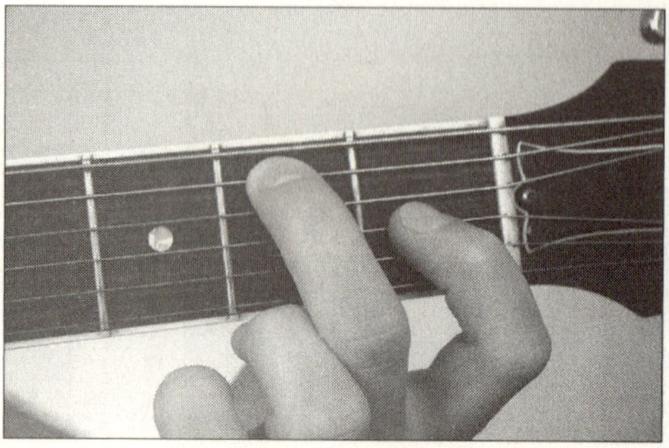

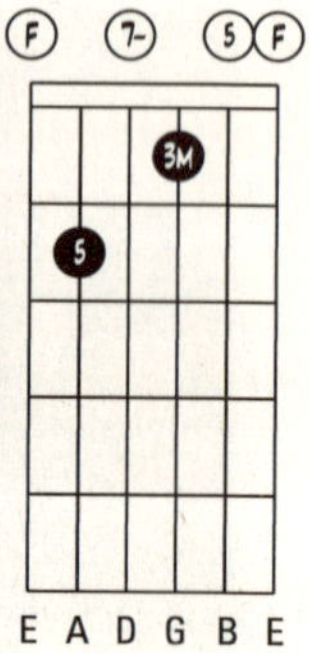

E7

Fund. = E; 3.ª M = G♯; 7.ª m = D

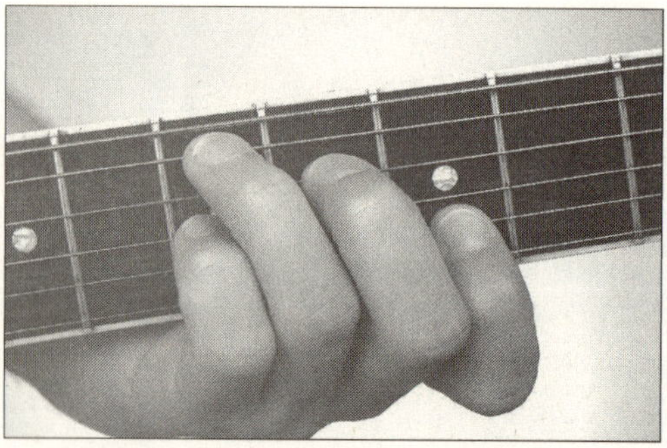

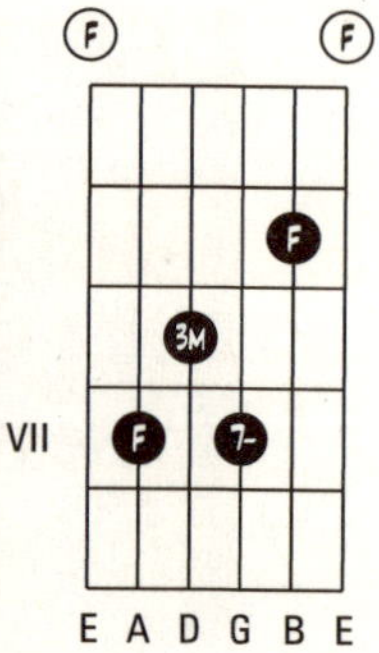

E7

Fund. = E; 3.ª M = G#; 5.ª = B; 7.ª m = D

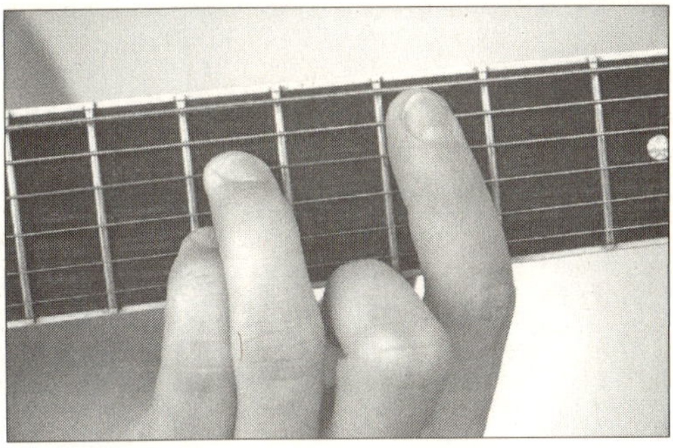

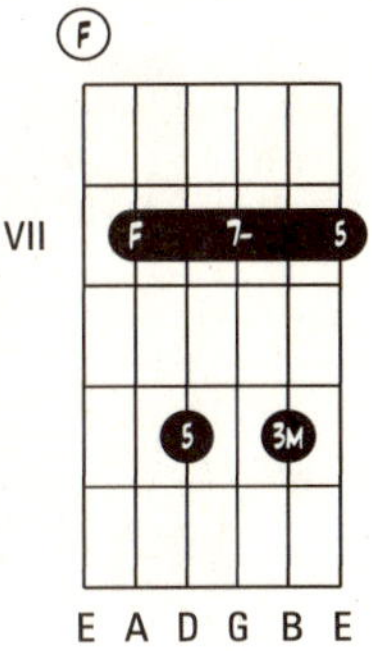

Em7 (-7)

Fund. = E; 3.ª m = G; 5.ª = B; 7.ª m = D

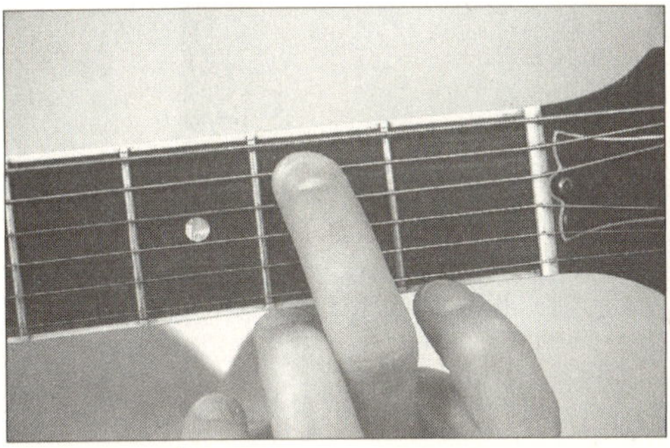

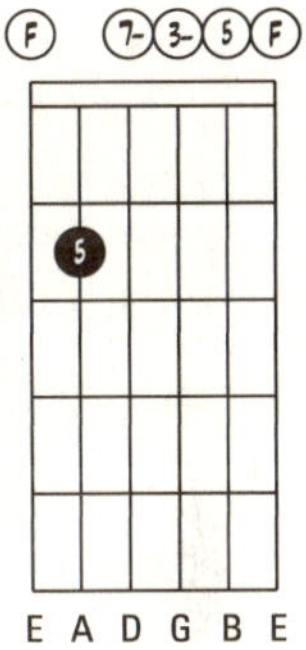

Em7 (-7)

Fund. = E; 3.ª m = G; 5.ª = B; 7.ª m = D

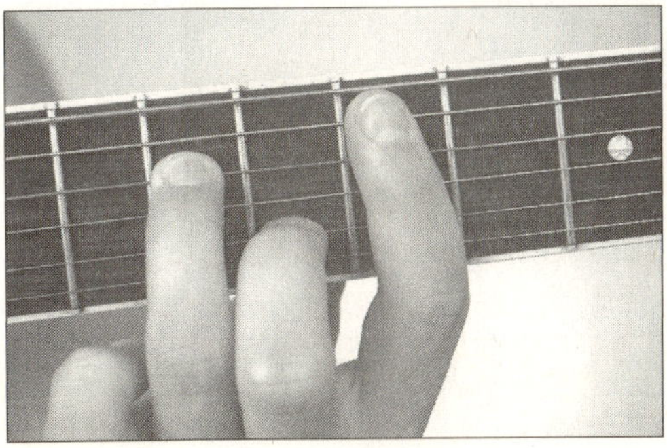

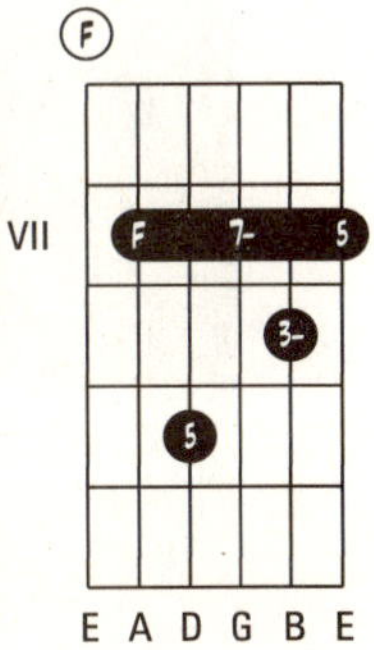

Los acordes de fa (F)

FM

Fund. = F; 3.ª M = A; 5.ª = C

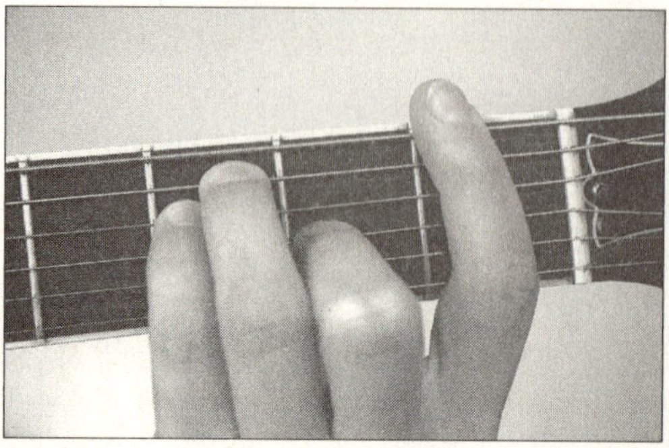
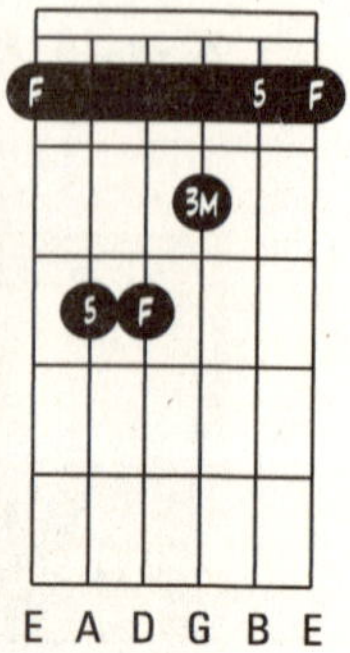

FM

Fund. = F; 3.ª M = A; 5.ª = C

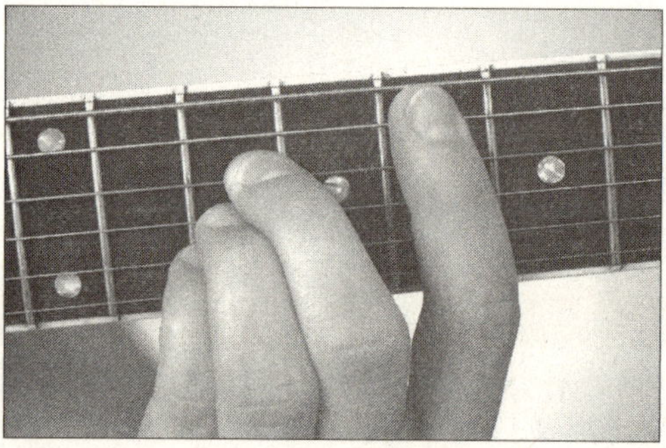
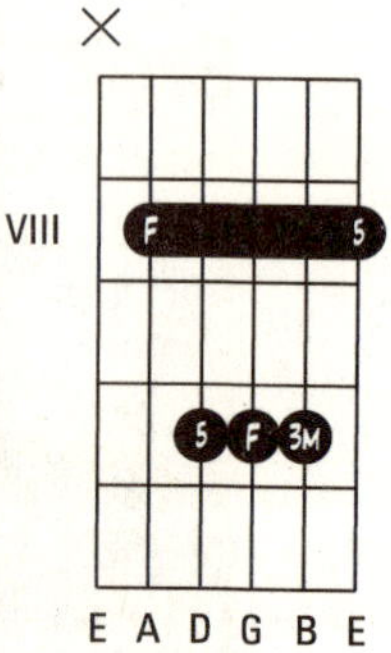

Fm (-)

Fund. = F; 3.ª m = A♭; 5.ª = C

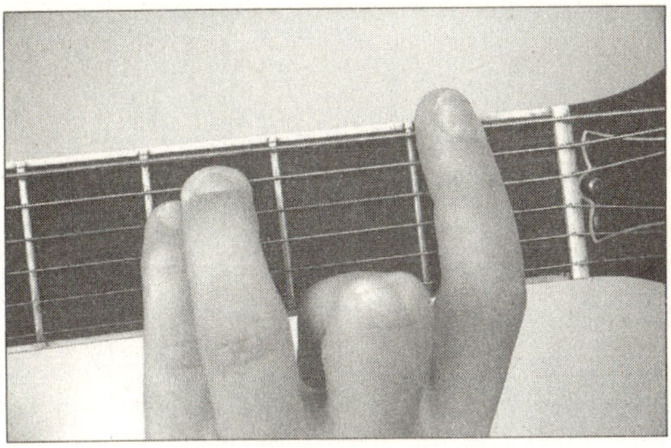

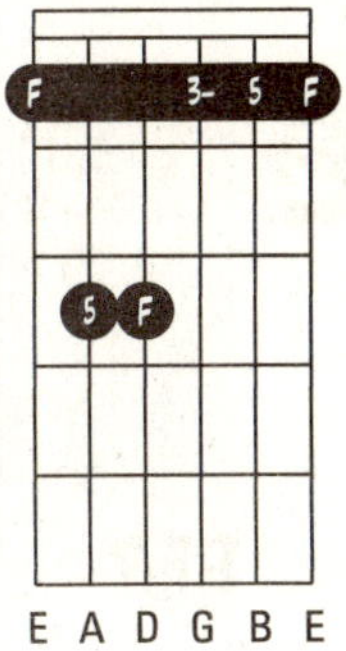

Fm (-)

Fund. = F; 3.ª m = A♭; 5.ª = C

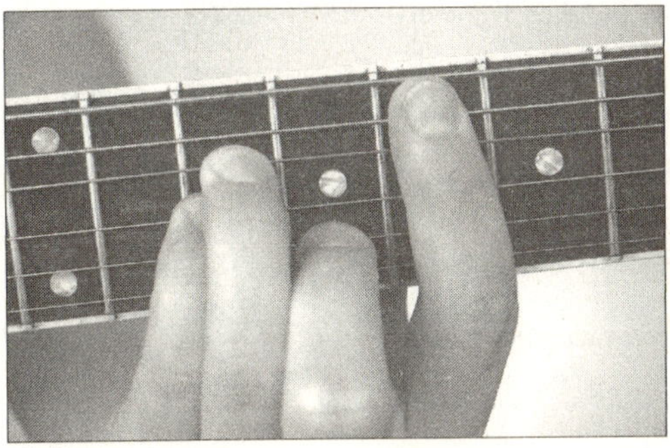

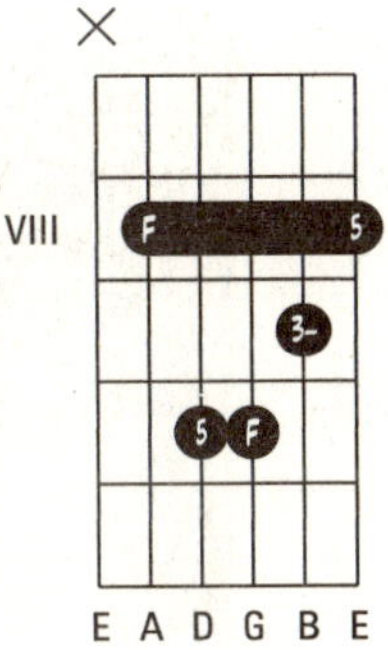

FM7 (7M, $^{\Delta}$)

Fund. = F; 3.ª M = A; 5.ª = C; 7.ª M = E

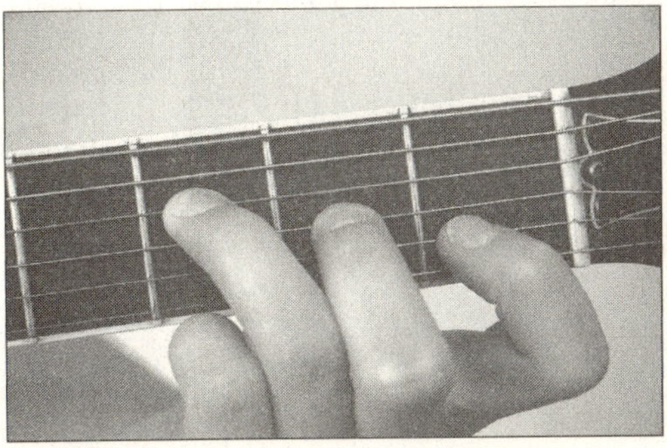

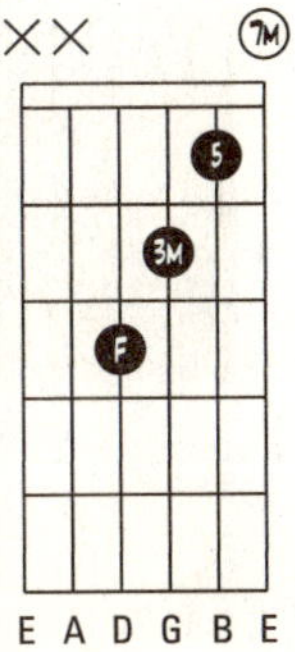

FM7 (7M, $^{\Delta}$)

Fund. = F; 3.ª M = A; 5.ª = C; 7.ª M = E

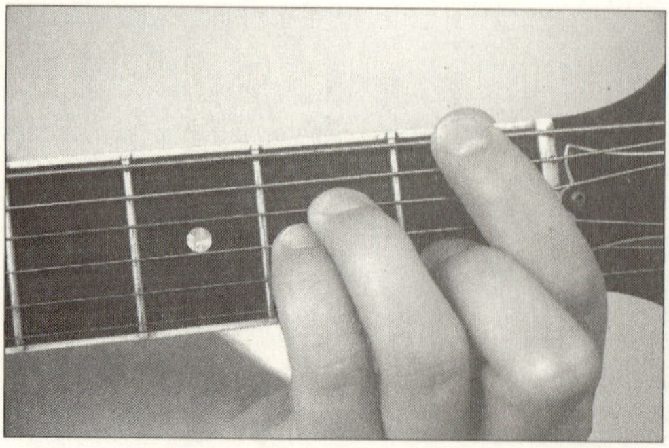

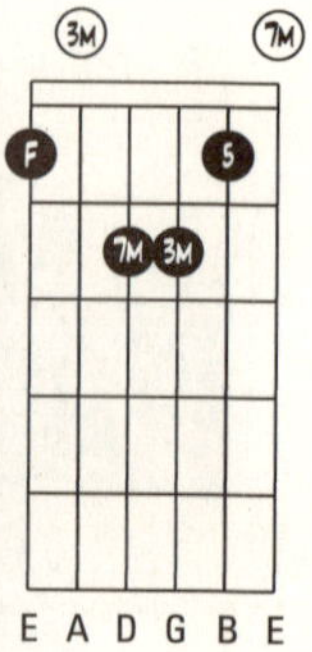

FM7 (7M, $^{\Delta}$)

Fund. = F; 3.ª M = A; 5.ª = C; 7.ª M = E

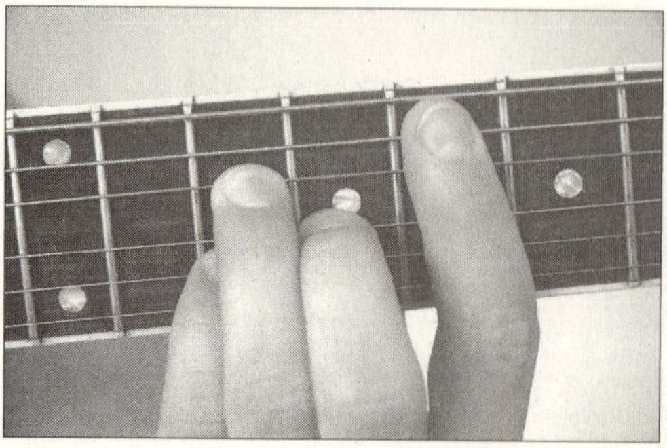

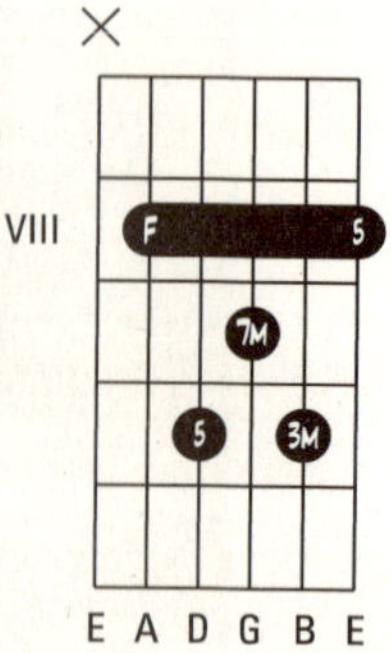

F7

Fund. = F; 3.ª M = A; 5.ª = C; 7.ª m = E♭

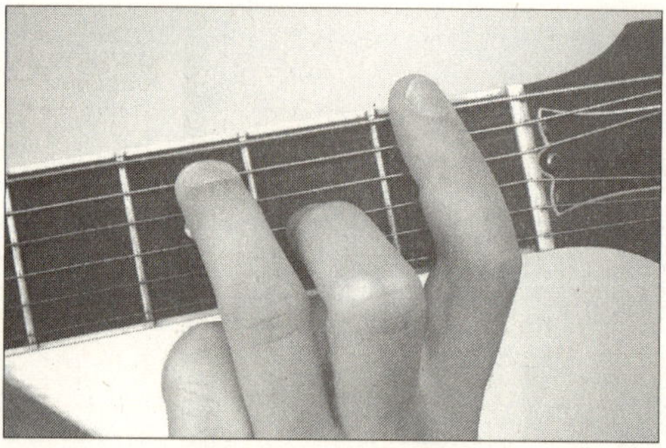

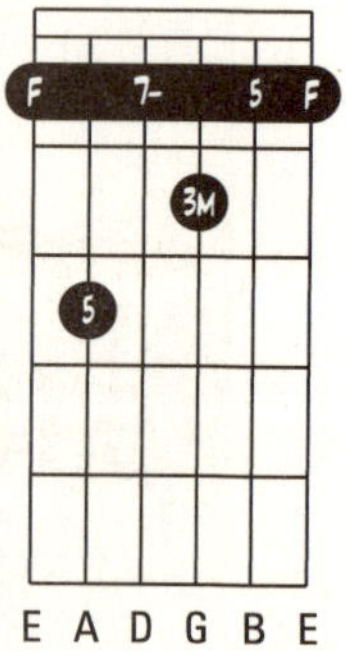

F7

Fund. = F; 3.ª M = A; 7.ª m = E♭

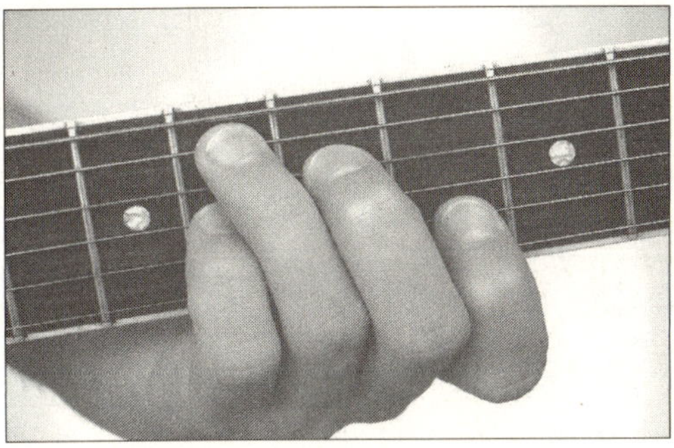

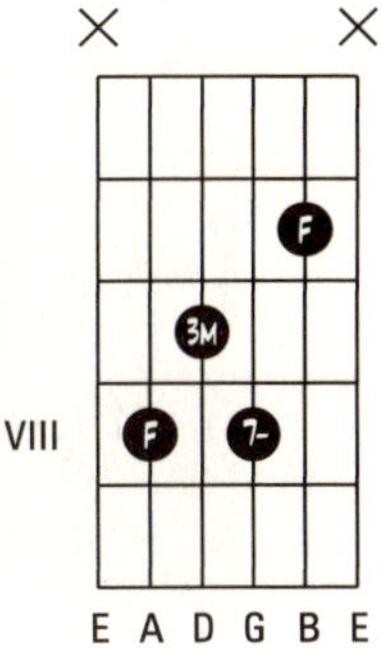

F7

Fund. = F; 3.ª M = A; 5.ª = C; 7.ª m = E♭

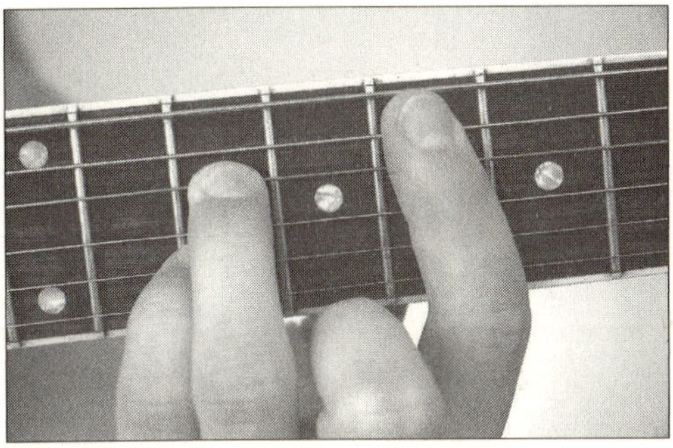

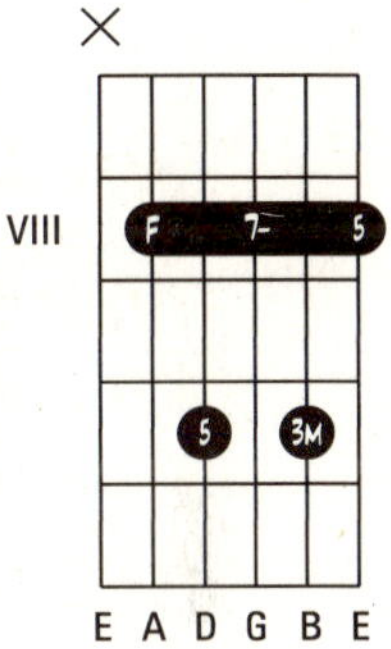

Fm7 (-7)

Fund. = F; 3.ª m = A♭; 5.ª = C; 7.ª m = E♭

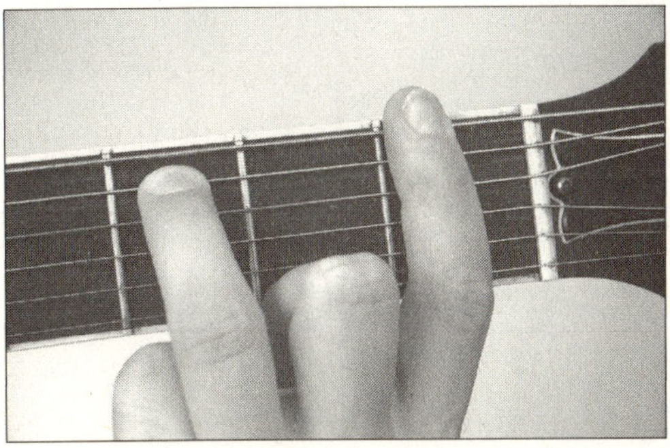

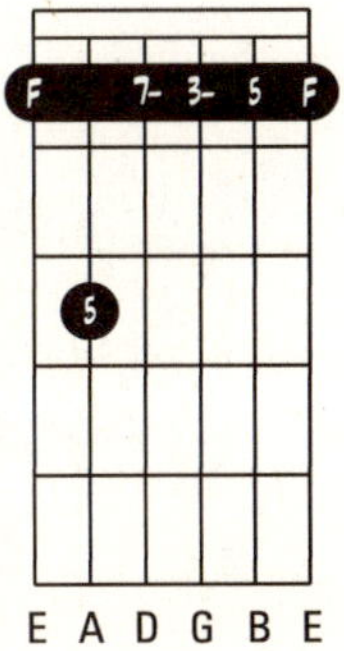

Fm7 (-7)

Fund. = F; 3.ª m = A♭; 5.ª = C; 7.ª m = E♭

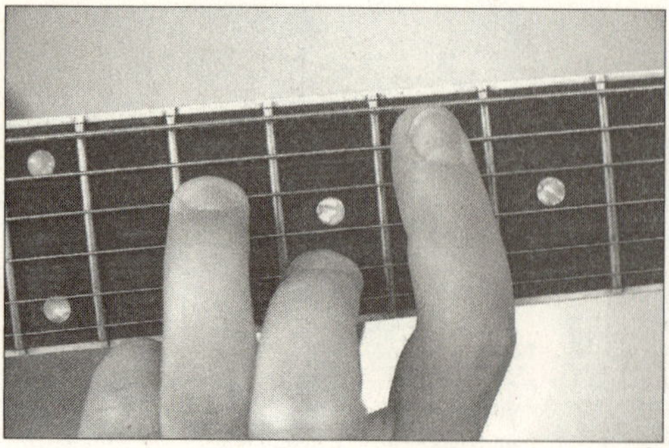

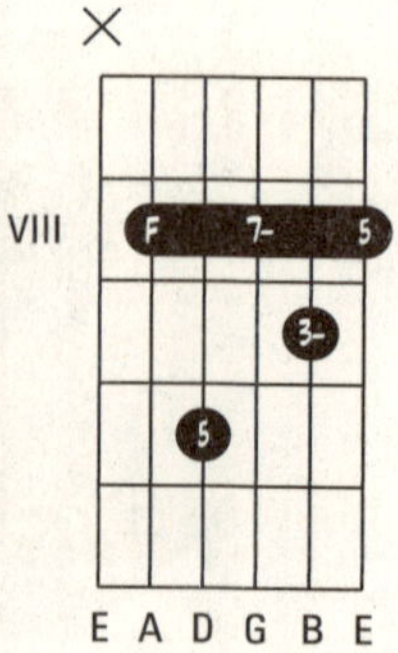

Los acordes de fa♯/sol♭ (F♯/G♭)

F♯/G♭M

Fund. = F♯; 3.ª M = A♯; 5.ª = C♯

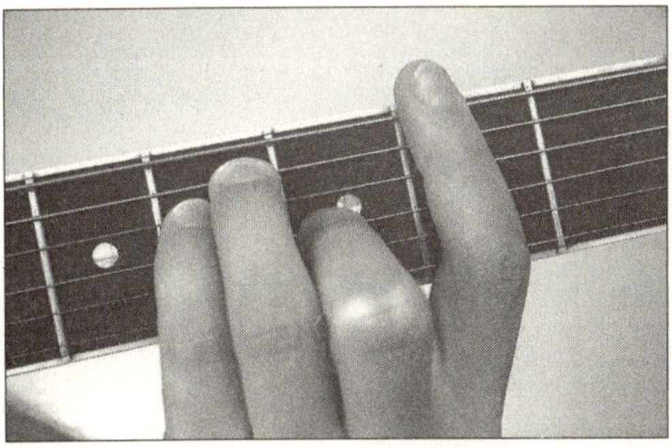

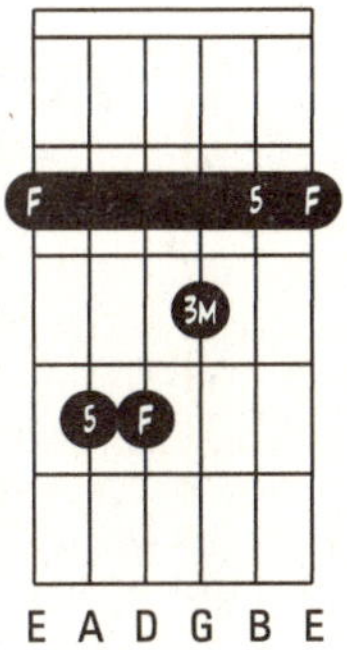

F♯/G♭M

Fund. = F♯; 3.ª M = A♯; 5.ª = C♯

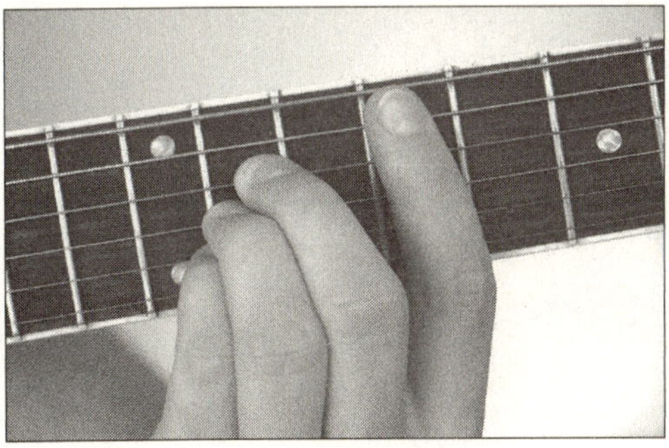

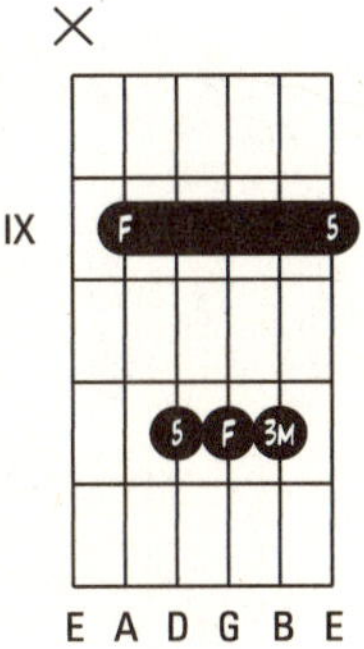

F♯/G♭m (-)

Fund. = F♯; 3.ª m = A; 5.ª = C♯

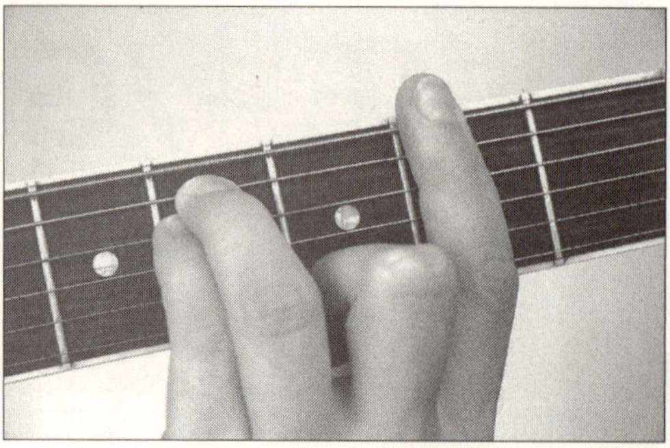

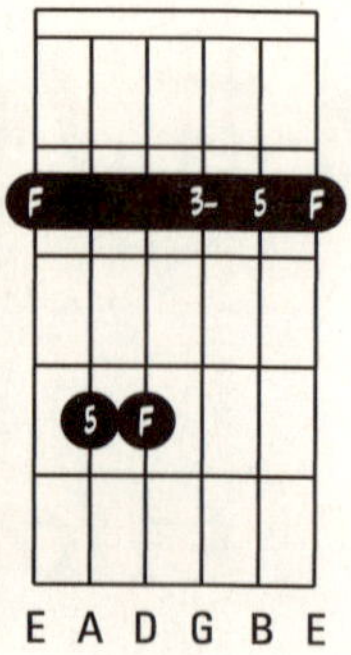

F♯/G♭m (-)

Fund. = F♯; 3.ª m = A; 5.ª = C♯

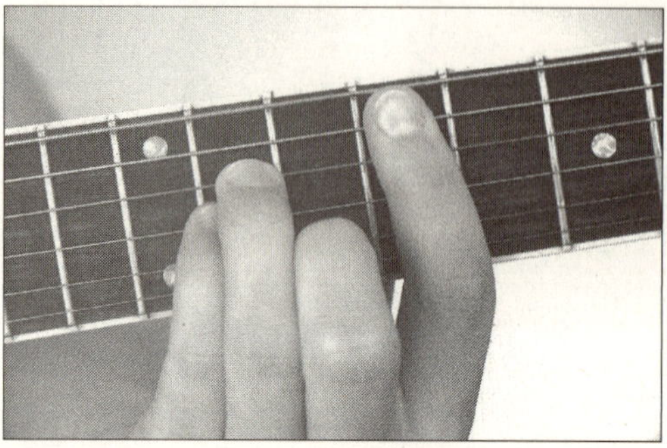

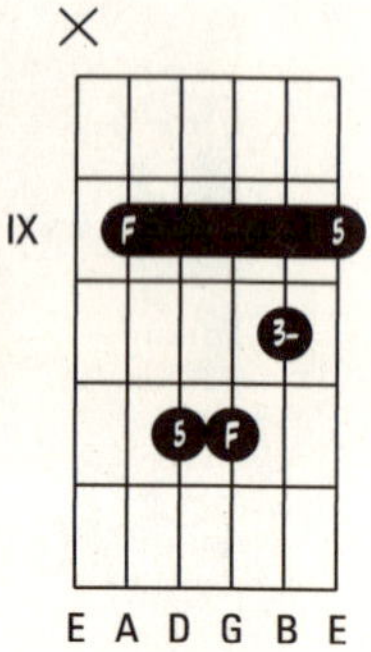

F♯/G♭M7 (7M, ᐃ)

Fund. = F♯; 3.ª M = A♯; 5.ª = C♯; 7.ª M = E♯ (F)

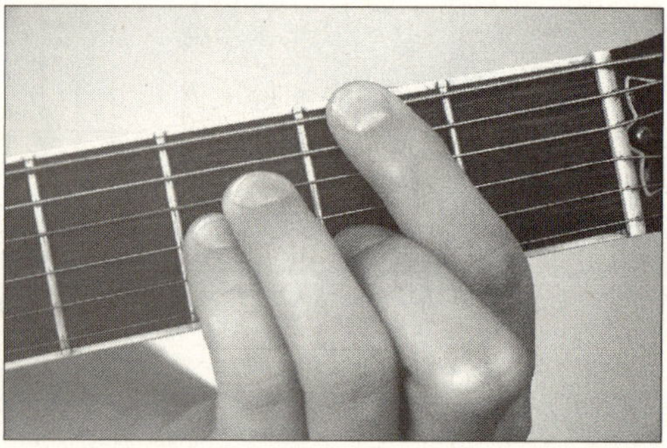

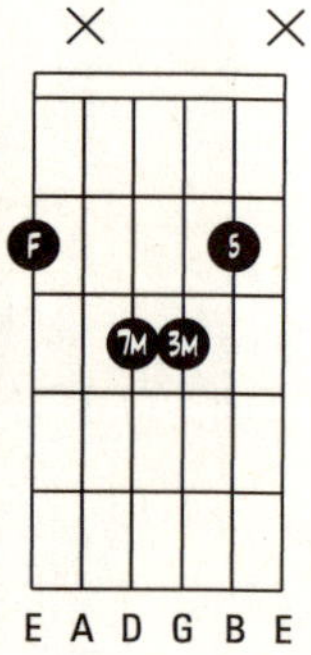

F♯/G♭M7 (7M, Δ)

Fund. = F♯; 3.ª M = A♯; 5.ª = C♯; 7.ª M = E♯ (F)

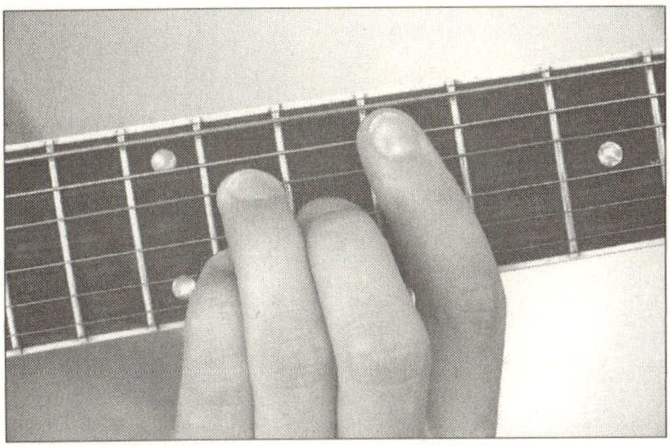

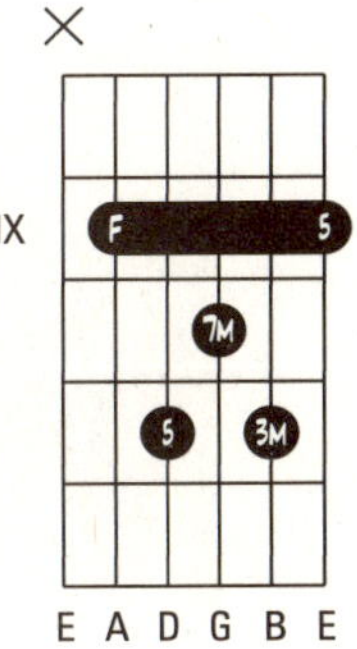

F♯/G♭7

Fund= F♯; 3.ª M = A♯; 5.ª = C♯; 7.ª m = E

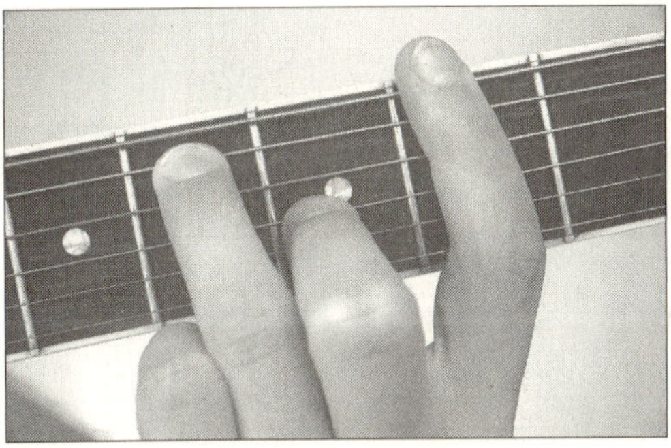

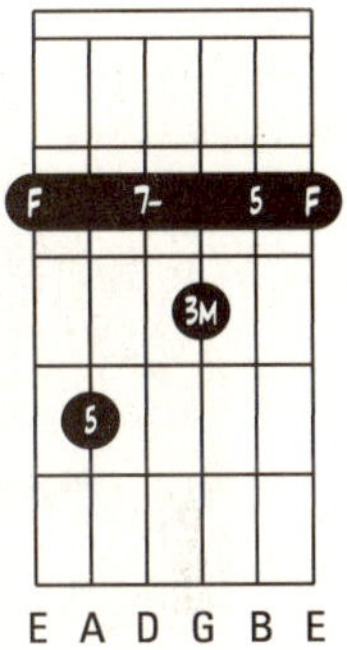

F♯/G♭7

Fund= F♯; 3.ª M = A♯; 7.ª m = E

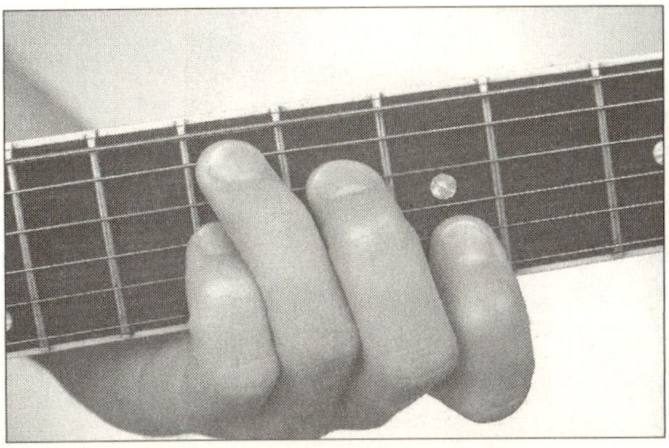

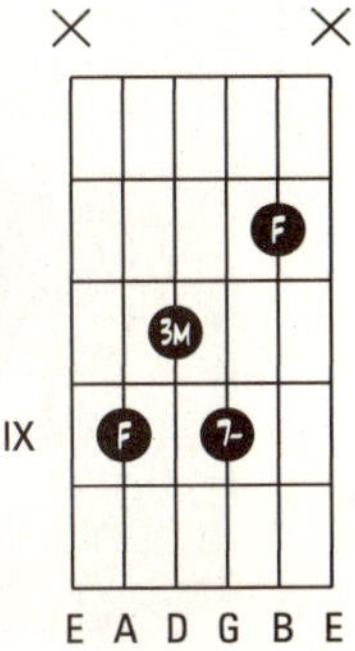

F♯/G♭7

Fund= F♯; 3.ª M = A♯; 5.ª = C♯; 7.ª m = E

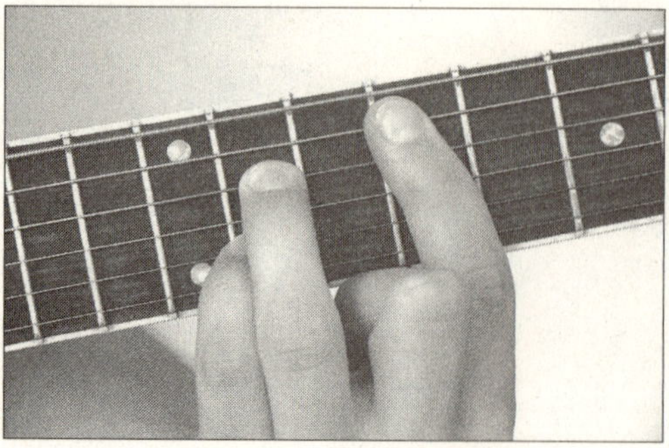

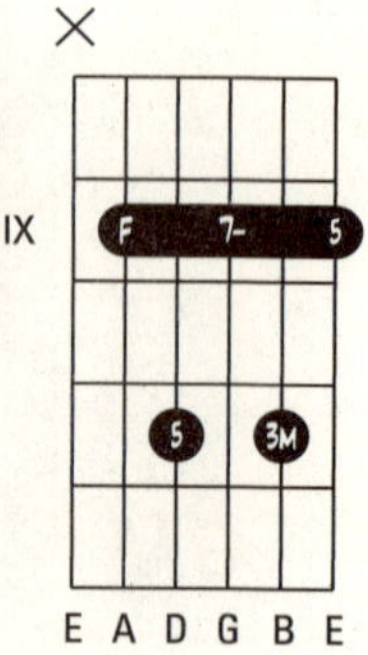

F♯/G♭m7 (-7)

Fund= F♯; 3.ª m = A; 5.ª = C♯; 7.ª m = E

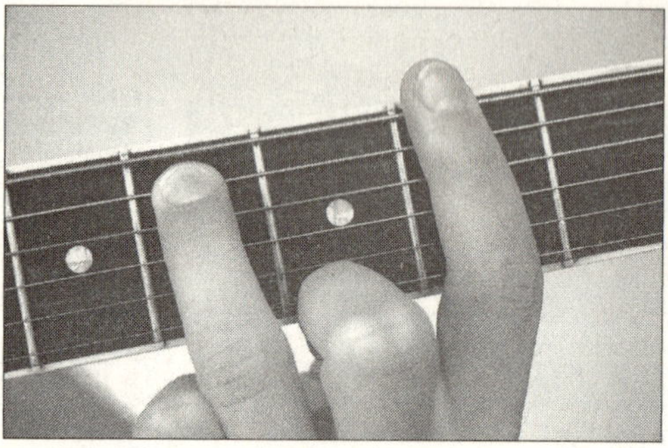

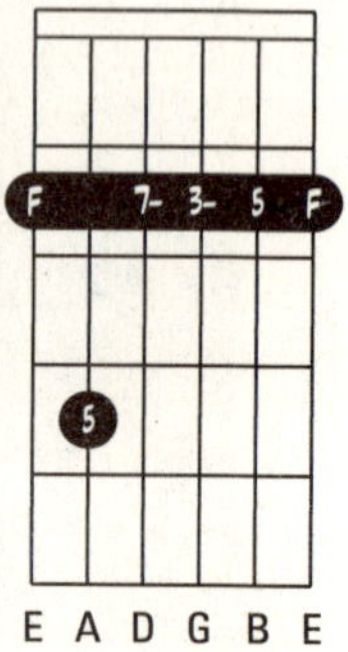

F♯/G♭m7 (-7)

Fund= F♯; 3.ª m = A; 5.ª = C♯; 7.ª m = E

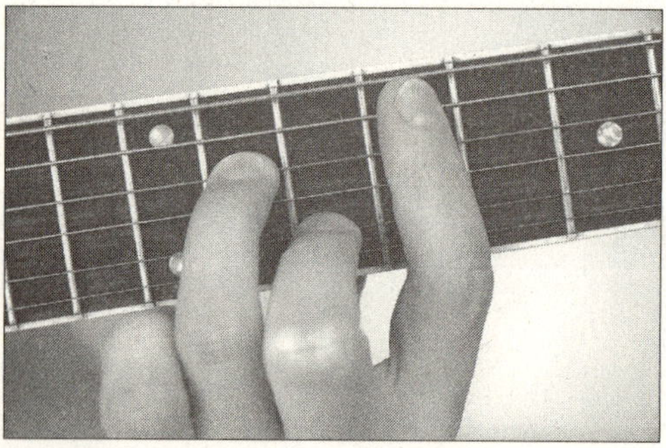

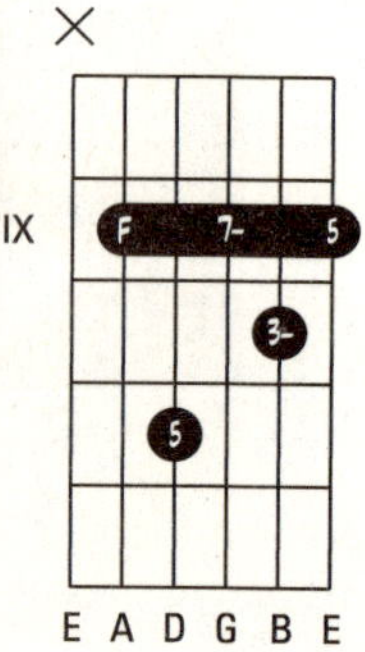

Los acordes de sol (G)

GM

Fund. = G; 3.ª M = B; 5.ª = D

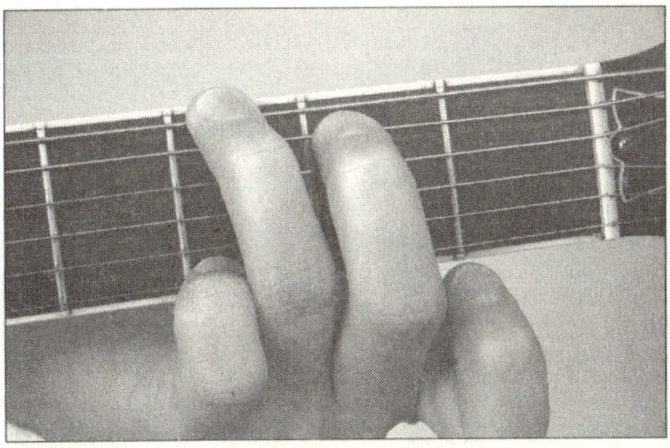
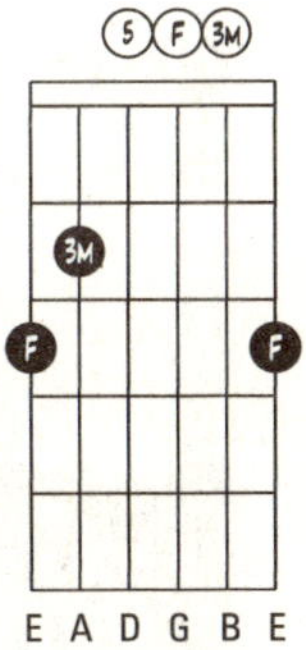

GM

Fund. = G; 3.ª M = B; 5.ª = D

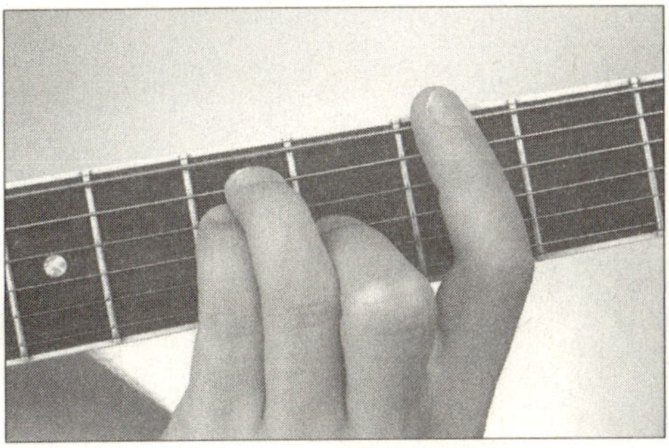
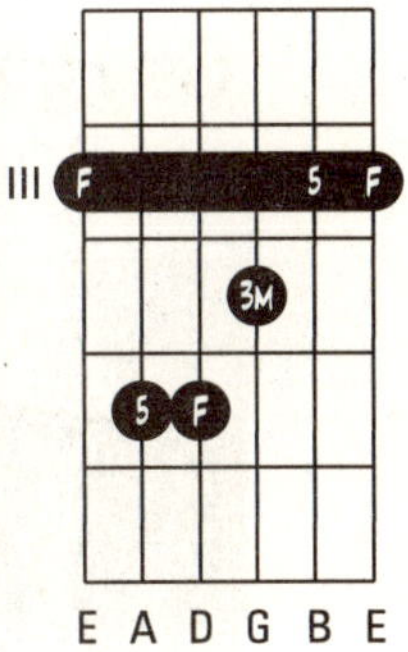

GM

Fund. = G; 3.ª M = B; 5.ª = D

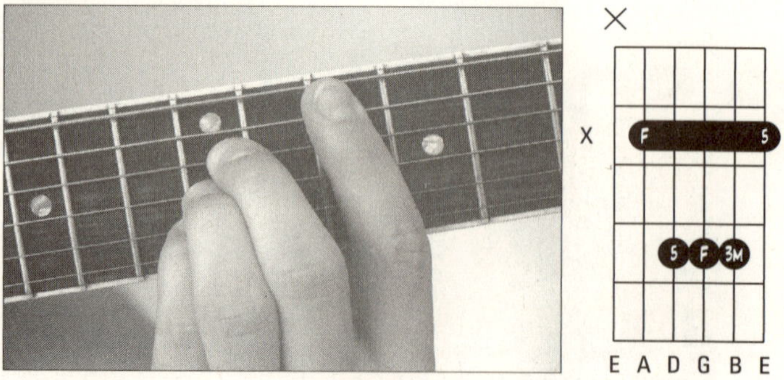

Gm (-)

Fund. = G; 3.ª m = B♭; 5.ª = D

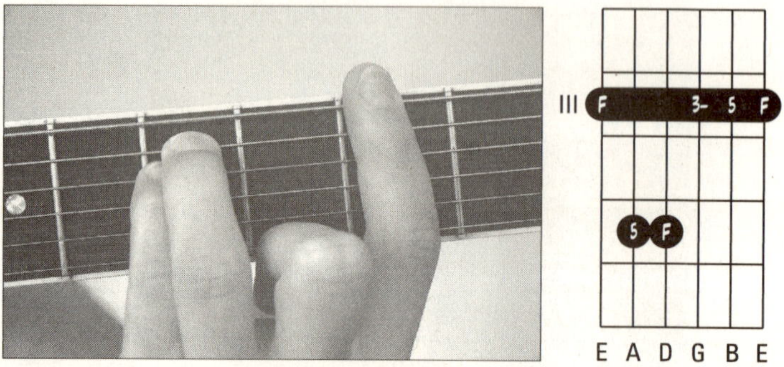

Gm (-)

Fund. = G; 3.ª m = B♭; 5.ª = D

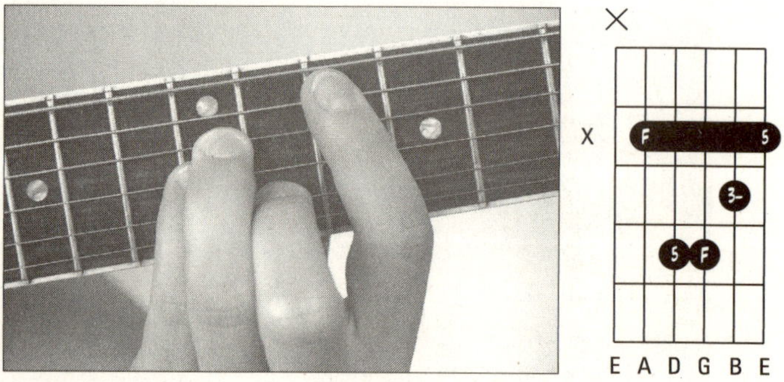

GM7 (7M, $^{\Delta}$)

Fund. = G; 3.ª M = B; 5.ª = D; 7.ª M = F♯

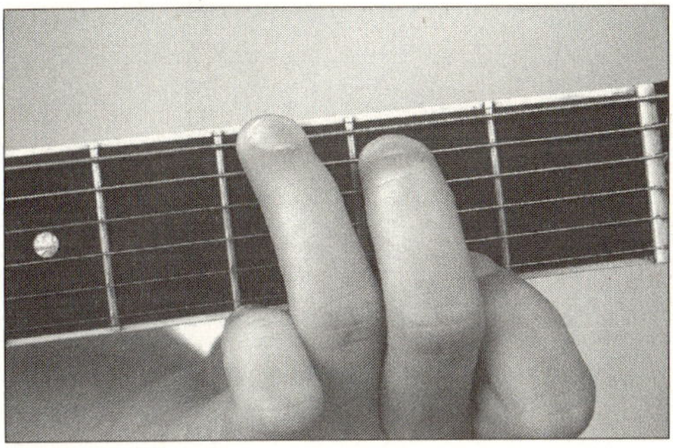

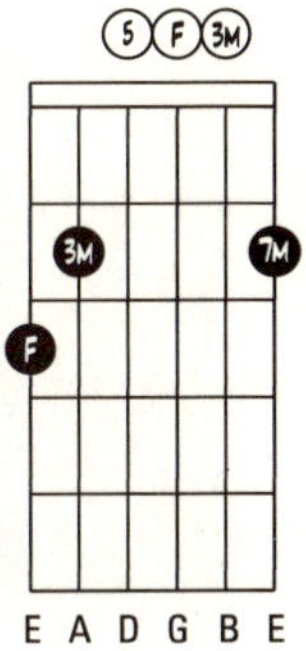

GM7 (7M, $^{\Delta}$)

Fund. = G; 3.ª M = B; 5.ª = D; 7.ª M = F♯

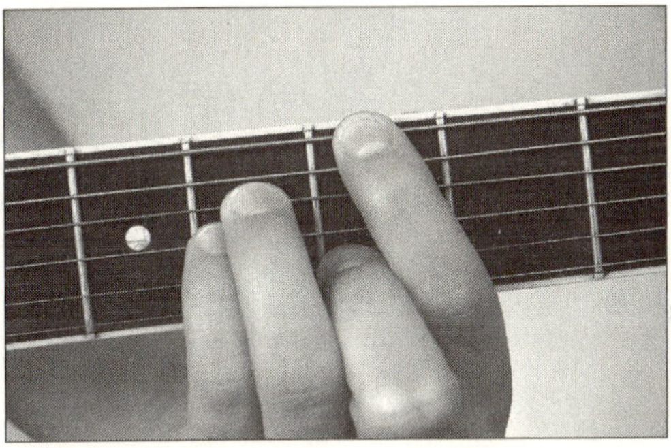

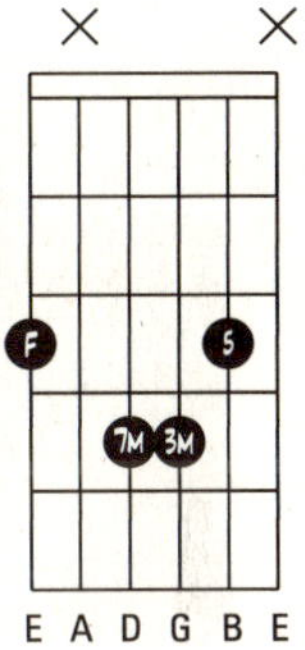

GM7 (7M, $^{\Delta}$)

Fund. = G; 3.ª M = B; 5.ª = D; 7.ª M = F♯

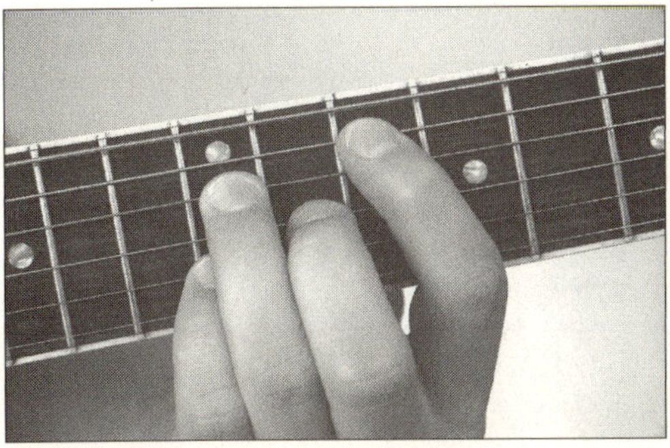

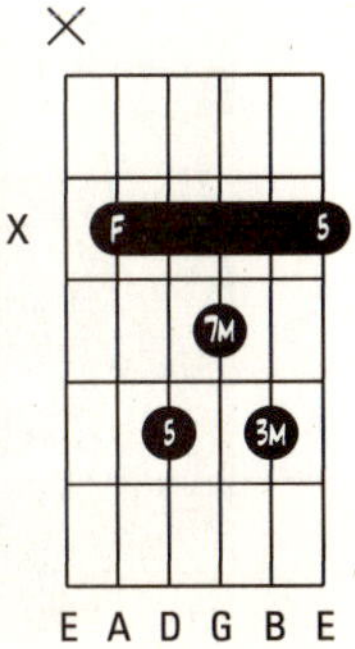

G7

Fund. = G; 3.ª M = B; 5.ª = D; 7.ª m = F

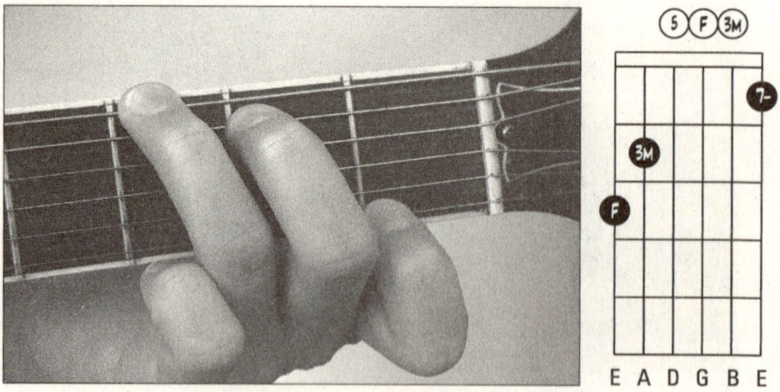

G7

Fund. = G; 3.ª M = B; 5.ª = D; 7.ª m = F

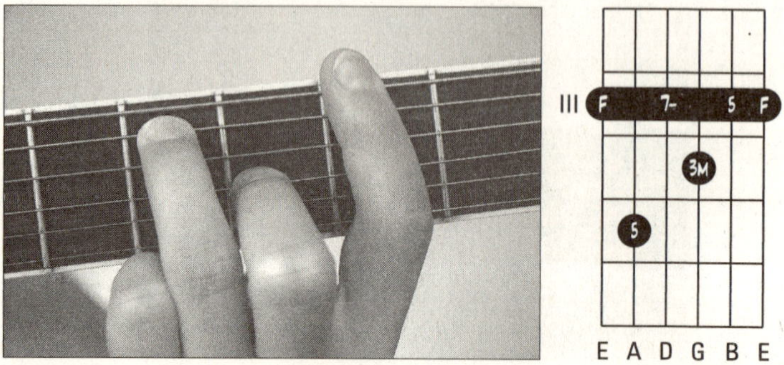

G7

Fund. = G; 3.ª M = B; 7.ª m = F

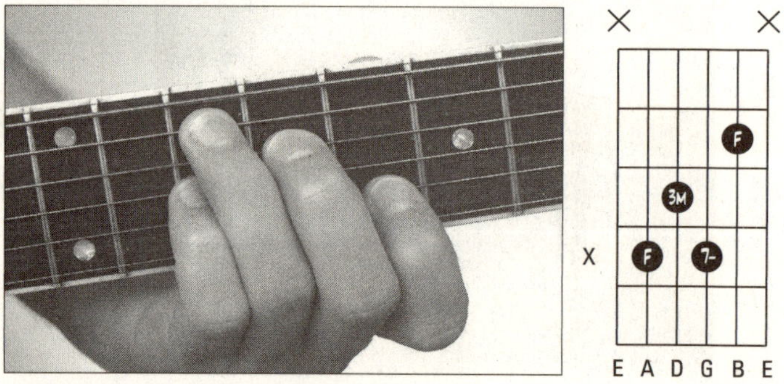

G7

Fund. = G; 3.ª M = B; 5.ª = D; 7.ª m = F

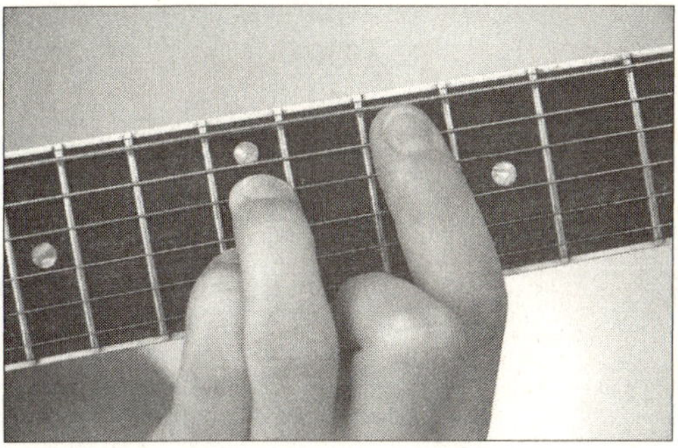

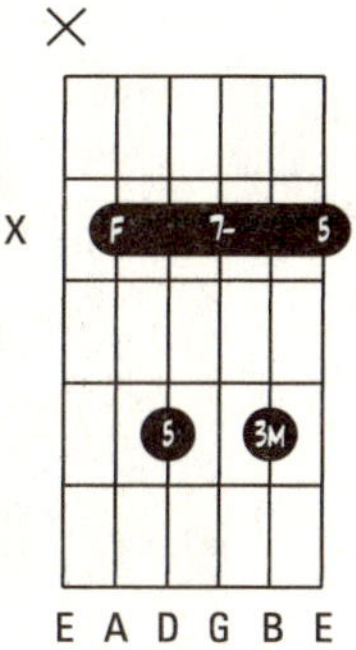

Gm7 (-7)

Fund. = G; 3.ª m = B♭; 5.ª = D; 7.ª m = F

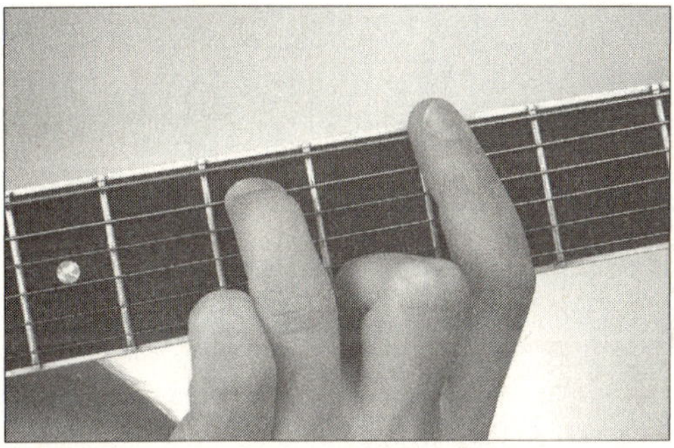

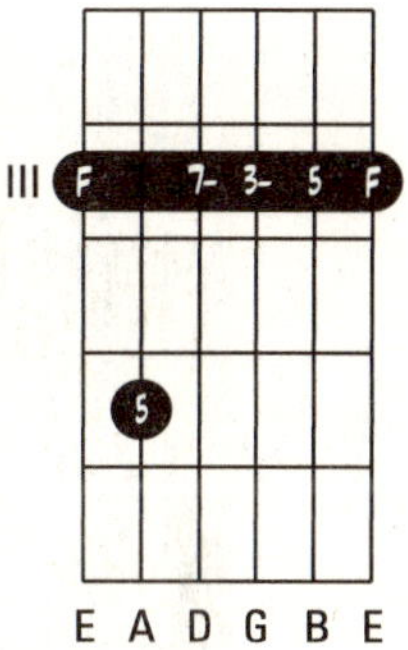

Gm7 (-7)

Fund. = G; 3.ª m = B♭; 5.ª = D; 7.ª m = F

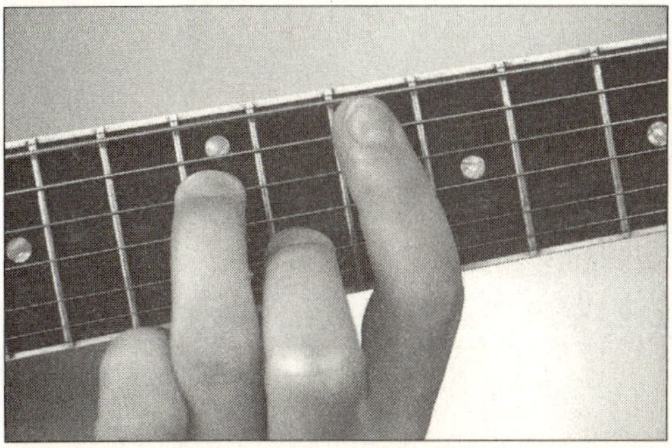

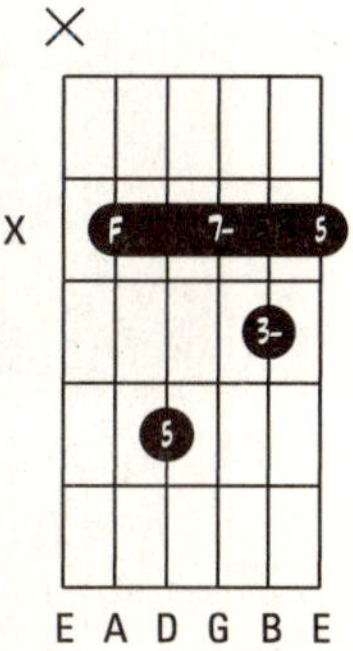

Los acordes de sol♯/la♭ (G♯/A♭)

A♭/G♯M

Fund= A♭; 3.ª M = C; 5.ª = E♭

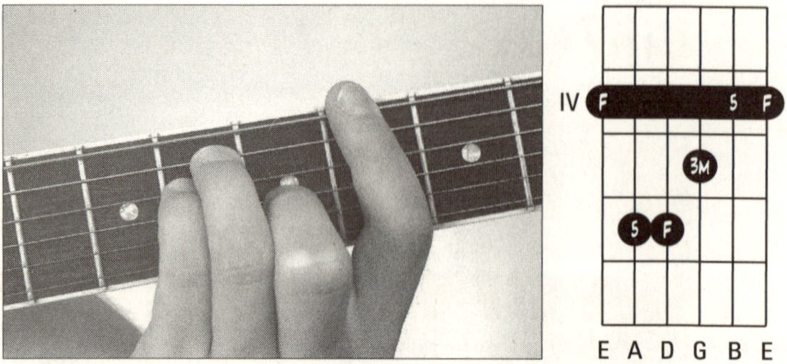

A♭/G♯M

Fund= A♭; 3.ª M = C; 5.ª = E♭

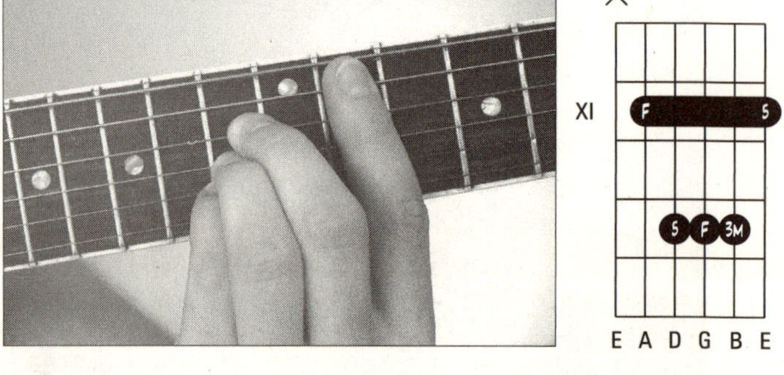

A♭/G♯m (-)

Fund= A♭; 3.ª m = C♭ (B); 5.ª = E♭

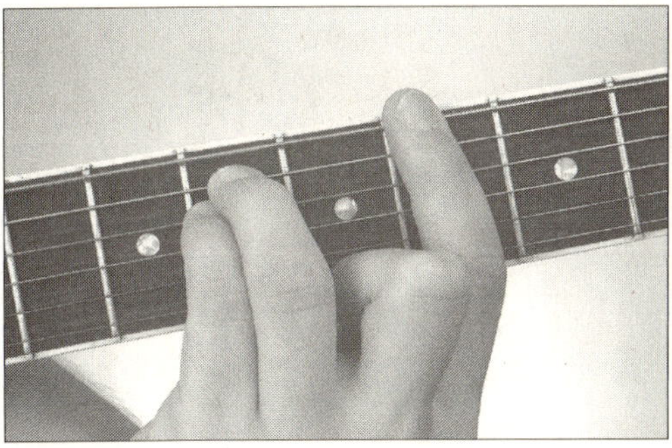

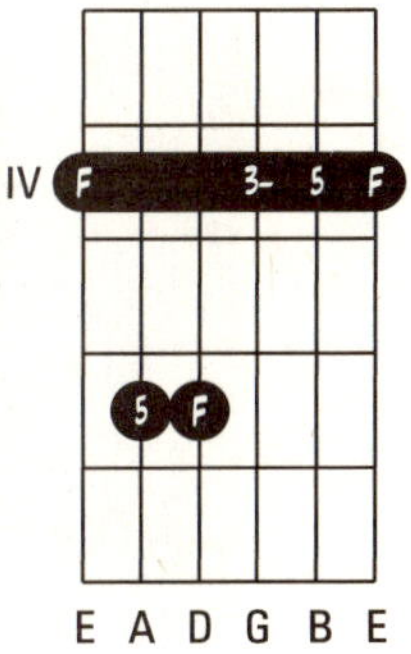

A♭/G♯m (-)

Fund= A♭; 3.ª m = C♭ (B); 5.ª = E♭

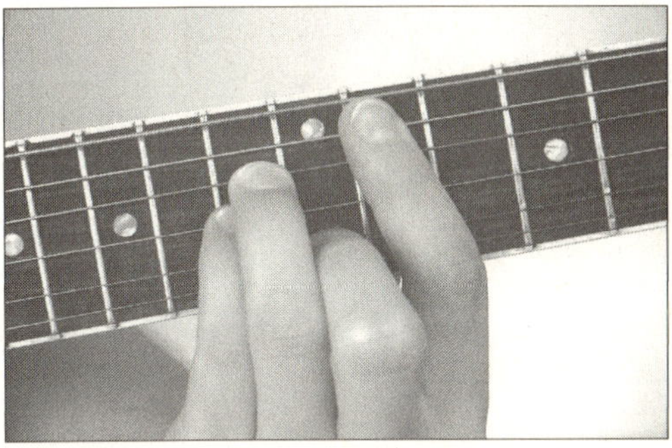

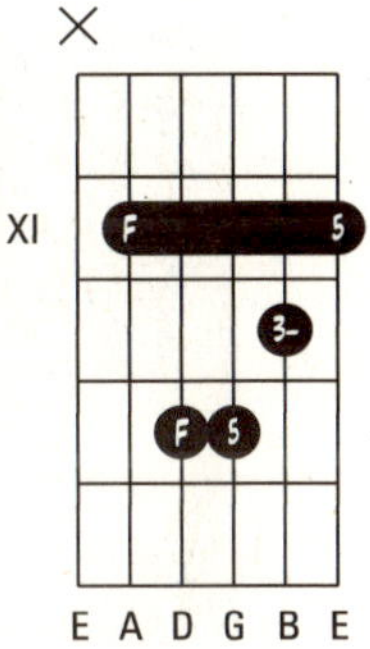

A♭/G♯M7 (7M, Δ)

Fund. = A♭; 3.ª M = C; 5.ª = E♭; 7.ª M = G

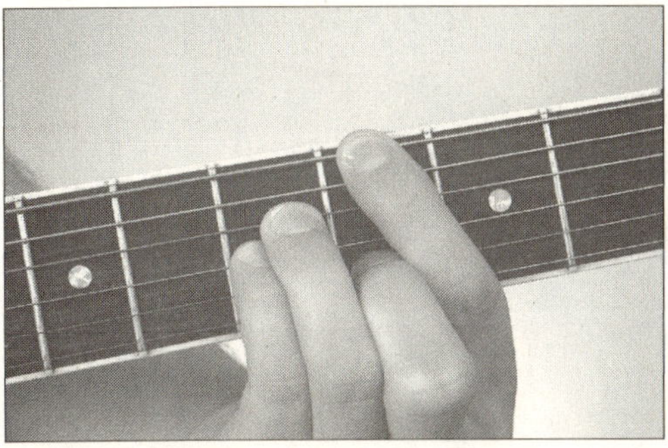

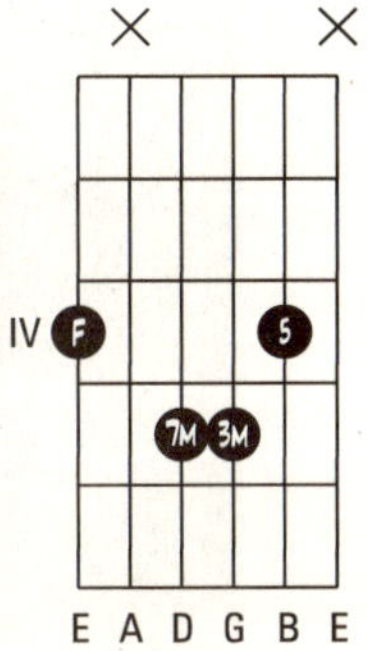

A♭/G♯M7 (7M, Δ)

Fund. = A♭; 3.ª M = C; 5.ª = E♭; 7.ª M = G

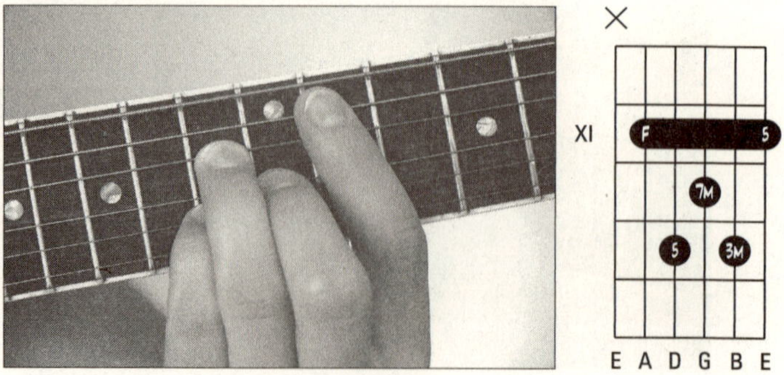

A♭/G♯7

Fund. = A♭; 3.ª M = C; 5.ª = E♭; 7.ª m = G♭

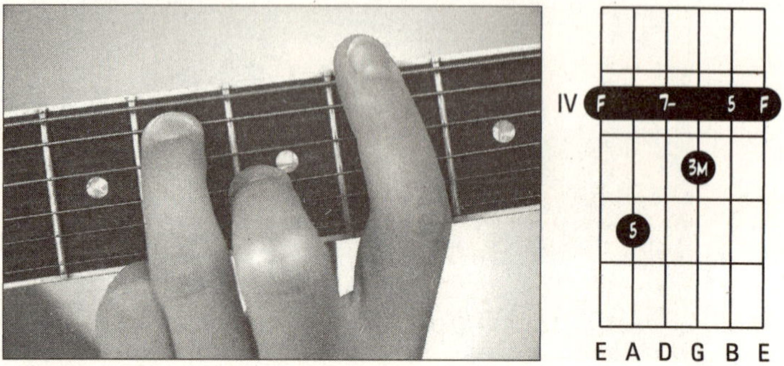

A♭/G♯7

Fund. = A♭; 3.ª M = C; 7.ª m = G♭

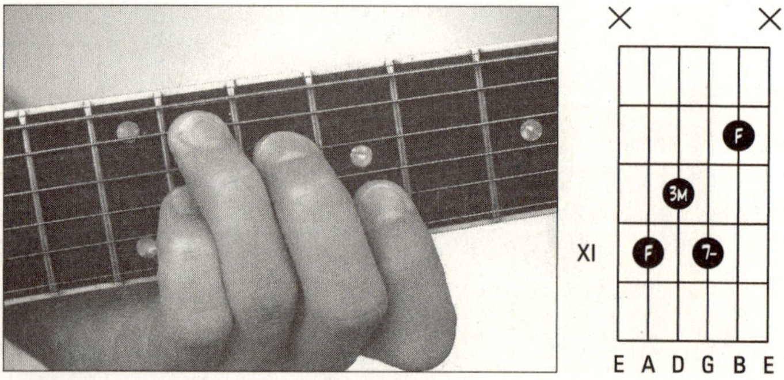

A♭/G♯7

Fund. = A♭; 3.ª M = C; 5.ª = E♭; 7.ª m = G♭

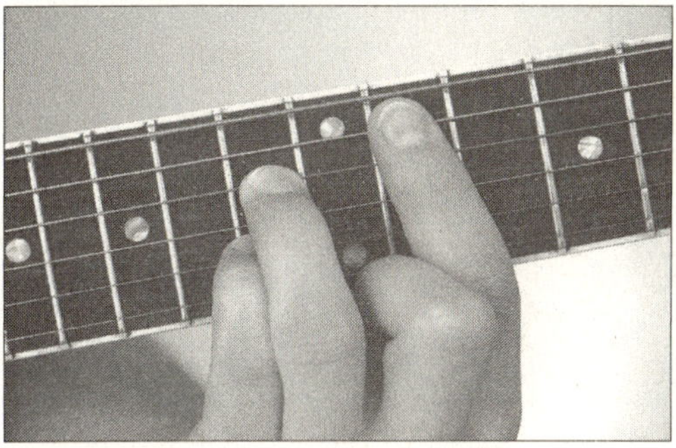

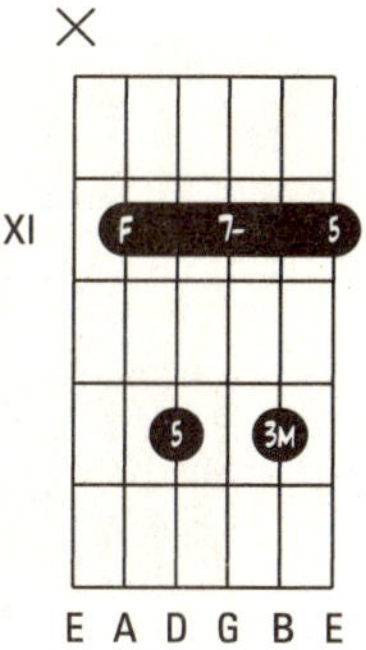

A♭/G♯m7 (-7)

Fund. = A♭; 3.ª m = C♭ (B); 5.ª = E♭; 7.ª m = G♭

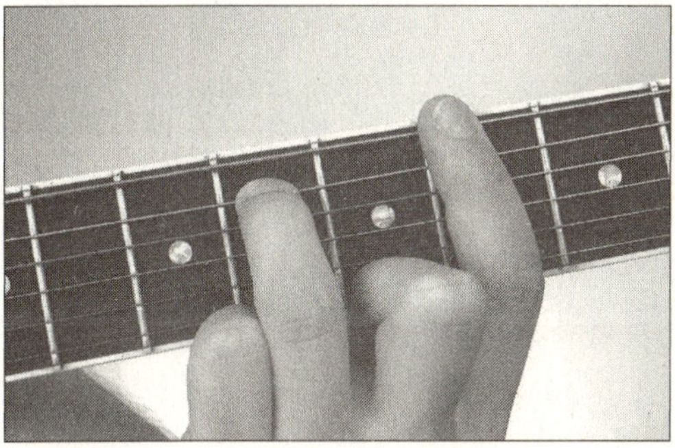

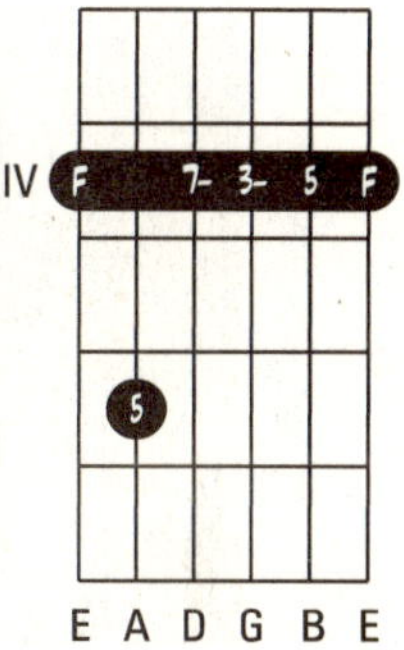

A♭/G♯m7 (-7)

Fund. = A♭; 3.ª m = C♭ (B); 5.ª = E♭; 7.ª m = G♭

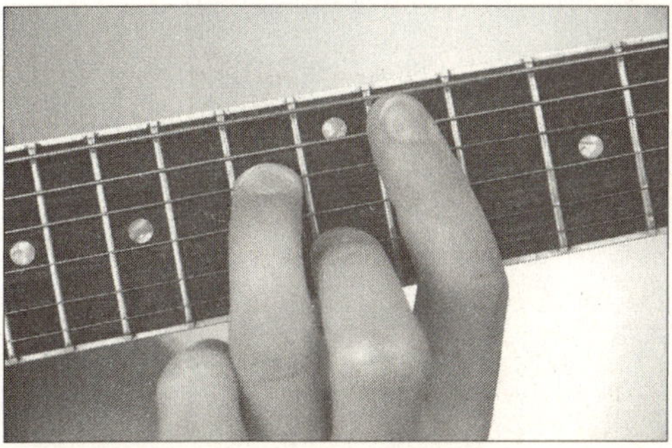

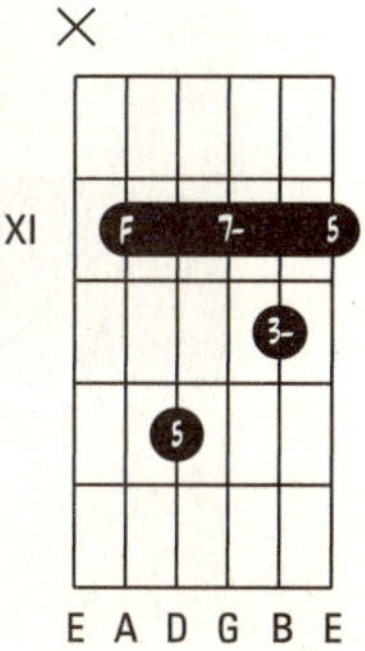

Los acordes de la (A)

AM

Fund. = A; 3.ª M = C#; 5.ª = E

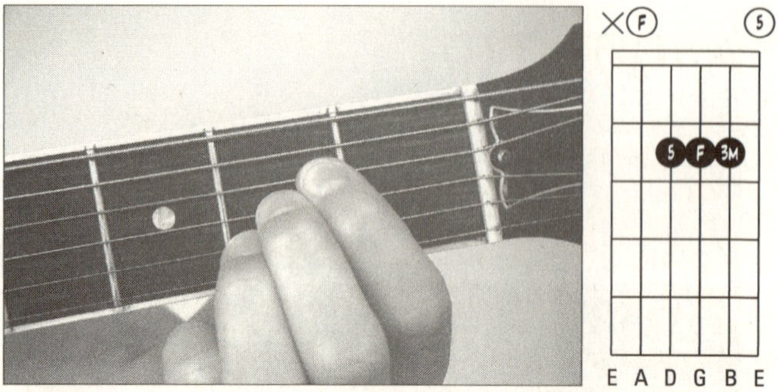

AM

Fund. = A; 3.ª M = C#; 5.ª = E

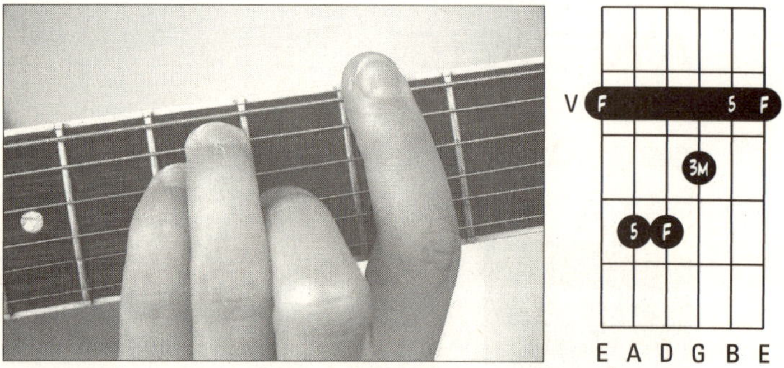

Am (-)

Fund. = A; 3.ª m = C; 5.ª = E

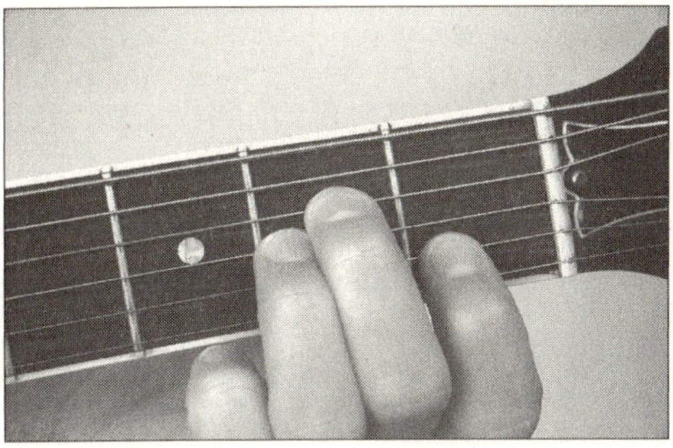

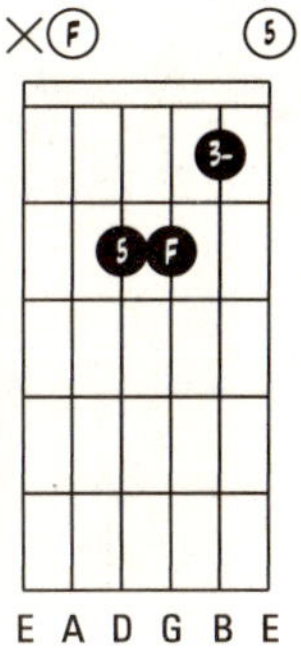

Am (-)

Fund. = A; 3.ª m = C; 5.ª = E

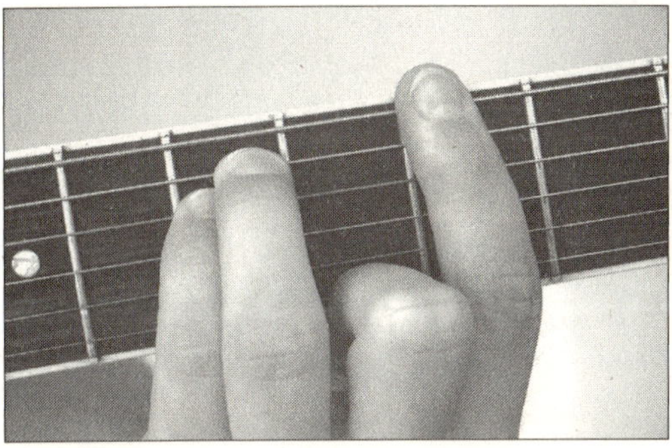

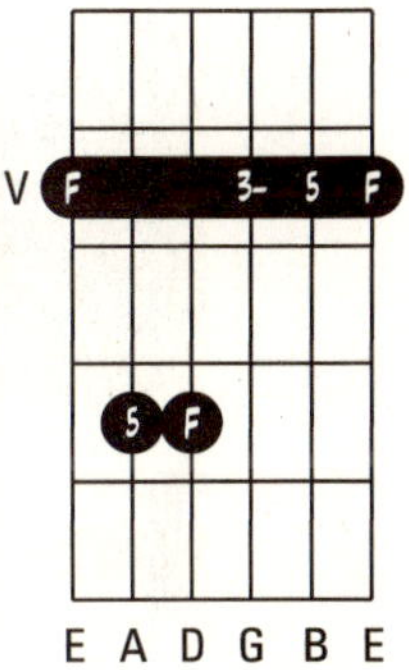

AM7 (7M, Δ)

Fund. = A; 3.ª M = C#; 5.ª = E; 7.ª M = G#

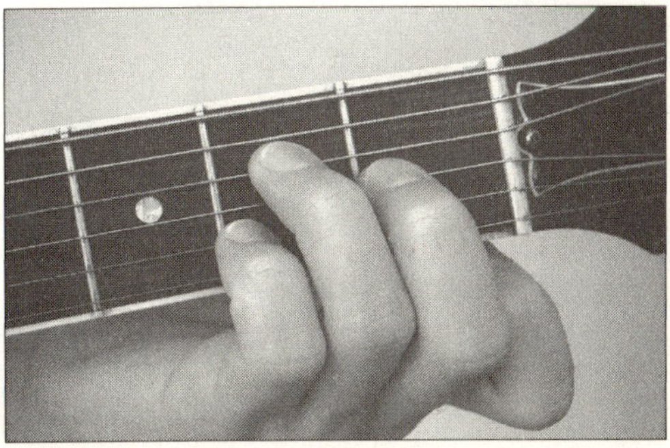

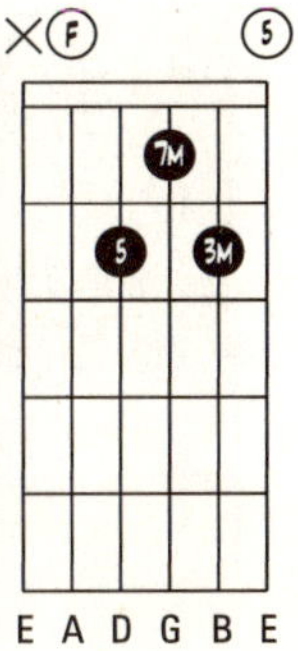

AM7 (7M, Δ)

Fund. = A; 3.ª M = C♯; 5.ª = E; 7.ª M = G♯

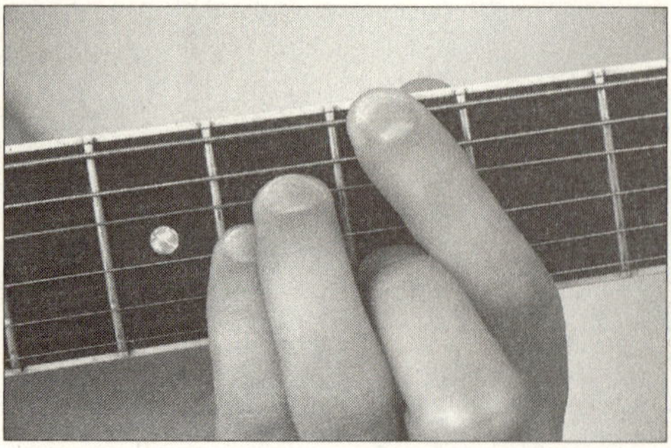
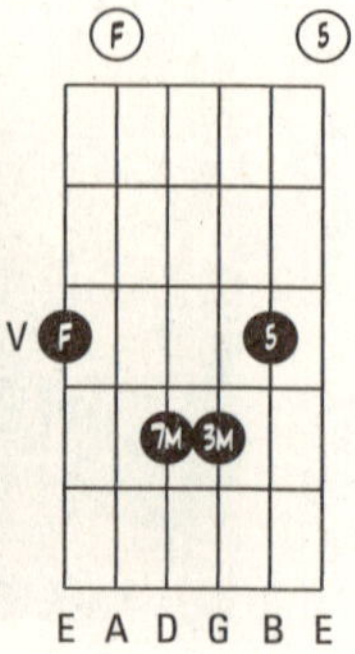

A7

Fund. = A; 3.ª M = C♯; 5.ª = E; 7.ª m = G

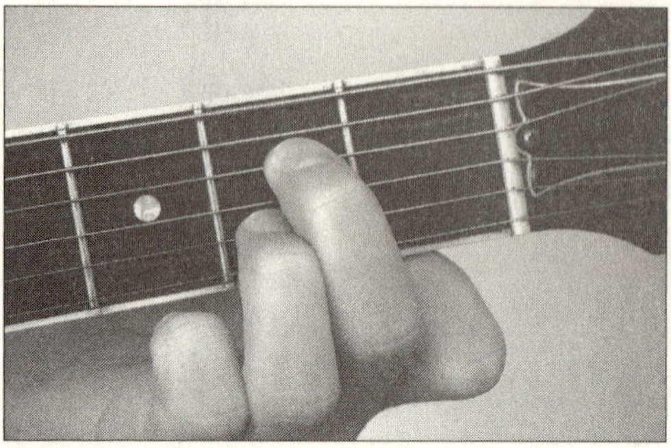
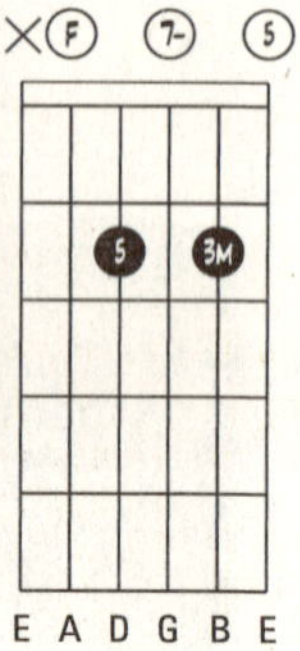

A7

Fund. = A; 3.ª M = C♯; 5.ª = E; 7.ª m = G

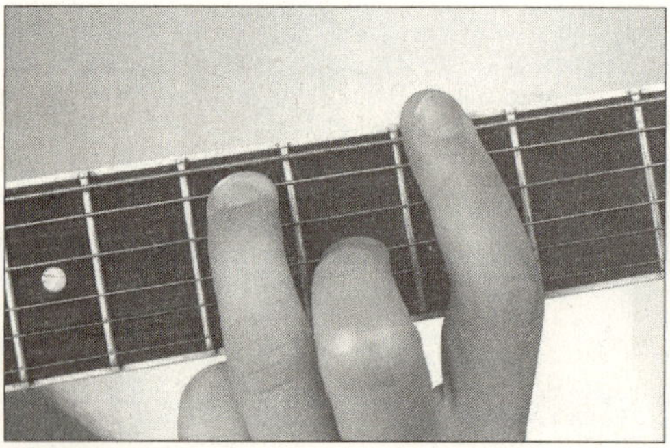
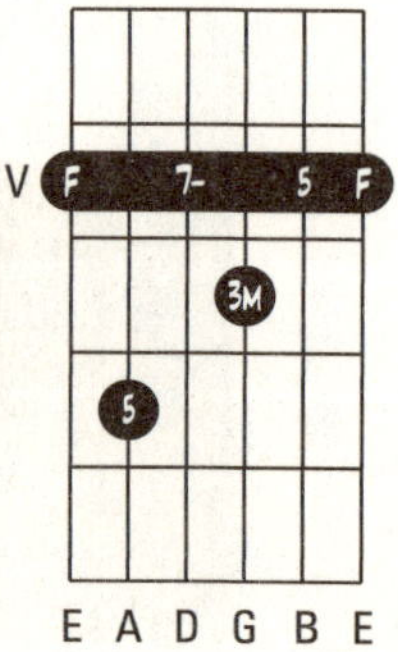

A7

Fund. = A; 3.ª M = C♯; 7.ª m = G

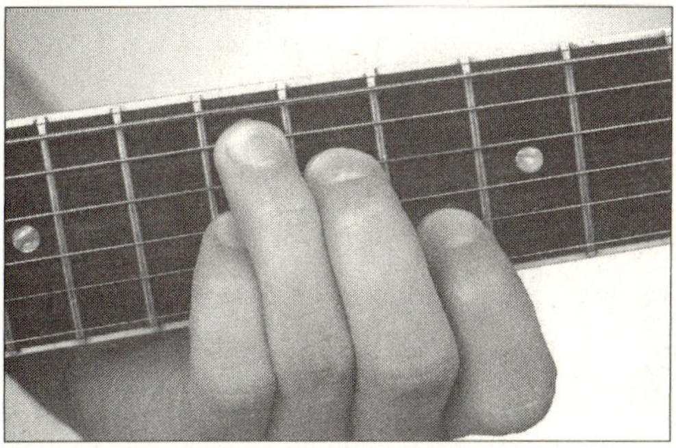

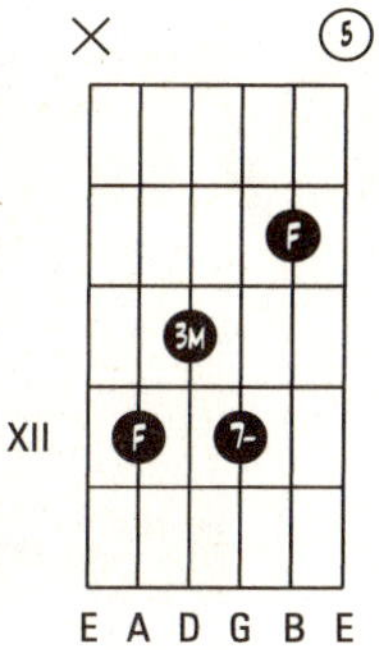

Am7 (-7)

Fund. = A; 3.ª m = C; 5.ª = E; 7.ª m = G

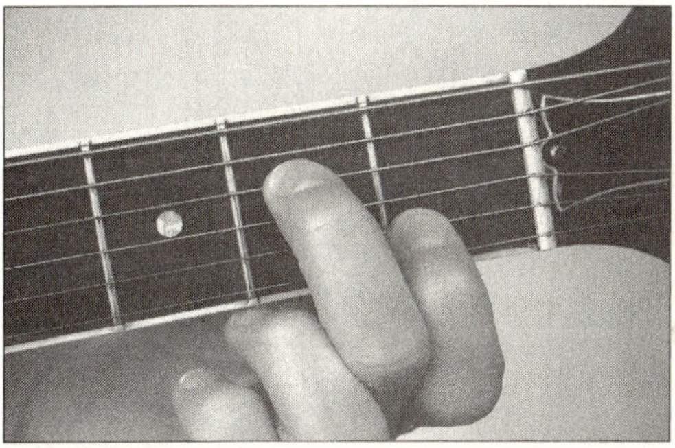

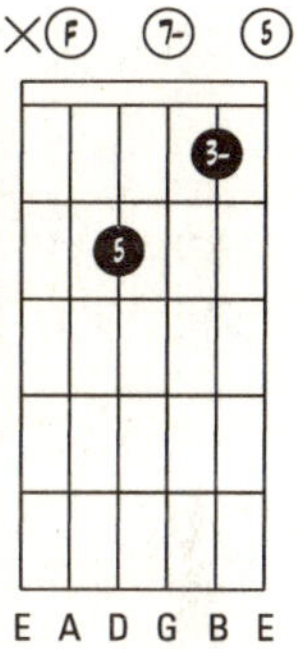

Am7 (-7)

Fund. = A; 3.ª m = C; 5.ª = E; 7.ª m = G

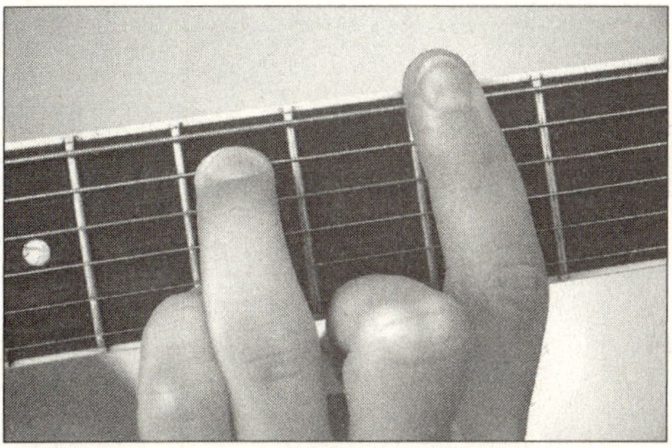

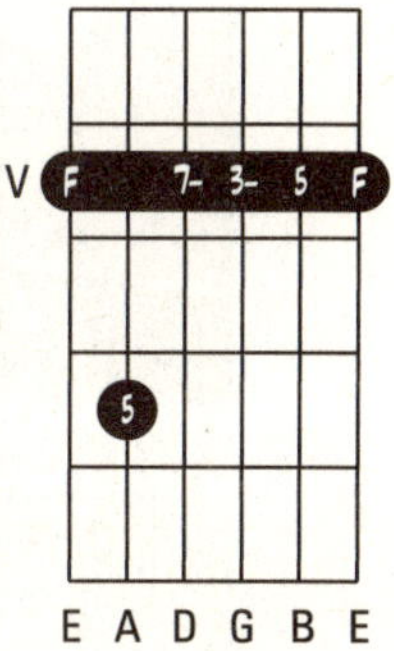

Los acordes de si♭/la♯ (B♭/A♯)

B♭/A♯M

Fund. = B♭; 3.ª M = D; 5.ª = F

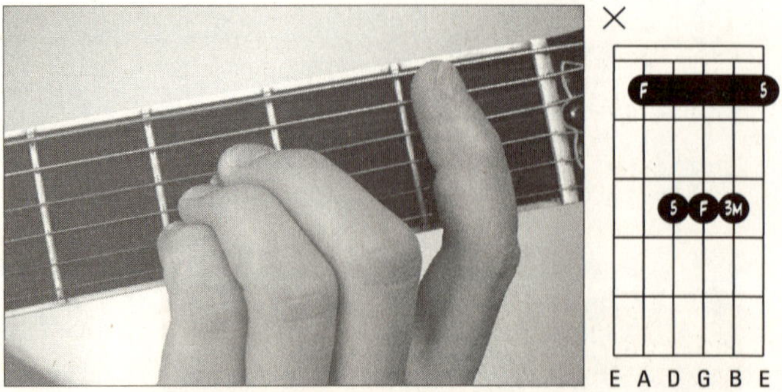

B♭/A♯M

Fund. = B♭; 3.ª M = D; 5.ª = F

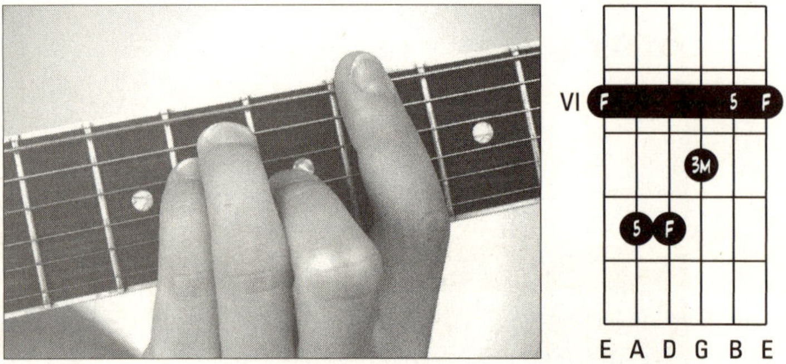

B♭/A♯m (-)

Fund. = B♭; 3.ª m = D♭; 5.ª = F

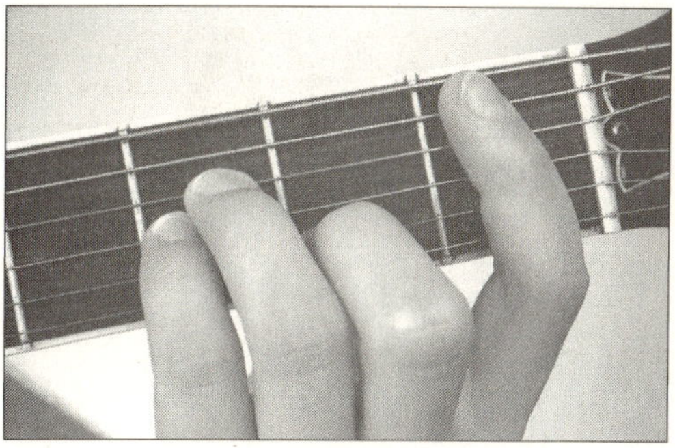

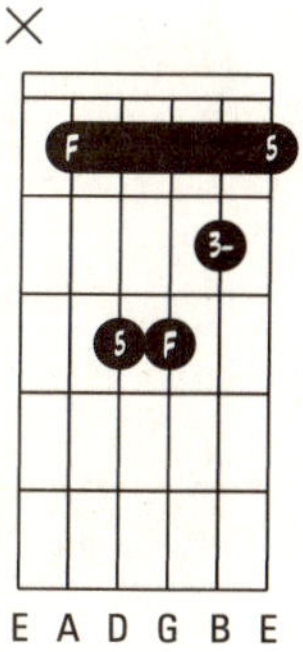

B♭/A♯m (-)

Fund. = B♭; 3.ª m = D♭; 5.ª = F

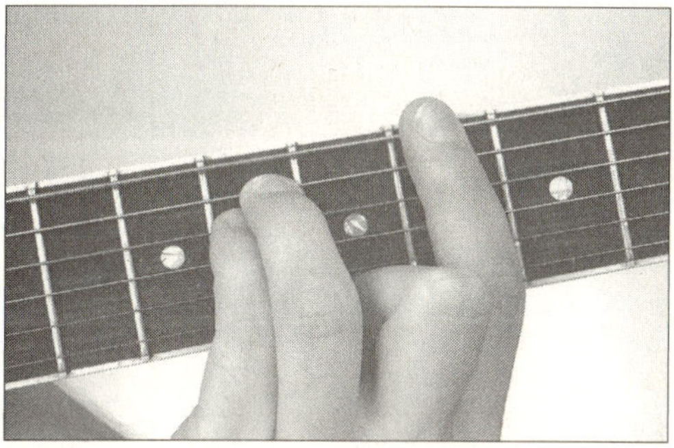

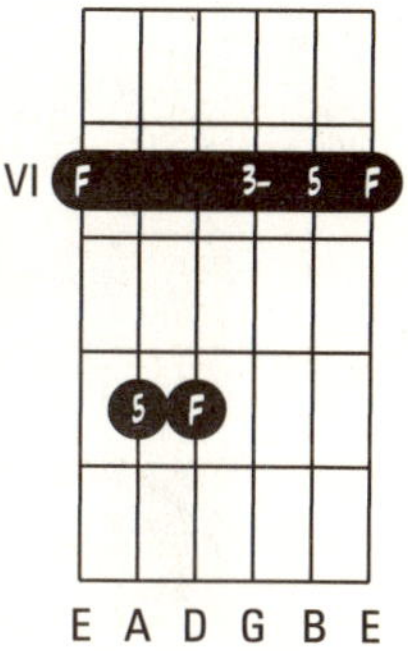

B♭/A♯M7 (7M, Δ)

Fund. = B♭; 3.ª M = D; 5.ª = F; 7.ª M = A

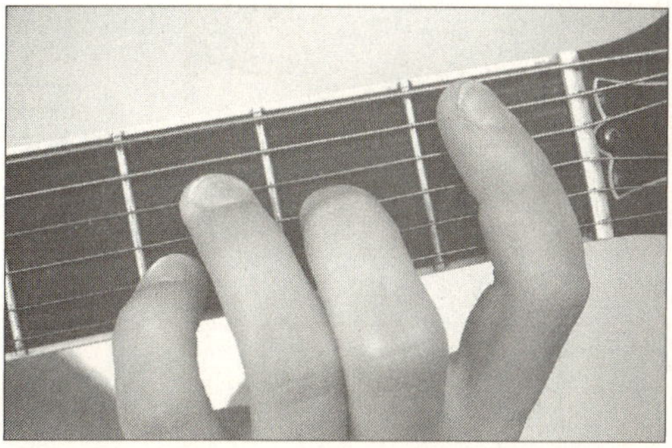

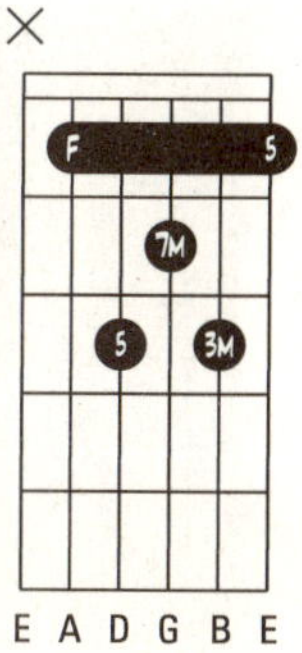

B♭/A♯ M7 (7M, Δ)

Fund. = B♭; 3.ª M = D; 5.ª = F; 7.ª M = A

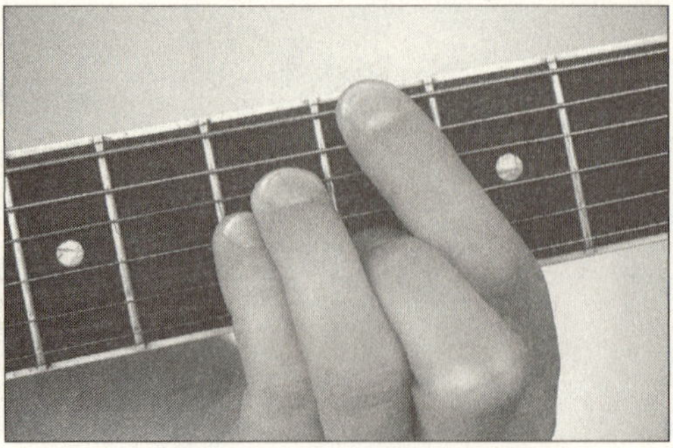

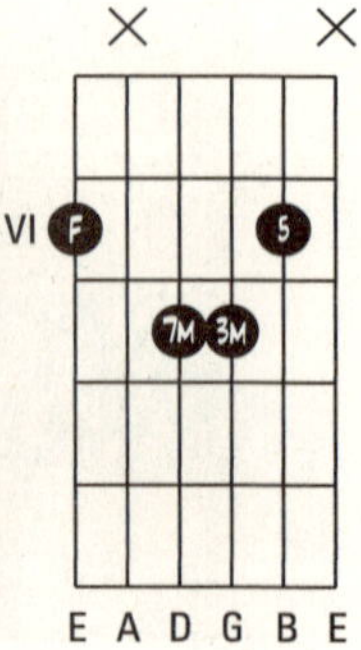

B♭/A♯7

Fund. = B♭; 3.ª M = D; 5.ª = F; 7.ª m = A♭

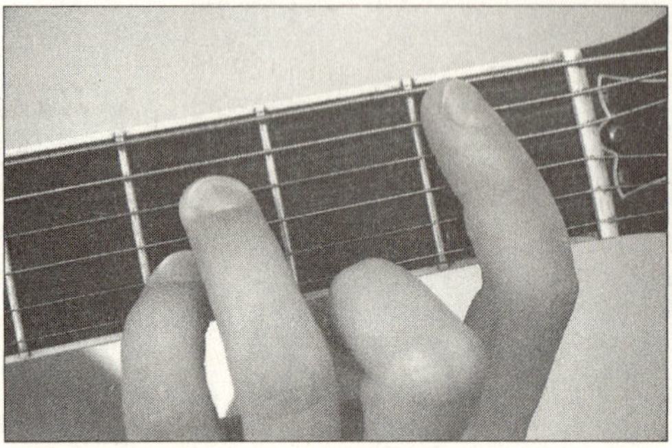

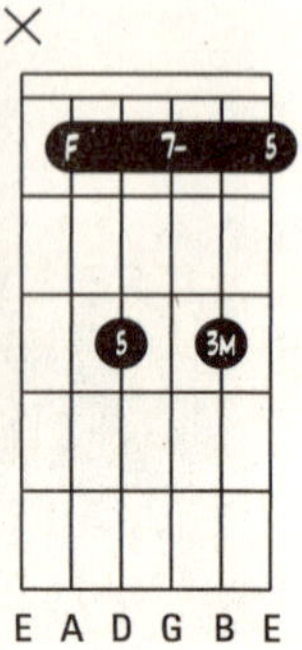

B♭/A♯7

Fund. = B♭; 3.ª M = D; 5.ª = F; 7.ª m = A♭

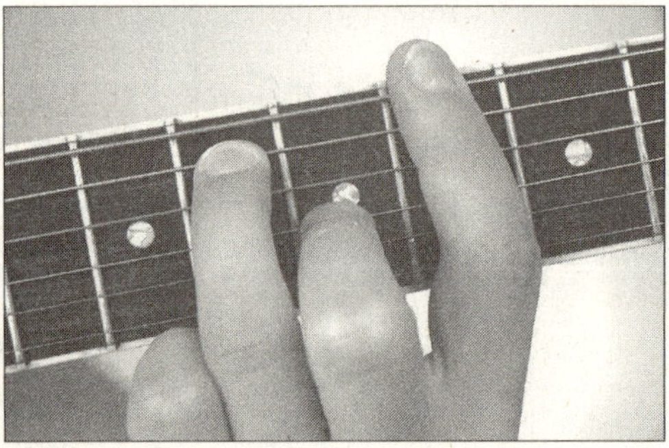

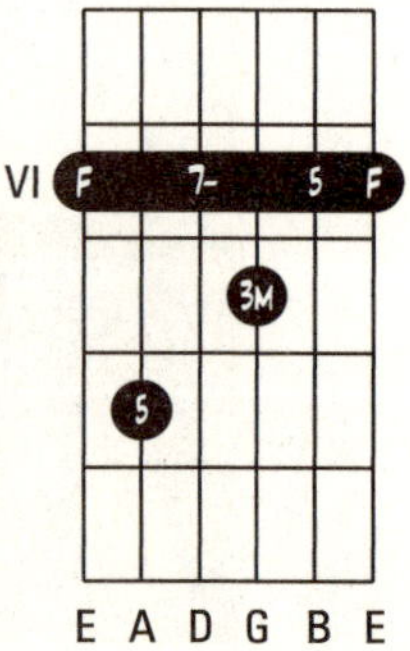

B♭/A♯7

Fund. = B♭; 3.ª M = D; 7.ª m = A♭

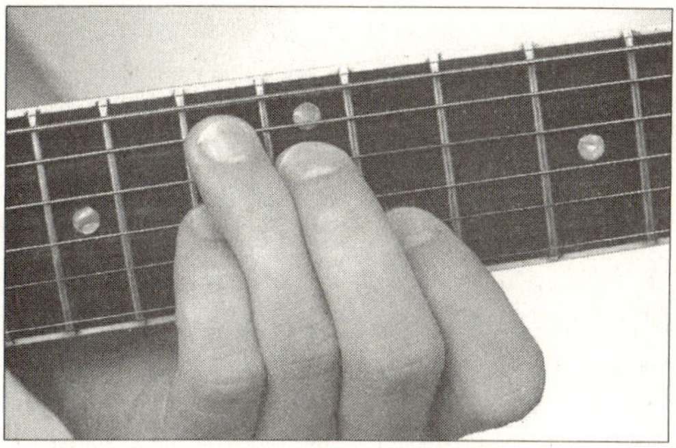

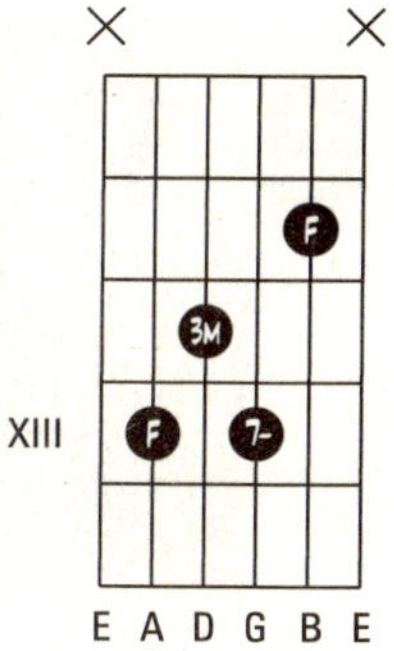

B♭/A♯m 7 (-7)

Fund. = B♭; 3.ª m = D♭; 5.ª = F; 7.ª m = A♭

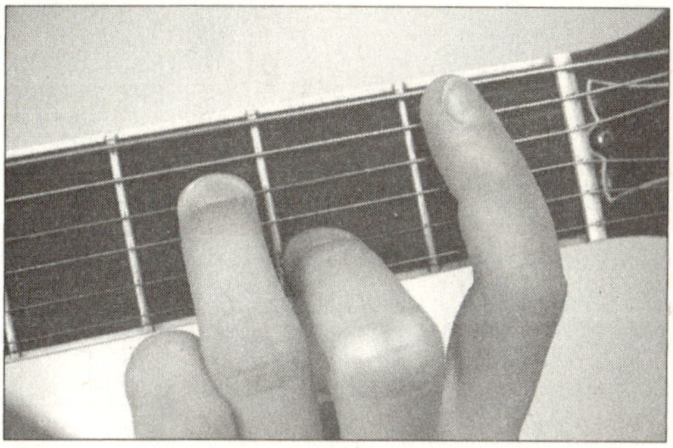

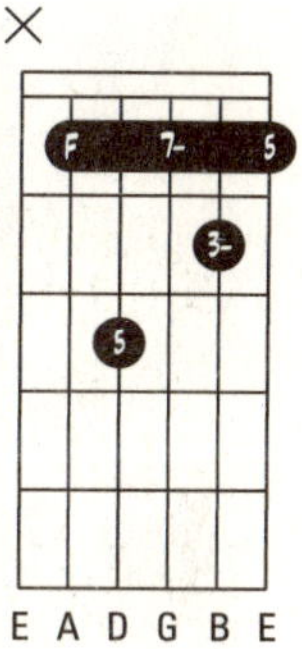

B♭/A♯m 7 (-7)

Fund. = B♭; 3.ª m = D♭; 5.ª = F; 7.ª m = A♭

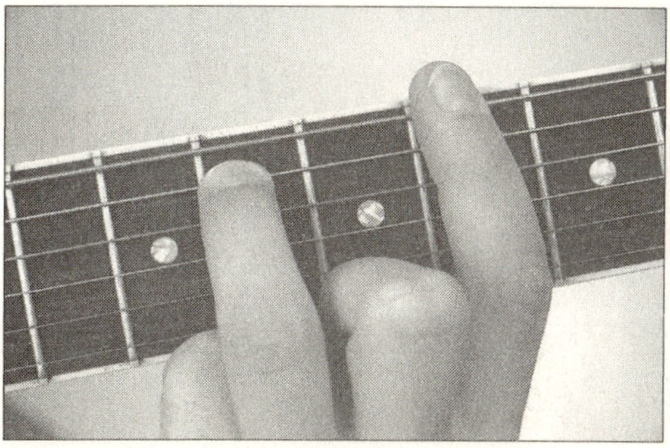

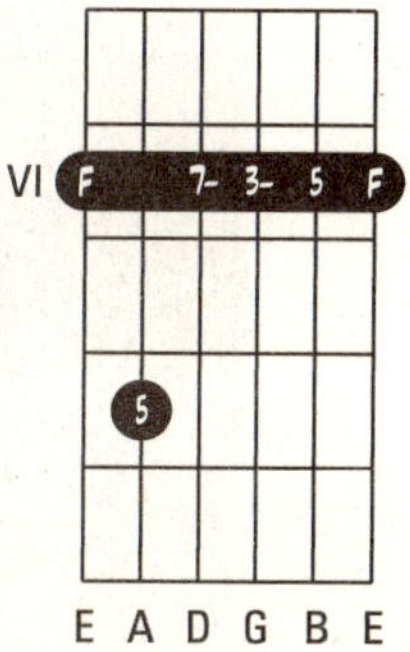

Los acordes de si (B)

BM

Fund. = B; 3.ª M = D♯; 5.ª = F♯

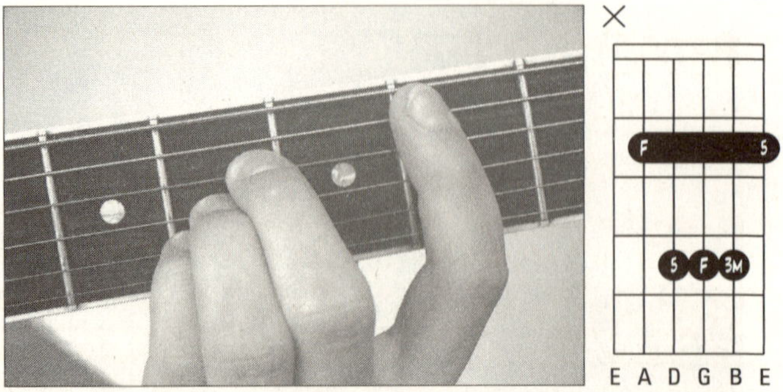

BM

Fund. = B; 3.ª M = D♯; 5.ª = F♯

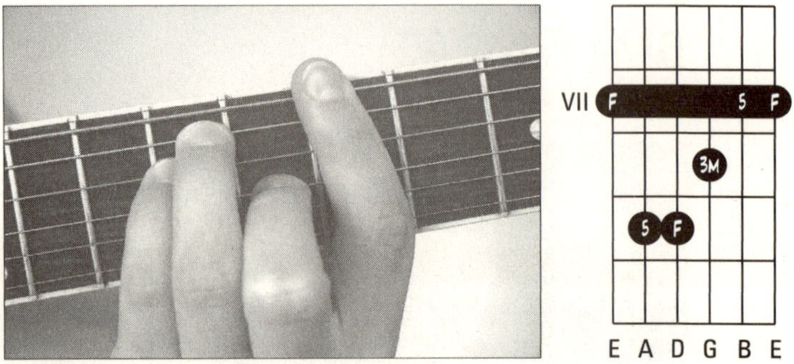

Bm (-)

Fund. = B; 3.ª m = D; 5.ª = F♯

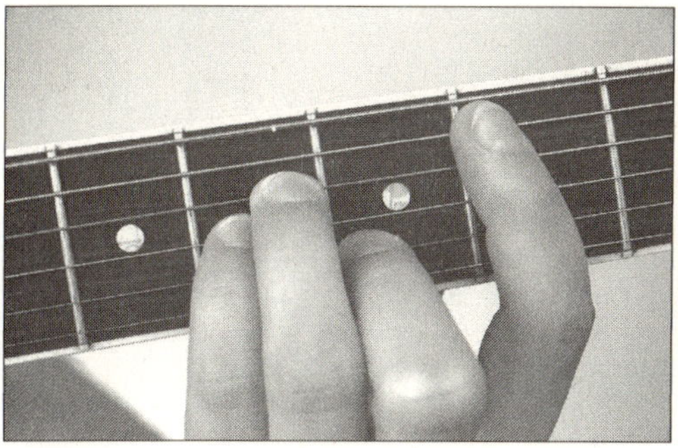

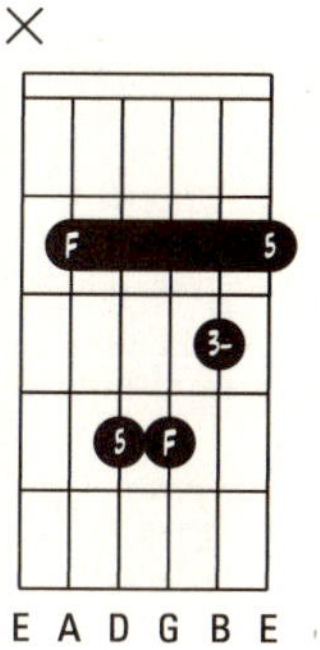

Bm (-)

Fund. = B; 3.ª m = D; 5.ª = F♯

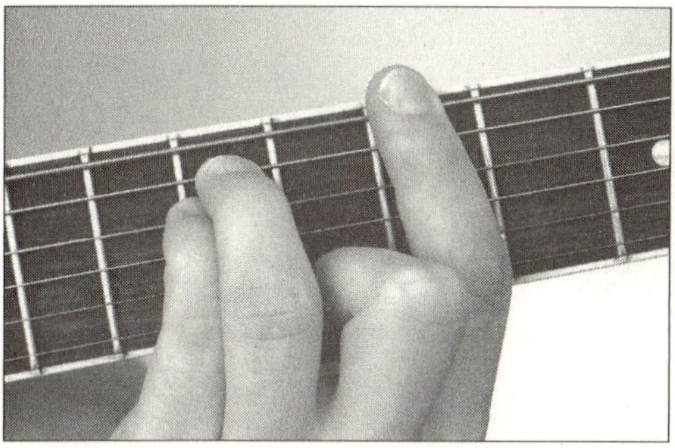

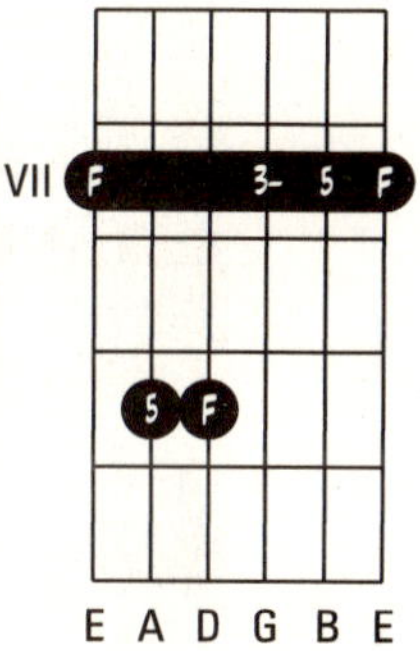

BM7 (7M, $^{\Delta}$)

Fund. = B; 3.ª M = D♯; 5.ª = F♯; 7.ª M = A♯

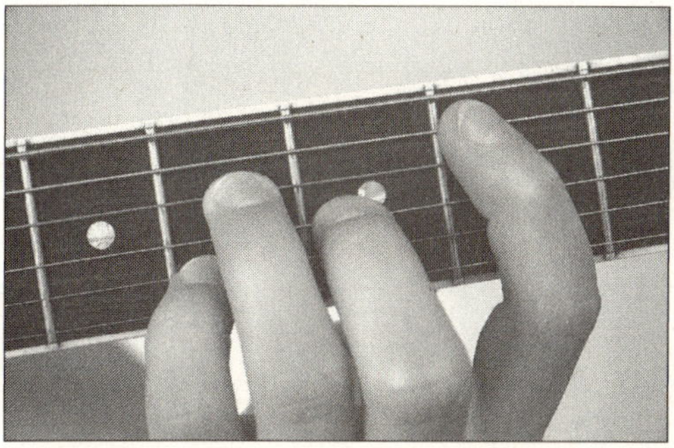

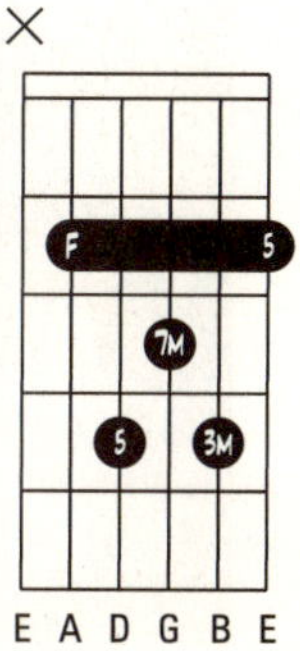

BM7 (7M, $^{\Delta}$)

Fund. = B; 3.ª M = D♯; 5.ª = F♯; 7.ª M = A♯

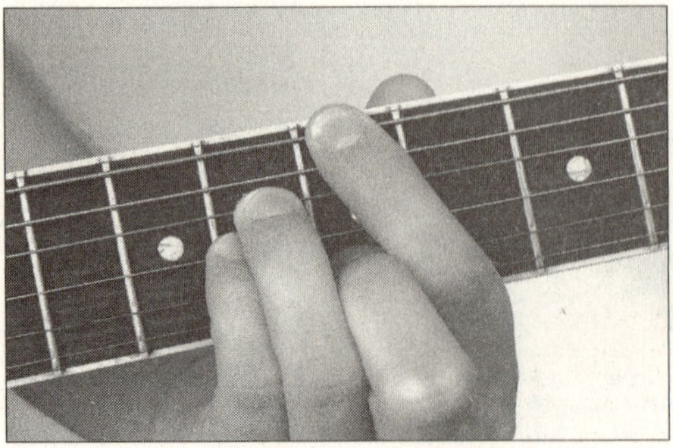

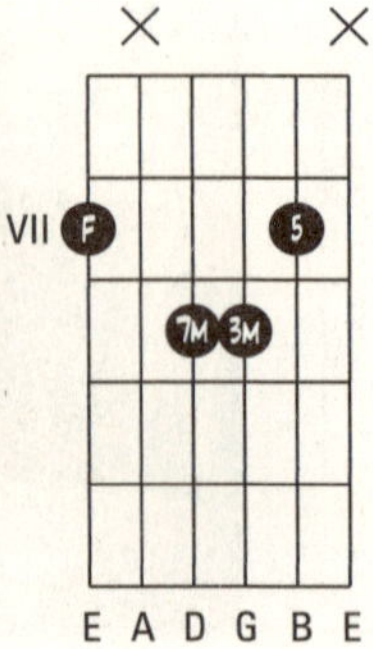

B7

Fund. = B; 3.ª M = D♯; 5.ª = F♯; 7.ª m = A

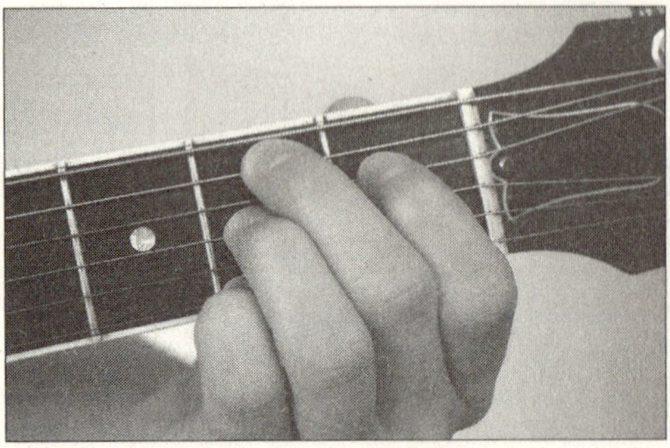

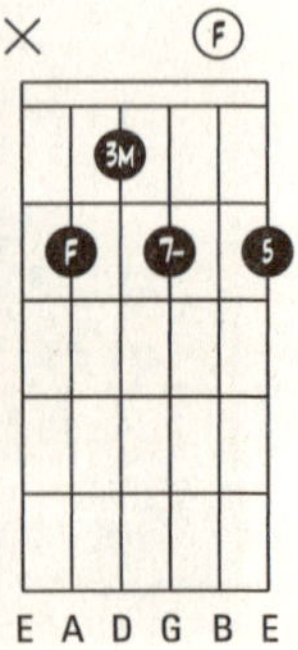

B7

Fund. = B; 3.ª M = D♯; 5.ª = F♯; 7.ª m = A

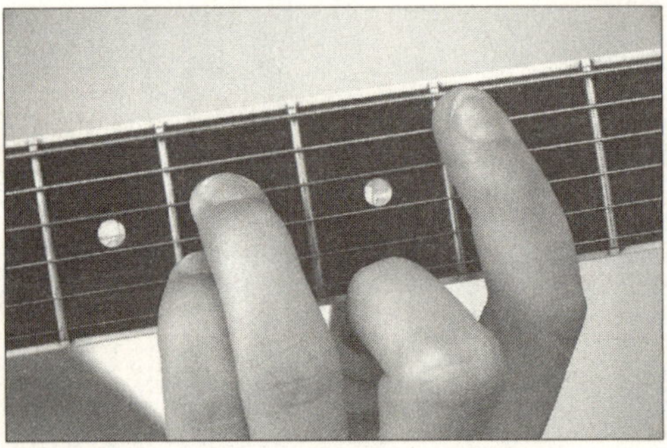

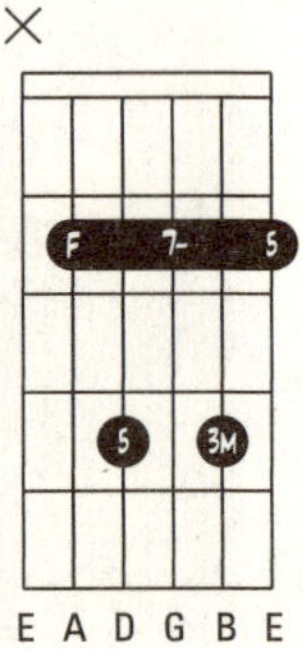

B7

Fund. = B; 3.ª M = D♯; 5.ª = F♯; 7.ª m = A

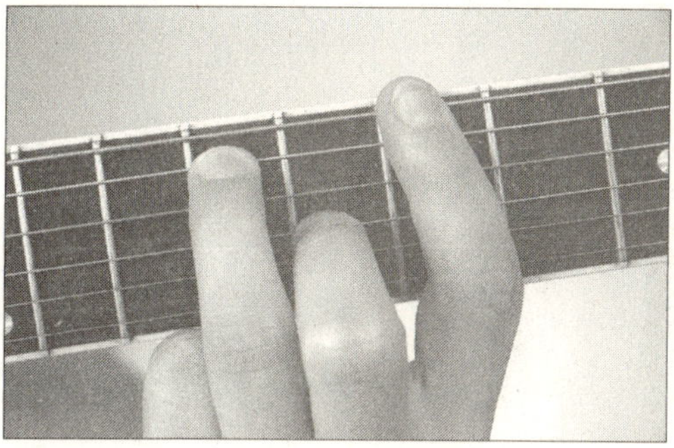

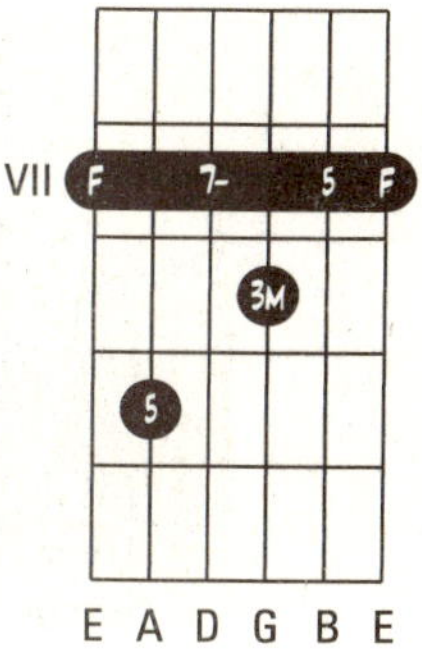

Bm7 (-7)

Fund. = B; 3.ª m = D; 5.ª = F♯; 7.ª m = A

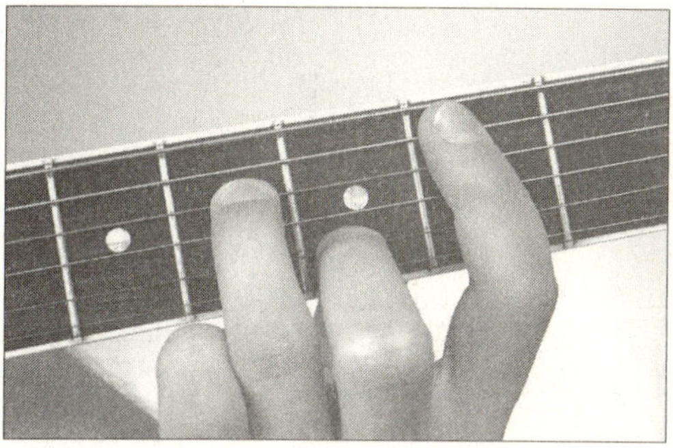

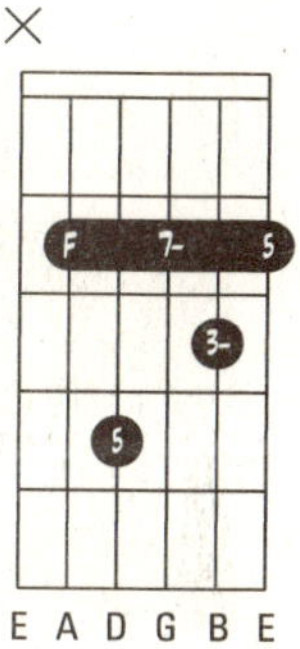

Bm7 (-7)

Fund. = B; 3.ª m = D; 5.ª = F♯; 7.ª m = A

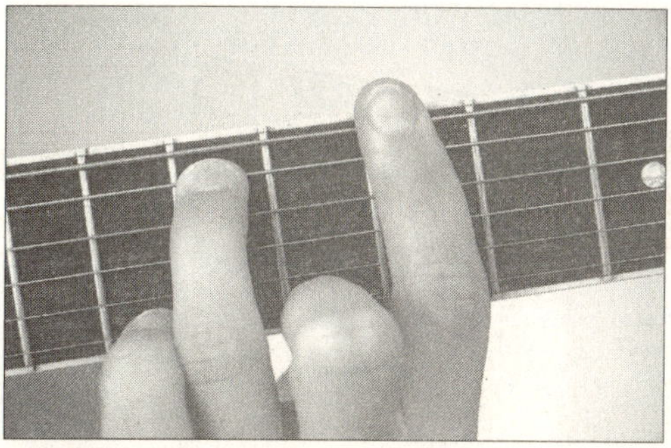

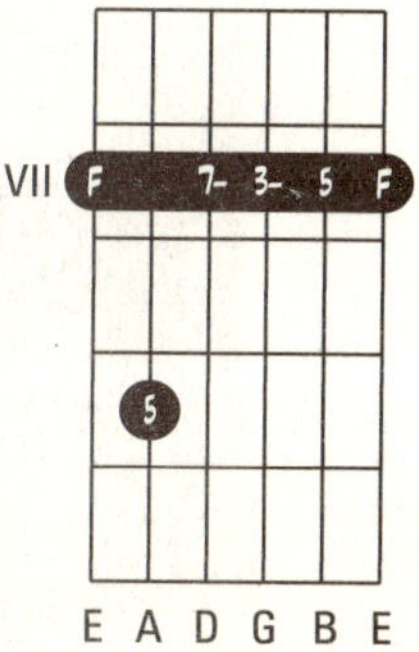

4
Los decálogos

EN ESTA PARTE . . .

En esta parte, indispensable ya en la colección *...para Dummies*, se resumen diez aspectos importantes de forma breve y precisa. En este caso, descubrirás diez acordes que es necesario conocer desde el primer momento, diez consejos para tocar mejor la guitarra, así como diez instrumentos que han marcado la historia de la guitarra.

Capítulo 4

Diez acordes que hay que conocer sin falta

Cuando empiezas con la guitarra y quieres acompañarte de ella, puede desanimarte la infinita cantidad de acordes que se pueden aprender y no saber por dónde empezar.

Por suerte, no todos los grandes músicos de pop o rock eran grandes guitarristas, por lo que su repertorio de acordes a veces era limitado. Eso hace que, con frecuencia, nos encontremos canciones con los mismos tipos de acordes, a menudo fáciles de tocar. Aquí tienes diez de ellos. Si los aprendes, ¡podrás tocar una increíble cantidad de canciones!

1. do mayor/C

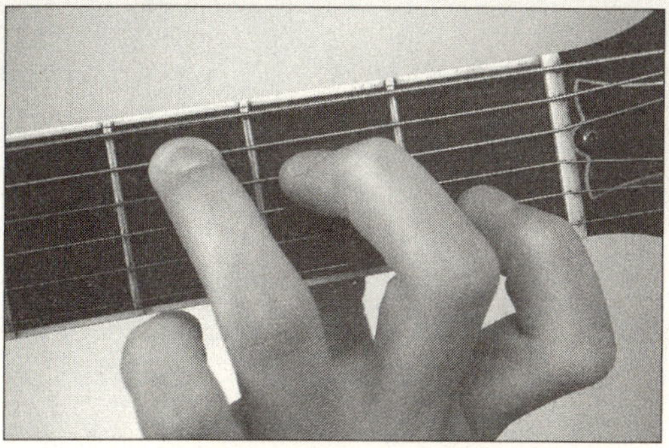

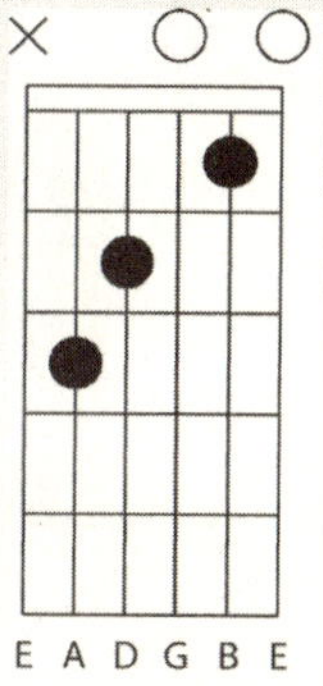

2. re mayor/D

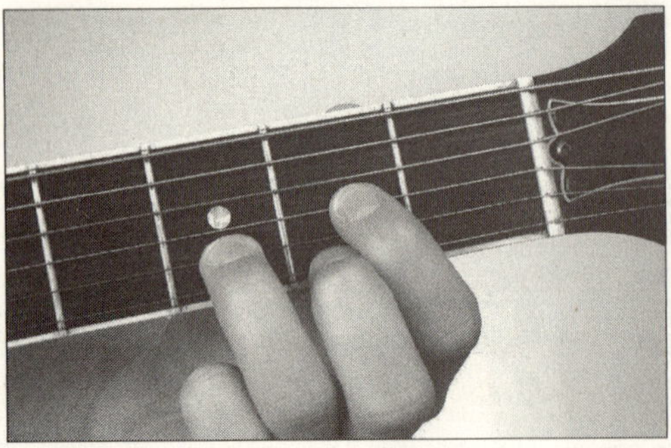

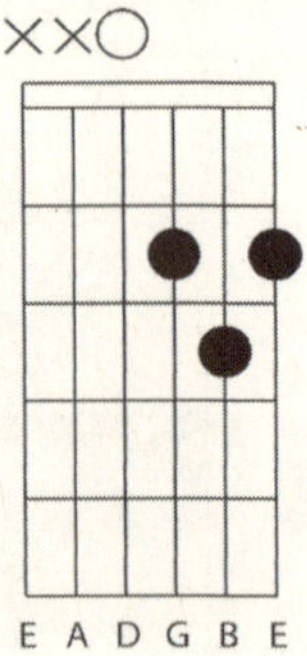

3. re menor/Dm

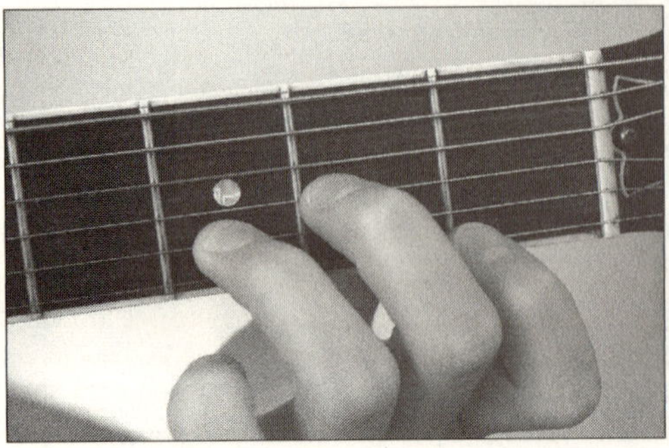

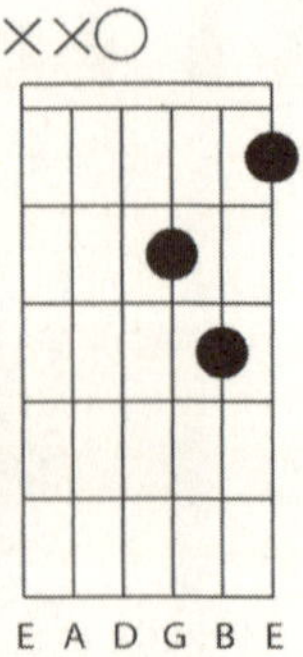

4. mi mayor/E

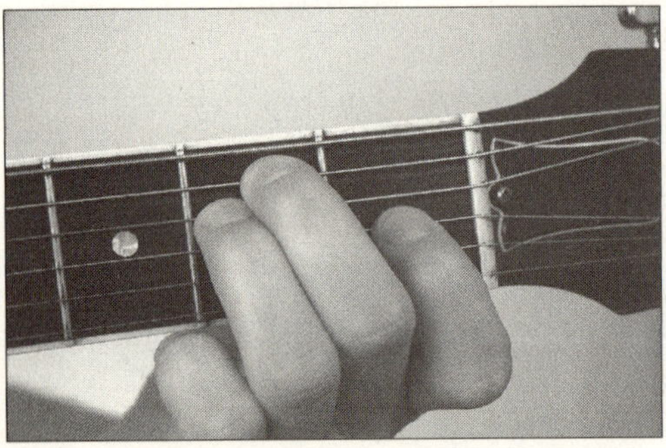

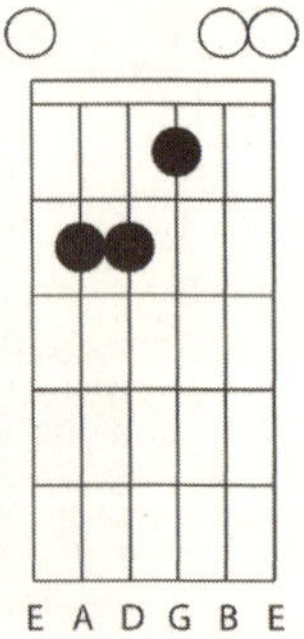

5. mi menor/Em

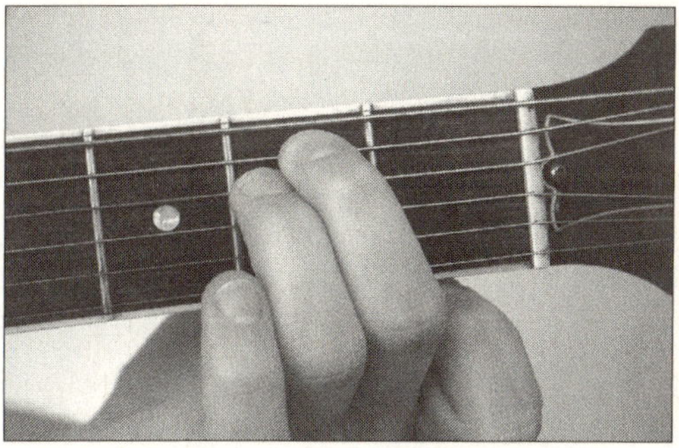

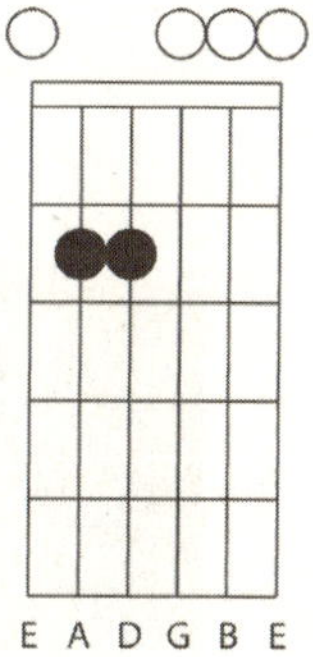

6. fa mayor/F

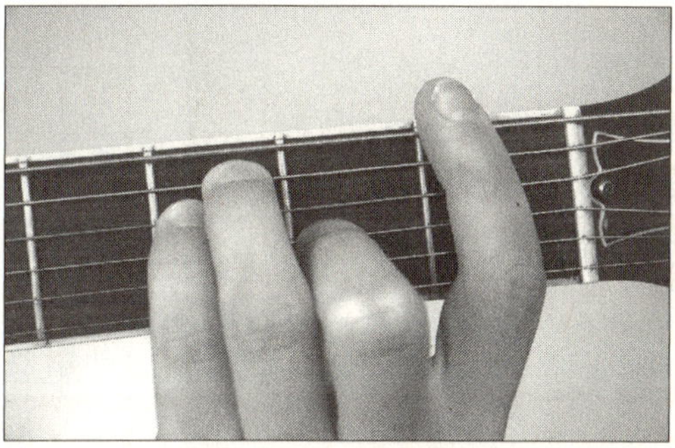

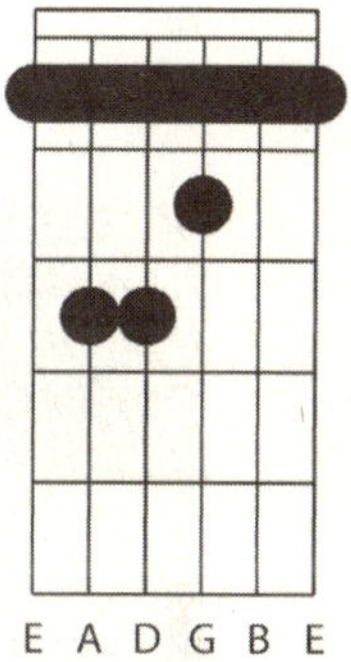

7. sol mayor/G

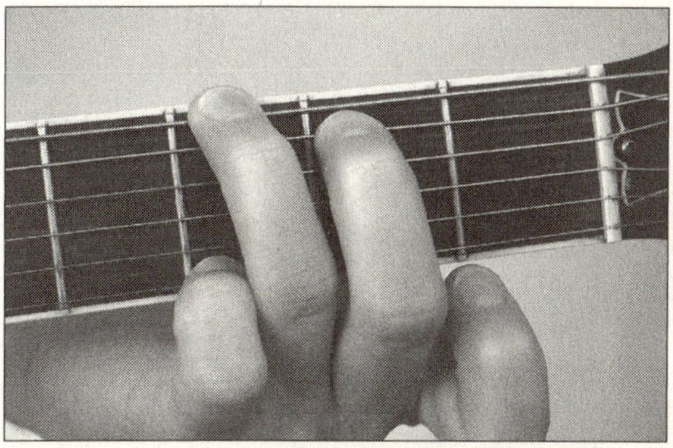

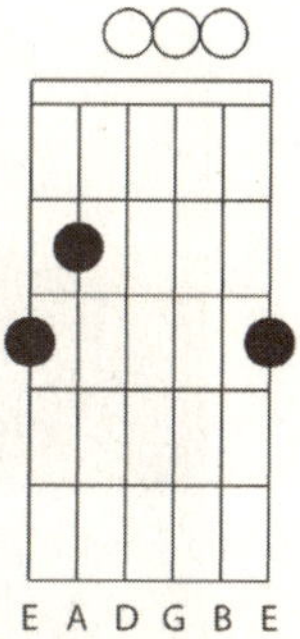

8. la mayor/A

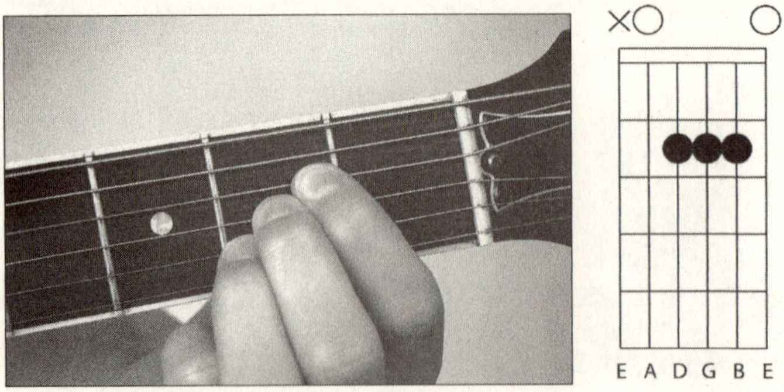

9. la menor/Am

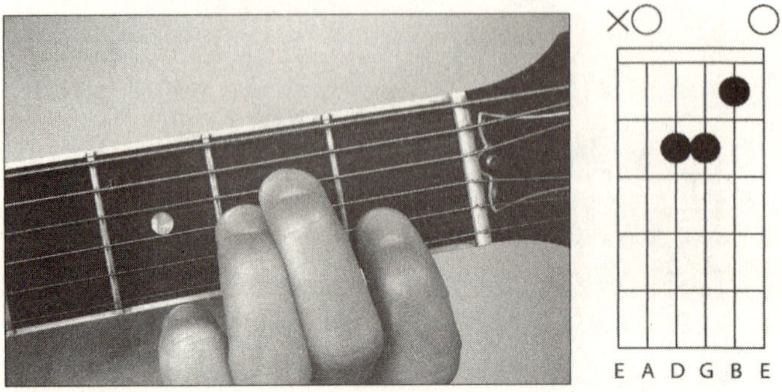

10. si séptima dominante/B7

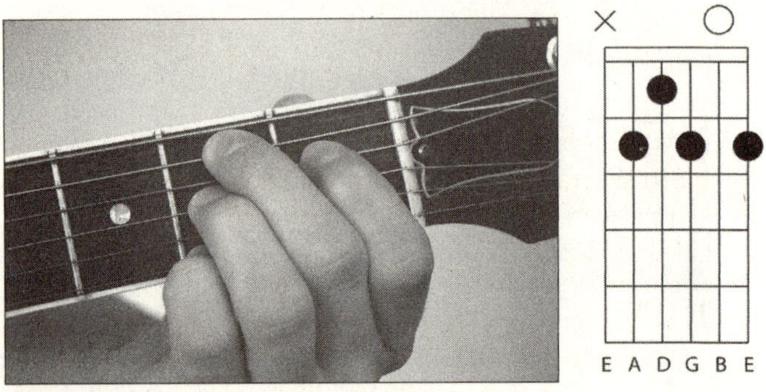

Capítulo 5

Diez consejos para tocar bien la guitarra

En realidad, hemos hablado de estos consejos generales durante todo el libro. Ahora tan solo te propongo resumirlos para tenerlos claros y siempre presentes.

Encuentra la postura correcta

Para tocar bien la guitarra, es esencial mantener una buena postura: tanto si estás de pie o sentado, no debes "doblarte" sobre la guitarra si quieres cuidar la espalda. Mantén la cabeza recta, los hombros hacia abajo y pega siempre la guitarra contra el vientre (¡esto te permitirá sentir las vibraciones del instrumento!).

La mano izquierda debe sostener el mástil sin apretar en exceso y los dedos deben estar casi perpendiculares a las cuerdas cuando las presionas.

El brazo derecho debe apoyarse de forma natural en la guitarra y la muñeca debe permanecer flexible para rasguear o pulsar las cuerdas con total seguridad.

La palabra clave respecto a la postura con la guitarra es relajación: si estás tenso, te resultará más difícil tocar y la guitarra no te supondrá un placer, ¡que es lo más importante por encima de todo!

Ensaya de forma habitual

Como sucede en muchos casos, se progresa practicando de forma constante. La guitarra no es una excepción: si lo que quieres es avanzar y aprender más sobre tu instrumento favorito, la manera más fácil de conseguirlo es tocando un poco todos los días (15 minutos, por ejemplo): tu cuerpo, tus brazos y tus manos se acostumbrarán cada vez más a la guitarra y tocarla te resultará natural. Obviamente, cuando dispones de más tiempo, puedes prolongar la práctica, pero en los días más ocupados, cinco minutos a veces son suficientes y, lo más importante, reencontrarte regularmente con tu guitarra supondrá placer y relajación.

Trabaja lentamente

Uno de los grandes fallos de los guitarristas (principiantes y avanzados) es querer tocar siempre demasiado rápido. Está claro que es muy agradable sentir (y escuchar) como los dedos se deslizan sobre la guitarra produciendo un diluvio de notas; sin embargo, a veces, cuando queremos ir demasiado rápido, olvidamos las cosas importantes, cometemos errores y nos acabamos frustrando rápidamente.

Si estás practicando con un ejercicio de este libro o estás intentando reproducir tu canción favorita, te recomiendo que trabajes más despacio para garantizar que tocas los acordes correctos y que todas las notas suenan bien. Es en ese momento cuando puedes empezar a tocar más rápido para alcanzar gradualmente la velocidad real del ejercicio o de la canción. Si consigues tocar a la perfección algo de forma lenta, no hay duda de que podrás tocarlo más rápido.

Escucha lo que tocas

Este consejo te puede parecer extraño al principio, pero ¡es realmente importante! Cuando se trabaja un ejercicio, canción o fragmento, los guitarristas nos solemos centrar mucho en los acordes adecuados y en la forma correcta de poner los dedos en el lugar y el momento correctos. Eso está muy bien, pero a veces podemos olvidarnos de escuchar lo que estamos haciendo y es una pena, porque el objetivo no es llegar a tocar cosas difíciles, sino simplemente hacer música. Es necesario adquirir el hábito de escucharnos para estar seguros de obtener el resultado deseado.

Atención al ritmo

El ritmo es esencial en la música. Nos permite, mediante las notas, reconocer lo que estamos tocando. Además, gracias al ritmo, varios músicos podemos tocar juntos a la vez, ya que interpretamos la música a un mismo tiempo. ¿Te imaginas la cacofonía resultante si los músicos no tocasen simultáneamente con ritmo? El cantante comenzaría a cantar en un momento equivocado, el guitarrista tocaría los acordes incorrectos respecto al bajista, el batería terminaría la canción treinta segundos antes que los demás... ¡Nada tendría sentido!

Si no prestas atención al ritmo cuando tocas, lo más probable es que nadie sea capaz de reconocer la canción. Por lo tanto, trabaja más despacio y fíjate bien en el ritmo, comparando lo que tocas con las grabaciones de audio de este libro (si es un ejercicio de este libro) o con la versión original de la canción en el disco o en internet. Si una canción, un ejercicio o un fragmento se ejecutan bien, también se debe a que se hace con ritmo.

Escucha mucha música

Cuando se comienza el aprendizaje de un instrumento, siempre se empieza por interpretar piezas que ya existen. Lo que deseamos, y nos lleva a querer tocar la guitarra, es tocar nuestras canciones favoritas una y otra vez. El principio es sencillo: cuantas más canciones favoritas tengas, más querrás tocar la guitarra. Para llegar a eso, hay que escuchar mucha música. Es bueno, agradable y además en estos tiempos podemos escuchar música en cualquier parte, en radio, televisión y ahora especialmente en internet, que ofrece sitios donde puedes escuchar música de forma gratuita y completamente legal. Por supuesto, siempre tenemos los discos y MP3 que se pueden intercambiar con los amigos. Tan pronto como escuches o leas algo de una banda o un guitarrista, no dudes en informarte sobre el tema y escuchar su música: puedes descubrir a un nuevo ídolo, lo cual te motivará aún más para tocar la guitarra.

Toca con amigos

Puede que no seas el único de tu entorno que ha empezado a hacer música. Probablemente tus amigos también tocan la guitarra, el bajo, la batería... Una de las mejores formas de avanzar es tocar con gente, lo cual te permite divertirte más y también trabajar el ritmo (porque tienes que tocar a un mismo tiempo) y escuchar (tenemos que escucharnos unos a otros al tocar en grupo). Si uno de tus amigos toca la guitarra, tocad las mismas canciones a la vez y, luego, podéis daros consejos respecto a vuestras dificultades. Una vez más, esta es una de las mejores formas de progresar y aprender a tocar la guitarra.

Elige la guitarra adecuada

Es importante que des con la guitarra que mejor se adapte a ti. En primer lugar, debe parecerte bonita para que te apetezca tocar; luego, debes sentirte cómodo al tenerla en tus manos y, finalmente, te debe resultar fácil de tocar para interpretar sin ningún problema tus canciones favoritas.

Pero antes de aplicar estos criterios, es necesario que te orientes previamente hacia el tipo de guitarra que te permite tocar la música que te gusta: si lo que quieres es tocar hard rock, una guitarra clásica de cuerdas de nailon no parece la opción más sensata (aunque... ¡todo es posible!). En general, si quieres tocar solo y cantar o acompañar a cantantes, una guitarra clásica o folk será perfecta. Si lo que te gusta es tocar rock, hard rock o con otros amigos que tocan la batería, el bajo o el piano, entonces con una guitarra eléctrica obtendrás una variedad de sonidos y con un volumen de sonido suficiente alto para que se te oiga entre los demás instrumentos.

Cuida la guitarra

Una guitarra es un instrumento musical que podemos considerar frágil. Cuanto más la cuides, más tiempo permanecerá en perfectas condiciones y más te durará. Recuerda guardarla en su funda y dejarla bien colocada para que no se caiga y se dañe. No la dejes cerca de una fuente de líquidos (donde haya bebidas, en la cocina, etc.) ni cerca de un radiador, ya que las variaciones fuertes de temperatura no la benefician en nada. Limpia las cuerdas con un paño suave después de tocar para retardar su oxidación y que te duren más.

Disfruta cuando toques

Seguramente este sea el consejo más importante: ¡diviértete al tocar! Puede parecer simple, pero algunos guitarristas desean progresar tan rápido que no dejan de hacer un ejercicio tras otro sin prestar atención a las canciones, al hecho de escuchar música o incluso al tocar con otros músicos. A veces, llegan a no disfrutar tocando la guitarra, deja de suponerles una diversión y acaban por abandonar el instrumento.

Capítulo 6

Diez instrumentos que han marcado la historia de la guitarra

Como hemos mencionado anteriormente en este libro, hay muchas guitarras diferentes: clásica, folk, eléctrica... Incluso dentro de estas categorías encontraremos muchas variaciones y modelos que han inspirado a todos los demás y que han marcado la historia de la guitarra. A continuación, descubrirás diez guitarras que han elevado este instrumento a la categoría de leyenda.

La guitarra tipo Stratocaster

Creada en los inicios de la década de 1950 (casi el nacimiento de la guitarra eléctrica) por Leo Fender y George Fullerton, esta guitarra ha inspirado la forma de una gran mayoría de modelos de guitarra eléctrica. Se la reconoce fácilmente gracias a su placa de protección blanca (el color más frecuente), sus tres pastillas, así como sus dos cuernos desiguales en la parte superior del cuerpo. Sin lugar a dudas, ha logrado ser considerada la guitarra de referencia para el blues, el funk y el rock. Era la guitarra principal de **Jimi Hendrix**, **Stevie Ray Vaughan** y guitarristas más actuales como **Jeff Beck**, **Eric Clapton**, **Buddy Guy**... y una interminable lista. Su sonido es totalmente nítido y preciso, ¡perfecto para tocar solos como nunca!

FIGURA 1 La guitarra tipo Stratocaster.

La guitarra tipo Telecaster

La hermana mayor de la Stratocaster (unos añitos mayor) también fue diseñada por Leo Fender y George Fullerton. Se diferencia de la Stratocaster por el número de pastillas (dos en lugar de tres) y un solo cuerno en la parte superior del cuerpo. Su sonido es aún más agudo y penetrante que el de la Stratocaster. Es la guitarra predilecta de los músicos de country, aunque también la adoran leyendas como **Bruce Springsteen**, **Mike Stern** o **Keith Richards**, de los **Rolling Stones**.

FIGURA 2 La guitarra tipo Telecaster.

La guitarra tipo Les Paul

El competidor directo de la Stratocaster y la Telecaster. Nació también a principios de la década de 1950 gracias a Les Paul, un guitarrista muy conocido de aquella época, quien participó en su diseño en colaboración con la famosa marca Gibson. De formas mucho más redondeadas y generosas que la Stratocaster, posee dos pastillas, y su sonido es mucho más cálido y casi "grueso", especialmente si se usa el sonido saturado del amplificador. A menudo, es la elegida para el rock, e incluso guitarristas legendarios como **Slash** o **Jimmy Page**, de **Led Zeppelin**, no se separan de sus Les Paul. **Jimi Hendrix** le fue infiel a su Stratocaster en alguna ocasión con esta guitarra.

FIGURA 3 La guitarra tipo Les Paul.

La guitarra tipo SG

La marca Gibson creó la guitarra SG a principios de la década de 1960. Es una guitarra orientada al rock, la preferida de **Angus Young** (el famoso guitarrista de ACDC). Su forma también se ha convertido en un estándar, definido por sus dos cuernos puntiagudos simétricos con respecto al mástil. El sonido de una SG resulta más agresivo que el de una Les Paul, pero más "grueso" que el de una Stratocaster. Hay otros guitarristas a quienes esta guitarra les gusta en particular, como es el caso de **Tony Iommi** (del grupo Black Sabbath) o el guitarrista francés **Louis Bertignac. Eric Clapton** también tocó con frecuencia una SG en la década de 1960 con su banda Cream.

FIGURA 4 La guitarra tipo SG.

La guitarra folk Dreadnought

La guitarra folk es la preferida para acompañar a los cantantes. Con sus cristalinos agudos y profundos graves, empasta maravillosamente con la voz. Hay muchos modelos de guitarras folk, como la Jumbo (con sus imponentes sonido y tamaño) o la 000 (triple cero) de menor tamaño y sonido muy definido, que está muy extendida entre los intérpretes de blues. Si bien el modelo más corriente y popular es, sin duda, el modelo Dreadnought, que representa el compendio perfecto de todas las guitarras de su clase: ni demasiado grande ni demasiado pequeña, con un buen volumen sonoro. Tuvo su apogeo en la década de 1960 con cantantes famosos como **Joan Baez** o **Bob Dylan**. Incluso hoy día, está tan extendida que, cuando escuchas una guitarra acústica en una canción que te gusta, hay nueve posibilidades entre diez de que sea un modelo Dreadnought.

FIGURA 5 La guitarra folk Dreadnought.

La guitarra clásica

Es la forma de guitarra más antigua que conocemos. Más pequeña que la guitarra folk, sus cuerdas son de nailon, lo que le proporciona un sonido suave y cálido. La usan principalmente los guitarristas clásicos, aunque también es el instrumento favorito de intérpretes de bossa nova como **João Gilberto** o **Baden Powell**. A muchos cantantes les encanta acompañarse con una guitarra clásica; la usa incluso el guitarrista y cantante de funk-rock **Keziah Jones**. Esta es quizás la guitarra más popular entre los principiantes porque es la más económica y fácil de tocar con los dedos.

FIGURA 6 La guitarra clásica.

La guitarra tipo archtop

Es la que comúnmente se conoce como guitarra de jazz. Posee la forma de una guitarra folk y las características de un violín. Además, *archtop* significa "tapa abombada" (se podría añadir también "tallada"). No tiene boca, sino aberturas en forma de efe, a ambos lados de las cuerdas, como en un violín. Apareció en la década de 1930 y la popularizó el fabricante de guitarras Orville Gibson. En un principio, era totalmente acústica, aunque en la década de 1940 algunos músicos le agregaron una pastilla para que pudiera amplificarse y escucharse mejor. Es una guitarra con cuerdas de metal que tiene un sonido particularmente suave y delicado.

Muchos intérpretes de jazz la han tocado y continúan tocándola, entre ellos **Jim Hall**, **Wes Montgomery** y **George Benson**... Incluso la ha utilizado algún guitarrista de rock, como **Steve Howe,** de la banda Yes. El modelo estrella de la guitarra archtop es el L5, que en ocasiones puede alcanzar sumas considerables para los coleccionistas (¡por encima de los cien mil euros!).

FIGURA 7 La guitarra tipo archtop.

La guitarra tipo ES 335

Algunos guitarristas querían conseguir el sonido suave y acústico de la guitarra archtop para tocar blues o rock, pero son guitarras que, lamentablemente, no se pueden tocar muy fuerte, ya que si se sube mucho el volumen del amplificador, pueden producir una reacción física: es el efecto Larsen, un silbido muy fuerte casi incontrolable, que puede resultar muy desagradable y nada útil cuando no se desea... A los fabricantes de guitarras se les ocurrió la idea de reducir el grosor del cuerpo de la guitarra para mantener un poco de este sonido cálido y poder tocar más fuerte sin activar la retroalimentación. En resumidas cuentas, idearon una especie de híbrido entre guitarra archtop y guitarra eléctrica. Popularizada una vez más por la marca Gibson, a esta guitarra se le llamó ES 335 (que derivó en diferentes modelos como el ES 330, ES 333, etc.). Se reconoce gracias a sus aberturas en forma de efe y sus dos cuernos simétricos redondeados a cada lado del mástil. Es la guitarra predilecta de grandes músicos como **Chuck Berry**, **B. B. King** o **Larry Carlton**, a quien apodan Mister 335, ya puedes imaginar por qué.

FIGURA 8 La guitarra tipo ES 335.

La guitarra gitana tipo Selmer

A primera vista, parece casi una guitarra folk. Sin embargo, su configuración es diferente: podemos señalar claramente el tamaño de la boca de la guitarra gitana (unas veces más pequeña, como en la foto, otras mucho más grande) y el puente, largo y delgado, que está simplemente apoyado sobre la guitarra y no pegado como en una guitarra folk. Se la denomina comúnmente "guitarra gitana" porque es inseparable del estilo manouche de jazz, también denominado *Gipsy jazz*, estilo encarnado por el gran **Django Reinhardt** en la primera mitad del siglo XX. Los modelos más conocidos (y más buscados) son los de la marca Selmer. Se trata de instrumentos potentes y muy percusivos que ofrecen un sonido preciso tanto para acordes como para solos. Este estilo de guitarra se ha vuelto a poner muy de moda en los últimos años. Puedes escuchar guitarras gitanas magníficamente tocadas en manos de **Biréli Lagrène**, los hermanos **Rosenberg** o los cantantes **Sanseverino** o **Thomas Dutronc**.

FIGURA 9 La guitarra gitana tipo Selmer.

La guitarra folk de 12 cuerdas

¿Doce cuerdas? Pues sí, no se trata de un error. Si ya resulta bastante difícil tocarla con seis cuerdas, imagínate con doce Pero tiene truco: no se trata de seis cuerdas añadidas a continuación de las que ya existen. En realidad, las seis cuerdas nuevas doblan a las viejas. Habrá dos cuerdas de mi agudo, dos de si, dos de sol, etc. Las dos cuerdas se colocan muy cerca una de la otra, de modo que ambas se pueden tocar fácilmente a la vez. ¿Dónde radica entonces el interés de tocar una guitarra de doce cuerdas?

En el sonido, ¡claro! Cada vez que tocamos una cuerda, realmente estamos tocando dos. Esto hace que la guitarra vibre dos veces y produzca un sonido mucho más rico y completo. Obviamente, se necesita un poco más de fuerza para presionar las cuerdas y todavía cuesta más lograr los solos. No obstante, para tocar acordes es perfecta. Son pocos los guitarristas famosos que se han especializado en la guitarra de doce cuerdas, aunque un buen número de ellos la usan (o la usaban) regularmente: **Slash**, **Jimmy Page**, **Jimi Hendrix**, **Neil Young**, **Bob Dylan**, **John Lennon**, **Paul McCartney**, **Bob Marley**...

FIGURA 10 La guitarra folk de 12 cuerdas.